谨以此书献给我的合作导师——尾崎文昭教授

本书为国家社科基金青年项目（18CZW037）成果

宋声泉——著

破镣之舞

周氏兄弟与『五四』新体白话的生成

北京大学出版社
PEKING UNIVERSITY PRESS

图书在版编目（CIP）数据

破镣之舞：周氏兄弟与"五四"新体白话的生成 / 宋声泉著. —— 北京：北京大学出版社, 2025.5. ——ISBN 978-7-301-36136-8

I. H159

中国国家版本馆CIP数据核字第2025YR7693号

书　　　名	破镣之舞：周氏兄弟与"五四"新体白话的生成 PO LIAO ZHI WU：ZHOUSHI XIONGDI YU "WUSI" XINTI BAIHUA DE SHENGCHENG
著作责任者	宋声泉 著
责 任 编 辑	高　迪
标 准 书 号	ISBN 978-7-301-36136-8
出 版 发 行	北京大学出版社
地　　　址	北京市海淀区成府路205号　100871
网　　　址	http://www.pup.cn　新浪微博 @ 北京大学出版社
电 子 邮 箱	编辑部 wsz@pup.cn　总编室 zpup@pup.cn
电　　　话	邮购部 010-62752015　发行部 010-62750672 编辑部 010-62767315
印 刷 者	北京中科印刷有限公司
经 销 者	新华书店 650 毫米 × 965 毫米　16 开本　26.25 印张　499 千字 2025 年 5 月第 1 版　2025 年 11 月第 2 次印刷
定　　　价	118.00 元

未经许可，不得以任何方式复制或抄袭本书之部分或全部内容。
版权所有，侵权必究
举报电话：010-62752024　电子邮箱：fd@pup.cn
图书如有印装质量问题，请与出版部联系，电话：010-62756370

序

孙 郁

通常人们议论现代白话文的形成，一般都借用胡适的自述，对于鲁迅、周作人早期著译的经验，虽然颇为重视，但解之不详。我过去读周氏兄弟早期文本，对于那语言特别的气息一直充满好奇心，因为无法搞清内中的脉络，几次动笔，都停了下来。周氏兄弟的文章好，那是谁都承认的，但他们何以鹤立鸡群，背后形成的因由，不易说清。反倒是胡适、刘半农、钱玄同的笔墨之趣，能够解释新文学的辞章之道。可以说，周氏兄弟的白话文，是另类的存在，审视其间的内蕴，旧的文章之道显得不得要领。

我想，这一方面源于知识的限制，另一方面是他们早期资料少之又少，倘不能重返现场，如周氏兄弟那样在多种语言里思考问题，进入其词语内部，自然存在难度。前些年有学者注意到此点，但多停留在粗线条的描述中，总还是觉得缺少些什么。所以，对于在复杂语境中成长的作家的描述，也需要有多种语言结构的对应，做一些抽丝剥茧的工作。

宋声泉先生多年间一直在关注周氏兄弟的遗产，对于他们的知识来源，已颇有些心得。他潜心于这个世界，每每有新的发现。这本书从多个方面入手，捕捉翻译史里特别的一隅，文言与白话、域外语态与母语之姿如何交织而渐成新曲，被一一呈现出来。从全书的叙述可见，作者一直寻找跨语境的分析之路，善考据，多追问，重分析，对于有活力的现代白话文的诞生，给出了较为深切的注释。

这给我带来不小的惊喜，先前朦胧不清的地方，因此书而有了确切性的说明。读着书稿，随着作者的笔触进入远去的环境里，发现了诸多过去生疏的片段。全书提供了多语融合的表达体例，在具体的文本的对照中，拽出诸多隐趣。我们先前看林纾、严复的著述经历，很少遇到类似的情况。从翻译中考察现代白话文的诞生，比从宋元以来的小说、戏剧语言体味白话文的文脉，更能感受到新文学的深意，因为那意图伦理中有一种除旧布新的激情。周氏兄弟之所以能够在辞章领域有创造性的表达，乃出于对士大夫笔墨的失望，旨在自我的突围中，言古人未言之意。而新语态形成的过程，对于今人而言都是难得的经验。

显然，作为中国学者，仅仅在此岸打量旧迹，会缺少另一个维度的审视。倘能够知己知彼，从日本资料中对照研究，情况则大为不同。宋声泉是一位有心人，他多次去日本访问，获取了不少资料，又因为不盲从，在复杂的线索和文本中，辨析出许多既成的说法的不确定性，质疑的眼光中总有意外的发现。比如，许寿裳、王冶秋对于南京求学时期的鲁迅阅读范围的描述，有想当然的地方，周作人解释鲁迅在弘文学院的读书情况，也有望文生义之处。宋声泉通过深读与对比，还原了部分的生态，给出了另一种思路。这种态度，颇为难得，显示了作者的功夫。语言学、社会学的某些研究方式，在此也能够看到一二。

周氏兄弟去日本留学，乃寻异路、觅新生的渴念使然。他们惊异于东瀛的科学、教育之进步，遂意识到清帝国出现了问题。而诸多问题中，母语自身的缺限，显得颇为突出，也是不能不正视的现象。他们最初受章太炎影响，倾向于复古主义，后来觉得佶屈聱牙的古文，其实离时代甚远，于人生无益，才注意到白话写作的重要。而他们的辞章，显然与晚清的文人的白话文韵致不同，看得出带有六朝辞章的影子，又有西化的痕迹。这两者又能够如水般融合，其结果是汉语的辞章重新沐浴在新风里，神采与内质迥异了。回望那一段历史，二人在域外文本面前，善于对应难句，采撷新枝，又不损根本，就有了词语的繁茂气，形影与先前比也大为不同。这在晚清实在是一个特例，恰是这种选择，给后来汉语的新生，带来了可能。

从语言的自新入手，进入国民性改造的路径，在周氏兄弟是一个梦想。宋声泉以鲁迅翻译的《月界旅行》为例，发现其中存在许多"新质白话"的特色。行文中"大体依照日文底本的叙述来翻译，有时甚至亦步亦趋，不轻易窜改"。于是显得句法不顺，远离汉语习惯，作者将此看成"日式汉语"。这里有三点给人印象深刻，一是复合词使用频繁，二是不像文言文那样轻易省略句子成分,三是经常使用长句子。这些在国内的小说中很少见到。至于与士大夫的文章比,形态的差异是一眼可见的。晚清以来的留学生写作,基本上遵从了国人的表达习惯,词语中的旧式文论的痕迹时隐时现。但青年鲁迅的白话文,则带出几分域外的辞章经验,其表述的空间有时偏离了中土文字的书写习惯。在同代人的文章与诗词之迹中,很难看到他那样的内在的繁复之气。翻译中的新词新语,撞击了古老的文脉,也带来了意象的变动。从这个译本中能够发现,旧式的汉语书写,生出了几许变调。

这种探索性的表达,对于周作人的影响也显而易见。比如他也主张硬译,在多种语言的维度里寻找精神参照。宋声泉特别注意到周作人初期翻译的特色,从《侠女奴》《玉虫缘》《荒矶》的译介过程,看白话文的另一种韵调的生成,对于理解鲁迅的实验也不无帮助。周作人最初的翻译,从英文文本入手,逐词翻译与逐句翻译乃基本方法。这大概来自新式学堂的英语训练,直译的手法也与此有关。从译本与英文本的对比中能够发现,周氏喜欢用复音词解决单音词表达的局限,于是溢出了传统辞章的格式,导致了古文的变形和句子的欧化。《侠女奴》翻译中常见"信而不顺"的句子,"因过于死板地依照原文进行对译,句法的逻辑性和严密性大大加强,本质上已经成了'古文'的变体","与桐城古文及八股时文均颇为相异"。

感受到了这一点,也就可以解释周氏兄弟文体与同代人区别的重要因由,对于理解他们后来的文学选择不无帮助。这些也是他们后来在新文化运动时期的写作的先声。显然,从翻译中看周氏兄弟的审美变化,话题是十分丰富的。在留日时期,他们便已经触及文言与白话、复古与革新的难题,在母语的表达方面,先于陈独秀、胡适有一种实验的意识。陈独秀主持《安徽白话报》,上面的文章口语化多,各种文体的交织有限,或者说,词语还在一种约定俗成的限定里。其实关于文章的变革,章太炎早已论及过,只不过还在古文的层面和修辞的层面。《訄书》里的辞章的陌生化表达,也有几丝游戏成分,周氏兄弟意识到,汉语的表达并非桐城派理解的那么单一。既然文言可以有多种路径,那么白话文的空间可能更大。借助域外的辞章修补母语的不足,在古代也不是没有过的。

其实,我们阅读《人之历史》《文化偏至论》《摩罗诗力说》,就已经感受到词语的别样。那些有关诗文的论述,已经脱离了《文心雕龙》的路径,思维之径延伸到了陌生之所。想起来，这些都可以从异质的语境的浸染中得到解释。新文化运动之后，《热风》《坟》《雨天的书》《自己的园地》等，其中的文章已经散发出另类的气息，无论思想还是审美方面，都注入了新鲜血液。胡适阅读周氏兄弟作品后就感到，词语背后有外语的影子，传统的辞章在其笔下已经有所变动，样子是全新的。较之于章太炎、刘师培、梁启超的文字，周氏兄弟的语言书写更带有前卫意味，废名就惊叹于他们的学识之丰厚和文章之新奇。新文学的"新"不仅仅在思想方面，最根本的是语言的重组所产生的内力。同时代人中，还没有谁能像他们那样带来强烈的冲击力。

周氏兄弟的脱颖而出，其实是吸取了前辈正反两方面的经验。鲁迅所译《造人术》，与处理《月界旅行》的译本不同，是否考虑到不同表述皆存在漏洞也未可知。在他们之前的许多翻译家，都遇到了转换词语时的表述困惑。关于翻译，严复的"信达雅"观念其实还是保持平衡的一种态度，锐利的思想反而不被察觉到，或是隐到词语的背后。而梁启超的译笔，旧式语调未能都传达出原文的真意。宋声泉说，"《月界旅行》与《造人术》构成了周树人早年翻译实践的两个不同方向，信与雅似乎无法兼顾，充满了内在的紧张感"，不是没有道理。周氏兄弟后来采取的直译的办法，就打破了句子表述的旧态，给作品带来异样的神采，而文章的法度则略有所失。宋声泉看到，直译的结果是文言语体悄然变化，那么这些对于他们后来的白话文写作也带来益处吧。鲁迅的学生徐梵澄在晚年就感悟到，文言与白话在表达方面可以互为参照，即"写白话要如同写文言，这样就精练得多；写文言要如同写白话，这样就平易得多"（扬之水《关于梵澄先生》）。翻译家在不同语境中创造性思维的形成，也多少来自周氏兄弟的启示。

翻译中的直译，看似破坏了语言秩序的平衡，其实激活了表达空间。刘半农在回答王敬轩批评的信中，就谈到汉唐以来的佛经翻译，以为直译的效果甚好，"当知译书与著书不同，著书以本身为主体，译书应以原本为主体；所以译书的文笔，只能把本国文字去凑就外国文，决不能把外国文字的意义神韵硬改了来凑就本国文"（《新青年》第4卷第3号）。刘半农举鸠摩罗什、玄奘为例，说明《新青年》诸人的翻译，并非轻率之举，实在是与古代翻译家类似的。硬译其实是在挑战母语的陈规旧习，但无疑也丰富了描述的空间。对比历代佛经的翻译经验，周氏兄弟的选择，受到古人的暗示，也是显而易见的。

《新青年》同人其实都意识到此点。但众人知道，做到完善处则难矣哉。鲁迅直到晚年也在坚持直译，虽然遭到梁实秋的质疑，但在回答对方的时候，与刘半农当年的观点庶几近之。现代以来，文章方面有创建的，多半有翻译的经验，郁达夫、丰子恺、傅雷、杨绛等，无不如此。但他们并不都主张直译，钱锺书觉得翻译最高的境界是"化境"，所以在原文和母语间不得不做些妥协。钱氏谈及林纾的翻译之所以在晚清颇受欢迎，乃在于从桐城派古文中走出，不再自我束缚手脚，"他的译笔违背和破坏了他亲手制定的'古文'规律"，笔下是"较通俗、较随便、富于弹性的文言"（《林纾的翻译》）。再看鲁迅的翻译，则与林纾颇为不同，文言与白话悉入辞章之中，日语的格式也偶在叙述语态里。他后来创作的《狂人日记》，保持了翻译文本的某些痕迹，奇怪的句子和冷寂的空间里流出的意象，也让人想起尼采《苏鲁支语录》的表述。可以说新旧杂陈，曙色漫过暗域，灿灿然有炫目之色。新式白话，从翻译经验中脱颖而出，鲁迅的笔墨之功，可谓大矣。

后来的学者与作家，在周氏兄弟的翻译和写作中，都获得不少理论上的启发。张中行《文言和白话》一书，论及语体的变迁，就不断引用周氏兄弟的文章，从中觅出汉语写作自新的可能。汪曾祺在《中国作家的语言意识》《文学语言杂谈》《小说的思想和语言》里强调如何在语言世界建立审美的新途，感触都是深的。而他与张中行的文章之好，也与借鉴周氏兄弟的经验有关。可惜，这些经验在当代作家那里，注意得不够，而学界则多关心知识论的研究。能够在语言的审美性方面下功夫者，人数有限。当文学研究在远离语言的层面垒起知识之墙时，根基是不牢固的。

宋声泉的学术研究注重向前人学习，习惯于在学术史脉络里讨论问题。也许受日本学界影响，在材料的考证与分析方面，不厌其烦。这让我想起丸尾常喜先生，在人们忽略的地方，往往有新的发现。记得当年与他一起讨论鲁迅早期文本时，他的精细与认真，超出了我的耐性，然而精彩的要义，往往是从这样的沉潜里得到的。《破镣之舞——周氏兄弟与"五四"新体白话的生成》这本书，在细节的讨论方面，可以看出作者的科学求是的态度，一些想法来自校勘中的偶得，隐曲被复原的地方甚多。这在方法论方面颇有特色，说明人文研究不能没有严明的逻辑与推断。过去鲁迅留日时期摄取域外思想资源的讨论，多为日本学者所做，宋声泉的不凡之处是，在史料上新发现了《科学史教篇》《人生象敩》的材料来源，打破了国内学者自闭的局面，并对于其科学理念与文学观做了另类解释。所谈"科学编译的文章化"，令人耳目一新，鲁迅何以在科学史理念和新艺术精神间出出进进，作者的阐述耐人寻味。而在"周氏语体"的理解方面，书中所做的描述，也颇有历史感的投射下的会心之处。

周氏兄弟的语言实验，给后人带来的思考甚多。除了辞章方面的革新，还有现象学的价值，有待于进一步讨论。新体白话文，不是传统意义上的口语的简单延伸，而是带着异质意味的感知形式。当外来的格式介入感知表述的过程时，陌生的图景便会随之而出。维特根斯坦说，"想象一种语言就叫作想象一种生活形式"（《哲学研究》）。那么在翻译中形成的新的词语结构，的确为进入未曾体验过的思想与社会图景带来助力。"五四"以后，语言问题成为知识界不断思考的对象，最有价值的实践不是线性的，而是带有一种回环的路径，即有学者所说"由走出汉语到回到汉语"（任洪渊《汉语红移》）。无论从语言学还是现象学的角度，晚清与"五四"出现的语体的变革，都使国人渐渐融入世界文化的河流之中。从反省母语的限度，到激活旧的辞章，新文学新在何处，也得到了说明。

研究这一现象的确有着诸多的难度，我自己对此往往是望而却步。但新文学研究，不触摸到这个领域的遗迹，总还是一个问题。真正有意义的学术思考，是敢于进入盲区的实践。在理解对象世界的同时，也丰富了对于我们自身的认识。这需要新的眼光和智性，经典的凝视由于代际不同，总会有新的观念出来。文学研究涉及社会学、教育学、语言学、历史学等多个学科，又有自己的独特性，最后应回到审美世界里。鲁迅在辑校古籍，研究金石之后，又写出《中国小说史略》《汉文学史纲要》，就经历了这个过程。宋声泉受益于这个传统，且摸索着有效的治学方法，这是不断攀援高地的勇气。年轻一代人的探索，正在丰富着人们已有的认知；学术的进步，仰仗的就是这种扎扎实实的劳作。

2025 年 5 月 7 日

目录

绪　论 / 001

　　第一节　新体白话生成研究的回顾与反思 / 003

　　第二节　研究对象及相关概念解析 / 018

　　第三节　周氏兄弟文言译作的研究实绩 / 040

第一章　译者周树人的诞生及其语言实践 / 058

　　第一节　周树人南京时期的"跨语际体验" / 059

　　第二节　留学日本前夕的新学准备 / 076

　　第三节　周树人与弘文学院的因缘 / 093

　　第四节　"弘文"时期的日语习得与"周译"的触发 / 104

　　第五节　《月界旅行》与周树人新体白话经验的生成 / 122

第二章　周作人的翻译起点及其语体问题 / 140

　　第一节　周作人英语习得考述 / 140

　　第二节　作为"起点"的《侠女奴》/ 151

　　第三节　新式学堂的英语教育与"直译"的发生 / 174

　　第四节　复音词译语背后的字典资源 / 188

　　第五节　"直译"的实践与"古文"的变形 / 205

第三章　"直译"的流转与文言语体的递嬗 / 218

　　第一节　《玉虫缘》的双语底本及其语体 / 218

　　第二节　《荒矶》的译法新变与文腔还原 / 242

　　第三节　新书写形式的应用与汉语形象的新生 / 261

　　第四节　仙台时期的周树人及其《造人术》/ 280

　　第五节　周树人科学编译的文章化 / 297

第四章　文言直译的极致与新体白话的生成 / 311

　　第一节　周氏兄弟民国初年的文言译作 / 311

　　第二节　周作人的白话转向 / 325

　　第三节　四篇未署名文言逐字译的极致"尝试" / 340

　　第四节　周氏兄弟与《新青年》的"白话"裂变 / 354

　　第五节　成为典范的"周氏语体"及其争议问题 / 365

余　论 / 380

参考文献 / 384

后　记 / 405

绪 论

众所周知,在"五四"时期,文学革命首先提出了语言革命的要求。[1] 然而,新文学语言变革问题真正的复杂之处不在于"从文言到白话",而是从怎样的"文言"变到何种"白话"。

早在1917年10月,钱玄同在给胡适的信中说:"现在我们着手改革的初期,应该尽量用白话去做才是。倘使稍怀顾忌,对于'文'的一部分不能完全舍去,那么便不免存留旧污,于进行方面,很有阻碍。"胡适便回应称"极以这话为然"。[2] 1918年2月,第4卷第2号《新青年》上刊出了钱玄同的《〈尝试集〉序》,称:"我又和适之说:我们现在做白话文章,宁可失之于俗,不要失之于文。适之对于我这两句话,很说不错。"[3] 此时,钱玄同和胡适关于白话写作形成了大致相同的意见。胡适称,所谓白话首先是"戏台上'说白'的白,是俗语'土白'的白。故白话即是俗话"[4],但也不妨容纳"明白如话"、容易理解的文言字眼,简言之就是"说得出,听得懂的话"[5]。同在第4卷第2号《新青年》上,刊有陈独秀的一篇白话文《人生真义》,开篇写道:

> 人生在世,究竟为的甚么?究竟应该怎样?这两句话实在难得回

---

[1] 蔡元培:《总序》,胡适编选:《中国新文学大系·建设理论集》,上海:良友图书印刷公司,1935年,第10页。

[2] 胡适:《论小说及白话韵文(通信)》,《新青年》第4卷第1号,1918年1月15日。

[3] 钱玄同:《〈尝试集〉序》,《新青年》第4卷第2号,1918年2月15日。胡适,字适之。

[4] 胡适:《论小说及白话韵文(通信)》,《新青年》第4卷第1号,1918年1月15日。按胡适信中所言,此论原出自其《白话解》,未见。胡适在这封写给钱玄同的信中表述的三种"白话的'白'"——"说白""清白""黑白",本身就不容易让人明白。

[5] 胡适:《白话文学史·自序》,欧阳哲生编:《胡适文集》第8卷,北京:北京大学出版社,2013年,第134页。胡适在《白话文学史·自序》里将《论小说及白话韵文(通信)》里的"黑白"修订为"明白"。

答的很。我们若是不能回答这两句话,糊糊涂涂过了一生,岂不是太无意识吗?自古以来,说明这个道理的人也算不少,大概约有数种:第一是宗教家,像那佛教家说:世界本来是个幻象,人生本来无生;"真如"本性为"无明"所迷,才现出一切生灭幻象;一旦"无明"灭,一切生灭幻象都没有了,还有甚么世界,还有甚么人生呢?①

陈独秀这篇白话文的总体特征偏向口语,如同说话,不忌烦琐,不加修饰。此类文章即是胡适、钱玄同二人力主的白话样貌。

《新青年》第4卷第1号明确转向白话时,原本追求的是"用今语达今人的情感",以实现"最为自然"②的表达效果。但随着周作人白话写作能力渐入佳境,尤其到了第4卷第5号,周树人以"鲁迅"与"唐俟"为笔名加盟后,世人逐渐在第4、5两卷《新青年》上读到了汉语形象有所区别的两种白话。周氏兄弟创造的新体白话开始呈现出明显的欧化特征。刘半农曾说:"语体的'保守'与'欧化',也该各给他一个相当的限度。我以为保守最高限度,可以把胡适之做标准;欧化的最高限度可以把周启明做标准。"③刘半农此处未提到鲁迅,但钱基博却拿"周树人"做了靶子。钱氏将新文学的白话文运动分为两派:"写以中国之普通话,而文言杂厕;在所不禁"的"胡适辈"和"摹仿欧文而谥之曰'欧化的国语文学'"的"周树人"。在他看来,国语文学的欧化"始倡于浙江周树人之译西洋小说,以顺文直译为尚;斥意译之不忠实;而摹欧文以国语,比鹦鹉之学舌,托于象胥,斯为作俑",由此"效颦者乃至造述抒志,亦竟欧化"。④钱基博的批评虽难掩偏见,但其对白话文运动的分野,亦能说明《新青年》内部白话生成径路的差异。

陈思和曾言,"新文学的效果和特点,其实并不在于是否使用一般意义上的白话","与其说新文学提倡了白话文,还不如说是提倡了欧化文"。⑤在陈思和看来,鲁迅的《狂人日记》之所以在新文学的历史上拥有不可撼

---

① 陈独秀:《人生真义》,《新青年》第4卷第2号,1918年2月15日。
② 钱玄同:《〈尝试集〉序》,《新青年》第4卷第2号,1918年2月15日。
③ 刘半农:《四版附言》,《中国文法通论》,上海:求益书社,1924年,第121页。
④ 钱基博:《现代中国文学史》,上海:世界书局,1935年,第447页。
⑤ 陈思和:《一份填补空白的研究报告》,柳珊:《在历史缝隙间挣扎——1910—1920年间的〈小说月报〉研究》,南昌:百花洲文艺出版社,2004年,第3页。

动的地位，最重要的原因就是语体的欧化。他说：

> 真正打开传统文学的缺口并取得辉煌胜利的，不是流利的白话小说或白话诗，而恰恰是鲁迅那篇具有内在分裂特征的现代小说《狂人日记》……它的意义不在于完美和谐，而表现在它的内在的分裂性。从语言上说，它是文言与欧化语体相交替，日记中大量拗口的西方语法的句子与引子部分流利的文言构成鲜明的对比。①

《狂人日记》的白话表达之所以具有划时代的历史意义，并非因为鲁迅响应了胡适"宁可失之于俗，不要失之于文"的白话主张，而是因为他另辟蹊径，走出了融欧化于白话的新路。有意味的是，对于发生期的新文学白话写作乃至20世纪二三十年代的新文学语言影响最大的，并不是胡适、钱玄同最初提倡的白话改革方向，而是后出转精、富于独特魅力的周氏兄弟的白话。

吊诡的是，加入《新青年》之前，周氏兄弟从未创作过一部完整的白话文学作品，而鲁迅竟然在1918年一出手，就写出了与传统小说的白话和近代报刊的白话截然不同的、带有崭新特质的白话。如果说，对"五四"新体白话生成的理解是中国现代文学学科得以构成的前提之一，那么，出自周氏兄弟之手、深度参与了现代中国书面语体面貌变革的新体白话究竟是怎样形成的这个令人着迷的问题，值得人们认真地解答。

第一节 新体白话生成研究的回顾与反思

就"五四"新体白话生成而言，目前至少有四种维度的阐释。一是聚焦晚清以降的变革经验，主体部分围绕文学语言的话题展开。关于晚清白话文运动和"五四"白话文学的关系，胡适、周作人等《新青年》同人强调的是它们的区别②；至1956年，谭彼岸在"批胡适"的语境下论证了二

---

① 陈思和：《关于中国现代短篇小说》，《小说评论》2000年第1期。
② 胡适：《五十年来中国之文学》，欧阳哲生编：《胡适文集》第3卷，北京：北京大学出版社，2013年，第181—237页。周作人：《中国新文学的源流》，钟叔河编订：《周作人散文全集》第6卷，桂林：广西师范大学出版社，2009年，第48—102页。

者的关联,即"晚清白话文运动是五四运动白话文的前驱,有了这前驱的白话文运动,五四时期的白话文才有历史根据",借此批判胡适"割断历史"①。1985年,夏晓虹在学理上分梳了"五四"白话文学的晚清渊源。她说:

> 依靠五四精神的统贯,白话文学开创了全新的局面。它在慷慨的历史馈赠中,从晚清白话文运动接受了实用的白话与启蒙的意识,从新文体中接受了外来思想文化与新名词,从传统白话小说中接受了优美的白话与精良的写作技巧。汇合这三者的五四白话文学因此形成了一股巨大的潮流,其声势之大、威力之猛,非晚清白话文运动与新文体可比。②

夏晓虹将"五四"白话文学的生成归结为传统白话小说、晚清白话文运动、梁启超"新文体"三者的交互作用。2011年,她在另一篇文章中补充道:

> 作为现代白话文的前身,晚清白话文值得重视。尤其是二百多种白话报刊,在晚清启蒙思潮中,已然成为对社会大众最具影响力的白话读物。经由文言/白话、官话/其他方言、官话/模拟官话的抽样报刊文本比对,可以发现,由于方言的局限性,希望以官话统一全国白话文的努力于是成为晚清白话文的主流。不过,官话更接近日常口语,无法容纳新名词;同时,官话也仍然是一种方言,其中一些地域性的词汇并不具备通行全国的质素。因此,现代白话文还需从夹杂大量新名词的梁启超的"新文体"中有所借鉴,而从晚清的官话到日后的普通话书写,也需要经过词汇的选择和提炼。③

夏晓虹认为,晚清白话文运动的主流是希望以官话统一全国白话,而如同说话的官话口语体叠加由梁启超"新文体"带来的大量"新名词",成

---

① 谭彼岸:《晚清的白话文运动》,武汉:湖北人民出版社,1956年,第3页。
② 夏晓虹:《五四白话文学的历史渊源》,《中国现代文学研究丛刊》1985年第3期。
③ 夏晓虹:《作为书面语的晚清报刊白话文》,《天津社会科学》2011年第6期。

就了晚清报刊白话文的书面化,这一组合模式构成了晚清白话文运动通向"五四"白话的连接点。引入具体的历史的眼光来看,胡适、钱玄同、陈独秀诸人开启的白话经验正是承接晚清报刊白话而来的,相较而言,虽更有组织性,表达稍流利,但一脉相承的痕迹显而易见。然而,晚清报刊白话文书面化的路径并不能涵盖周氏兄弟的语言经验和转化历程。

既有研究在勾连晚清白话文运动和"五四"白话文学关系时,避谈周氏兄弟的情况颇为常见。这样的局限也出现在港台地区的学者那里。李孝悌推重清末白话文之于"五四"的影响,立论的依据是胡适和陈独秀"都在1900年代的主要白话刊物上写过大量的文字"①。陈万雄稍加拓展,指出"晚清白话文运动与五四时代的白话文运动,确是一脉相承,不能分割。其中,五四白话文运动的倡导者,如蔡元培、陈独秀、胡适、钱玄同、李莘白、高语罕(高超)、马裕藻等皆曾在晚清时代主持过白话报,这是清末白话文运动与五四白话文运动的内在联系的具体而微的最好说明"②。为了表现人数众多,他把马裕藻也列为"五四白话文运动的倡导者",不免牵强。

2011年,胡全章的《清末民初白话报刊研究》出版,梳理清末民初存世白话报刊370种以上,重现了"五四"前白话报刊的原生态,发现和论证了近代白话进入各类文学体裁的许多新史实。③该书扎实厚重,可谓目前对清末民初白话报刊最为周密完备的研究。在第十章中,胡全章全方位论述了清末白话文运动对"五四"的"十大影响";其第五点为"五四白话文运动领袖人物之陶铸与现代白话文作者之孕育",所举代表仍是胡适、陈独秀、钱玄同、蔡元培。④

---

① 李孝悌:《胡适与白话文运动的再评估——从清末的白话文谈起》,《清末的下层社会启蒙运动:1901—1911》,石家庄:河北教育出版社,2001年,第278页。该文最早收入周策纵等著《胡适与近代中国》(台北:时报文化出版企业有限公司,1991年)。

② 陈万雄:《五四新文化的源流》,北京:生活·读书·新知三联书店,1997年,第164页。1992年,该书先在三联书店(香港)有限公司出版。

③ 参见王飚:《清末民初白话报刊研究·序》,胡全章:《清末民初白话报刊研究》,北京:中国社会科学出版社,2011年,"序"第5—8页。胡全章另有新书,多角度描摹了中国近代白话发展的历史形态。胡全章:《清末白话文运动》,北京:中国社会科学出版社,2015年。

④ 胡全章:《清末民初白话报刊研究》,北京:中国社会科学出版社,2011年,第375—378页。另可参胡全章:《白话文运动:没有晚清,何来五四》,《贵州社会科学》2012年第1期。

《清末民初白话报刊研究》的另一大贡献是描述了清末民初报刊白话语言面貌及流变。1902年,"受办报宗旨和拟想读者的制约,早期白话报刊语言走的是一条通俗化和口语化的路子",然而在民元前后,白话报人逐渐调整其语言策略,"向着雅化和书面化方向发展",使得原本用于"对中下社会说法"的口语的白话文,渐渐变得难以对普通百姓当众"演说",充溢着书卷气和书生腔。这背后有一处此前被相关研究忽略的关键性"历史细节"——清末民初白话报人在推广普及"新名词"及其蕴含的新思想方面做了大量工作。就新名词的输入与传播来说,这些工作虽不及梁启超的"新民体"影响大、辐射广、传播速度快,但对新名词在下层民众中的普及和推广有着不可或缺的作用。作者由此论述了清末民初报刊白话的欧化问题,即"随着以新名词为代表的外来语日益得到普及,外国语法也逐渐渗透到日常语言之中,报刊白话语言的近代化,也就呈现为一种常态的发展趋向"。[①]作者论述的重心是白话报刊在新名词和新思想的社会化普及方面发挥过重要作用,对外国语法的逐渐渗透这方面并未真正着墨。以其所举1913年12月《爱国白话报》上的《新名词误认不浅》一文的开篇为例:

  自庚子以后 中国各等社会 忽然兴出来一种新名词 有说是由日本书上传来的 有说是由西洋学说里译出来的 于是乎纷纷传诵 无论是谁嘴里总免不掉这种新名词 但是名词是名词 实事是实事 二者各不相侔 断不能因为有这种名词 便认作真有这件实事呀 皆因是中国情势不一样 中国虽有这们一句话在 作的到与作不到 还在两可之间 就拿革命俩字说 中国人总算是真作到了 但是革命二字 出在易经 并不能算由外国输入 其余如卫生 团体 合群 平等 男女平权 这一类的话语 不但是新名词 而且还是好名词 近十年以来 人人都要说这几句话 而且热心志士 更要盼着这几句话实行 但是中国人的程度 是否能把这几句话实行 是否能够讲卫生 结团体 合群平等 男女平权 果真作的到么 不见得吧[②]

[①] 胡全章:《清末民初白话报刊研究》,北京:中国社会科学出版社,2011年,第184—198页。另可参阅全章:《清末民初报章文话和白话语体的近代化》,《中州学刊》2011年第5期。

[②] 转引自胡全章:《清末民初白话报刊研究》,北京:中国社会科学出版社,2011年,第195页。

这段民国初年的书面体白话，就欧化色彩而言，较之晚清报刊白话程度更高——比如关联词的频繁使用，但整体上还是弱于梁启超"杂以外国语法"的"新民体"。胡全章说："大量的新名词最先通过报刊'文话'译介过来，在中国社会经过一段时间的运用、磨合、变异和普及，包括白话报刊的推广宣传，到了口头语言接受了这些新名词之后，再大量运用白话化或口语化了的新名词和外国语法进行写作，就形成了现代白话文。"①这固然是相当具有阐释逻辑的论断，但由《新名词误认不浅》来看，这时的白话距离真正意义上的运用外国语法进行白话写作还有很远的路要走。民初一般报刊上的书面体白话与周氏兄弟的白话写作相比，在欧化形态方面根本无法同日而语，也无法找到由民初报刊白话通向周氏兄弟白话的路径。

张向东早年的《语言变革与现代文学的发生》②已触及晚清到"五四"汉语书面语变革的深层问题。2022年，他的新著《清末白话报刊与文学革命》从"白话报刊对新文学作家和读者的培养""清末白话报人在五四文学革命中的角色与作用""白话报刊与语言变革""白话报刊与新文学的文体"等多方面论述了清末白话报刊之于文学革命的先导作用。全书所用资料丰富、论述层次分明、开列人名众多：

> 清末白话报刊对文学革命的贡献，首先是对新的作家和读者的培养。受清末民初白话报刊影响而产生的五四新文学作家（作者），基本上有五种情形：一是直接由清末民初的白话报人演变而来的新文学作家，如胡适、刘大白等；二是受过清末白话报刊影响，在文学革命前后成为新文学作家的，如郭沫若等；三是受清末白话报刊影响，在文学革命前后从事新文学写作，但并不以此为主要职业的新文学作者，如恽代英、舒新城等；四是由清末民初白话报刊培养的有名或无名的白话文普通作者；五是受五四前后新兴白话报刊及其白话文的影响，开始新文学写作的作者，如曹聚仁、陈范予等……
> 清末的白话报人，在五四文学革命中扮演的角色，大致可分为三类：

---

① 胡全章：《清末民初白话报刊研究》，北京：中国社会科学出版社，2011年，第198页。
② 张向东：《语言变革与现代文学的发生》，北京：人民文学出版社，2010年。

一是推动者,其中核心的力量是胡适、陈独秀、钱玄同,外围的成员有蔡元培、裘廷梁、吴稚晖、林白水、彭翼仲、陈荣衮、马裕藻、张九皋、包天笑、张丹斧、傅熊湘、黄伯耀、李辛白、高语罕、刘大白等;二是游离者,其中王法勤、刘冠三、景梅九、杭辛斋、詹大悲、温世霖从事革命工作,另外章仲和、叶瀚、王子余、方青箱、房秩五、欧博明则从事具体的外交、军政或教育等工作,而秋瑾、黄世仲、郑贯公、范鸿仙、韩衍、冯特民、赵尔丰则在文学革命之前已离世;三是反对者,仅有林纾、刘师培二人。

这些白话报人,在五四文学革命中,由于年龄、观念、职业、文坛地位、社会地位、所处地域等因素的不同,对文学革命及新文学的态度、作用也各不相同,但除了林纾与刘师培之外,其他的白话报人,均以他们的精神或行为,为文学革命的发生和新文学的成长,给予了主观的支持或客观的赞助。①

然而,在作者开列的这份长长的人物名单里,没有见到周氏兄弟的名字。2024年,他的最新成果弥补了书内的遗憾,通过考查周作人江南水师学堂期间的日记,梳理了周氏兄弟与清末白话报人的关系网络,并认为他们受清末白话报刊的影响,曾尝试用白话写信和启蒙文章、翻译西洋小说;但客观地说,周氏兄弟只是"低度"参与了清末白话文运动,他们与清末白话文运动之间存在分歧。②

在回溯晚清白话文运动之外另辟蹊径的是陈平原与季剑青。报章、演说、学校三者号称清末之"传播文明三利器"。陈平原将视角从报刊扩展到演说。他认为:"演说"入文,酿成了现代中国文章"条理日渐清晰"与"情绪趋于极端"两大趋势,原先以典雅渊深著称的文章变得直白浅俗,表述也趋于夸张。③季剑青则由实入虚,提出鲁迅自文言转向白话是从对个体"心声"的传达转向了对他人"心声"的召唤。④此外,连燕堂、邓伟、

---

① 张向东:《清末白话报刊与文学革命》,北京:中华书局,2022年,第10—11页。
② 张向东:《周氏兄弟与清末白话报刊——以周作人江南水师日记(1901—1905)为中心的考查》,《东岳论丛》2024年第12期。
③ 陈平原:《有声的中国——"演说"与近现代中国文章变革》,《文学评论》2007年第3期。
④ 季剑青:《"声"之探求:鲁迅白话写作的起源》,《文学评论》2018年第3期。

时世平、郭勇等有关清末民初文学语言观念与文体建构的研究也对理解"五四"新体白话的发生有启发。①

难得的是，2022年，文贵良的新著在深入思考"文学汉语的现代转换如何呈现出中国现代文学的发生"这一关键问题时，将周氏兄弟与黄遵宪、严复、梁启超、林纾、王国维、章太炎、吴稚晖、胡适等晚清至"五四"的重要人物一并视为十大"轴心作家"，以他们的文学汉语实践为中心，回归语言本位，从文学汉语的汉语造型、主体意识和文学形式等维度展开探讨，呈现语言层面的现代文学发生史。他提出，当汉语造型的"理"为现代之"理"，实践主体之"情"为现代之"情"，文学形式的"文"为现代之"文"，并且三者统一为文学汉语时，则中国现代文学得以发生。②该书既凸显了周氏兄弟的关键位置，也从多个侧面触及新体白话的发生过程。但作者问题意识宏大，并未在新体白话的生成问题上系统发力。

二是剖析现代汉语与现代文学的关联。由总体立论者，前有高玉的《现代汉语与中国现代文学》，后有张卫中的系列研究。前者从语言学和语言哲学的角度来研究中国现代文学，特别是研究中国现代文学的发生和现代品格，格外凸显作为"语言思想运动"的"五四"白话文运动。③后者由《母语的魔障》④《汉语与汉语文学》⑤开始，将研究延伸到对20世纪中国文学语言变迁史的全面梳理⑥。同样具有史之线索的是朱晓进、李玮、何平等著《作为语言艺术的中国现代文学发展史》⑦，该书从文学语言变迁角度观

---

① 连燕堂：《从古文到白话：近代文界革命与文体流变》，北京：中央民族大学出版社，2000年。邓伟：《分裂与建构：清末民初文学语言新变研究（1898—1917）》，北京：中国社会科学出版社，2009年。时世平：《救亡·启蒙·复兴：现代性焦虑与清末民初文学语言转型论》，天津：天津社会科学院出版社，2015年。郭勇：《"言文一致"与中国文学观念的现代转型》，北京：人民出版社，2018年。

② 文贵良：《文学汉语实践与中国现代文学的发生》，北京：北京大学出版社，2022年。

③ 高玉：《现代汉语与中国现代文学》，北京：中国社会科学出版社，2003年。

④ 张卫中：《母语的魔障——从中西语言的差异看中西文学的差异》，合肥：安徽大学出版社，1998年。

⑤ 张卫中编著：《汉语与汉语文学》，北京：文化艺术出版社，2006年。

⑥ 张卫中：《20世纪中国文学语言变迁史》，北京：中国社会科学出版社，2013年。

⑦ 朱晓进、李玮、何平等：《作为语言艺术的中国现代文学发展史：文学语言变迁与中国现代文学形式的演进》，北京：人民出版社，2015年。

察中国现代文学形式的演进。此外，刘琴、朱恒、张艳华等人的专著也有可观之处。①

从国语运动视角进入的研究中，首开风气的是王风的长文《文学革命与国语运动之关系》，由民国建元后第二年召开"读音统一会"构拟民族共同语的框架开始写起，写到1919年教育部附属的"国语统一筹备会"成立，最终得出结论：1920年教育部训令全国各国民学校将一、二年级"国文"课改为"国语"课，"是文学革命和国语运动合流的最大成果，同时也是确立白话地位最关键的一环"。②王风还发现，国语运动的核心人物基本都在当时的教育部，"一项拖延多年，谁都认为极难实施的改革，就在一瞬间成功了。个中奥妙，全在'朝中有人'"③。延续并拓展了王风思路的是程巍。他剖析了北方政府的"强南以就北"的国语统一计划与其"强南以就北"的国家统一计划之间在语言政治学上的深刻关联，将此认定为北方政府发动和领导这场文学革命的深刻的政治动机。④这方面还有袁红涛与泓峻的两篇论文可以参照。⑤

论著方面，颇有代表性的是刘进才的两本著作。其《语言运动与中国现代文学》上编从现代语言运动与民族国家的想象和建构、废汉字运动、现代语言运动发生的异域资源三方面论述了"现代语言运动的发生"。⑥《语言文学的现代建构》则以新文学为载体，集中围绕国语运动展开，从国语运动与国语标准音的确立、《国语周刊》与国语阵地的开辟、全国国语运动大会的筹备与举行、国语辞典的编纂与国语标准的探寻、国语语法的探讨与现代语法的革新等诸多方面探究国语运动与国语标准建立之间的关系。⑦

---

① 刘琴：《现代汉语与现代文学的关联性研究》，北京：中国社会科学出版社，2010年。朱恒：《现代汉语与现代汉诗关系研究》，北京：中国社会科学出版社，2013年。张艳华：《新文学发生期的语言选择与文体流变》，济南：山东大学出版社，2009年。
② 王风：《文学革命与国语运动之关系》，《中国现代文学研究丛刊》2001年第3期。
③ 同上。
④ 程巍：《谁领导了1916—1920年的中国文学革命?》，《中国图书评论》2010年第3期。
⑤ 袁红涛：《"白话"与"国语"：从国语运动认识文学革命》，《四川大学学报（哲学社会科学版）》2005年第1期。泓峻：《文学革命与国语运动的真相及胡适诸君的贡献》，《文史哲》2012年第3期。
⑥ 刘进才：《语言运动与中国现代文学》，北京：中华书局，2007年。
⑦ 刘进才：《语言文学的现代建构：语言运动与中国现代文学再探索》，北京：北京大学出版社，2015年。

另有吴晓峰的专著《国语运动与文学革命》①，从历史、个案、理论三个角度考察了1917年至1921年间国语运动与文学革命联合的历史必然性，分析了两大运动互动的方式和成果及其对现代文化转型的意义。近代史学界还有王东杰的专著《声入心通：国语运动与现代中国》②，该书引入社会文化史视角，透过这场上下合谋的文化运动，透视出现代中国国家重建的艰苦历程。钟少华的《中文之变革（1815—1949）》③也涉及国音国语、新词语、拼音化运动、新文法等重要内容。钟雨柔的《汉字革命：中国语文现代性的起源（1916—1958）》④基于国际性视野对"五四"前后的文字改革经验做出了有益探索和精彩总结。

由"五四"白话入手展开讨论的，还有刘东方、曹而云研讨胡适文体论的著作⑤和魏继洲对"五四"白话文从语言领域变革到文体形式解放的考察⑥。朱德发等还编辑了"五四时期白话文学文献史料"⑦，集中选编了"白话文学"主潮的文论资料，从中可以窥见"白话文学"从理论倡导、讨论争辩到创作实验的原生态情境。2017年，李春阳《白话文运动的危机》⑧试图全面检讨书面语革新和文体建立的成败得失，立场十分鲜明。此外，王一川关于汉语形象的专著⑨、郜元宝讨论新文学语言问题的"汉语别史"⑩、刘泉对现代文学发展中语言论争的整体研究⑪均给人启发。

---

① 吴晓峰：《国语运动与文学革命》，北京：中央编译出版社，2008年。
② 王东杰：《声入心通：国语运动与现代中国》，北京：北京师范大学出版社，2019年。
③ 钟少华：《中文之变革（1815—1949）》，桂林：广西师范大学出版社，2017年。
④ 钟雨柔：《汉字革命：中国语文现代性的起源（1916—1958）》，钟雨柔、张千可译，北京：生活·读书·新知三联书店，2024年。
⑤ 刘东方：《"五四"时期胡适的文体理论》，济南：齐鲁书社，2007年。曹而云：《白话文体与现代性：以胡适的白话文理论为个案》，上海：上海三联书店，2006年。
⑥ 魏继洲：《形式意识的觉醒：五四白话文研究》，北京：民族出版社，2011年。
⑦ 朱德发、赵佃强编：《国语的文学与文学的国语：五四时期白话文学文献史料辑》，北京：人民出版社，2013年。
⑧ 李春阳：《白话文运动的危机》，北京：生活·读书·新知三联书店，2017年。
⑨ 王一川：《汉语形象与现代性情结》，北京：首都师范大学出版社，2001年。
⑩ 郜元宝：《汉语别史：现代中国的语言体验》，济南：山东教育出版社，2010年，《汉语别史：中国新文学的语言问题》（增订本），上海：复旦大学出版社，2018年。
⑪ 刘泉：《文学语言论争史论（1915—1949）》，北京：中国社会科学出版社，2013年。

三是基于翻译研究的视野，探讨"跨语际实践"①的可能。民国时期，多种新文学史为翻译文学设立专章。陈子展的《中国近代文学之变迁》将文学革命运动以前的"翻译文学"列作第八章，以此了解"外来文学对于本国文学的影响"②。第九章剖析"十年以来的文学革命运动"的成因时，陈子展称"文学革命运动的推进，因受了外来文学的刺激而更有力，而更猛烈"③。王哲甫的《中国新文学运动史》第二章将"西洋文化之输入""留洋生的派遣"及"外国书籍之翻译"归为文学革命的"近因"，也列"翻译文学"为专章。④"十七年"时期，从翻译文学方面讨论新文学成功经验的研究视角未受重视，直至施蛰存在编辑《中国近代文学大系》的"翻译文学集"时发现：

> 外国文学的白话文译本，愈出愈多，译手也日渐在扩大，据以译述的原本有各种不同的语文，在潜移默化之间，产生了一种新的白话文。它没有译者的方言乡音影响，语法结构和辞气有一些外国语迹象。译手虽然各有自己的语文风格，但从总体来看，它已不是传统小说所使用的白话文。它有时代性，有统一性，有普遍性。当时的文艺创作家，即我们新文学史上所轻蔑的"鸳鸯蝴蝶派"，他们所使用的，就是这一种白话文。特别是几位既是翻译家，又是创作家，如包天笑、周桂笙、陈冷血等人，他们的译文和他们的创作，文体是一致的。⑤

在广泛阅读近代翻译文学后，扑面而来的鲜活感受让施蛰存敏锐地提出了问题——"是不是可以说：早期的外国文学译本，对当时创作界的文

---

① 刘禾提出的"跨语际实践"（translingual practice）概念，目的在于重新思考东西方之间跨文化诠释和语言文字的交往形式究竟有哪些可能性，在方法论上启迪颇多。刘禾：《跨语际实践：文学，民族文化与被译介的现代性》（修订译本），宋伟杰等译，北京：生活·读书·新知三联书店，2022年。
② 陈子展：《中国近代文学之变迁》，上海：中华书局，1931年，第132页。本书初版时间是1929年，此为再版本。
③ 同上书，第167—171页。
④ 王哲甫：《中国新文学运动史》，北平：杰成印书馆，1933年。
⑤ 施蛰存：《导言》，施蛰存主编：《中国近代文学大系（1840—1919）·第11集·第26卷·翻译文学集一》，上海：上海书店，1990年，第25页。

学语言也起过显著的影响呢?"①施蛰存发现的这批与"传统小说所使用的白话"不同、"语法结构和辞气有一些外国语迹象"的"新的白话文"已带有"五四"新体白话的部分特征。他认为"这一种白话文体的转变,是悄悄地进行的"。可惜,施蛰存停留在了直觉把握层面,没有展开论证。

正式提出"五四"新体白话概念的是严家炎。他赞许施蛰存的推断"是有根据的",并撰文细致申说。文章开宗明义,称"新体白话是五四文学革命后诞生的一种使书面语与口头语相接近的文学语言,在我国最近八十多年社会实际生活中发挥了异常重大的作用",但"对新体白话这类重大而复杂的语言现象及其来龙去脉反而茫然"。他直截了当地宣告,"近代白话翻译文学,确实形成了一种新的白话文体,它应该说就是'五四'新体白话的直接源头",随后论述了新体白话"被翻译逼出"的情形:

> 早在清末民初,用白话文翻译外国小说的风气已逐渐出现。周桂笙、伍光建、包天笑、周瘦鹃等都是这方面的好手。而新体白话文,就在这类翻译小说传播的过程中,不知不觉地逐渐形成,并被读者所接受。这种白话文与传统白话小说的语言有所不同,它以现代口语为基础,容纳某些文言词汇,避开过于生僻的方言乡音,语法结构上有时虽略带一些外语的痕迹,却比较顺畅自然,容易为一般读者所接受。……不但新体白话文是翻译文学逼出来的,而且连这种文体应当横排,应当采用新式标点符号,以及第三人称阴性代词"她"字的出现等等,也都是翻译文学逼出来的。②

追寻源头之后,严家炎尝试从前后比较中来概括"五四"新体白话的特征:一是"以现代口语为基础",二是"有意吸收欧化的语言成分(但不能笼统称作'欧化白话')",三是"承继了中国古代白话和近代白话,也容纳了某些浅近的文言词语,只是一般来说拒绝使用典故",四是"文学语言本身所达到的出色成就"。

---

① 施蛰存:《导言》,施蛰存主编:《中国近代文学大系(1840—1919)·第11集·第26卷·翻译文学集一》,上海:上海书店,1990年,第25页。
② 严家炎:《"五四"新体白话的起源、特征及其评价》,《中国现代文学研究丛刊》2006年第1期。

在文章中，严家炎有意对传教士与新体白话的关系有所澄清，"如果说，西方传教士的白话翻译文字对中国文学也有影响的话，那首先是对中国翻译文学产生了影响，然后通过翻译文学又影响到新文学的语言，因此是一种间接的影响（中国作家中信仰耶稣教的很少）"①。与之相对，袁进持续以西方传教士在近代中国的汉语文学活动为中心，正面发掘他们改造汉语的史实，尝试论证传教士的欧化白话文之于新文学语言的先驱作用，拓展了讨论的维度。

袁进思考的起点是"20 年代新文学与鸳鸯蝴蝶派在文学语言上有什么区别"，他的答案是"那区别主要就在欧化的程度上"，即"鸳鸯蝴蝶派也受到西方文学的影响，但是它还是从古代章回小说的发展线索延续下来的，以古白话为主，并且没有改造汉语的意图；新文学则不然，它们有意引进欧化的语言来改造汉语，以扩大汉语的表现能力"。由此，袁进追问道："古白话何时转换为欧化白话文？欧化的白话文何时问世的？它是在五四新文学问世时方才问世吗？"他自问自答是近代来华的西方传教士"创作了最早的欧化白话文"。②

袁进举了 1865 年班扬《天路历程》白话版译本的例子，以及 19 世纪 70 年代西方传教士出版物所刊白话游记、议论文、赞美诗等，用以证明"这些译本是中国最早的欧化白话文本，也是最早的白话文学前驱"，到"五四"时期，欧化白话文在中国"至少已经存在了半个多世纪"。他反对"把汉语书面语从文言到现代白话的转变看成汉语内部的转变"，"只在我们中国作家内部寻找变革的因果关系"，这很可能低估了近代"西化""全球化"的力量，"也掩盖了某些历史真相"。③历经多年探索，袁进及其学术团队将这些观点系统地写成了一本论著《新文学的先驱——欧化白话文在近代的发生、演变和影响》④，梳理了近代欧化白话文的存在详情与发展线索，剖析了它们对国语运动的影响。

---

① 严家炎：《"五四"新体白话的起源、特征及其评价》，《中国现代文学研究丛刊》2006 年第 1 期。

② 袁进：《重新审视欧化白话文的起源——试论近代西方传教士对中国文学的影响》，《文学评论》2007 年第 1 期。

③ 同上。

④ 袁进主编：《新文学的先驱——欧化白话文在近代的发生、演变和影响》，上海：复旦大学出版社，2014 年。

作为袁进团队的成员，武春野在她的个人专著中大量引用了来华传教士19世纪中期以来出版的、以"北京官话"编写的教材、宣教书和小说等材料，论证了"晚清书面官话"这种过渡文体的形成、特征及其欧化情况，凸显传教士对书面官话的特殊贡献。①部分书面化的"北京官话"即欧化白话文的一种。袁进团队的另一成员狄霞晨在其《从英文报刊看中国语言文学的近代转型（1833—1916）》②中，以英文报刊为主要材料，考察了中国近代的语言变革、文学更新与通俗化等问题。

近年来，传教士及其助手用中文创作、翻译的作品受到重视。尹延安从语言与文化互动的角度考察传教士中文报刊译述活动对汉语变迁的历史影响和作用，认定传教士中文报刊译述语言是介于文言与白话之间的"第三语码"，显示了汉语书面语流变的趋势。③赵晓阳则具体聚焦百余年中的不同文体、不同表达形式的《圣经》中译本，揭示出作为"域外资源"的《圣经》翻译活动如何经历了晚清时期的变革、选择、淘汰，而与本土"民间资源"的古白话文交汇为"五四"白话文运动的源头。④此外，这方面还有王澧华、吴颖主编的《近代来华传教士汉语教材研究》⑤和董方峰、杨洋合著的《近代中国的传教士语言学研究》⑥，以及陈历明的论文《欧化白话与传教士的事功》。陈历明通过梳理传教士16世纪以来在中国传教时留下的各类文本，将袁进的考察视点继续前移，认为欧化白话既不肇始于"五四"前后，亦非起源于晚清，而是开始在明末清初；传教士不乏欧化色彩的白话语言并非中西之间的生搬硬套，"而是经过中国本土传统的创造性吸收与转化，化欧为己"。⑦

要之，上述新体白话生成的分析框架中，既有对晚清白话报刊的强

---

① 武春野：《"北京官话"与汉语的近代转变》，济南：山东教育出版社，2014年。
② 狄霞晨：《从英文报刊看中国语言文学的近代转型（1833—1916）》，上海：上海社会科学院出版社，2022年。
③ 尹延安：《传教士中文报刊译述中的汉语变迁及影响（1815—1907）》，上海：上海交通大学出版社，2013年。
④ 赵晓阳：《域外资源与晚清语言运动：以〈圣经〉中译本为中心》，北京：北京师范大学出版社，2019年。
⑤ 王澧华、吴颖主编：《近代来华传教士汉语教材研究》，桂林：广西师范大学出版社，2016年。
⑥ 董方峰、杨洋：《近代中国的传教士语言学研究》，武汉：华中师范大学出版社，2021年。
⑦ 陈历明：《欧化白话与传教士的事功》，《学术月刊》2013年第12期。

调、对近代语言文字改革的关注,也有对清末民初翻译文学的标举以及对传教士汉语作品的发掘,而这些研究思路均偏于背景式的外部观照,未能从语体本身内在地直面新体白话的生成;有的避谈周氏兄弟,也有的将他们置于边缘性的角色,没有充分地解释新体白话何以会经由鲁迅、周作人之手而兴起。譬如,强调晚清白话报刊,却难以直接论证晚清白话报刊对周氏兄弟写作的具体影响;关注近代语言文字改革,但无法证明周氏兄弟的白话写作源出于文字革命;标举清末民初翻译文学,又不得不面对周氏兄弟白话的生成与周桂笙、伍光建、包天笑、周瘦鹃等所谓"好手"之译介作品几乎无关的尴尬。

传教士中文著译的发掘,已然涉及"欧化白话"的关键所在,但学界尚且缺乏近代传教士的欧化白话文与"五四"新文学白话写作之间存在关联的明证,更没有做出让人信服的新文学作家受传教士欧化白话影响而出手创作的个案研究。袁进在其主编的《新文学的先驱》中专列一章,论述"西方传教士欧化白话文的影响",洋洋洒洒写了六十多页,主要把传教士的影响落实在了晚清时期,至于其对新文学白话创作的影响,则语焉不详。关于"五四"新文学与传教士白话的关联,最为研究者津津乐道的是周作人的文章《圣书与中国文学》。周作人原话是:

> 我记得从前有人反对新文学,说这些文章并不能算新,因为都是从《马太福音》出来的;当时觉得他的话很是可笑,现在想起来反要佩服他的先觉:《马太福音》的确是中国最早的欧化的文学的国语,我又预计他与中国新文学的前途有极大极深的关系。[①]

周作人最初觉得"可笑",即否定了新文学的语言源自《圣经》译本的观点。他后面"佩服"时所说"《马太福音》的确是中国最早的欧化的文学的国语",意味着周作人意识到了传教士的欧化白话起源早,所谓"我又预计他与中国新文学的前途有极大极深的关系",指它可以成为供新文学家"参考与取法"的对象,但不能证明在周氏兄弟手中生成的新体白话受到了传教士的影响。由传教士的方面探讨欧化白话文的起源比较容易,从宏观

---

① 周作人:《圣书与中国文学》,《小说月报》第12卷第1号,1921年1月10日。

上将传教士的欧化白话视为新文学的语言先驱也成立,可是很难把这种先驱作用的影响实绩通过分析新文学创作的具体语言实践呈现出来。

较之前贤,在"五四"新体白话起源的考索方面,独辟蹊径且富于解释力的是王风。他的长文《周氏兄弟早期著译与汉语现代书写语言》提出了全新的阐释框架。开篇,他从对比中发现了问题:

> 那个时期新文学的著译,比如胡适、比如刘半农,在文学革命之前都有白话实践,他们个人的书写史均有脉络可寻。但如果回溯周氏兄弟二人的文学历程,可以发现,此前十五年,文言在他们的写作中占有绝对统治的地位。似乎鲁迅决定改用白话是瞬间的转变,即便周作人,直到1914年,其主张仍然是小说要用文言……①

随后,他按照周氏兄弟写作的顺序,从鲁迅的《月界旅行》《地底旅行》《斯巴达之魂》、周作人的《侠女奴》《玉虫缘》《荒矶》《孤儿记》开始,到《域外小说集》《红星佚史》《炭画》,再到《陀思妥夫斯奇之小说》《古诗今译》《察罗堵斯特罗绪言》,逐篇剖解,梳理了周氏兄弟著译的文本面貌远离汉语书写习惯的过程。王风说:

> 这个过程横跨了两种语体,从文言到白话。在周氏兄弟手里,对汉语书写语言的改造在文言时期就已经进行,因而进入白话时期,这种改造被照搬过来,或者可以说,改造过了的文言被"转写"成白话。与其他同时代人不同,比如胡适,很大程度上延续晚清白话报的实践,那来自于"俗话";比如刘半农,此前的小说创作其资源也可上溯古典白话。而周氏兄弟,则是来自于自身的文言实践,也就是说,他们并不从口语,也不从古典小说获取白话资源。他们的白话与文言一样,并无言语和传统的凭依,挑战的是书写的可能性,因而完全是"陌生"的。……周氏兄弟的白话确实已经到了"最高限度",这是通过一条特殊路径而达成的。在其书写系统内部,晚清民初的文言实践在文学革命时期被"直译"为白话,并成为现代汉语书写语言

---

① 王风:《周氏兄弟早期著译与汉语现代书写语言》(上),《鲁迅研究月刊》2009年第12期。

的重要——或者说主要源头。因为,并不借重现成的口语和白话,而是在书写语言内部进行毫不妥协的改造,由此最大限度地抻开了汉语书写的可能性。①

前人研究多在汉语白话史内部苦苦求索,但王风的创造性在于建立了一种横跨语体的内在视野来讨论从文言到白话的"转写"问题,且这一视野中蕴含了凸显两者连续性的学术理路。周氏兄弟清末民初时期对汉语书写语言改造的文言实践在文学革命时期被转写为白话,成为现代汉语书写语言的主要源头这一观点,可谓石破天惊之论。

王风的另一个重要发现是摸到了汉语书写语言在周氏兄弟手里"得到最大程度的改变"的根源,即"绍介域外文学所坚持的'对译'原则,毋宁说也是另外一种文字上的洁癖",将"循字移译"与"弗失文情"执行到彻底的程度。也就是说,周氏兄弟借以改造汉语书写语言的"文言实践"背后是翻译行为的诱发和促动。以文言时期的周氏兄弟为线索,正可敞开由文言翻译通向"五四"新体白话的研究空间。

王风的研究之于本书的写作有醍醐灌顶之效。不过,限于文章的篇幅和体例,《周氏兄弟早期著译与汉语现代书写语言》无法充分展开;且该文的研究重心在晚清,所考察的源语文本主要是英语,对周氏兄弟译自日语的作品以及民国初年的著译着墨不多。因此,"改造过了的文言被'转写'成白话"这一核心环节仍不够显豁,致使鞭辟入里的精彩之论曲高和寡,颇为可惜。本书将在其论述的基础上深耕细作,稳扎稳打,踵事增华。

第二节 研究对象及相关概念解析

本书的主要研究对象是周氏兄弟1919年之前的各类文本,除文言译作之外,也包括可以明确其材料来源的著述。下文首先按照时间线索分述二人,简要介绍研究对象的基本面貌。

1903年,周树人开始在浙江留日同乡会所办《浙江潮》上发表作品,计有编译的《斯巴达之魂》《说鈤》《中国地质略论》与译自雨果的《哀尘》

---

① 王风:《周氏兄弟早期著译与汉语现代书写语言》(下),《鲁迅研究月刊》2010年第2期。

等。同年,他翻译了凡尔纳的两部小说《月界旅行》《地底旅行》。前者于东京进化社出版,后者仅刊前两回,因《浙江潮》停办,未完。在弘文学院读书期间,他还译有《世界史》《北极探险记》。在仙台医学专门学校入学之初,他译出《物理新诠》前两章;1906年3月,退学。在此前后,《地底旅行》译毕,由南京启新书局出版。同期,他与顾琅合编的《中国矿产志》付梓。1907年、1908年两年间,周树人依据明治日本的书刊读物,为《河南》杂志撰写《人间之历史》《摩罗诗力说》《科学史教篇》《文化偏至论》及《破恶声论》(连载未完)等文章。1909年,从德文资料对译的安特莱夫《默》《谩》及迦尔洵《四日》,收入《域外小说集》刊印。同年回国,任教期间,他以多种明治科学书籍为底本,编译了课程讲义《人生象斅》。1913年,在教育部工作的周树人发表了参考太田善男《文学概论》所作的《拟播布美术意见书》,后翻译了日本心理学家上野阳一的《艺术玩赏之教育》《社会教育与趣味》《儿童之好奇心》,第二年又译出高岛平三郎的《儿童观念界之研究》。两年中的这些文章皆载于《教育部编纂处月刊》。1918年,他曾译《察罗堵斯德罗绪言》,即尼采《查拉图斯特拉如是说》第一部前三节的文言版,未刊,存有手稿。

  周作人的著译活动略晚于其兄。他留学日本之前发表作品的主要阵地是《女子世界》,该杂志刊载其各类文本近十篇。周作人在小说林社出版的几种翻译小说,亦皆仰赖《女子世界》编者丁初我的帮助。周作人发表于《女子世界》之诸作系年,长期标注有误。《女子世界》原计划为月刊,每年出版12期,每月1期,但由于各代派处拖欠报款问题严重,从第10期开始出版延误。谢仁敏在夏晓虹、栾伟平诸人研究成果的基础上,借助《时报》广告,考证了《女子世界》的出版时间,并对周作人相关文章的见刊时间做了更正。本书所涉周作人发表于《女子世界》作品的时间,皆从谢氏文章。①

  1904年,江南水师学堂在读的周作人以《女子世界》杂志为平台,分4期连载了《侠女奴》,即《阿里巴巴和四十大盗》的中译本。而后继续发表译自柯南·道尔的《荒矶》及有底本做参考的《天鹨儿》和《女猎人》。

---

① 详见谢仁敏:《〈女子世界〉出版时间考辨——兼及周氏兄弟早期部分作品的出版时间》,《鲁迅研究月刊》2013年第1期。

同一时期，周作人先后在小说林社出版了译自爱伦·坡的《玉虫缘》和借用雨果作品敷衍出的《孤儿记》。1906年，周作人随兄长赴日留学。这一阶段，周氏兄弟相互合作成为常态。周作人所译《红星佚史》《匈奴奇士录》《裴彖飞诗论》《劲草》《炭画》《神盖记》等都有兄长参与的身影，其参与的主要工作是抄录译本、校改文字，间或辅助翻译小说中的诗歌。其中，《劲草》译稿遗失，《神盖记》未刊且未完，存有手稿。1909年，二人联手推出了《域外小说集》。长兄离开后，他还译出过匈牙利小说家育珂摩耳的小说《黄华》，即《黄蔷薇》。民国初年，已返乡的周作人主要在《绍兴县教育会月刊》上发表译文，如译自黑田朋信的《游戏与教育》、由长滨宗佶《小儿养育之心得》编译而成的《玩具研究（二）》及从新井道太郎书中摘译的《小儿争斗之研究》。直到1918年，加入《新青年》之初的周作人仍以文言译出了《废娼问题之中心人物》。

通过上面的梳理可知，周氏兄弟的文言著译呈现出多种文本形态，虽然大部分是公开刊行或出版的，但也有不少以手稿乃至残稿的状态存世，亡佚稿件也有若干。

其次，大致盘点周氏兄弟文言著译在"五四"之后的"再现"过程。在这批文献里，类似《域外小说集》这样凭借时人经典化的推动得以以文言旧貌为世人所见的，仅是少数。鲁迅的部分文言著译分散在《坟》《集外集》《集外集拾遗》，甚至是《集外集拾遗补编》中，总是处于一种"被寻回"的情境里。民国期间，周作人文言译文中的《炭画》于1926年由北新书局重印，《匈奴奇士录》于1933年在商务印书馆"万有文库"系列中再版。"五四"后，白话风行，清末民初时代的文言著译已是陈迹。时间久远，很多作品连作者自己都记忆不清。因此，在相当长的时间里，周氏兄弟的文言著译是被遗忘的存在，加之它们散见于各处，不易得观，更无法汇集为整体化的文献资料，客观上说，它不具备成为一个课题的研究对象的可能。

就资料建设而言，1938年，鲁迅先生纪念委员会编纂的《鲁迅全集》首次将鲁迅大部分的译文汇集出版。[①] 1958年，因新版《鲁迅全集》不收译

[①] 鲁迅先生纪念委员会编纂：《鲁迅全集》，上海：鲁迅全集出版社，1938年。1946年，作家书屋参与经售，将其印刷再版；1948年，发行第三版。1973年，人民文学出版社据1938年版重排再版。

作，将1938年二十卷本全集的后十卷单列，出版了《鲁迅译文集》①，将原本编入鲁迅杂文集里的译文统一收录，又收入新搜集到的、以前未经结集的全部译文。鲁迅所作关于他自己的译文的文章及附记等以每卷"附录"的形式呈现。鲁迅文言译作主要收录在第1卷和第10卷。1963年，陈梦熊经周作人的确认，考订出鲁迅的两篇文言佚译《哀尘》与《造人术》②，是资料集佚方面的重要成果。随后，戈宝权对它们予以阐释③。周氏兄弟合作的文言译稿《神盖记》的信息也在同一时期被披露，只列其目④。《神盖记》今译《圣彼得的伞》，是匈牙利作家米克沙特·卡尔曼所著长篇小说，既充满幻想和浪漫色彩，又具有鲜明民族特色和社会风情，作为乡土小说，在匈牙利可谓家喻户晓。这份周作人译、鲁迅校改的未完译稿，最终在1991年经整理，收入《上海鲁迅研究》，全文刊登，首次公之于世，并附文讲解。⑤

在鲁迅翻译资料整理方面，2008年，北京鲁迅博物馆研究人员利用馆藏文献资料，对鲁迅的全部翻译著作进行了整理校勘，出版了八卷本《鲁迅译文全集》。⑥与人民文学出版社1958年版《鲁迅译文集》相比，这套书所收篇目更全，可谓鲁迅译文汇辑工作历史上的新里程碑。⑦2009年，王世家、止庵合编的《鲁迅著译编年全集》为鲁迅研究大开方便之门。⑧2014年，北京鲁迅博物馆从馆藏大量鲁迅著作版本中择取鲁迅译文初版本30余种，原样影印，编为《鲁迅译作初版精选集》。⑨前四本《月界旅行》《地底旅行》《域外小说集（第一册）》《域外小说集（第二册）》尤为重要，此前很难查阅的鲁迅文言译作的初版本由此得见天日。特别是1909年在东京

---

① 《鲁迅译文集》，北京：人民文学出版社，1958年。1938年版《鲁迅全集》原有《药用植物》一种，因系自然科学专书，本版《鲁迅译文集》没有收入。

② 熊融：《关于〈哀尘〉、〈造人术〉的说明》，《文学评论》1963年第3期。熊融即陈梦熊。

③ 戈宝权：《关于鲁迅最早的两篇译文——〈哀尘〉、〈造人术〉》，《文学评论》1963年第4期。

④ 上海鲁迅纪念馆资料组辑：《〈鲁迅全集〉未印著作》，《中国现代文艺资料丛刊》第1辑，上海：上海文艺出版社，1962年，第2页。

⑤ 华融：《关于〈神盖记〉译稿》，上海鲁迅纪念馆编：《上海鲁迅研究》（四），上海：百家出版社，1991年，第58—63页。

⑥ 北京鲁迅博物馆编：《鲁迅译文全集》，福州：福建教育出版社，2010年。

⑦ 《〈鲁迅译文全集〉出版首发式座谈》，《鲁迅研究月刊》2008年第7期。

⑧ 王世家、止庵编：《鲁迅著译编年全集》，北京：人民出版社，2009年。

⑨ 北京鲁迅博物馆编：《鲁迅译作初版精选集》，北京：中央编译出版社，2014年。

出版的两册《域外小说集》，存世极少。同年，国家图书馆将其所藏鲁迅未刊翻译手稿影印出版，第一册有鲁迅1918年用文言译出的《察罗堵斯德罗绪言》的残稿，非常珍贵。①2021年，《鲁迅手稿全集》出版，分为"文稿编""译稿编""书信编""日记编""辑校古籍编""辑校金石编""杂编"等七编，其中"译稿编"收入译稿30种。这批最为齐全的鲁迅手稿文本的高质量影印出版为研究周氏兄弟文言著译提供了新的文献基础。②

自1999年开始，止庵主编的"苦雨斋译丛"逐年出版，先期是《希腊神话》《全译伊索寓言集》《财神·希腊拟曲》三本四种，后续有日本方面的《古事记》《枕草子》《平家物语》《狂言选》《浮世澡堂》《浮世理发馆》六本六种，再是大部头的《欧里庇得斯悲剧集》上中下三卷与《路吉阿诺斯对话集》上下两卷五本二种，最后是《现代日本小说集·两条血痕》《如梦记·石川啄木诗歌集》二本四种出版。一时之间，这套"苦雨斋译丛"十分抢手。③此后，周氏兄弟译作在出版方面取得了长足的进步。2012年，止庵在"苦雨斋译丛"的基础上又推出了《周作人译文全集》，计11卷，几乎将周作人的译作搜罗殆尽。④这也是周作人的文言译作第一次全面汇集出版。2019年，止庵又推出修订版，增为12卷。

本书拟通过对周氏兄弟文言著译进行探考，丰富对"五四"新体白话生成的理解。"新体白话"这一概念基本沿用严家炎的界定，尤其突出"有意吸收欧化的语言成分"的显性特征。从起源上看，鲁迅与周作人的白话写作既不是对传统小说白话的全面继承，也不是源自日常操用的口语；而是在融合了旧白话、近代报刊白话的基础上，加入欧化等外来因素，创造了"新体白话"。这是"新文学"语言上所谓"新"的关键。

与"新体白话"直接相关的概念是汉语欧化。从语言实践的层面看，汉语与印欧语言的接触由来已久。贺阳指出，近世至"五四"以前的汉语与印欧语言成规模的接触有三次。一者，明末清初欧洲传教士的翻译过程中存在汉语和印欧语言的接触，但他们普遍顺应汉语书面表达传统，汉

---

① 国家图书馆编，陈红彦主编：《国家图书馆藏鲁迅未刊翻译手稿》，北京：国家图书馆出版社，2014年。
② 《鲁迅手稿全集》编辑委员会：《鲁迅手稿全集》，北京：国家图书馆出版社，2021年。
③ "苦雨斋译丛"由中国对外翻译出版公司1999—2005年出版。
④ 止庵主编：《周作人译文全集》，上海：上海人民出版社，2012年。

语受到的印欧语言影响十分有限,况且这一时期的传教士译著基本上是文言,更难以对白话文产生实际影响。二者,鸦片战争后,传教士的布道活动广泛且活跃,大量采用便于导民的白话文。印欧语言对汉语白话的影响较之前一阶段明显增大。考虑到受众是文化程度普遍低下的人群,传教士的白话表达也在尽可能地接近普通民众的口语,尽量避免因带有外国腔调而造成民众心理上的排斥和阅读上的困难。作为传教士翻译活动的重要工具,白话文本身开始直接受到印欧语言的影响,但传教士白话与《红楼梦》《儿女英雄传》中的旧白话在语言系统上是一脉相承的,偏近口语的同时,主要是在叙事方式及语词使用的层面呈现出欧化的风格。三者,清末民初时期,各类翻译文本层出不穷,连日后以捍卫古文命运为己任的林纾在笔述译文时都难逃"欧化"的纠缠。钱锺书感慨林氏译笔"包含很大的'欧化'成分","好些字法、句法简直不像不懂外文的古文家的'笔达',却像懂外文而不甚通中文的人的硬译"[①]。至于那些懂外语且用白话文进行翻译的译者更无法避免欧化的表达,如长定语的修饰结构在译本中频繁出现、汉语被字句的言说习惯被改变等,此即施蛰存所言之"外国语迹象",比之传教士白话,语法的欧化进程更显豁。然而,当时以"意译"为风尚,甚至编译、改译、缩写也在所不惜;全文逐字逐句翻译者极少,又不以严格贴近原作为标准,译文受原作语言表达形式的影响同样是有限的。[②]

在清末时期,文面上掺杂了异域风气也会轻则招致讥讽,重则耽误前程。1904年1月,《奏定学务纲要》单列一条,明确规定"戒袭用外国无谓名词,以存国文,端士风":

> 大凡文字务求怪异之人,必系邪僻之士。文体既坏,士风因之。夫叙事述理,中国自有通用名词,何必拾人牙慧。又若外国文法,或虚实字义倒装,或叙说繁复曲折,令人费解,亦所当戒。倘中外文法,参用杂糅,久之,必渐将中国文法、字义尽行改变,恐中国之学术风教,亦将随之俱亡矣。此后官私文牍一切著述,均宜留心检点,

---

[①] 钱锺书:《林纾的翻译》,《文学研究集刊》第一册,北京:人民文学出版社,1964年,第20页。

[②] 贺阳:《现代汉语欧化语法现象研究》,北京:商务印书馆,2008年,第4—12页。

切勿任意效颦,有乖文体,且徒贻外人讪笑。如课本日记考试文卷内有此等字样,定从摈斥。①

对"官私文牍一切著述"均提出要求,不可谓不严苛。几乎同时期,陕西大学堂因榜首用"文明""野蛮"这些域外词汇,被时任陕西省臬司的樊增祥严批痛斥。陕西汉中府辖县南郑在呈送给上级的文书中使用了"起点"这一域外词,被巡抚"切责"。樊增祥对这类现象表现得深恶痛绝,声色俱厉道:"中国文字自有申报馆而俗不可医,然犹不至于鹦鹉改言从鞑靼,狌猴换舞学高骊也。迨戊戌以后,此等丑怪字眼始络绎堆积于报章之上,无知之物承窍乞余,相沿相袭。"②这般论调不仅充斥在官方话语中,也弥漫于普通知识界,可谓"朝野一致"③。进入民国,官方严厉的文禁之风虽得以缓解,但民间士人仍普遍对文辞欧化颇有微词。

直到"五四"时期,随着白话文运动的展开,几十年来无心建设、自然透出的汉语欧化进入有意提倡的新阶段。白话文运动的如火如荼,加之周氏兄弟的"直译"方法被推崇,汉语欧化的趋势骤然增强。1918年,张寿朋致信《新青年》,批评周作人的译文"弄巧反拙",将外国的"全副精神肚脏"都搬运到中国文字里头来④。与张寿朋等所持反对观点针锋相对,1919年,傅斯年在《新潮》上热烈鼓吹"拿西洋文当做榜样",通过模仿它,写出"欧化的白话文"⑤。这或许是第一次正面提出将"欧化"作为文章变革的方案。同年秋冬学期,刘半农为北京大学预科二年级各班讲授中国文法课。他在讲义中写道:

> 到最近二三年以内,欧洲近代文字的潮流,又渐渐的向中国文字上激荡;其中态度最鲜明的,是周作人教授所译的小说。若依着这种

---

① 《奏定学务纲要》,璩鑫圭、唐良炎编:《中国近代教育史资料汇编·学制演变》,上海:上海教育出版社,2007年,第500—501页。
② 樊增祥:《批学律馆游令拯课卷》,那思陆、孙家红点校:《樊山政书》,北京:中华书局,2007年,第161页。在点校本中,此段标点有误,笔者略改。
③ 详参罗志田:《抵制东瀛文体:清季围绕语言文字的思想论争》,《历史研究》2001年第6期。
④ 张寿朋:《通信·文学改良与孔教》,《新青年》第5卷第6号,1918年12月15日。
⑤ 傅斯年:《怎样做白话文?》,《新潮》第1卷第2号,1919年2月。

情形进行,预料再过十年八年,中国的文字,一定可以另外锻炼成功一种新气息。

这最近一次的变动,颇有许多人不赞成,甚而至于不能忍耐。其实就原理上说,文字的作用,无非在于记载语言;语言的作用,无非在于表示意义。意义应当如何表示,在造成语言文字的时候,并没有什么人在那里分付着:"你是甲国人,应当用甲法;他是乙国人,应当用乙法。"所以语言文字,本来是没有国籍的,其所以后来分出甲国乙国的界限来,无非因为甲与乙居处不同,不相往来,所以甲就依了甲的自然的便利,造成了甲种式样;乙也依了乙的自然的便利,造成了乙种式样;假使甲与乙是同居的,就断然没有这分别了。如此说,可见语言文字之所由分,实以自然的便利为其原动力。但是自然的便利,不一定就是至善。假如甲国也依了他自然的便利造成了甲国语,自己本来很满足,一旦看见了乙国语,虽然不合他的自然,却有些胜过他的地方——例如同是一句话,甲不能表示,乙能表示;或甲表示得不完满,乙能完满;或虽能表示,而不能完满,而其工作有巧拙烦简之不同——那亦何妨采择些,假借些;要是乙国语本来不好,甲国人断断不会采择他,可以无烦[须]反对。①

刘半农所谓"最近二三年以内",即指文学革命以来;谈到的"欧洲近代文字的潮流,又渐渐的向中国文字上激荡"便是汉语欧化的加剧。刘半农在讲义里为汉语欧化辩护,建议在适当的时候"何妨采择些,假借些"。由这则材料亦可知当时"颇有许多人不赞成,甚而至于不能忍耐"的情况。其实,反对汉语欧化的人里也有一部分新文学的支持者。1921年,沈雁冰在《语体文欧化之我观》中说:

现在努力创作语体文学的人,应当有两个责任:一是改正一般人对于文学的观念,一是改良中国几千年来习惯上沿用的文法。现在了然于前者之必要的人,已经很多;对于后者怀疑的人,却仍旧不少。

---

① 刘半农:《中国文法通论》,上海:求益书社,1924年,第22—23页。1919年12月,《中国文法通论》初版本由北京大学出版部印行。1924年版为第4版。

> 所以有人自己做语体文，抄译西洋学说，而对于中国语体文的欧化，却无条件的反对了。反对的理由便是：欧化的语体文非一般人所能懂。不错！这诚然是一个最大的理由；但可不一定是最合理的理由。我们应当先问欧化的文法是否较本国旧有的文法好些。如果确是好些，便当用尽力量去传播，不能因为一般人暂时的不懂而便弃却。所以对于采用西洋文法的语体文，我是赞成的；不过也主张要不离一般人能懂的程度太远。因为这是过渡时代试验时代不得已的办法。①

文中，沈雁冰在向"做语体文，抄译西洋学说"，却无条件反对语体文欧化的人解答何以要采用西洋文法的语体文。这篇短文刊于《小说月报》第12卷第6号。同期另有一篇出自郑振铎之手的同题之作，全文如下：

> 中国的旧文体太陈旧而且成滥调了。有许多很好的思想与情绪都为旧文体的成式所拘，不能尽量的精微的达出。不惟文言文如此，就是语体文也是如此。所以为求文学艺术的精进起见，我极赞成语体文的欧化。在各国文学史的变动期中，这种例是极多的。不过语体文的欧化却有一个程度，就是："他虽不像中国人向来所写的语体文，却也非中国人所看不懂的。"②

沈雁冰与郑振铎的两篇同题文章，均出自"文艺丛谈"栏目，类似《新青年》之"随感录"。同题的同时，分标（一）（二），明示了它们内在的联系。考虑到1921年二人的密切关系，两篇文章显然是刻意谋划，既可以应对社会上批评汉语欧化的舆论，也提倡了有意的语体文欧化试验。虽然沈雁冰的态度和缓，郑振铎的表达略为激烈，但二者的内里是一致的。

果不其然，争鸣如期而至，一时颇为热闹。语体文欧化的讨论起自沈雁冰主编的《小说月报》，又得到了郑振铎主持的《时事新报·文学旬刊》的推波助澜。1921年7月，郑振铎汇集了一个月来不同报刊所载各方意见，

---

① 雁冰：《语体文欧化之我观（一）》，《小说月报》第12卷第6号，1921年6月10日。
② 振铎：《语体文欧化之我观（二）》，《小说月报》第12卷第6号，1921年6月10日。

一并在《时事新报·文学旬刊》上刊出，题为《语体文欧化的讨论》。编辑按语写道：

> 中国的语体文，早就有许多人感着不够完全表白文学上的一切叙述与描写之苦了。最初在《新潮》上，傅斯年君曾有一篇文章论到这个问题。近来在《小说月报》十二卷六号上又有雁冰、振铎二君提出这个讨论。在《曙光》的二卷三号上，王剑三君也有一篇与二君表同情的文章。六月三十日的《京报》，又有傅东华君的一篇讨论。雁冰、振铎二君见了傅君的讨论，又做了两篇文章。我们认这个问题是很要讨论的。所以把这几篇文章在这里一起发表了。只有傅斯年君的一篇，因为太长，不便转载。读者对于这个问题有什么批评，也希望能够发表出来。①

从这段文字中可以看出讨论之初的情形。此后的大半年时间里，《小说月报》上的交锋更盛。沈雁冰借助"通信"栏，将读者来信里的商榷或补充意见刊出，并一一作答。"语体文欧化"作为新议题成功引起了知识界的注意。激烈的反对声音在下降，同情理解的人越来越多。这场大讨论将社会上是否应当欧化的意气之争转变为如何欧化的施行办法商议。此后，尽管舆论上时不时仍有针对汉语欧化的冷嘲热讽，但"欧化"作为描述汉语在20世纪中国之新变的标签得以确定下来。

"五四"时期，汉语与印欧语言的间接接触变得频繁而广泛。有识之士因势利导，即便是反对者，也不得不面临汉语发生着显著变化的事实。在争论双方之外，密切关注这一现象的是语言学家。早在1919年，面对语体文欧化的争议，刘半农就认识到："我们研究文法的人的责任，却只须问文字中有无某种现象，某种现象能否在文字中成立，不必问此种现象是好是坏。就使是坏的，他既已成立了，也应该研究。"于是，他将"外国文学势力侵中国以后，中国文字上所受的影响"纳入中国文法比较研究的视野中。②1924年，黎锦熙出版了中国第一部以白话文为对象的系统而完整的

---

① 《语体文欧化的讨论》，《时事新报·文学旬刊》第7号，1921年7月10日。似为郑振铎所作。
② 刘半农：《中国文法通论》，上海：求益书社，1924年，第23—24页。

文法著作《新著国语文法》。他事后回忆说：

> "五四"以后，风气突变，不论教育性的书刊、文艺文和理论文，白话文都成了"正宗货"。又陆续出了大量的白话翻译品，吸收了许多外来语和欧化的造句法，新的语言形式和新的思想内容是互相随伴着而来的。我现在只叙述当年这点儿经过情况，也就是说明这部《国语文法》为甚么要举那些不纯属口语的多方面的例句。①

通过黎锦熙的解释可知，"五四"时期的汉语欧化现象已经在这部专门的"白话文法"中得到及时的总结。在黎锦熙的基础上又超越向前的是王力。就读于巴黎大学时，王力就有志于研究中国语法，却无奈改学实验语音学。直到1936年，他在《清华学报》上发表《中国文法学初探》，对《马氏文通》以来简单比附的研究方法提出了批评，并提出要重视汉语语法实际与古今语法区分。同年，他还在《独立评论》上发表了《中国文法欧化的可能性》②。1937年，全面抗战爆发，流离困顿中的王力开始撰写《中国现代语法》，用作西南联大课堂讲义；后又重加修改，并把它分为两部书，"一部专讲规律，一部专谈理论，相辅而行"③。他提出："现在一般所谓'国语文法''白话文法'一类的书把欧化语法和大众口语的语法杂糅，是一桩极不合理的事。"此即以黎锦熙为"暗靶"。有鉴于此，在明确表示所谓欧化语法只是"知识社会的一种特殊语法"且"只出现于文章里"④的情况下，两部书中均专设"欧化的语法"一章。王力解释说：

> 现在一般知识青年，生活在欧化语言里，很少能够辨别哪一些语言形式是中国固有的，哪一些是舶来品。这在文章的实用上，固然毫

---

① 黎锦熙：《今序（1951）》，《新著国语文法》，长沙：湖南教育出版社，2007年，第11页。《新著国语文法》的初稿写于1921年，初版时间为1924年。

② 了一：《中国文法欧化的可能性》，《独立评论》第198期，1936年4月26日。王力，字了一。该文还引起了时人的讨论。

③ 王力：《自序》，《王力文集》第2卷，济南：山东教育出版社，1985年，第19页。

④ 《王力文集》第1卷，济南：山东教育出版社，1984年，第433—434页。

无关系；而在文法的研究上，却是缺乏历史的眼光。从民国初年到现在，短短的二十余年之间，文法的变迁，比之从汉至清，有过之无不及。文法的欧化，是语法史上一桩大事。咱们对于这一个大转纽，应该有一种很清楚的认识。现在我们把欧化的语法（文法）另立一章，就是帮助读者辨别中国语法的本来面目和欧化的语法（文法）有什么歧异之点，这种辨别，在语法学上是必要的。①

民国知识青年对时人所著白话书面语中的欧化的感知，或许近于苏轼诗之"不识庐山真面目，只缘身在此山中"。王力根据民国初年以降文章欧化程度渐渐增加的既成事实，做了系统性的论述；梳理和讨论了"五四"以来汉语语法中的种种欧化现象，如复音词的创造、主语和系词的增加、句子的延长、可能式和被动式以及语法标记的欧化、联结成分的欧化、新兴的替代法和称数法、新省略法与新倒装法以及新插语法等。尽管这些研究"在观察的充分性、论证方法的可靠性、描写的精密程度以及理论的归纳上尚有不够完善之处"②，但王力开创性的研究使原本作为文坛现象的语体文欧化问题全面拓展到语言学研究的学术话语中来。

1958年，王力再接再厉，将汉语欧化现象置于整个汉语史的长时段中判定考察，并补充了无定冠词的产生、使成式的增加、共动和共宾等新兴平行式的使用、新兴的词序出现等欧化语法现象。③紧随其后，北京师范学院中文系编著了《五四以来汉语书面语言的变迁和发展》。编者提出，词汇的剧烈变动是"现代汉语发展上最重大的特征"，而具有极大稳固性的语法在"五四"以前已受印欧语言的影响，但汉语语法到"五四"后才有了一些显著的变化；1919年至1959年的四十年里，受印欧语言的影响，汉语语法"比任何历史时期汉语语法的变动都剧烈得多"，特别是在"书面语言"方面更为突出。④这项现代汉语史的研究具有重大现实意义，为方兴未艾的汉语规范化运动提供了历史依据。同样为配合现代汉语规范化议题，高

---

① 《王力文集》第1卷，济南：山东教育出版社，1984年，第434页。
② 贺阳：《现代汉语欧化语法现象研究》，北京：商务印书馆，2008年，第24页。
③ 王力：《汉语史稿》中册、下册，北京：科学出版社，1958年。中册为语法卷，下册是词汇卷。
④ 北京师范学院中文系汉语教研组编著：《五四以来汉语书面语言的变迁和发展》，北京：商务印书馆，1959年，"序言"第3页。

名凯与刘正埮合作出版《现代汉语外来词研究》①,考证了1500多个汉语外来词的来源——由英、法、德、日而来者分别为547个、79个、21个、359个,另有90个源自俄语、意大利语及西班牙语。这一时期,与汉语欧化研究密切相关的学术话语,借由国家意志的汉语规范化运动,必然地反向辐射到当代文坛创作的语言实践。

20世纪四五十年代,王力等人从语言学的角度对汉语欧化现象的研究为后世奠定了良好的基础。此后的半个多世纪,相较于文学领域对汉语欧化论析的宏阔、零散、随意、粗疏,语言学界推出了不断深入的专题性著作。在外来语研究方面,刘正埮、高名凯、麦永乾、史有为四人合编了《汉语外来词词典》②。1991年,史有为又推出专著《异文化的使者——外来词》③。意大利学者马西尼(Federico Masini)梳理了1840年至1898年间词汇嬗变的本质和特征,通过凸显19世纪汉语外来词的存在,质疑了"现代汉语的形成是始自'五四'运动的这一传统观点"。④史有为吸收了马西尼及其他学者的成果后,持之以恒地对汉语外来词进行研究,不仅修订了1991年的旧作,重点增补了探讨现当代汉语外来词的篇幅⑤,还出版新著,系统介绍汉语外来词的性质、功用、类型、走向、规范及研究概况等⑥;主编的《新华外来词词典》⑦收录汉语外来词共20000余条,注明外来词词源,为部分外来词提供进一步溯源资料,处理日源汉字词3000余条。在欧化语法研究方面,美国学者顾百里(Cornelius C. Kubler)在《白话文欧化语法之研究》中将汉语欧化视为理解间接语言接触的理想范本。⑧谢耀基的《现代汉语欧化语法概论》⑨以上中下三编,逐一揭示欧化语法成因、中西语法异同、欧化语法规范化理念。贺阳后出转精,他提出大部分欧化语

---

① 高名凯、刘正埮:《现代汉语外来词研究》,北京:文字改革出版社,1958年。
② 刘正埮、高名凯、麦永乾、史有为编:《汉语外来词词典》,上海:上海辞书出版社,1984年。
③ 史有为:《异文化的使者——外来词》,长春:吉林教育出版社,1991年。
④ 马西尼:《现代汉语词汇的形成——十九世纪汉语外来词研究》,黄河清译,上海:汉语大词典出版社,1997年。
⑤ 史有为:《外来词——异文化的使者》,上海:上海辞书出版社,2004年。增订版书名略有调整。
⑥ 史有为:《汉语外来词》,北京:商务印书馆,2000年。2013年,该书又增订出版。
⑦ 史有为主编:《新华外来词词典》,北京:商务印书馆,2019年。
⑧ 顾百里:《白话文欧化语法之研究》,台北:台湾学生书局,1985年。外文原题为 A Study of Europeanized Grammar in Modern Written Chinese。
⑨ 谢耀基:《现代汉语欧化语法概论》,香港:光明图书公司,1990年。

法现象与汉语固有传统之间的差别不是绝对的有与没有的差别，主要体现在语法成分的出现频率上，是罕见与广泛使用之间的差别。①贺阳的研究扩大了对象材料的范围，也更新了研究方法，引入了有层次的对比方法与频率统计方法进行识别和判定，追求更加准确地刻画汉语欧化语法现象的特征。

近年来，在汉语欧化研究方面取得突破性成绩的是刁晏斌。他早期主张对现代汉语历史发展变化进行研究，所著《现代汉语史概论》②及《初期现代汉语语法研究》③两书均涉及汉语欧化问题。面对"欧化"概念的混杂，2009年，他改用"外来形式"这一所指"范围最大，内涵最为丰富"的新概念，它既包括"纯"外来的形式，如外来词语、外来句式等，又指向由于受外语影响而产生的某些形式或用法，也关涉汉语中某些固有形式由于受外语影响而发生的变化。"外来形式"涵括的不仅是词汇和语法，还有文字、语音以及属于语言使用范畴的修辞等。④后来，他修正了自己的看法，考虑到"如果没有欧化的主张与实践，现代汉语绝对不会是现在的样子"，进而视"欧化"为"了解与认识百年汉语的核心问题"及"最为重要的'关键词'"⑤。刁晏斌认为，相较于"欧化"，其他替代名称亦各有局限，如"现代化"不够明确，"西化"范围同样有限，"外化"则含混不清，加之"欧化"概念已然通行、难以取代，不妨延用"欧化"概念，并予以重新界定，把"欧"的所指范围扩大到"外族语言"，不限于印欧语言，而可扩大到藏语、乌拉尔语、阿尔泰语等。⑥此外，他还发表了一系列在百年汉语发展演变的视野中梳理欧化史及相关研究方面的论文⑦。不过，刻意维

---

① 贺阳：《现代汉语欧化语法现象研究》，北京：商务印书馆，2008年。
② 刁晏斌：《现代汉语史概论》，北京：北京大学出版社，2006年。
③ 刁晏斌：《初期现代汉语语法研究（修订本）》，沈阳：辽海出版社，2007年。
④ 刁晏斌：《现代汉语外来形式研究刍议》，《云南师范大学学报（对外汉语教学与研究版）》2009年第6期。
⑤ 刁晏斌：《汉语的欧化与欧化的汉语——百年汉语历史回顾之一》，《云南师范大学学报（哲学社会科学版）》2019年第1期。
⑥ 此处，刁晏斌参考的是谢明镜的文章，但没有注释清楚。参见谢明镜：《外来词的"汉化"和汉语词的"外化"研究》，《北华大学学报（社会科学版）》2015年第3期。
⑦ 刁晏斌：《欧化及其研究的新思考：写在汉语欧化研究百年之际》，《北华大学学报（社会科学版）》2021年第3期；《论"汉语欧化史"》，《辽宁师范大学学报（社会科学版）》2021年第5期；《华语的欧化与欧化的华语》，《长江学术》2022年第2期。

持"欧化"概念的使用习惯,甚至不惜人为扩大它的内涵,也未必能奏效。除了汉语研究者之外,出身外国语学院的学人也对欧化与汉语的关系展开过很多讨论,有代表性的研究者是郭鸿杰和朱一凡。①

在汉语欧化研究持续进行的过程中,质疑的声音也越来越大。早在1943年,朱自清为王力的《中国现代语法》作序时,就委婉地表达过异议。他说:

> 新文学运动和新文化运动以来,中国语在加速的变化。这种变化,一般称为欧化,但称为现代化也许更确切些。这种变化虽然还只多见于写的语言——白话文,少见于说的语言,但日子久了,说的语言自然会跟上来的。王先生在本书里特立专章讨论"欧化的语法",以见眼光远大。但所谓欧化语的标准很难选择。新文学运动到现在只有二十六年,时间究竟还短;文学作品诚然很多,成为古典的还很少。就是有一些可以成为古典,其中也还没有长篇的写作。语法学家取材自然很难;他若能兼文学批评家最好。但这未免是奢望。本书举的欧化语的例子,范围也许还可以宽些,标准也许还可以严些;但这对于书中精确的分析的结果并无影响。②

朱自清指出,社会舆论一般将"五四"以来的中国语变化称为"欧化",但他认为"欧化"不如"现代化"更确切,因为"欧化语的标准很难选择"。2000年,法国汉学家贝罗贝(A. Peyraube)对汉语受到欧化(或曰西化)表示怀疑,他认为汉语的现代变迁与其说是受到了西方语言学意义上的影响,不如说是受到了社会文化因素的影响;一些所谓汉语欧化的例证实际上在中国同西方接触之前就已存在,汉语书面语体现了欧化句法,但欧化的影响有限。王克非在文章中提及贝罗贝的新观点,直言道:"我们不同意汉语词汇、句法甚至文体等层面发生了欧化一说,但汉语的多音词化对某些西方语言句式的引入、模仿,确有翻译带来的影响。"③庄黄腾也

---

① 郭鸿杰:《英语对现代汉语的影响——语言认知研究法》,上海:上海交通大学出版社,2005年。朱一凡:《翻译与现代汉语的变迁:1905—1936》,北京:外语教学与研究出版社,2011年。
② 朱自清:《朱序》,《王力文集》第2卷,济南:山东教育出版社,1985年,第13页。
③ 王克非:《近代翻译对汉语的影响》,《外语教学与研究》2002年第6期。

借鉴了贝罗贝的观点，指出大部分"欧化论者"引以为佐证的语法现象均能在古代汉语中找到其始源形式。① 王宇弘着眼于汉语与英语的对比，发掘了二者在类型学上的区别，即作为印欧语言的英语是屈折语，富于形态变化；汉语是孤立语，缺乏形态变化。由此观之，汉语与英语在词法、表达法和语言组织规律上的主要差异基本上是由形态变化的不同产生的。在王宇弘看来，有无形态变化是汉、英两种语言的本质区别，因此，不应将汉语在英语影响下所发生的变化笼统地都称为欧化，只有那些体现了形态意义或与形态有关的变化才可称为欧化。② 冯胜利则仅把"欧化语"视为汉语语体再生的材料和手段，"现代书面语是正式语体的产物，不是欧化的必然"，"新兴正式语体中的诸多语法现象就是自身机制的产物，而非外来'欧化'的结果"。③ 对既有汉语欧化语法研究质疑得最深入的是崔山佳。他认可的是吕叔湘的看法，即"现代汉语只是近代汉语的一个阶段，它的语法是近代汉语的语法，它的常用词汇是近代汉语的常用词汇，只是在这个基础上加以发展而已"④。崔山佳自身长期从事近代汉语研究，他发现很多学者所说的"欧化"语法现象在晚唐五代以降的近代汉语中已然存在；他否认"汉语中罕用的语法形式由于印欧语言影响的推动和刺激作用而得到迅速发展的现象"是"欧化"，因为这只是量的增多，并非质的改变。⑤

除了认定汉语欧化程度被夸大之外，还存在一种质疑：所谓汉语欧化，有相当一部分不直接来自印欧语言，而存在一个经由日本的转手过程。1905年，王国维就曾谈及中国、西洋、日本三者之间早期的语际交流。他说：

> 新思想之输入，即新言语输入之意味也。十年以前，西洋学术之输入，限于形而下学之方面，故虽有新字新语，于文学上尚未有显著

---

① 庄黄腾：《现代汉语语法欧化论的全新审视》，复旦大学硕士学位论文，2009年。
② 王宇弘：《论现代汉语词法欧化的有限性》，《解放军外国语学院学报》2011年第5期。
③ 冯胜利：《百年来汉语正式语体的灭亡与再生》，冯胜利主编：《汉语书面语的历史与现状》，北京：北京大学出版社，2013年，第14页。
④ 吕叔湘：《〈近代汉语读本〉序》，《语文学习》1985第7期。
⑤ 崔山佳：《汉语欧化语法现象专题研究》，成都：巴蜀书社，2013年。

之影响也。数年以来，形上之学，渐入于中国。而又有一日本焉，为之中间之驿骑，于是日本所造译西语之汉文，以混混之势，而侵入我国之文学界。好奇者滥用之，泥古者唾弃之，二者皆非也。夫普通之文字中，固无事于新奇之语也；至于讲一学、治一艺，则非增新语不可。而日本之学者，既先我而定之矣，则沿而用之，何不可之有？故非甚不妥者，吾人固无以创造为也。①

所谓"中间之驿骑"即指"日本所造译西语之汉文"。至20世纪二三十年代，汉语的"日化"或"日本化"已经渐渐被从"欧化"话语中剥离出。1925年，"星社"文人黄白虹在《时事新报·青光》上发表了《日化》一文，举了"取缔""协定""写真""经济学""几何学"等众多词汇的例子来证明"中国人，现在不问什么事都要欧化，可是惟有名词，则却多趋日化"②的观点。另有掌故学家徐一士提出了"华文日化"的问题。1937年，他撰文道：

> 庚子以后，清廷之举办新政，筹备立宪，一奉东邻为圭臬，学生留日者多，其中学法政者更为最多，章制法条，类出其手，且法律之修订，延聘日人与其役，日本名词及句法，安得而不大占势力乎？（华日号为同文，许多名词即就日本所通行者用之，不烦重译。）既混合于中国语文中已久，有如油入面之概，除有心作古文，可屏而弗用外，都会之人或曾入学校者之普通语言文字（不仅有关法律者）中，完全避免，实大难事。③

这则材料几乎不为前人研究所注意，颇为可惜。既有研究多从香港学者谭汝谦统计的上千册中译日文书谈起，由日文书中译本引出现代汉语的日语借词问题。徐一士则言明，清廷律法主要由留日学生编写，日本人也

---

① 王国维：《论新学语之输入》，《教育世界》第96期，1905年。
② 黄白虹：《日化》，《虹集》，上海：求知社出版部，1930年，第65页。原刊信息见文章末尾的作者自记。1935年，刊于《新闻报》的《日化名词续谈》，亦署名"白虹"，或为黄白虹。白虹：《日化名词续谈》，《新闻报》，1935年12月27日，第12版。
③ 一士：《华文日化》，《逸经》第21期，1937年1月5日。

受聘修订,因此章制法条中,"日本名词及句法"大行其道。

1942年,署名"万方"之人发表了"中国语文杂话"系列文章,其二论"梵化·欧化·日化",正式将"日化"作为与"欧化"相对的概念提了出来,用以表示"中国语文的句子及语词曾经因了受外国文化影响而表现着"的变化。它们"都是由于翻译的工作"而造成的"特殊形式":

> 日化欧化也是由于五四以后的直接翻译和间接的从日文书籍翻译以及引用日本语法。不过在修辞上大半小说作品都欧化了,而理论文字都日化了,这是一个分别。
>
> 因为要介绍国外文化的真相,自然要翻译,而为了保存原作的精神和中国语词的不够用,便不免在两个不同的文法之间有些调和的创造,于是光怪陆离的句子便出来了。譬如这一句五四式的句子:
>
> "那是多么的难以索解的一句的句子呵!"又如:
>
> "一颗受了重创而残破的心灵是永远蕴藏在他的怀抱。"
>
> 这很明显的可以看出来里面有中国的文法和成语,又有洋式的修辞和语调。这是欧化的。有还欧化兼日化的,如:
>
> "他愤怒的暴燥的怒发冲冠的地走了出去。"
>
> "的地"便是日化了。……
>
> 事实上,二三十年来从日本来的从欧洲来的语词已经很增广了中国贫乏的语词范围,在吸收和创造的意义上这是可庆幸的事。为了中国语词的不够应用正该大量的吸收和制造。至于语法,为求表达意象完整而需要长句子,亦未尝不可摹仿外来语法,但是若太违反自己的文法习惯,却是徒劳无功的。①

此文已从语词与语法两方面分析"日化"之于汉语的影响,还将修辞和语调的层面纳入分析中。可贵的是,作者试图区分"欧化"与"日化"两个范畴,但他将"欧化"看作"直接翻译和间接的从日文书籍翻译以及引用日本语法",不免又夸大了日本的中介作用。同一时期,日本学者实藤

---

① 万方:《中国语文杂话之二:梵化·欧化·日化》,《吾友》第2卷第33期,1942年4月17日。

惠秀在其研究近代中日文化关系的著作里论述"现代中国文化的日本化"时,专门谈及"言语文章的日本化",由"梁启超式文体"即"新文体"谈起,重点分析了文学革命后现代白话文"采用日本语和日本文体"的例子,部分白话文甚至"只要颠倒目的语,改换助词,便成为日本的文章",如有的文章里所写"的""还""能够",就是日文表达之"の""まだ""できる"的转换;而且"这种文章很被一般爱用,尤其议论文,更为显著"。① 有意味的是,"中国语文杂话"连载于沦陷区的杂志《吾友》,实藤惠秀的研究服务于战时需求,目的也很直接。

此后的数十年里,"日化"视角基本隐没于"欧化"之中。虽然它不作为专门的分析范畴,但有关日语借词的研究始终持续深入。除了前文已梳理过的高名凯、刘正埮、史有为等有所贡献之外,还有内田庆市、沈国威、陈力卫、朱京伟、李汉燮、孙建军、李运博、顾江萍等人的研究引人瞩目。② 正式从日语借词乃至日语本身思考中国现代白话文的是董炳月。1998年,留日归国的他向国家教委提交了"日本语与白话文"的研究计划。后来,他在著作中专章论述了"日化文体",即"汉语文体的日本语化",借此将"欧化文体"相对化。他辨析说:

> 由于语言传统、语言元素的差异,汉语的欧化与汉语的日化实际上是两个不同的问题。最基本的差异,就是欧文不使用汉字而日文使用汉字。如果说"欧化"主要是汉字外部的问题,那么"日化"则主要是汉字内部的问题。现代汉语所受日语的影响远比其所受西语的影

---

① 实藤惠秀:《日本文化给中国的影响》,张铭三译,上海:新申报馆,1944年,第16—17页。日文原作出版于1940年。1943年,译者张铭三曾先将"现代中国文化的日本化"一章发表于《国立华北编译馆馆刊》第2卷第10期。

② 详情参见李运博的梳理。李运博:《近代汉日词汇交流研究》,北京:外语教学与研究出版社,2018年,第6—28页。2018年以后出版的相关新成果还有三部力作,分别是陈力卫:《东往东来:近代中日之间的语词概念》,北京:社会科学文献出版社,2019年;沈国威:《汉语近代二字词研究:语言接触与汉语的近代演化》,上海:华东师范大学出版社,2019年;朱京伟:《近代中日词汇交流的轨迹——清末报纸中的日语借词》,北京:商务印书馆,2020年。另可参见沈国威《新语往还:中日近代语言交涉史》(北京:社会科学文献出版社,2020年)的第三章"近代新词研究的回顾与展望"。该书为《近代中日词汇交流研究:汉字新词的创制、容受与共享》(北京:中华书局,2010年)修订版。

响更直接、更深刻。①

董炳月颇具锋芒地将"日化"的重要性置于"欧化"之上，核心依据是"欧文不使用汉字而日文使用汉字"。他还归纳出日化文体给人以陌生感与涩滞感，使汉语的表达趋于严密，更为细致充分。在董炳月看来，汉语白话文的日化是无法阻挡的大趋势，"从日语借词在现代话语中的大量使用来看，日化文体就是中国现代白话文文体"②。另有肖霞以"日化"研究为题，反对把由翻译带来的外来影响不加分析地统称为"欧化"的做法。③

相较于辨析"日化""欧化"孰轻孰重的思路，强调近代中国、欧洲、日本三者之间的语言接触与文化交涉则使研究更显丰富。2011年，内田庆市将他讨论汉语近代词汇交流史的分析路径移用到汉语语法欧化问题上，指出汉语欧化同样存在一条"欧洲出发—经过日本—开往中国"④的路径。接续内田庆市，把汉语欧化过程中的日语因素阐述得更为明晰的是陈力卫。他发现，从明面来探讨和制汉语词汇的影响已经有很多成果了，这类成果主要从日语借词来讨论汉语的现代转型。然而，在深层次上考察"日语对汉语语法乃至文体的影响"的研究还很少。陈力卫认为既有的汉语欧化研究"从来华传教士的文体直接跳到新文化运动的胡适那里"，忽略了中日之间的近代交流这一重要环节。他提醒要分清"直接来自西语的""经过日文传递的"和"直接来自日文的"三种汉语的欧化途径。⑤由此观之，晚清朝野抵制的"东瀛文体"本身既包含"直接来自日文的"内容，也涵括"经过日文传递的"欧化。此外，在中、西、日文化互动视野中讨论近代汉

---

① 董炳月：《同文的现代转换——日语借词中的思想与文学》，北京：昆仑出版社，2012年，第285页。
② 同上书，第319页。
③ 肖霞：《论清末民初文学文本中的"日化"现象》，苏州大学硕士学位论文，2008年。标题虽有"清末民初文学文本"之字样，但文中谈论周氏兄弟的章节所举基本上是他们"五四"后的白话作品。
④ 内田慶市「関于語言接触和新興語法」『東アジア文化交渉研究』別冊第7号、2011。这一路径的提出最初见于内田庆市2001年的著作。内田慶市『近代における東西言語文化接触の研究』關西大學東西學術研究所、2001年。
⑤ 陈力卫：《东往东来：近代中日之间的语词概念》，北京：社会科学文献出版社，2019年，第243—254页。相关内容原刊于2011年。陳力衛「試論近代漢語文体中的日語影響」『東アジア文化交涉研究』別冊第7号、2011。

语变迁的还有周光庆、冯天瑜等。①

由"现代汉语日化现象"深耕下去的是陈彪，他以鲁迅译著为例，着力分析"欧化"遮蔽下的"日化"现象。他从对比语言学出发，系统而具体地考察了鲁迅翻译中的"日化"，特别是日语借词之外的"日化"句式现象。他梳理出鲁迅译文含有的大量直接照搬自日语原文的汉日同形词，并且发现鲁迅著译中的很多惯用句式都源于对日语句式的模仿与改造。这构成了鲁迅语体的独特风格。陈彪进而提出，鲁迅对"日化"表现的运用，是在其"直译"翻译观指导下的"试错"之旅，是现代汉语形成过程中的有机组成部分；相较"欧化"而言，现代汉语中的很多新兴用法更适合被称为"日化"，有的直接来自日语的固有表达方式，有的来自"欧化的日语"。②

综上，百余年来海内外知识界围绕"欧化""日化"的概念纠缠不清，言人人殊。在漫长的历史时期中，这两个概念在被不断言说的过程中，均变为历时与共时混杂的"不规则多面体"式的语词，甚至构建起一个语义争夺的话语场。从"东瀛文体"开始，舆论就不仅是对新兴现象的描述，还裹挟了极强的情绪。"五四"前后的语体文欧化讨论同样如此。对立的双方时常鸡同鸭讲，各说各话，固执己见，不容异者，且往往主观的意气之争大于客观的求同存异。鼓吹也好，斥骂也罢，多限于朦胧的感受，未经沉淀，随口而发，宣泄有余，建设不足，你来我往，唇枪舌剑，看似热闹，其实寂寥。"欧化""日化"概念的内涵与外延仍旧笼统。

20世纪三四十年代，虽有王力等专业的语言学者介入，但此前数十年的话语惯性已然形成。何况在民族危机空前严重的时刻，流离失所、寄身西南的王力避谈"日化"而将"欧化"概念扩大，未必不是权宜之计。按王力的划分，所谓汉语欧化，大致可分为欧化的风格、欧化的词汇与欧化的语法。譬如"书籍是人类的精神食粮"，"食粮"有所谓精神的，即欧化的风格；"这种工作太机械"中"机械"之类的复音词便为欧化的词汇。这

---

① 周光庆、刘玮：《汉语与中国新文化启蒙》，台北：东大图书股份有限公司，1996年。周光庆：《汉语与中国早期现代化思潮》，哈尔滨：黑龙江教育出版社，2001年。冯天瑜：《新语探源：中西日文化互动与近代汉字术语生成》，北京：中华书局，2004年。冯天瑜等：《近代汉字术语的生成演变与中西日文化互动研究》，北京：经济科学出版社，2016年。

② 陈彪：《现代汉语"日化"现象研究：以鲁迅译著为例》，北京：中国社会科学出版社，2023年。

二者对于语法的影响不大。①至于欧化的语法，即现代汉语在印欧语言影响下产生或发展起来的语法现象，狭义上仅指汉语通过模仿和移植印欧语言而产生的新兴语法成分和句法格式，广义上还包括"汉语中罕用的语法形式由于印欧语言影响的推动和刺激作用而得到迅速发展的现象"②。王力的欧化语法研究显然是后者。

近年来，海内外语言学家频频质疑王力所草创的汉语欧化研究，就学术而言，新研究确实更为精确，有可喜的进展，特别是在古代汉语或近代汉语里找到了部分原本被认定为受印欧语言影响而产生的语法现象的用例，但相关研究无法否认这些用例在汉语史上的特殊性，执着地判定"汉语中罕用的语法形式由于印欧语言影响的推动和刺激作用而得到迅速发展的现象"不是"欧化"更没有必要。如果必须严格按照语法学家精密辨析后的意涵来使用，那么非专业人士很容易一说就错。

为避免陷入自证清白的窘境，本书在最宽泛的意义上使用汉语欧化的概念，与王力相近，将欧化的风格、欧化的词汇与欧化的语法都纳入其中。研究"五四"前后的语言变革，需要的是历史化地使用"欧化"词义，不能用当下部分语言学家"实验室"般地精密细分出的最窄意义上的"欧化"定义，替代历史遗留下来的众说纷纭又各执一词的"欧化"语义。

至于"日化"概念，本书不把它与"欧化"做简单化的对立处理。江户时代的日语在明治时期发生了重要改变，一直到大正、昭和年间也在变化。鲁迅在《关于翻译的通信》里即说，"如日本，他们的文章里，欧化的语法是极平常的了，和梁启超做《和文汉读法》时代，大不相同"③。按照陈力卫的说法，近代日本的言文一致运动始终要处理和文体、汉文体、欧文翻译体的融合问题，即在日语文体走向近代化的过程中存在的"汉文体的改造与翻译体的吸收"；明治二十年（1887）以后，重视逐字译的"欧文直译体"在日本迅速崛起，影响深远。④周氏兄弟"五四"时期的汉语语体

---

① 《王力文集》第1卷，济南：山东教育出版社，1984年，第433页。
② 贺阳：《现代汉语欧化语法现象研究》，北京：商务印书馆，2008年，第1页。
③ 鲁迅：《关于翻译的通信》，《鲁迅全集》第4卷，北京：人民文学出版社，2005年，第391页。
④ 陈力卫：《东往东来：近代中日之间的语词概念》，北京：社会科学文献出版社，2019年，第243—254页。

无论形神、韵味，均似日本的"欧文直译体"。如此说来，周氏兄弟白话语体的"日化"源头仍然是"欧化"。何况鲁迅还有德语阅读及翻译的经验，而周作人在英语能力之外，还修习过希腊文。

傅斯年在《怎样做白话文？》中预测中国"十年以后，定有欧化的国语文学"时，依据为"日本是我们的前例"，"日本的语言文章，很受欧化的影响。我们的说话做文，现在已经受了日本的影响，也可算得间接受了欧化了"①。傅斯年分明知道"五四"前后中国人"说话做文"受到了日本影响，但并不使用"汉语日化"的概念，因为在他看来，"日化"就是间接的欧化。从大的方向上来看，汉语日化是汉语欧化过程中的伴生品，没有必要将二者对立。

本书所用"新体白话"概念在延续严家炎的基础上，更多立足于"五四"时期这一短时段，偏重强调"欧化"与"日化"的影响。诚如贺阳所言，汉语欧化是间接语言接触的结果，"主要途径是书面翻译，而不是汉语使用者和印欧语使用者的直接接触，汉语和英语等印欧语言之间也从未发生过大规模的、足以影响整个汉语社会的直接语言接触"②。因此，"五四"新体白话是新出现的汉语书面语现象，或曰是一种新型文章体貌的创造，与日常生活中的口语必然有一定距离。

第三节　周氏兄弟文言译作的研究实绩

通过前文的梳理可知，"五四"新体白话的生成与周氏兄弟的翻译实践密切相关。翻译在现代中国文学发生与发展的过程中扮演过极为重要的角色。在众多翻译名家之中，无论从译作的数量、范围来看，还是从译文的水准、影响上考察，鲁迅与周作人都堪称其间的佼佼者。据王家平统计，鲁迅在1903年至1936年翻译了俄苏、日本、捷克、匈牙利、保加利亚、波兰、罗马尼亚、芬兰、西班牙、奥地利、法国、荷兰、德国、美国、英国等15个国家110位作家的251篇（部）总计300多万字的文学作品，可谓

---

① 傅斯年：《怎样做白话文？》，《新潮》第1卷第2号，1919年2月。
② 贺阳：《现代汉语欧化语法现象研究》，北京：商务印书馆，2008年，第4页。

蔚为大观。①周作人一生中也翻译了上百位作者的300多种作品，译文总量达四五百万字②。

作为对新文学的发生与发展有着举足轻重意义的人物，周氏兄弟思想倾向的形成、文化意识的建立、知识资源的选择、文艺趣味的涵泳、创作技巧的掌握等皆在清末民初时期肇基；而在这一时期，他们最重要的文化活动就是以文言进行翻译，所存留的文言译作，包括有明显译述痕迹的文言创作，在他们这一时期的全部作品中，是最为丰富的。清末民初时期，鲁迅与周作人在翻译方面彼此影响、相互补益，且常有合作，同中有异、异中有同。本节拟梳理百年来周氏兄弟文言译作的研究实绩，而梳理他们的相关研究，不妨合而观之。

早在新文学运动开启之初，钱玄同、刘半农、蔡元培等人就对鲁迅与周作人的文言翻译做出过较高的评价。1917年，钱玄同致信陈独秀时称赞周氏兄弟的《域外小说集》与《炭画》，借以贬低林纾。③1918年，钱玄同与刘半农合作上演"双簧戏"。刘半农在复信中回击旧派褒扬林纾、贬低周作人的论调时说："万一先生在旧文学上所用的功夫较深，竟能得比林先生分外高古的著作，那就要请先生费些功夫，把周先生十年前抱复古主义时代所译的《域外小说集》看看。"④1919年，蔡元培反驳林纾时推举周作人所译域外小说"文笔之古奥，非浅学者所能解"⑤。同年秋，钱玄同再次借夸"周启明君翻译外国小说"讽刺林纾，他盛赞周作人"照原文直译，不敢稍以己意变更"的译法，直言"我以为他在中国近来的翻译界中，却是开新纪元的"。⑥1922年，胡适整合了北大同人们的论调，从忠实的译法与渊雅的译笔两个方面高度评价了《域外小说集》：

---

① 王家平：《鲁迅翻译文学研究的向度与创新》，《光明日报》2016年12月8日，第16版。
② 据止庵编订的2019年修订版《周作人译文全集》（上海：上海人民出版社，2019年），总字数为592.2万字。考虑到排版因素，周作人翻译总量的实际字数达不到这么多。
③ 钱玄同：《通信》，《新青年》第3卷第6号，1917年8月1日。信中，《城外小说集》为《域外小说集》之误，当因手民之故。这是周氏兄弟第一次在《新青年》上露面。
④ 刘半农：《文学革命之反响》（答王敬轩），《新青年》第4卷第3号，1918年3月15日。
⑤ 蔡元培：《蔡校长致公言报函并附答林琴南君函》，《北京大学日刊》第338号，1919年3月21日。
⑥ 钱玄同：《通信·关于新文学的三件要事》（答潘公展），《新青年》第6卷第6号，1919年11月1日。周作人又名周启明。

十几年前，周作人同他的哥哥也曾用古文来译小说。他们的古文工夫既是很高的，又都能直接了解西文，故他们译的《域外小说集》比林译的小说确是高的多。……这种文字，以译书论，以文章论，都可算是好作品。①

此后，陈子展、王哲甫、阿英等有关新文学史的记述或晚清小说史的书写均受胡适影响，逐渐将周氏兄弟树立为"五四"直译运动的前驱。阿英谈晚清翻译小说时，接续胡适叙事，进一步解答了《域外小说集》为何失败的疑惑。②

20世纪三四十年代到70年代末是周氏兄弟翻译研究的低谷期。数十年间，仅郑伯奇、曹靖华、杨天生、胡仲持、许广平、杨宪益、刘炳善、倪大白、柏起等零星地写过文章③，提及他们的文言译作时，也只寥寥数语而已。专论周氏兄弟文言译作的文章，以林辰对《红星佚史》的考辨最为精彩。针对杨世骥有关《红星佚史》为《鲁迅全集》未收之作的说法④，林辰撰写了《论〈红星佚史〉非鲁迅所译》⑤，予以廓清。唐弢的《或外小说亼》《科学小说》《周作人最早书》《〈孤儿记〉与〈侠女奴〉》等书话以题跋式散文的方式介绍了若干周氏兄弟早期译作的版本、内容及相关掌故。⑥

---

① 胡适：《五十年来中国之文学》，欧阳哲生编：《胡适文集》第3卷，北京：北京大学出版社，2013年，第194—195页。

② 阿英编：《晚清小说史》，上海：商务印书馆，1937年，第286页。

③ 樊川：《清末的翻译小说》，《社会评论（上海）》第2卷第10期，1936年2月16日。该文后收入郑伯奇的《两栖集》，可知"樊川"为郑伯奇。郑伯奇：《两栖集》，上海：良友图书印刷公司，1937年。曹靖华：《鲁迅先生的翻译》，公编社编辑：《领袖论及其他》，上海：译报图书ům，1938年，第175—184页。靖华：《鲁迅先生与翻译》，《抗战文艺》第6卷第4期，1940年12月1日。扬波：《鲁迅先生翻译作品述略》，《笔阵》1939年第12期。扬波，原名杨天生。胡仲持的《论鲁迅的翻译——纪念鲁迅先生逝世十二周年》原载1948年《新文化丛刊》之二《保卫文化》，后重刊发表。胡仲持：《论鲁迅的翻译》，《翻译通报》1950年第4期。许广平：《鲁迅与翻译》，《俄文教学》1955年第3期。杨宪益：《儒勒·凡尔纳的科学幻想小说》，《世界文学》1959年第5期。刘炳善：《鲁迅与翻译》，《开封师院学报（哲学社会科学版）》1976年第5期。倪大白：《我国现代翻译史上杰出的先驱——鲁迅》，《中央民族学院学报》1977年第3期。柏起、韦文朔：《学习鲁迅翻译工作中的革命精神》，《世界文学》1977年第2期。

④ 世骥：《小说史料：鲁迅译的红星佚史》，《天下文章》1943年第5期。世骥即杨世骥。

⑤ 林辰：《论〈红星佚史〉非鲁迅所译》，《文艺春秋》1945年第3期。

⑥ 唐弢：《唐弢文集》第5卷，北京：社会科学文献出版社，1995年。"亼"，"集"的古字。

研究著作方面，王冶秋在1943年出版的《民元前的鲁迅先生》多处涉及鲁迅早期的文言翻译。①1947年，许寿裳的《亡友鲁迅印象记》专列一节"杂谈翻译"，其他谈为《浙江潮》撰文、仙台学医、办杂志、译小说等内容，为后人了解鲁迅早年生活提供了重要的线索和直接的资料。②周作人在《鲁迅的故家》③《鲁迅的青年时代》④《知堂回想录》⑤等回忆录中也对他与鲁迅文言翻译活动的相关情况有很多可供参考的叙述。许寿裳和周作人的回忆资料对研究周氏兄弟文言译作有着不可替代的史料价值。但这批材料也含有部分不易察觉的讹误，在具体使用中需要根据其他历史资料加以辨析。

20世纪70年代，相关成果略有出现。张能耿编著的《鲁迅的青少年时代》⑥呈现了鲁迅早期翻译活动的简况。三部有关鲁迅与自然科学方面的著作⑦使《月界旅行》《地底旅行》在科学或科幻的视野中被重新打开。南京师范学院中文系资料室所编《鲁迅文言论文试译》⑧的部分所谓"论文"实际上是鲁迅译作。《鲁迅论翻译》则从"鲁迅提倡翻译的目的和态度""直译是为了丰富中国语和中国文的表现法""翻译与创作"等十三个方面析出、辑录相关语段。⑨

20世纪80年代到21世纪，周氏兄弟翻译研究的成果明显增多。戈

---

① 王冶秋：《民元前的鲁迅先生》，重庆：峨嵋出版社，1943年。
② 许寿裳：《亡友鲁迅印象记》，上海：峨嵋出版社，1947年。1947年，峨嵋出版社已由重庆搬至上海。同在1947年，许寿裳还在台湾文化协进会出版了《鲁迅的思想与生活》，内含《鲁迅的人格和思想》《鲁迅的精神》等文章。
③ 周遐寿：《鲁迅的故家》，上海：上海出版公司，1952年。周遐寿即周作人。
④ 周启明：《鲁迅的青年时代》，北京：中国青年出版社，1957年。
⑤ 周作人：《知堂回想录》，香港：听涛出版社，1970年。1960年，周作人提笔写作《知堂回想录》，1962年完成。1964年，《知堂回想录》开始在香港左派报纸《新晚报》上连载，未完中断。
⑥ 张能耿：《鲁迅的青少年时代》，西安：陕西人民出版社，1974年。该书经大幅修改和扩充，1981年又出新版。
⑦ 刘再复、金秋鹏、汪子春：《鲁迅和自然科学》，北京：科学出版社，1976年。该书在1979年再版。金涛、孟庆枢：《鲁迅与自然科学》，天津：天津科学技术出版社，1979年。公盾：《鲁迅与自然科学论丛——纪念鲁迅诞生一百周年》，广州：广东科技出版社，1981年。该书在纪念鲁迅逝世五十周年时又增订出版。公盾：《鲁迅与自然科学论丛——纪念鲁迅逝世五十周年》，广州：广东科技出版社，1986年。
⑧ 南京师范学院中文系资料室编：《鲁迅文言论文试译》（内部资料），1976年。
⑨ 中央民族学院少数民族语文系汉语文教研组编：《鲁迅论翻译》，延吉：延边人民出版社，1977年。

宝权、袁锦翔、孙郁、金性尧等与舒芜、张铁荣、王中忱、刘全福等分别从翻译家身份讨论鲁迅与周作人。① 周氏兄弟作为近代翻译大家的地位得以突出，二人皆有多篇文言译作入选《中国近代文学大系》的"翻译文学集"②。倪墨炎、钱理群、牛仰山、陈福康、袁荻涌、郭延礼等还专门讨论过他们的文言翻译。③ 这一时期有关鲁迅文言译作的研究，最为精彩的出自王宏志，从宏阔的视野综论民元前鲁迅的翻译活动。④

在具体作品研究方面，对《域外小说集》的讨论最为丰富，时萌、戈宝权、林志浩、史福兴、林深、伯亮、郭长海、马蹄疾、袁荻涌等均有斩获⑤，但直接对翻译本身的探究不多。另外，"《斯巴达之魂》是著还是译"

---

① 戈宝权：《鲁迅：杰出的翻译家——纪念鲁迅先生诞辰一百周年》，《翻译通讯》1981年第4期。袁锦翔：《鲁迅译笔新探》，《外语研究》1987年第2期。孙郁：《鲁迅翻译思想之一瞥》，《鲁迅研究月刊》1991年第6期。金性尧：《鲁迅的翻译作品》，上海鲁迅纪念馆编：《上海鲁迅研究》（七），上海：百家出版社，1996年。舒芜：《周作人概观》，长沙：湖南人民出版社，1986年；《周作人的是非功过》，北京：人民文学出版社，1993年。张铁荣：《关于周作人的日本文学翻译》，《鲁迅研究月刊》1995年第7期。王中忱：《定型诗式与自由句法之间——试说周作人的日本小诗翻译》，《中国文化研究》1995年第4期。刘全福：《能者不可謈，败者不可饰——周作人先生早期翻译活动综述》，《四川外语学院学报》1999年第1期。

② 施蛰存主编：《中国近代文学大系（1840—1919）·第11集·第26卷·翻译文学集一》，上海：上海书店，1990年；《中国近代文学大系（1840—1919）·第11集·第27卷·翻译文学集二》，上海：上海书店，1990年；《中国近代文学大系（1840—1919）·第11集·第28卷·翻译文学集三》，上海：上海书店，1990年。

③ 倪墨炎：《周作人早年的文学活动》，《上海大学学报（社会科学版）》1988年第2期，《中国的叛徒与隐士：周作人》，上海：上海文艺出版社，1990年。钱理群：《周作人传》，北京：北京十月文艺出版社，1990年。钱著在21世纪以后多次再版。牛仰山：《中国近代文学与鲁迅》，桂林：漓江出版社，1991年。陈福康：《中国译学理论史稿》，上海：上海外语教育出版社，1992年。袁荻涌：《鲁迅留日时期的翻译活动》，《中国翻译》1995年第6期，《鲁迅与晚清翻译文学》，《绍兴文理学院学报（哲学社会科学版）》1996年第3期。郭延礼：《中国近代翻译文学概论》，武汉：湖北教育出版社，1998年。该书2005年修订再版。

④ 王宏志：《民元前鲁迅的翻译活动——兼论晚清的意译风尚》，《鲁迅研究月刊》1995年第3期。

⑤ 时萌：《鲁迅〈域外小说集〉的启蒙意义》，《外国文学研究》1980年第3期。戈宝权：《鲁迅和〈域外小说集〉》，《世界文学》1981年第4期。林志浩：《从〈摩罗诗力说〉、〈域外小说集〉看鲁迅早年的文艺思想》，《鲁迅研究动态》1986年第2期。史福兴：《谈〈域外小说集〉中鲁迅所译四篇小说对其创作的启示》，《求是学刊》1986年第5期。林深：《〈域外小说集〉第三册》，《鲁迅研究动态》1987年第5期。伯亮：《陈布雷推崇〈域外小说集〉》，《鲁迅研究月刊》1991年第1期。郭长海：《新发现的鲁迅佚文〈域外小说集〉（第一册）广告》，《鲁迅研究月刊》1992年第1期。马蹄疾：《"别求新声于异邦"——读鲁迅佚文〈域外小说集〉（第一册）》，《鲁迅研究月刊》1992年第1期。袁荻涌：《〈域外小说集〉：成功与失败》，《贵州文史丛刊》1993年第5期。

的话题也引起了争鸣。20世纪60年代，陈鸣树提出《斯巴达之魂》是创作的说法。新时期后，贺江、陆善明、傅建祥、李昌玉、吴作桥、蒋荷贞等各有发挥。①此外，罗念生、邝中秋、陈漱渝分别就《斯巴达之魂》注释、主题及与梁启超的关系等问题有所阐发。②其他研究，或辨析《裴彖飞诗论》是不是鲁迅的译著③，或分析《哀尘》与《悲惨世界》《祝福》有怎样的关系④，或判断包天笑与鲁迅在《造人术》翻译上有无交汇⑤，或展开《侠女奴》与所谓"千夜之花谁先采"的论争⑥，总体上看比较零散，不成气候。

从资料方面来说，薛绥之主编《鲁迅生平史料汇编》⑦中的"鲁迅在绍兴""鲁迅在南京""鲁迅在日本""鲁迅在杭州""鲁迅在北京"五个专题资料集为研究鲁迅早期翻译活动提供了基础资料。孙用校读了《鲁迅译文集》⑧，并写有校记。在新资料披露方面，姚锡佩介绍了北京鲁迅博物馆所藏无名"书"，"系从当时日本杂志上剪下来的十篇日译俄国短篇小说"⑨。这

---

① 贺江：《鲁迅"最初排了活字的东西"——略谈鲁迅的第一篇小说》，《语文园地》1986年第9期。陆善明：《也谈〈斯巴达之魂〉之归属——与贺江同志商榷》，《阅读与写作》1987年第3期。傅建祥：《鲁迅最早的小说是哪一篇？——兼谈〈斯巴达之魂〉是否创作小说》，《绍兴鲁迅研究专刊》1988年第7期。李昌玉：《鲁迅创作的第一篇小说应是〈斯巴达之魂〉》，《东岳论丛》1987年第6期。吴作桥：《鲁迅的第一篇小说应是〈斯巴达之魂〉》，上海鲁迅纪念馆编：《上海鲁迅研究》（四），上海：百家出版社，1991年，第207—215页。蒋荷贞：《〈斯巴达之魂〉是鲁迅创作的第一篇小说》，《鲁迅研究月刊》1992年第9期。

② 罗念生：《〈斯巴达之魂〉的注释问题》，《读书》1982年第11期。邝中秋：《关于〈斯巴达之魂〉的主题》，《渤海学刊》1991年第1期。陈漱渝：《〈斯巴达之魂〉与梁启超》，《鲁迅研究月刊》1993年第10期。

③ 陈福康：《〈裴彖飞诗论〉是不是鲁迅的译著》，《外国文学研究》1980年第2期。

④ 葛聪敏：《〈哀尘〉、〈悲惨世界〉与〈祝福〉》，《北京师范学院学报（社会科学版）》1990年第5期。

⑤ 邓天乙：《鲁迅译〈造人术〉和包天笑译〈造人术〉》，《长春师院学报（社会科学版）》1996年第4期。

⑥ 李长林：《清末中国对〈一千零一夜〉的译介》，《国外文学》1998年第4期。盖双：《千夜之花谁先采？——兼与李长林先生商榷》，《阿拉伯世界》1999年第3期。

⑦ 薛绥之主编：《鲁迅生平史料汇编》（第一辑），天津：天津人民出版社，1981年，《鲁迅生平史料汇编》（第二辑），天津：天津人民出版社，1982年，《鲁迅生平史料汇编》（第三辑），天津：天津人民出版社，1983年。

⑧ 孙用：《〈鲁迅译文集〉校读记》，长沙：湖南人民出版社，1986年。

⑨ 锡佩：《鲁迅初读〈狂人日记〉的信物——介绍鲁迅编定的"小说译丛"》，《鲁迅研究动态》1985年第4期。

本《小说译丛》的发现为理解鲁迅与明治日本翻译文学的关系打开了新空间。

21世纪之后,周氏兄弟翻译研究渐成热点,仅专著就有十余部。将他们并置讨论的,有李雪与冯英华合写的《作家的诞生与翻译:周氏兄弟日本文学译介研究》[1],以及叶依群的《〈域外小说集〉的生成与接受》[2]。另外,连燕堂、胡翠娥、廖七一、王晓元、章艳等人关于近代翻译文学的著作也较多涉及周氏兄弟的文言译作。[3]

从专著上看,相较周作人翻译研究,鲁迅翻译研究的数量更多。其中,刘少勤、黄琼英、顾钧、冯玉文、骆贤凤、郑意长对鲁迅文言译作涉笔较少。[4]相较而言,王友贵、吴钧略有着墨[5]。前者还讨论了周氏兄弟的合作关系以及其所受章太炎的影响,后者对《地底旅行》做了个案式的考察。梳理鲁迅早期译作最全面的是王家平,他还考察了青年鲁迅的思想状况及其所处的时代语境。[6]这些成果以研究鲁迅的整体翻译活动为主。此外,北京鲁迅博物馆编有一部《鲁迅翻译研究论文集》[7],颇可一观。

在专项方面,最有突破的是从日本视域考察鲁迅译作,以常晓宏、陈红、陈彪为代表,这类研究对《月界旅行》《地底旅行》等鲁迅留日期间的

---

[1] 李雪、冯英华:《作家的诞生与翻译:周氏兄弟日本文学译介研究》,南京:南京大学出版社,2020年。

[2] 叶依群:《〈域外小说集〉的生成与接受》,杭州:浙江大学出版社,2018年。

[3] 连燕堂:《二十世纪中国翻译文学史·近代卷》,天津:百花文艺出版社,2009年。胡翠娥:《文学翻译与文化参与:晚清小说翻译的文化研究》,上海:上海外语教育出版社,2007年。廖七一:《中国近代翻译思想的嬗变:五四前后文学翻译规范研究》,天津:南开大学出版社,2010年。王晓元:《翻译话语与意识形态:中国1895—1911年文学翻译研究》,上海:上海外语教育出版社,2010年。章艳:《在规范和偏离之间——清末民初小说翻译规范研究》,北京:外语教学与研究出版社,2011年。

[4] 刘少勤:《盗火者的足迹与心迹——论鲁迅与翻译》,南昌:百花洲文艺出版社,2004年。黄琼英:《翻译与创作:鲁迅语言的现代转型》,昆明:云南人民出版社,2008年。顾钧:《鲁迅翻译研究》,福州:福建教育出版社,2009年。冯玉文:《鲁迅翻译思想研究》,北京:中国社会科学出版社,2015年。骆贤凤:《鲁迅的翻译伦理思想研究》,北京:商务印书馆,2020年。郑意长:《鲁迅〈译文〉时期翻译思想研究》,天津:天津教育出版社,2022年。

[5] 王友贵:《翻译家鲁迅》,天津:南开大学出版社,2005年。吴钧:《鲁迅翻译文学研究》,济南:齐鲁书社,2009年。

[6] 王家平:《〈鲁迅译文全集〉翻译状况与文本研究》,北京:社会科学文献出版社,2018年。

[7] 北京鲁迅博物馆编:《鲁迅翻译研究论文集》,沈阳:春风文艺出版社,2013年。

文言译作开掘颇深，兼及鲁迅日文水平、鲁译日语源本等关联问题。①专论鲁迅文言译作的是李寄。他的《鲁迅传统汉语翻译文体论》是第一部系统研究鲁迅文言译本的著作，主要从文体的角度历时剖析了鲁迅自1903年至1918年间的译语风貌，具有开拓性；可惜缺乏对翻译底本的探查，结论或有不确。②

研究周作人翻译的专著也有三部。王友贵首开风气③，刘全福对周作人文言译作亦有所关注，其研究论及《域外小说集》《红星佚史》④。于小植由周作人的译作探寻"五四"白话变革的历史路径，从周作人文学翻译前后期语言的变化研判其白话文的成熟程度，拓宽了周作人翻译研究的维度。⑤

这一时期，研究周氏兄弟翻译的论文数量陡然增长，下面仅就涉及他们文言译作的成果简要陈述。张丽华、韩洪举、张向东、乔丽华皆有综论二人的文章。张丽华从文类选择的角度考察周氏兄弟的早期译作与晚清译界风尚的关系。⑥韩洪举评估了他们早期小说翻译的成就与失误。⑦张向东论述了兄弟二人文言著译中的"新名词"和"外来语"及其与他们文学革命时期的语言观念、语体风格的联系。⑧乔丽华梳理了周氏兄弟向商务印书馆投稿的几部译作，重估了他们留日时期合作翻译的基本情况，提出了鲁迅所起作用被"隐身"的问题。⑨

---

① 常晓宏：《鲁迅作品中的日语借词》，天津：南开大学出版社，2014年。陈红：《日语源语视域下的鲁迅翻译研究》，杭州：浙江工商大学出版社，2019年。陈彪：《现代汉语"日化"现象研究：以鲁迅译著为例》，北京：中国社会科学出版社，2023年。
② 李寄：《鲁迅传统汉语翻译文体论》，上海：上海译文出版社，2008年。
③ 王友贵：《翻译家周作人》，成都：四川人民出版社，2001年。
④ 刘全福：《翻译家周作人论》，上海：上海外语教育出版社，2007年。
⑤ 于小植：《周作人文学翻译研究》，北京：北京大学出版社，2014年。
⑥ 张丽华：《晚清小说译介中的文类选择——兼论周氏兄弟的早期译作》，《中国现代文学研究丛刊》2009年第2期。
⑦ 韩洪举：《周氏兄弟早期小说翻译的成就与失误》，《河南大学学报（社会科学版）》2012年第6期。
⑧ 张向东：《周氏兄弟早期著译中的"新名词"和"外来语"》，《鲁迅研究月刊》2022年第12期。
⑨ 乔丽华：《周氏兄弟与商务印书馆"说部丛书"——兼论兄弟合译与鲁迅的"隐身"》，上海鲁迅纪念馆编：《上海鲁迅研究·鲁迅与外国文学（总第96辑）》，上海：上海社会科学院出版社，第1—14页。

关于兄弟合作完成的《域外小说集》的研究最全面。袁一丹、张惠、谢海燕、崔文东、张宇飞等人或是深入原文与译本之间逐字、逐句地探讨，思索《域外小说集》骈散相间的文体与其直译主张的共存难题；或是引入阅读史的维度，考证底本，其中以崔文东的成果最具突破性，他开掘出鲁迅与《来自外国语》杂志、"雷克拉姆万有文库"丛书等德语文献的关联。① 其他还有杨联芬、赵龙江、周羽、罗寰宇、谢仁敏、赵亮、侯桂新、李乐乐、徐晓红、高传峰、彭勇穗、张佳婧、何旻等涉及《域外小说集》不同侧面的文章。② 由周作人翻译文本、鲁迅校订文字的《裴彖飞诗论》和《神盖记》也

---

① 袁一丹：《试论〈域外小说集〉的文章性——由周作人的"翻译文体观"谈起》，《南京师范大学文学院学报》2007 年第 1 期。张惠：《跨不过的文化与夭折的直译——以周氏兄弟〈域外小说集·安乐王子〉为例》，《鲁迅研究月刊》2013 年第 5 期。谢海燕：《协商直译：重论鲁迅的直译与〈域外小说集〉》，《绍兴文理学院学报（人文社会科学）》2020 年第 7 期。崔文东：《青年鲁迅与德语"世界文学"——〈域外小说集〉材源考》，《文学评论》2020 年第 6 期。张宇飞：《周作人译〈戚施〉与〈塞外〉的底本考证》，《东方论坛》2023 年第 6 期。

② 杨联芬：《〈域外小说集〉与周氏兄弟的新文学理念》，《鲁迅研究月刊》2002 年第 4 期。赵龙江：《〈域外小说集〉和它的早期日文广告》，《鲁迅研究月刊》2005 年第 2 期。周羽：《试论晚清短篇小说译本的现代性——以周氏兄弟〈域外小说集〉为个案》，《求是学刊》2009 年第 5 期。罗寰宇：《传统与现代的紧张感——〈域外小说集〉前后鲁迅的翻译与创作心理》，《鲁迅研究月刊》2011 年第 2 期。谢仁敏：《〈域外小说集〉初版营销失败原因新探》，《鲁迅研究月刊》2014 年第 8 期。赵亮：《〈域外小说集〉：中国现代小说的先声》，《鲁迅研究月刊》2017 年第 10 期。侯桂新：《〈域外小说集〉与周氏兄弟宗教观的生成》，《鲁迅研究月刊》2019 年第 11 期；《〈域外小说集〉与周氏兄弟的女性关怀》，《现代中文学刊》2021 年第 4 期；《〈域外小说集〉与周氏兄弟"儿童的发现"》，《东岳论丛》2022 年第 1 期。李乐乐：《〈域外小说集〉：作为方法的"东西瓯脱间"》，《中国现代文学研究丛刊》2019 年第 12 期。徐晓红：《周氏兄弟与比昂松〈父〉的翻译因缘——从〈域外小说集〉"新译预告"说起》，《鲁迅研究月刊》2020 年第 4 期。高传峰：《〈域外小说集〉论：群益书社的重印及未被言明的"本质"——兼及〈红星佚史〉初版时间辨正之误》，《浙江师范大学学报（社会科学版）》2020 年第 4 期。彭勇穗：《〈域外小说集〉：复古作启蒙》，《文学评论》2020 年第 6 期；《从"取今复古"到"双维翻译"——鲁迅〈域外小说集〉现代性建构路径》，《外国语（上海外国语大学学报）》2023 年第 1 期；《撄动"性解思惟"——初版〈域外小说集〉的文体意图》，《东岳论丛》2023 年第 5 期。张佳婧：《论〈乐人梦儿〉对〈乐人扬珂〉的误读与改写——兼及〈域外小说集〉20 世纪初年的读者接受》，《鲁迅研究月刊》2023 年第 6 期。何旻：《现代世界文学环流中的"精美"与"余裕"之物——周氏兄弟与作为文学媒介翻译的〈域外小说集〉毛边本》，《鲁迅研究月刊》2021 年第 2 期。

得到李坚怀、刘云、王锡荣的注目。①

　　整体概述鲁迅文言译作的论文并不充分，约有李文革、管新福、王家平等人的成果。②另乔丽华围绕留日时期的鲁迅译作撰有系列论文。③就具体文本而言，《斯巴达之魂》和《造人术》的研究趋向完备。新世纪后，"《斯巴达之魂》是著还是译"的问题又起争端。日本学者樽本照雄不满于国内新起之"创作说"，撰文批评；凭借鲁迅参照的日语资料，断言《斯巴达之魂》"既是创作又是翻译的混合性作品"④，引来吴作桥、高旭东、吴海洋等人的回应。⑤近年推动相关讨论的是符杰祥的系列论文，先是回顾所谓"第一篇"疑案⑥，后追索记有斯巴达故事的中文读物⑦，还将《斯巴达之魂》与美国长篇通俗小说《火之门》比较阅读⑧。关于《斯巴达之魂》的

---

① 李坚怀：《2005 年版〈鲁迅全集〉注释勘误》，《现代中文学刊》2014 年第 5 期；《意译的意义：鲁迅早期翻译实践得失——以〈裴彖飞诗论〉为例论》，《绍兴文理学院学报（哲学社会科学）》2016 年第 1 期。刘云：《灯下再读〈神盖记〉》，《鲁迅研究月刊》2016 年第 11 期；《〈神盖记〉：晚清翻译文学中神职人员的译称问题》，上海鲁迅纪念馆编：《上海鲁迅研究·鲁迅与朝花社（总第 81 辑）》，上海：上海社会科学院出版社，2019 年，第 175—182 页。王锡荣：《鲁迅周作人合译〈神盖记〉手稿研究》，《东岳论丛》2014 年第 1 期。

② 李文革、王瑞芳：《从改写理论看鲁迅早期的"改作"及其成因》，《鲁迅研究月刊》2010 年第 6 期。管新福：《清末民初的历史语境与鲁迅的翻译取向》，《海南师范大学学报（社会科学版）》2017 年第 1 期。王家平、王明睿：《鲁迅留日早期译作思想命题和翻译问题再释》，《首都师范大学学报（社会科学版）》2021 年第 1 期。

③ 乔丽华：《袁文薮与〈浙江潮〉再考——兼谈鲁迅译作〈北极探险记〉》，上海鲁迅纪念馆编：《上海鲁迅研究·纪念鲁迅先生诞辰 140 周年（总第 92 辑）》，上海：上海社会科学院出版社，2022 年，第 156—174 页；《从〈一文钱〉的三个版本看章太炎对鲁迅的影响》，《鲁迅研究月刊》2023 年第 1 期；《"寂漠"译文中的鲁迅印记——鲁迅对爱伦坡的接受再考察》，《中国比较文学》2024 年第 2 期；《鲁迅与苏曼殊的文学因缘——重审鲁迅留日时期的译诗》，上海鲁迅纪念馆编：《上海鲁迅研究·鲁迅与同时代人研究（总第 103 辑）》，上海：上海社会科学院出版社，2024 年，第 1—17 页。

④ 樽本照雄：《关于鲁迅的〈斯巴达之魂〉》，岳新译，《鲁迅研究月刊》2001 年第 6 期。

⑤ 吴作桥、周晓莉：《再论〈斯巴达之魂〉是创作小说——与樽本照雄先生商榷》，《鲁迅研究月刊》2003 年第 6 期。高旭东：《鲁迅：从〈斯巴达之魂〉到民族魂——〈斯巴达之魂〉的命意、文体及注释研究》，《文学评论》2015 年第 5 期。吴海洋：《〈斯巴达之魂〉与史传》，《东岳论丛》2024 年第 3 期。

⑥ 符杰祥：《鲁迅早期文章的译/作问题与近代翻译的文学政治——从〈斯巴达之魂〉"第一篇"疑案说起》，《文艺争鸣》2020 年第 11 期。

⑦ 符杰祥：《〈斯巴达之魂〉材源考辨》，《东方论坛》2021 年第 3 期。

⑧ 符杰祥、徐寅忆：《重写"斯巴达"——中美两部小说〈斯巴达之魂〉与〈火之门〉比较阅读》，《小说评论》2022 年第 4 期。

译／作争议，李冬木做出了中肯的基本结论。他依据明治日本的"斯巴达"言说，论证了周树人在《斯巴达小志》的基础上创作了《斯巴达之魂》的观点。①

鲁迅文言译作研究的另一热点是《造人术》。马勤勤对照原刊，对现行诸版本进行了校勘。②王家平在日本学者的基础上，细考了《造人术》的英语原著，结合翻译细节重读译本。③刘禾借《造人术》蠡测鲁迅的生命观。④推高了《造人术》研究整体水准的是国蕊与符杰祥的系列论文。国蕊先详细考察了陈景韩的履历，追踪《造人术》的中译渊薮与传入路径⑤；后考证了鲁迅所依日文底本，为学界提供了新资料⑥；又由日文底本上探至美国女作家的英文原作⑦。符杰祥在 2022 年集中发表了三篇论文，既解释了《造人术》里"恶魔"与"怪物"之谜⑧，也揭示了日译本将小说标题《一个并非科学的故事》易为《造人术》的原因⑨，还钩沉了百年来这篇英文小说在中国、东亚与欧美的差异化传播效应⑩。葛文峰补充了鲁迅《造人术》被作为中国科幻小说先驱之作反向译介给西方读者的案例⑪。

近年，科幻小说研究热潮刺激了对《月界旅行》《地底旅行》的重视。

---

① 李冬木：《从"斯巴达"到"斯巴达之魂"——"斯巴达"话语建构中的梁启超与周树人》，《吉林大学社会科学学报》2022 年第 4 期。

② 马勤勤：《〈造人术〉的校勘问题》，《鲁迅研究月刊》2010 年第 5 期。

③ 王家平：《鲁迅译作〈造人术〉的英语原著、翻译情况及文本解读》，《鲁迅研究月刊》2015 年第 12 期。

④ 刘禾：《鲁迅生命观中的科学与宗教——从〈造人术〉到〈祝福〉的思想轨迹》（上、下），孟庆澍译，《鲁迅研究月刊》2011 年第 3、4 期。

⑤ 国蕊：《从"世界奇谈"到"女子世界"——再议〈造人术〉的译介》，《鲁迅研究月刊》2019 年第 12 期。

⑥ 国蕊：《原抱一庵『造人術』全译兼两版本校考》，《鲁迅研究月刊》2020 年第 3 期。

⑦ 国蕊：《上帝颂·造人术·吸血鬼——美国小说 *An Unscientific Story* 跨文化传播中的变异与重构》，《济南大学学报（社会科学版）》2022 年第 4 期。

⑧ 符杰祥：《谁是"路易斯托仑"？——鲁迅译〈造人术〉作者考，兼论女作家"失踪"之谜》，《现代中文学刊》2022 年第 1 期。

⑨ 符杰祥：《何以"造人"？——鲁迅"造人术"译介源头考》，《鲁迅研究月刊》2022 年第 6 期。

⑩ 符杰祥：《"一个并非科学的故事"——鲁迅与〈造人术〉全球译介小史》，《文艺争鸣》2022 年第 8 期。

⑪ 葛文峰：《翻译的轮回：香港〈译丛〉的鲁迅〈造人术〉英语译介》，《济南大学学报（社会科学版）》2022 年第 4 期。

李广益、任冬梅、王琳、宋明炜、徐维辰、姜振宇等即从科幻视野思量它们。① 另有洪卫、宫立、孙尧天、张香筠、蒋骁华、王芳、赵菁等人的成果论及鲁迅的凡尔纳译介,可作参考。② 此外,蒋晖、张鑫等分别对《科学史教篇》与《文化偏至论》的材料来源进行分析,扩充了鲁迅文言翻译研究的对象范围。③

在鲁迅文言著译与明治日本关联方面有所推进的是于九涛、陈玲玲、林敏洁、岳笑囡等④,以及李冬木、张宇飞。2019年,李冬木的两册《鲁迅精神史探源》已对与青年鲁迅密切相关的个人、狂人、国民性、进化等关键词详加查探。⑤ 他的新著围绕"'鲁迅'之诞生"重新整合了旧作,并大量补充了新成果,集中探讨留学生周树人如何"羽化"为"鲁迅"的奥秘。⑥ 他格外区分"周树人"与"鲁迅"的主体差异,"明治三十年代"不

---

① 李广益:《幻兴中华:论鲁迅留日时期之科幻小说翻译》,《汉语言文学研究》2010年第4期。任冬梅:《论鲁迅的科幻小说翻译》,《现代中文学刊》2012年第6期。王琳、向天渊:《游走于"科普"与"科幻"之间——鲁迅对儒勒·凡尔纳小说的翻译》,《鲁迅研究月刊》2016年第11期。宋明炜:《〈狂人日记〉是科幻小说吗?——论鲁迅与科幻的渊源,兼论写实的虚妄与虚拟的真实》,《中国比较文学》2020年第2期。徐维辰:《偶然性叙事——鲁迅和刘慈欣的精神困境及其文本突围》,《小说评论》2023年第5期。姜振宇:《体验与想象"现代"的方式:中国式现代化起点处的科幻与鲁迅》,《上海文化》2023年第6期。

② 洪卫、杨跃:《再读鲁迅——鲁迅早期科技文本及科学小说翻译考量》,《中国翻译》2014年第2期。宫立:《关于鲁迅译〈地底旅行〉的早期研究资料》,《鲁迅研究月刊》2014年第5期。孙尧天:《"科学"与"人情"的纠葛——论鲁迅的科学小说翻译》,《文艺研究》2017年第5期。张香筠:《鲁迅早期翻译中对副文本的运用——浅谈鲁迅对翻译读者的预设与期待》,《长江学术》2019年第3期。蒋骁华:《鲁迅第一篇译作考辨》,《外语与翻译》2021年第2期。王芳:《作为博物文本的凡尔纳小说——鲁迅翻译对中国博物资源的调动和赋能》,《鲁迅研究月刊》2021年第3期。赵菁:《作为启蒙的科学——从鲁迅对凡尔纳小说的翻译说起》,《鲁迅研究月刊》2022年第1期。

③ 蒋晖:《维多利亚时代与中国现代性问题的诞生:重考鲁迅〈科学史教篇〉的资料来源、结构和历史哲学的命题》,《西北大学学报(哲学社会科学版)》2012年第1期。张鑫、汪卫东:《晚清驳杂语境中的西学传播——鲁迅〈文化偏至论〉中"施蒂纳"言述的两个可能性材源辨析》,《鲁迅研究月刊》2017年第4期。

④ 于九涛:《二叶亭四迷与鲁迅的关系考辨》,《日本学论坛》2003年第2期。陈玲玲:《留日时期鲁迅的易卜生观考》,《鲁迅研究月刊》2005年第2期。林敏洁:《松本龟次郎与鲁迅》,《鲁迅研究月刊》2013年第8期。岳笑囡、潘世圣:《〈哀尘〉底本:森田思轩译〈随见录〉第四则——汉文脉共享与鲁迅的"翻译"政治》,《鲁迅研究月刊》2021年第4期。

⑤ 李冬木:《鲁迅精神史探源:个人·狂人·国民性》台北:秀威信息科技股份有限公司,2019年;《鲁迅精神史探源:进化与国民》,台北:秀威信息科技股份有限公司,2019年。

⑥ 李冬木:《越境——"鲁迅"之诞生》,杭州:浙江古籍出版社,2023年。

再是鲁迅所处的时代氛围这样的模糊印象，而是追踪周树人基础知识习得与基本观念形成的具体时空。李冬木先展开明治时代的精神地图，将其高度语境化之后，再寻绎其间与留学生周树人发生着实际关联的联络点，从而揭示他在明治时代如何完成自身的精神跋涉。作为李冬木的高足，张宇飞延续了稽考留学生周树人阅读史的方法，探查《摩罗诗力说》的新材源①，阐明周树人的文艺运动与明治俄罗斯文学译介的关系②，推断鲁迅对《小说译丛》的态度③，考述周树人、许寿裳与斋藤信策的思想联系④，并发掘横井时雄、姊崎正治主编的杂志《时代思潮》对青年鲁迅的影响⑤。

当前的鲁迅文言译作研究仍以清末十年为重心，关于民国初年的部分比较欠缺。主要成果是姜彩燕、姜异新各自对鲁迅1913年至1914年所译儿童教育方面的四篇论文的解读⑥，及张勇展示的鲁迅《拟播布美术意见书》与太田善男《文学概论》的关系⑦。

在周氏兄弟文言译作研究方面，对鲁迅的查考相对丰厚，但对周作人的探求也进展明显。综论文章有李春、方开瑞、尹辉、白新宇等人各自在"人的文学"⑧、译作与规约⑨、"弱小民族文学"译介⑩、"悲哀诗力说"

---

① 张宇飞：《一个新材源的发现——关于鲁迅〈摩罗诗力说〉中的"凯罗连珂"》，《鲁迅研究月刊》2020年第1期。
② 张宇飞：《周树人的文艺运动与日本明治时期俄罗斯文学译介之关系考》，《鲁迅研究月刊》2022年第3期。
③ 张宇飞：《作为文学素材的〈小说译丛〉对留学生周树人的影响》，《绍兴文理学院学报（人文社会科学）》2023年第1期。
④ 张宇飞：《周树人、许寿裳与斋藤信策的思想联系——许寿裳〈兴国精神之史曜〉材源考论》，《中国现代文学研究丛刊》2023年第5期。
⑤ 张宇飞：《鲁迅与日本明治三十年代文学的"同时代性"——以〈时代思潮〉杂志对鲁迅的影响为中心》，《鲁迅研究月刊》2024年第3期。
⑥ 姜彩燕：《从"立人"到"救救孩子"——鲁迅对〈儿童之好奇心〉等论文的翻译及其意义》，《鲁迅研究月刊》2009年第8期。姜异新：《翻译自主与现代性自觉——以北京时期的鲁迅为例》，《鲁迅研究月刊》2012年第3期。
⑦ 张勇：《鲁迅早期思想中的"美术"观念探源——从〈拟播布美术意见书〉的材源谈起》，《中国现代文学研究丛刊》2017年第3期。
⑧ 李春：《"人的文学"：由来与终结——周作人前期的文学翻译与其文艺思想》，《鲁迅研究月刊》2009年第9期。
⑨ 方开瑞：《周作人早期在小说翻译和拟作方面的尝试》，《中国翻译》2011年第6期。
⑩ 尹辉：《周作人对"弱小民族文学"作品的译介研究》，《鲁迅研究月刊》2018年第4期。

建构①等方面的研讨。就单个文本来看，有关《红星佚史》的成果较多。邹瑞玥、张治、周旻等皆比较过《红星佚史》与林纾译本《金梭神女再生缘》的差异。②张治发现周作人在译《红星佚史》时已产生了偏爱古字的苗头。周旻将《红星佚史》与"新生甲编"相关联。另有高传峰厘清了《红星佚史》在清末民初时期的不同版次，考订了它的初版时间。③此外，李贞玉、周旻、马祯妮等对《侠女奴》《玉虫缘》的解读及刘军关于周作人民初译文的拓展等都推动了周作人文言译作研究走向深化。④

在直接聚焦周氏兄弟文言译本之外，一大批勾勒二人早年精神建构与文学活动的著述亦给人启发。董炳月对"仙台鲁迅"的探讨颇为深入⑤，并将讨论推向鲁迅东渡前的"南京记忆"⑥，既有对留学时期鲁迅思想形成的考察⑦，也有剖析鲁迅留学期间的文明观、美术观的专题论文⑧。潘世圣也曾在宏观上深描了鲁迅的思想构筑与明治日本文化界流行走向的结构关系，还从方法论上指示了重构鲁迅留日时期历史情境的重要性。个案方面，他对鲁迅与仙台医专、嘉纳治五郎、丘浅次郎等关系的考察多有发

---

① 白新宇、张春田：《周作人"悲哀诗力说"的建构历程——从〈孤儿记〉到〈哀弦篇〉》，《鲁迅研究月刊》2023年第5期。

② 邹瑞玥：《林纾与周作人两代翻译家的译述特点——从哈葛德小说 The World's Desire 说起》，《中国现代文学研究丛刊》2009年第2期。张治：《〈红星佚史〉与〈金梭神女再生缘〉》，《蜗耕集》，杭州：浙江大学出版社，2012年，第58—74页。周旻：《从〈红星佚史〉看周作人早期翻译与林纾的离合》，《汉语言文学研究》2015年第2期。

③ 高传峰：《〈红星佚史〉初版时间辨正》，《新文学史料》2015年第4期。

④ 李贞玉：《周作人早期译文的翻译策略与性别观念——以〈侠女奴〉为中心》，《励耘学刊（文学卷）》2013年第1辑。周旻：《"隐形"的底本：英和双语读本在周作人早期翻译生产中的角色——以〈玉虫缘〉为个案》，《中国比较文学》2017年第4期。马祯妮：《当代形象学视角下〈侠女奴〉汉译本研究》，《外国语（上海外国语大学学报）》2020年第2期。刘军：《周作人儿童文学论探源——以绍兴时期日本儿童文学的接受为中心》，《鲁迅研究月刊》2009年第12期。

⑤ 董炳月：《"仙台神话"的背面》，《鲁迅研究月刊》2002年第10期；《"仙台鲁迅"与国民国家想象——以〈仙台书简〉为中心》，《鲁迅研究月刊》2005年第10期。

⑥ 董炳月：《论鲁迅的"南京记忆"——以其"自我"的形成与表现为中心》，《广西师范大学学报（哲学社会科学版）》2019年第3期。

⑦ 董炳月：《鲁迅留日时代的俄国投影：思想与文学观念的形成轨迹》，《鲁迅研究月刊》2009年第4期。

⑧ 董炳月：《鲁迅留日时期的文明观——以〈文化偏至论〉为中心》，《鲁迅研究月刊》2012年第9期；《"文章为美术之一"——鲁迅早年的美术观与相关问题》，《文学评论》2015年第4期。

现。①姜异新为鲁迅的留日七年写了专传②，还逆溯周树人早期的外国文学阅读积累，破解了一个小说家内心深处秘密泉涌的部分③。乔丽华对鲁迅留日时期的交游详加考证，多角度分析了他与《浙江潮》《天义》《新生》等刊物的关系④，并补充了鲁迅德语、俄语学习的部分史实⑤。孙尧天有关鲁迅文言著译中科学思想内容的系列研究成果惹人注目，如揭示《人之历史》的知识误

---

① 潘世圣：《鲁迅的思想构筑与明治日本思想文化界流行走向的结构关系——关于日本留学期鲁迅思想形态形成的考察之一》，《鲁迅研究月刊》2002年第4期；《鲁迅的日本观——鲁迅体验和理解日本的主要内容及特征》，《浙江学刊》2004年第3期；《还原"历史现场"——鲁迅与明治日本研究的新视角》，《吉林大学社会科学学报》2015年第5期；《关于鲁迅与仙台医学专门学校——"日本留学期鲁迅之实证研究"之一》，《鲁迅研究月刊》2001年第7期；《嘉纳治五郎中国认识的现代考察》，《外国问题研究》2013年第1期；《留日时期的鲁迅与嘉纳治五郎》，《东岳论丛》2015年第3期；《还原历史现场与思想意义阐释——鲁迅与丘浅次郎进化论讲演之悬案》，《现代中文学刊》2016年第3期。另参潘世圣：《鲁迅与日本》，北京：生活·读书·新知三联书店，2025年。

② 姜异新：《究竟是青春：鲁迅的留日七年（1902—1909）》，石家庄：河北教育出版社，2024年。

③ 姜异新：《导读："百来篇外国作品"寻绎——留日生周树人文学阅读视域下的"文之觉"》，陈漱渝、姜异新编：《他山之石：鲁迅读过的百来篇外国作品》，天津：天津人民出版社，2021年，第1—17页。书中另有"附录一：'百来篇外国作品'统计表"可供参考。

④ 乔丽华：《袁文薮其人其文——再议鲁迅筹办〈新生〉的班底》，上海鲁迅纪念馆编：《上海鲁迅研究·上海鲁迅纪念馆藏文物研究（总第91辑）》，上海：上海社会科学院出版社，2021年，第118—134页；《鲁迅同时代人——〈浙江潮〉同人考述》，上海鲁迅纪念馆编：《上海鲁迅研究·中国新兴木刻运动九十周年（总第93辑）》，上海：上海社会科学院出版社，2022年，第133—155页；《鲁迅与〈浙江潮〉时期的蒋观云》，《鲁迅研究月刊》2022年第1期；《"伍舍"同住人考——鲁迅留学后期生活史实》，上海鲁迅纪念馆编：《上海鲁迅研究·鲁迅留学日本120周年（总第94辑）》，上海：上海社会科学院出版社，2022年，第13—33页；《鲁迅与蔡元康交游考》，上海鲁迅纪念馆编：《上海鲁迅研究·鲁迅与左联（总第98辑）》，上海：上海社会科学院出版社，2023年，第133—147页；《"听将令"的"独应"——再议鲁迅与〈天义〉之关系》，上海鲁迅纪念馆编：《上海鲁迅研究·纪念冯雪峰同志诞辰120周年（总第99辑）》，上海：上海社会科学院出版社，2023年，第153—169页；《章太炎国学讲习班部分成员考述——鲁迅留日后期的交游》，上海鲁迅纪念馆编：《上海鲁迅研究·100辑纪念（总第100辑）》，上海：上海社会科学院出版社，2023年，第139—154页。

⑤ 乔丽华：《作为"敲门砖"的德语——鲁迅在东京独逸语专修学校的学习》，上海鲁迅纪念馆编：《上海鲁迅研究·鲁迅生平研究（总第88辑）》，上海：上海社会科学院出版社，第33—45页；《江户论交志革新——鲁迅等六人学俄文考（上）》，上海鲁迅纪念馆编：《上海鲁迅研究·鲁迅与左翼文物（总第95辑）》，上海：上海社会科学院出版社，2022年，第100—112页；《江户论交志革新——鲁迅等六人学俄文考（下）》，上海鲁迅纪念馆编：《上海鲁迅研究·鲁迅与教育（总第97辑）》，上海：上海社会科学院出版社，2023年，第157—167页。

读①，钩沉鲁迅走向"伪士当去，迷信可存"主张的轨迹②，还原了鲁迅科学知识谱系建立的过程③。蒋永国对鲁迅早期思想的知识谱系及核心内容进行了归纳整理。④孙海军分梳了晚清本土资源对鲁迅早期思想建构的诸多影响。⑤

此外，栾伟平、谢仁敏、马勤勤等人有关《女子世界》时期的周作人及其与小说林社往来的研究⑥，符杰祥对鲁迅留日时期"现代"思想的发生与形成的研究及对其"弃医从文"内部原理的探求⑦，朱晓江对留日期间鲁迅文学思想生成的通盘把握⑧，朱晓江与李雅娟对周作人早期文学与思想的考辨⑨，李怡、陈伟华、杨华丽、孟庆澍诸人对 1907 年鲁迅或周氏兄弟的细考与解析⑩，杨姿对留日时期鲁迅信仰的考释⑪，宋炳辉对晚清民初时期

---

① 孙尧天：《跨文化语境中的〈人之历史〉——重审早期鲁迅与海克尔、泡尔生的思想联系》，《东岳论丛》2020 年第 1 期。

② 孙尧天：《鲁迅所谓"伪士当去，迷信可存"对象考释》，《东吴学术》2020 年第 3 期；《清末科学主义与鲁迅的突破——对鲁迅早年"伪士当去，迷信可存"主张的历史考察》，《文史哲》2023 年第 2 期。

③ 孙尧天：《东西文明交汇与鲁迅科学知识谱系的建立》，《鲁迅研究月刊》2024 年第 4 期。

④ 蒋永国：《鲁迅早期思想与他的新文学创作》，桂林：广西师范大学出版社，2018 年。

⑤ 孙海军：《鲁迅早期思想的本土语境》，北京：中国社会科学出版社，2021 年。

⑥ 栾伟平：《清末小说林社的杂志出版》，《汉语言文学研究》2011 年第 2 期。另可参栾伟平《小说林社研究》，台北：花木兰文化出版社，2014 年。谢仁敏：《〈女子世界〉出版时间考辨——兼及周氏兄弟早期部分作品的出版时间》，《鲁迅研究月刊》2013 年第 1 期。马勤勤：《晚清女报与近代中国女性小说创作的发生——以〈女子世界〉为观察中心》，《云南大学学报（社会科学版）》2018 年第 6 期。

⑦ 符杰祥：《鲁迅留日时期"现代"思想的发生与形成》，《中国比较文学》2009 年第 3 期；《鲁迅文学的起源与文学鲁迅的发生——对"弃医从文"内部原理的再认知》，《文学评论》2010 年第 2 期。

⑧ 朱晓江：《留日期间鲁迅文学思想的生成（1902—1909）》，《社会科学战线》2019 年第 3 期。

⑨ 朱晓江：《"以虚灵之物为上古之方舟"——周作人早期文学思想考辨》，《杭州师范大学学报（社会科学版）》2010 年第 5 期；李雅娟：《在启蒙思想与文学趣味之间——早期周作人文学与思想探微》，《渤海大学学报（哲学社会科学版）》2011 年第 1 期。

⑩ 李怡：《1907：鲁迅"入于自识"的选择——论 1907 年的鲁迅兄弟之于现代中国文学的生成》，《中山大学学报（社会科学版）》2005 年第 3 期；《1907：周作人"协和"体验及与鲁迅的异同——论 1907 年的鲁迅兄弟与现代中国文学之生成》，《贵州社会科学》2005 年第 4 期。陈伟华：《1907：思想家鲁迅的成熟》，《鲁迅研究月刊》2008 年第 11 期。杨华丽：《从〈新生〉到〈坟〉：重审鲁迅的 1907》，《绵阳师范学院学报》2015 年第 10 期。孟庆澍：《彼此在场的读与写：1907 年的周氏兄弟》，《中国现代文学研究丛刊》2017 年第 3 期。

⑪ 杨姿：《留日时期鲁迅信仰考释》，《南京师范大学文学院学报》2013 年第 3 期。

中东欧文学中译的盘点①，郜元宝对鲁迅《坟》编集出版的梳理及对北京鲁迅博物馆藏周氏兄弟中文剪报的校改考释②，吴海洋以《摩罗诗力说》为例对材源考研究路径的反思③，陈云昊以留日时期的周氏兄弟与许寿裳为中心对《新生》杂志的探考④，等等，皆可资参鉴。

外国学者对周氏兄弟文言译作的研究，以日本学人最为深厚。最初，芥川龙之介、松枝茂夫、今村与志雄等仍是以简单介绍周氏兄弟的翻译为主。20世纪五六十年代，志贺正年开始专论鲁迅翻译，在《天理大学学报》刊载十余期，1970年出版专著《鲁迅翻译研究》。而后，冈村昭彦、大谷通顺、南云智、山田敬三、北冈正子、村田俊裕、中岛长文、樽本照雄（即神田一三）、工藤贵正、根岸宗一郎、竹野美惠、森冈优纪等或是对周氏兄弟具体的文言译本考校分析，或是对《人之历史》《摩罗诗力说》等所谓"创作"的蓝本加以剖析。⑤其中，以樽本照雄对周作人《侠女奴》《玉虫缘》《荒矶》的透视、工藤贵正对《哀尘》等鲁迅文言译作及周作人《孤儿记》所作的系列化研究最具规模。此外，伊藤虎丸对鲁迅与明治日本这一命题的拓荒性工作⑥以及竹内良雄对鲁迅所辑《小说译丛》的辨析等也都给人启发⑦。除日本学者外，瑞典的伦那特·伦德伯格（Lennart Lundberg）⑧，法国的卜立德（David Edward Pollard），澳大利亚的寇志明（Jon Eugene von Kowallis），美国的韩南（Patrick Hanan）、安德鲁·琼斯

---

① 宋炳辉：《中东欧文学中译的滥觞——晚清民初的译介历史及其特点》，《中国比较文学》2016年第4期。

② 郜元宝：《北京鲁迅博物馆藏"周氏兄弟"中文剪报校改考释》，《鲁迅研究月刊》2018年第11期；《彼裘绫于何有，嗟大恋之所存——〈坟〉的编集出版及其他》，《中国现代文学研究丛刊》2018年第7期。

③ 吴海洋：《〈摩罗诗力说〉与鲁迅的文章观》，《文学评论》2021年第5期。

④ 陈云昊：《鲁迅的神思与〈新生〉的神思——以留日时期鲁迅、许寿裳、周作人为中心》，《中国现代文学研究丛刊》2022年第4期。

⑤ 日文著述的刊布信息，详见参考文献的外文部分。

⑥ 伊藤虎丸：《鲁迅与日本人——亚洲的近代与"个"的思想》，李冬木译，石家庄：河北教育出版社，2000年。

⑦ 竹内良雄：《鲁迅的〈小说译丛〉及其他》，王惠敏译，《鲁迅研究月刊》1995年第7期。

⑧ Lennart Lundberg, *Lu Xun as a Translator: Lu Xun's Translation and Introduction of Literature and Literary Theory, 1903-1936* (Stockholm: Stockholm University, 1989). 一般认为，伦那特·伦德伯格的《作为翻译家的鲁迅》是欧美学界研究鲁迅翻译的首部专著。

(Andrew Jones)、韩嵩文（Michael Gibbs Hill），韩国的徐维辰，瑞士的冯铁（Raoul David Findeisen）等亦有对周氏兄弟文言翻译的讨论。①

综上，整体来说，关于周氏兄弟文言著译与"五四"新体白话关系的阐发多为现象的列举或宏阔的发挥，全面、系统、扎实、细致地剖析二者关联的成果尚且付之阙如。具体地看，在底本考释基础上展开文言译本研究的路径仍有相当广阔的空间。有鉴于此，本书以周氏兄弟文言译作为中心，追索、对照源语文本，力争丰富既有的早期周氏兄弟研究的实绩，加深对作为新文学家的鲁迅与周作人的"前史"之认识，展现他们在中国现代文学语言转型中的贡献。

---

① 卜立德：《鲁迅的两篇早期翻译》，《鲁迅研究月刊》1993 年第 1 期。寇志明：《翻译与独创性：重估作为翻译家的鲁迅》，姜异新译，《鲁迅研究月刊》2011 年第 8 期。韩南：《中国近代小说的兴起》（增订本），徐侠译，上海：上海教育出版社，2010 年。安德鲁·琼斯：《鲁迅及其晚清进化模式的历险小说》，王敦、李之华译，《现代中文学刊》2012 年第 2 期。韩嵩文：《萍云的狩猎旅行——早期周作人及其性别化的"感时忧国精神"》，祝芸译，王德威主编：《中国现代小说的史与学》，台北：联经出版事业股份有限公司，2010 年，第 133—152 页。徐维辰：《从科学到吃人——鲁迅〈造人术〉翻译与野蛮的潜在书写》，陈思和、王德威主编：《文学·2017·春夏卷》，上海：上海文艺出版社，2017 年。冯铁：《未被倾听的声音——论周作人译、鲁迅校〈神盖记〉手稿》，李树春译，《现代中文学刊》2018 年第 1 期。

第一章　译者周树人的诞生及其语言实践

鲁迅，原名周树人，生于1881年，卒于1936年，伟大的文学家、思想家、革命家。这是众所周知的知识，也是耳熟能详的从小学背到中学的教科书体的作家简介。但实际上，"鲁迅"作为作者署名是在《狂人日记》发表时才问世的。继续咬文嚼字的话，"鲁迅"诞生于1918年，而生于1881年的甚至都不是"周树人"，而是"周樟寿"，字豫山。"周树人"是1898年的时候，为了进新式学堂读书而改的名字。当时还是科举时代，去新式学堂是走投无路之举，何况周樟寿是去水师学堂"当兵"，不宜拿家谱上的本名出来用，才有了"周树人"。①

从周樟寿到周树人，表面是名字符号的替换，背后是空间的位移与知识谱系的再造：从浙东小城绍兴到六朝古都南京，从四书五经到格致西学。1898年5月至1902年2月，周树人在南京求学近四年。董炳月说："鲁迅的'立人'思想、进化论观念、对西医的认同等等，均可在南京求学生活中找到原点。"②此后，周树人极少再用家谱上的本名行走于世。

"周树人"是周樟寿变身"鲁迅"的中间站。"周树人"和"鲁迅"之间，不是意想中的"等于"关系，而是"成为"的关系，两者是流动、交叠的存在。早在1967年，日本学者片山智行就提出了"原鲁迅"的命题。③日本佛教大学的李冬木更是自觉且系统地思考着"周树人何以成为鲁迅"这一关键问题。他将"周树人"置于明治文化的背景下考察他成为鲁迅的缘由所在，认为"就一个完全不同于旧文人从而开拓出与既往文学传统迥

---

① 周启明：《鲁迅的青年时代》，北京：中国青年出版社，1957年，第9—10页。
② 董炳月：《论鲁迅的"南京记忆"——以其"自我"的形成与表现为中心》，《广西师范大学学报（哲学社会科学版）》2019年第3期。
③ 片山智行「近代文学の出発——『原魯迅』というべきものと文学について」東京大学文学部中国文学研究室編『近代中国の思想と文学』大安株式会社、1967年、165-182頁。题目可中译为《近代文学的出发——关于堪称"原鲁迅"的那种东西与文学》。

异的新文学之路的近代作家的整个精神建构而言",1902 年到 1909 年七年多的日本留学经历潜藏着"从周树人到鲁迅的内在精神机制"。①本章受此启发,以 1918 年为限,有区分地使用"周树人"与"鲁迅"两个名字。

本章聚焦译者周树人的诞生过程,先钩沉其外语习得情况,再由译本研究拓展到与周树人跨语际实践相关的其他文本。周树人的早期译作大多是他留学日本时由日语文献译出的。本章以留日时期的周树人为个案,亦可见出清末民初留学生的跨语际实践与其文体重塑之间的关系。

第一节　周树人南京时期的"跨语际体验"

按照周作人的回忆,戊戌(1898)年四月,周树人考取了江南水师学堂的试读生;"在这以前他住在家里,只买些古书来看,与当时出版界不发生关系,所看到的新刊物至多只是《点石斋画报》而已。在南京三年中,与'西学'开始接触"②。这段回忆大体介绍了周树人早期的知识状况,但关于新刊物的记忆不全。周作人疏忽的是,他哥哥在《点石斋画报》之外,至少还阅读过维新派所办《知新报》,且该报在绍兴的派报处与《时务报》相同,可推断周树人在绍兴时或已阅读过《时务报》③。绍兴虽在浙东,却并不闭塞,当地的中西学堂也教洋文,有英文和法文两门,但士风昏聩。鲁迅回忆说:

> 熟读圣贤书的秀才们,还集了"四书"的句子,做一篇八股来嘲诮它,这名文便即传遍了全城,人人当作有趣的话柄。我只记得那"起讲"的开头是:
> "徐子以告夷子曰:吾闻用夏变夷者,未闻变于夷者也。今也不

---

① 李冬木:《越境——"鲁迅"之诞生》,杭州:浙江古籍出版社,2023 年,第 10—11 页。
② 周启明:《鲁迅的青年时代》,北京:中国青年出版社,1957 年,第 76 页。周作人文中原写"戊戌(1898)年三月往南京进学堂",不确,当为阴历四月。
③ 详参姚锡佩:《鲁迅去南京求学前后的若干史实》,北京鲁迅博物馆鲁迅研究室编:《鲁迅研究资料》(4),天津:天津人民出版社,1980 年,第 348—350 页。另参刘润涛:《鲁迅"走异路,逃异地"考述》,《鲁迅研究月刊》2019 年第 6 期。

然：鴃舌之音，闻其声，皆雅言也。……"①

这段八股的开头数句集自《孟子·滕文公上》的不同段落。绍兴本地的秀才们讥讽学堂教洋文是"变于夷"的恶行。"鴃"即伯劳鸟。"鴃舌之音"，原形容楚人的言语音声，这里代指外国话。在这样的文化环境中，学习外语的阻力可想而知。

许广平曾说，鲁迅私下谈及自己的学生时代，"最高兴回忆到的是十多岁在南京"②。然而，他公开的文字里对南京学堂生活的回忆并不美好。关于这段经历，《呐喊·自序》里曾简要提及，到了《朝花夕拾》中才写得稍稍详细：

> 无须学费的学校在南京，自然只好往南京去。第一个进去的学校，目下不知道称为什么了，光复以后，似乎有一时称为雷电学堂，很像《封神榜》上"太极阵""混元阵"一类的名目。总之，一进仪凤门，便可以看见它那二十丈高的桅杆和不知多高的烟通。功课也简单，一星期中，几乎四整天是英文："It is a cat.""Is it a rat？"……③

据周作人日记，哥哥戊戌（1898）年闰三月初七给他的信中云"欲往金陵"④。金陵即南京。选择南京求学，一者，有无需学费的学校，每月还给"津贴"，即赡银；二者，离家近，路程相对短；三者，也是最直接的原因，"在南京的水师学堂里有一个本家叔祖，在那里当'管轮堂'监督，换句话说便是'轮机科舍监'"⑤。这位本家叔祖名为周庆蕃，字椒生，小名庆，孙辈称他庆爷爷；在家族大排行十八，周氏兄弟日记里写作"十八叔

---

① 鲁迅：《朝花夕拾·琐记》，《鲁迅全集》第2卷，北京：人民文学出版社，2005年，第303页。

② 许广平：《关于鲁迅的生活》，北京：人民文学出版社，1954年，第2页。

③ 鲁迅：《朝花夕拾·琐记》，《鲁迅全集》第2卷，北京：人民文学出版社，2005年，第303页。

④ 见周作人戊戌年（1898）闰三月初九的日记。鲁迅博物馆藏：《周作人日记》（影印本）上册，郑州：大象出版社，1996年，第7页。在本书中，汉字标示的年月日为农历时间，而阿拉伯数字标示的年月日为换算之后的公历时间。

⑤ 周启明：《鲁迅的青年时代》，北京：中国青年出版社，1957年，第10页。

祖"或"椒生叔祖"。为周樟寿改名周树人的即这位"十八叔祖"。从所谓"第一个进去的学校"是江南水师学堂,"几乎四整天是英文",可知鲁迅的外语起步是在江南水师学堂。

19世纪,英国长期是世界的海上霸主,加之"训练之方咸推英国为最精",江南水师学堂在创设之初即"参仿北洋章程并照英国训练水师办法,分列驾驶管轮两门","驾驶学生所习以精求英国文法为第一要义",而"管轮学生原为将来管理兵船机器之选,故精习英国文法后,所习勾股算学较驾驶学生更须精深"。欲以英为师,"惟其图籍俱属英文,欲读其书,必先识其文",故而江南水师学堂在当时的新式学堂里格外重视学生的英文学习,"延订英国水师教习二员,洋文汉教习四员,在堂分班训练"。①

驾驶、管轮两门各有三班,计划以二十人为一班。分班不是按照学生的专业能力,而是根据他们的英文水平。入堂之后,先"试习四个月",口齿不灵、情性执拗、举止轻浮者,予以退学。在剩余的学生中,"视其英文浅深,第其资质进境,分作一、二、三班。英文胜者为一班,每月每人除饭食外给赡银四两,次者为第二班,每人除饭食外给赡银三两,再次者为第三班,每月每人除饭食外给赡银二两,其在堂试习未满四月者,只与饭食不给赡银"②。按鲁迅的回忆,在试习期后,学堂每月所给津贴"不过二两银子"③,可知他被分在了第三班,英文分班考试并不理想。

较低的成绩未必是周树人四个月的试习期不努力所致。按《江南水师学堂简明章程》的要求,"招募学生自以已通英文者为重","自十三岁以上,二十岁以下,已读二三经,能作策论,文理通顺,曾习英文三四年者"。《万国公报》曾记载江南水师学堂的招考情况,称"现在第一案及近日所取精通洋文者,皆出自中西书院、万航渡虹口英文书院、麦家圈诸学堂,西师教法精勤,人才[备]出,其中学生间有帮教得力之人,为西师

---

① 《〈万国公报〉:江南水师学堂简明章程》,高时良、黄仁贤编:《中国近代教育史资料汇编·洋务运动时期教育》,上海:上海教育出版社,2007年,第492—493页。

② 同上书,第492页。

③ 鲁迅:《朝花夕拾·琐记》,《鲁迅全集》第2卷,北京:人民文学出版社,2005年,第305页。

所殷殷惜去者"①。比起这些"曾习英文三四年者",久居绍兴的周树人并无优势,他没有机会学习英文,最多是到南京后、入学考试前在椒生叔祖处借住时接受一些补习。彼时,祖父周福清与小妾所生的周伯升已在江南水师学堂读了一年,可以为周树人补习英文。三年后,周作人入读时即受过小叔叔的辅导。②短期来说,周树人的英文水平是不可能追得上的。

关于1898年在江南水师学堂的英文学习内容,除了前面他自己提到的"It is a cat."等两句话外,还可从《朝花夕拾》里找到其他线索。下面一段话无意中透露了周树人当时所用的英文教科书:

> 初进去当然只能做三班生,卧室里是一桌一凳一床,床板只有两块。头二班学生就不同了,二桌二凳或三凳一床,床板多至三块。不但上讲堂时挟着一堆厚而且大的洋书,气昂昂地走着,决非只有一本"泼赖妈"和四本《左传》的三班生所敢正视;便是空着手,也一定将肘弯撑开,像一只螃蟹,低一班的在后面总不能走出他之前。③

关于三班生,周作人曾补充说:"水师学堂系用英文教授,所以全部正式需要九年,才得毕业,前后分作三段,初步称曰三班,每三年升一级,由二班以至头班。"④而文中所言"泼赖妈"便是周树人学习英文的第一本教科书,但既有的鲁迅研究多是一笔带过,殊为可惜。2005年版《鲁迅全集》对它的注释为"英语Primer的音译,意即初级读本"⑤,虽不能算错,却没有介绍清楚。"泼赖妈"确是"Primer"的音译汉字,但实有其书。商务印书馆的相关回顾对此有所提及。

1897年2月11日,商务印书馆由夏瑞芳及其亲友集资创办。早年就在商务印书馆工作的章锡琛对它的创办史有过详细的回忆。商务印书馆的

---

① 《〈万国公报〉:记江南水师学堂招考》,高时良、黄仁贤编:《中国近代教育史资料汇编·洋务运动时期教育》,上海:上海教育出版社,2007年,第494页。"备"字为编者所补。本段引文,标点或可商,似改为"西师教法精勤,人才出其中,学生间有帮教得力之人"亦通。
② 鲁迅博物馆藏:《周作人日记》(影印本)上册,郑州:大象出版社,1996年,第251页。
③ 鲁迅:《朝花夕拾·琐记》,《鲁迅全集》第2卷,北京:人民文学出版社,2005年,第304页。
④ 周启明:《鲁迅的青年时代》,北京:中国青年出版社,1957年,第35—36页。
⑤ 《鲁迅全集》第2卷,北京:人民文学出版社,2005年,第309页。

联合创办者们"同是印刷工人,又同是耶稣教长老会的教徒",公推夏瑞芳主持其事。"商务开办的当初,设备十分简陋,只有两部手摇小印机、三部脚踏圆盘机和三部手扳压印机"。仰赖夏瑞芳长袖善舞,商务印书馆抓住商机,一跃而起。"商务经营出版事业的开端"即与编印教科书《华英初阶》有关。一方面,当时的上海知识界"要求变法自强,热心学习外国语文";另一方面,上海作为发达的商埠,外资涌入,洋行林立,"不少职业青年羡慕做洋行买办,学英语的风气尤盛"。商务印书馆的联合创办者们皆为教会学校出身,"学校里所读的英文课本一向用英国人给印度小学生编的《Primer》,都从印度输入"。夏瑞芳们的第一桶金就由将印度读本 Primer 翻印出版而得,它初步适应了时人学习英文的需要。Primer 风行的同时,夏瑞芳敏锐地察觉到翻印的原书"只有英文,使用的人不很方便",不久便商请同为教友、已在中西学院任教的谢洪赉将 Primer 译成中文,"与英文本对照排列,名为《华英初阶》"。①

关于商务印书馆的发迹与《华英初阶》系列教材的关系,王云五在其为商务印书馆所作的编年史的开篇有一段"小同大异"的叙述,详情如下:

> 因鉴于上海读英文者众多,其所用课本大多数系英人为印度学生编辑之英文教科书一套,共五六册,其流行名称为 Indian Readers(印度读本)。是书并无中文注释,读者与教者多感不便。发起诸人灵机一动,认为如能附入中文注释,即便教学,营业定佳。于是商请一位牧师名谢洪赉者代为译注,并将该书订定中文名称为华英进阶,其首册则称华英初阶。译注将竟,先以华英初阶一册试探市场,初版先印二千册,由夏瑞方君亲向各学校推销,甫二旬,即全部售罄。……最初一二年获利颇厚,因上述之英文读本,附有汉文注释,为当时创举,极受英文教师与学生之欢迎,销数甚广……②

关于《华英初阶》,王云五的记述较之章锡琛的回忆,相同之处是商务印书馆靠它起家;区别则在王云五未提《华英初阶》的前身状态,而章锡

---

① 章锡琛:《漫谈商务印书馆》,《文史资料选辑》第43辑,北京:文史资料出版社,1964年,第62—64页。
② 王云五:《商务印书馆与新教育年谱》(上),南昌:江西教育出版社,2008年,第2页。

琛说了夏瑞芳们最初先是翻印了没有中文注解的版本。之所以如此细致地辨析,是因为这关乎周树人的书籍使用情况。

与章锡琛同一时期进入商务印书馆的包天笑回忆自己初学英语时说:

> 那时候,英文教科书,中国还没有哩,也由这位教英文的顾先生去办理。第一本"拍拉玛",这是启蒙的,以后渐序而进,共有五本。你道这些英文课本是哪里来的,乃是英国教印度小孩子读的,现在由印度而到中国,据说上海甚流行,初读是"一只猫"、"一只小山羊",我们相顾而笑。苏州乡下也不养羊,不知小山羊是怎么样的。这一套英文课本,在商务印书馆初开张,未编教科书时,把它译注翻印了,名之曰《英文初阶》、《英文进阶》,销数以万计,实为商务印书馆发祥的刊物呢。①

"拍拉玛"与"泼赖妈"一样,都是 Primer 的音译汉字。包天笑这段出自《钏影楼回忆录》的文字提供了一个新书名《英文初阶》。《英文初阶》与《华英初阶》是何关系呢?首先,包天笑此处确实误记了书名,经谢洪赉译注的书就是《华英初阶》,这也可能是他一时笔误。包天笑开始撰写《钏影楼回忆录》时已经74岁。早些年,他在1943年的文章里也提到过商务印书馆的这部书。他说:

> 我又在这个时候,认识了商务印书馆夏瑞芳先生。……他们做点什么生意呢?就是翻印英文教科书。那时上海的中国人读英文,教科书也是舶来品。英国人就把教印度人读的那种英文教科书,教我们中国人。英国人本来以未来的印度视中国人呀!不过那种书,没有译文,当时商务印书馆就译有华文,可以华英文对照,就是所谓华英初阶,华英进阶那种书。②

可见,包天笑是知晓《华英初阶》的。其次,《钏影楼回忆录》误将

---

① 包天笑:《钏影楼回忆录》,香港:大华出版社,1971年,第159页。"是哪里来的"的"哪"字原文写作"那"。原文中"乃是英国教印度"的"国教"之间有一个空格,疑缺漏了"人"字。

② 包天笑:《我与上海》,《申报》,1943年8月1日,特辑第2张。

《华英初阶》记为《英文初阶》，也情有可原。因为两书的源头是一样的，区别只在是否有汉译。查宣统二年（1910）商务印书馆发行的第一期《图书汇报》所附总目录，可以看到如下信息：

《华英初阶》　English and Chinese Primer　一角

《英文初阶》　English Primer　　　　　　五分①

从书名来看，所谓"华英初阶"，对译的是 English and Chinese Primer；原初的"印度读本"则仅署为 English Primer，直译过来，正是《英文初阶》。商务印书馆翻印本封面正下方花框里也写有"英文初阶"的字样。至此，或可推断：《英文初阶》就是章锡琛所言将印度读本 Primer 直接拿来翻印出版而得的书，因篇幅少，无译者酬劳，定价也低了一半。

周树人 1898 年春夏之交入学，当时正处于《英文初阶》与《华英初阶》使用的交叠期。江南水师学堂是否及时完成了替换，暂时无从查证。虽然不能最终确认周树人所用的"泼赖妈"到底是《英文初阶》还是《华英初阶》，但可以知晓一定出自"印度读本"。按谢洪赉的介绍，"印度读本 Indian Readers"一套七册，"原书《初阶》一本 Primer，首、二、三、四、五集各一本"，另有一册"高等读本"②。

《华英初阶》凡 90 课，首为"字母表"，后每一课中一般讲授六个新单词，用大字体列于课文之上，使学生一目了然。③然后搭配若干例句，旁为汉语译文。试举第 53 课，以便观其面目：

| five | 五 | rise | 起，起身 | size | 大小 |
| dive | 没水 | wise | 聪明，智 | prize | 赏物 |

---

① 《商务印书馆出版图书总目录》，《图书汇报》，上海：商务印书馆总发行所，1910 年，第 11 页。

② 谢洪赉：《论英文读本》，《普通学报》1901 年第 2 期。

③ 关于《华英初阶》及谢洪赉简况，详参邹振环：《〈华英初阶〉和晚清国人自编近代英语教科书的发轫》，陈绛主编：《近代中国》第 15 辑，上海：上海社会科学院出版社，2005 年，第 142—160 页。邹振环：《创办初期的商务印书馆与〈华英初阶〉及〈华英进阶〉》，《疏通知译史——中国近代的翻译出版》，上海：上海人民出版社，2012 年，第 207—224 页。

Is this the size ?	是这样大小么
That is the size.	是那样大小
My dog can dive.	我的狗能没水
Is it time to rise ?	是起身之时么
Five men came.	五个人来了
You are not wise.	你不是聪明的
Did he get five ?	他得了五个么
You got a prize.	你得了一个赏物①

与当下通行的英语教材不同，《华英初阶》以语音为纲，重视初学者的拼读训练；围绕元音字母"a, e, i, o, u"，择音近或形近的生词合为一课；课文主要由字母、单词和句子构成，句子之间亦无联系，基本没有篇章。内容方面也十分简单，由二词句、三词句逐渐增至四词句、五词句；直至书末，像第 85 课"At death the souls of good men go to God（在死时善人的灵魂往上帝那边）"那样超过十个词的句子也很少。

鲁迅在《朝花夕拾》里记述江南水师学堂"功课也简单"，然后举了英文的两句"It is a cat."与"Is it a rat ?"鲁迅也曾用"乌烟瘴气"形容他在江南水师学堂的观感，加之所举例句在今人眼中显得特别简单，这很容易让人觉得周树人当时的英语学习如同儿戏。而且，"cat""rat"的谐音也给人以滑稽的喜感，堂堂的鲁迅先生在青少年时竟念这样有些幼稚的英文绕口令，不免引人发笑，甚至会怀疑这两句英文是否为鲁迅刻意造出，以配合达到讽刺的效果。

事实上，鲁迅所举两句英文脱胎于"印度读本"初阶的第 21 课，兹以《华英初阶》为例，全文如下：

21.*

at	at	at
c at 猫	h at 帽子	r at 鼠
f at 肥	m at 席	s at 坐

---

① 《华英初阶》，上海：商务印书馆，1906 年，第 29 页。引文仿照原始资料样式排版。

my fat ox.	我的肥公牛
it is my hat.	是我的帽子也
is it a rat?	是一只鼠么
a cat; an ox.	一只猫，一头公牛
my ox is fat.	我的公牛是肥壮的
I sat on a mat.	我坐在一条席上

21. is it my hat?　　is my cat fat?　　a rat is on my mat.

　　是我的帽子么　　我的猫壮么　　一只鼠在我的席上

19. The letters of the Alphabet should be committed to memory in the usual order.

*The teacher should first write al on the black-board, which should be pronounced by the pupils. The letters c, f, &c., should then be prefixed in turn, forming different words. The same course should be followed in the subsequent lessons.

Exercises. — New sentences, composed of the same words, are given at the foot of each page, that the teacher may question the pupils on their meaning in the vernacular. The pupils, when further advanced, may form new sentences in English.[①]

引文大体保持了原文的格式样貌，分为四个板块，即本课的自然拼读音节及其相关的重点单词，将所学单词用于简短句子构成的主体课文与译文，由小一号字体显示的新例句，以及再小一个字号显示的给教师用的指导说明。

鲁迅写《朝花夕拾》时距离当年在水师学堂学英文已经过去快三十年了，而他还能清晰而准确地记得课文里的原句"Is it a rat？"，这除了印证他的脑力过人，也说明了那段英语学习时光让他记忆深刻。至于这句"It is a cat."，虽然不是原句，但课堂上做替换练习时应该也会练到它。《华英初阶》扉页背面的"本书编写计划"里写道：

经常出现这样的情况：学生能够翻译给出的句子，但句子稍有变

---

① 《华英初阶》，上海：商务印书馆，1906年，第14页。引文仿照原始资料样式排版。

动就不会翻译了。页面底部大多设有练习题，含有此前所学之单词及其他组合。教师应逐句朗读，并要求学生将其译成中文。教师也应给出简单的中文句子，让学生译成英文。①

稍小一个字号的"is it my hat？"等三句话就是页面底部的练习题，"含有此前所学之单词及其他组合"。主体课文的第四行"a cat；an ox."也是可以做替换练习的"其他组合"。

《华英初阶》作为给初学者的教材固然简单，但从示例的课文来看，不可谓不用心。特别是最小字号的教授法，指示得当。按其所授，教师应先在黑板上写下"at"，让学生们认读；然后依次在前面加上字母 c、f、h、m 等，组成不同的单词；学完课文后，要带着学生练习，根据每一页底部给出的由相同单词组成的新句子，向学生提问这些句子的含义，等学生有所长进，便可用英语遣词造句。可惜，时人教授《华英初阶》，常常不得其法。谢洪赉曾批评道：

> 初阶列课次序，专重音韵，观天头标目即知。今授书者，每不令学者知此意，亦一失也。页底小注，为教习而设，详示授幼徒之方，颇有意味，今人亦多不察，且以一端言之。注中明言开蒙可自一课起，不必首读字母，又读一课 No 字等。当授以二字母之音，勿徒授以二字母之名，皆良法也。而授者每反之，偶有不按常习者，众或且非之焉。②

"泼赖妈"是周树人外语学习的入门书，整体上虽然移植自"印度读本"，但也未必是百分之百的翻印。在总体的"教授法提示"里，编者细心嘱咐授课教师注意发音训练：

> 如果孩子在刚开始学习时就养成了不良的发音习惯，这种习惯往往会伴随他们一生。应特别关注汉语中不存在的英语发音，向学生展

---

① "PLAN OF THE BOOK"，《华英初阶》，上海：商务印书馆，1906 年，扉页背面。"PLAN OF THE BOOK"即"本书编写计划"。本段引文为笔者所译。
② 谢洪赉：《论英文读本》，《普通学报》1901 年第 2 期。

示这些字母发音时的唇齿位置，通常会对教学有很大帮助。训练学生的发音，应当让他们像日常对话那样去背诵例句。①

引人注意的是第二句"应特别关注汉语中不存在的英语发音"。如果是完全照搬"印度读本"，"汉语"二字当替换为"印度语"。这里的修改，并非译注者谢洪赉所为，更可能是商务印书馆所翻印的上海教会学校底本已经完成了这一处的"汉化"。

按编者为初学者的设定来看，这本书是认真在为儿童考虑的。编者声称，要"以循序渐进的方式，通过最简单且最实用的词汇教授阅读"，"书中偶尔会引入包含常见不规则单词的课程，以使句子结构更加多样化"；"力求遵循儿童学习语言的过程"，一般来说，每个单词至少出现四次，儿童的词汇量有限，其目标是"能熟练运用已掌握的词汇"。②编者特别提醒教师"每一页底部的小号字体给出的指导说明，教师应仔细阅读并遵照执行。由于教师缺乏教学技巧，常常会浪费学生数月的学习时间"；关于宗教类课程，教师"应按照课程编号进行学习。这些课程绝不能用于拼写等内容的教学"。③

简言之，"泼赖妈"在1898年算得上是开风气的英文启蒙教科书。若仅从《朝花夕拾》的字面判断，容易对周树人的英语学习之路产生不确切的印象。按《朝花夕拾》所写，三班生的课本似乎"只有一本'泼赖妈'和四本《左传》"，但这段引文表达的只是周树人最初进入江南水师学堂的观感。

据周作人日记所载，1901年10月15日，江南水师学堂的洋文馆开始为新生讲授《华英初阶》，前面六课，只是单个字母组为单词的训练，且按教授法的提示，"开蒙可自一课起，不必首读字母"，因此可以"上生书二科"④。前两课课文如下：

---

① "DIRECTIONS TO THE TEACHER"，《华英初阶》，上海：商务印书馆，1906年，扉页背面。"DIRECTIONS TO THE TEACHER"即"教授法提示"。本段引文为笔者所译。

② "PLAN OF THE BOOK"，《华英初阶》，上海：商务印书馆，1906年，扉页背面。本段引文为笔者所译。

③ "DIRECTIONS TO THE TEACHER"，《华英初阶》，上海：商务印书馆，1906年，扉页背面。本段引文为笔者所译。

④ 鲁迅博物馆藏：《周作人日记》（影印本）上册，郑州：大象出版社，1996年，第255—256页。第一学期，洋学馆只开设外语课，故"两科"不是两门课，而是指两课书。

LESSON 1.

o

| n | o | no | 无，非 |

2.

| l | o | lo | 看呢 |
| s | o | so | 如此，故 |

确实很简单，一日两课也很轻松。那么，江南水师学堂英文课的教学进度如何呢？辛丑年十月十六，即公历1901年11月26日，周作人在日记里写下"是日上洋文第一书（否泗利达）"。"否泗利达"当为"FIRST READER"的译音。绍兴方言共有29个声母，但没有"r"的发音[①]，故而Primer的"r"与"READER"的"r"实际上都发成"l"。据此推断，当日课程已进入《华英进阶·初集》，其英文书名为 *ENGLISH AND CHINESE FIRST READER*，其中的"FIRST READER"，即周作人所谓"否泗利达"。从授课进度来看，讲完"泼赖妈"大约只需40天。因此，周树人在江南水师学堂的英语学习至少学到了《华英进阶·初集》。

再据周作人日记来看，1902年5月5日日记载，"上午温书，因第二书未发也"[②]，由此可推知，一册《华英进阶·初集》大概到1902年5月方始学完，那么在水师学堂读完《华英进阶·初集》需要五个月左右，中间还含有一段不上课的寒假。对应到周树人这里，他1898年5月考入江南水师学堂，成为试习生，四个月后转为正式生；不久便参加了江南陆师学堂附设矿路学堂的考试。直到10月26日，矿路学堂发榜，周树人被录取，于11月中下旬从水师学堂退学回绍兴。[③]周树人在江南水师学堂读书五个多月。由此推断，他的英文课程几乎要学完《华英进阶·初集》。至于学习程度，兹举书中第56课课文为例：

[①] 王福堂：《绍兴方言研究》，北京：语文出版社，2015年，第3—4页。
[②] 鲁迅博物馆藏：《周作人日记》（影印本）上册，郑州：大象出版社，1996年，第331页。日记中"第"写作"弟"。
[③] 周遐寿：《旧日记里的鲁迅》，《鲁迅小说里的人物》，上海：上海出版公司，1954年，第247页。

56.— NEVER GIVE A KICK FOR A HIT.

Fu'-ry, great rage. 大怒　Neigh'-bour（nay'-bur）, one near. 近邻

　　One morning there were many cows and oxen waiting in a farm-yard to get some water to drink. The cattle all stood very quietly till one of the cows, in trying to turn round, happened to hit her next neighbour, whereupon the neighbour kicked and hit another. In five minutes the whole herd were kicking each other with fury.

　　Just so, I have seen one cross word give rise to a quarrel in a whole family. Never give a kick for a hit, and you will save yourself and others a great deal of trouble.

第五十六课
勿以一踢还一打

　　一日早晨有许多母牛公牛在一场地上要喝些水。这群牛大家静立、后一只母牛欲转身、偶然碰了他的近邻、于是这邻牛踢碰了别只。五分时内全群互相踢且大怒。

　　正是如此、我见一句怒言兴起全家的争论、终勿以一踢还一打、你可以使你自己及别人省了许多烦恼。[①]

可以看到，学至这一阶段，句子已经偏难，单词量扩大。毕竟试习期不修专业课，每周四天的洋文课，基本上是集中的英文训练，因为按江南水师学堂的设定，未来的专业课也都是洋文讲授，英语水平不过关肯定不行。所谓"功课也简单"的五个月，对于周树人来说，是第一个扎实的英语训练期。到他离开水师学堂时，早已不是"It is a cat."的幼儿水准。如果不借《华英进阶·初集》进行判断，就会误以为周树人在江南水师学堂毫无所获。

1899 年 2 月，矿路学堂开学，周树人短暂的英语学习时光暂告结束。在外语学习方面，按《朝花夕拾》的说法："这回不是 It is a cat 了，是 Der Mann，Das Weib，Das Kind。"[②] 据周树人在矿路学堂同班同学伍崇学的回

[①]《华英进阶·初集》，上海：商务印书馆，1904 年，第 62 页。
[②] 鲁迅：《朝花夕拾·琐记》，《鲁迅全集》第 2 卷，北京：人民文学出版社，2005 年，第 305 页。

忆,"德文和日文由学生选一门,鲁迅学的是德文"①。表面上看,英语学习之路虽被打断,但德语学习的大门敞开了。可实际上,此时的外语习得情况与之前不可同日而语。江南水师学堂虽是武备学校,但首重洋文,几乎是全天候的英文教学。到了矿路学堂,德文是副科,不那么重要②,德文成绩甚至不在毕业文凭上显示③。就读于江南水师学堂的周作人对此颇有感慨:"矿路学堂因为是用中文教授的,所以功课中独缺外国语这一门。这一个缺陷是他后来在日本,自己来补足的。"④如果说周氏兄弟在知识结构方面种下了差异的种子的话,那么便是这个时候外语训练的不同带来的。

南京时期,周树人的外语学习总体上虽然程度有限,但他接触到了来自域外的新知,除了矿路学堂所授西学知识,以及柯南·道尔的《福尔摩斯探案集》、哈葛得所著蛮荒小说、林纾所译小仲马《巴黎茶花女遗事》、严复译《天演论》等译本打开了新世界,还有一些新报刊开拓了他的眼界。《朝花夕拾》里说"学堂里又设立了一个阅报处,《时务报》不待言,还有《译学汇编》"⑤。此处的《译学汇编》记忆有误,当为《译书汇编》,1900年12月由留日学生在日本创办。

---

① 朱嘉栋:《追记鲁迅在南京读书的文物资料调查》,薛绥之主编:《鲁迅生平史料汇编》(第一辑),天津:天津人民出版社,1981年,第420页。
② 周树人在矿路学堂的另一位同班同学张协和曾回忆说:"矿路学堂,顾名思义,应该是学有关矿物的学问了,的确在校三年中也学了这方面的课程,例如矿物学、地质学、化学、熔炼学、格致学(即现在的物理)、测算学(即现在的算术、几何、代数、三角等)及绘图学。但当时读的都是纸上谈兵,并且在讲堂上抄讲义,每天仅上下午各上两堂课(每课约一小时余),讲解是很少的,只是抄书而已。"从这段回忆可知,矿路学堂课程总量少,但专业课种类很多,留给德文课的时间并不多。张协和:《忆鲁迅在南京矿路学堂》,薛绥之主编:《鲁迅生平史料汇编》(第一辑),天津:天津人民出版社,1981年,第400页。
③ 周树人的矿路学堂毕业文凭《执照》载各科成绩如下:"矿学捌分陆厘;地质学捌分柒厘;化学捌分柒厘;熔炼学捌分陆厘;格致学捌分柒厘;测算学捌分柒厘;绘图学捌分伍厘。"其中并无德文成绩。矿路学堂毕业文凭,见薛绥之主编《鲁迅生平史料汇编》(第一辑)"鲁迅在南京"的图片17。对比来看,江南水师学堂给毕业生的"学照"则将"英文""文法""翻译"三项计入考核内容中。《江南水师学照》,薛绥之主编:《鲁迅生平史料汇编》(第一辑),天津:天津人民出版社,1981年,第368页。
④ 周启明:《鲁迅的青年时代》,北京:中国青年出版社,1957年,第56页。
⑤ 鲁迅:《朝花夕拾·琐记》,《鲁迅全集》第2卷,北京:人民文学出版社,2005年,第306页。

从汉语变革的角度来看，周树人在南京的几年里，正是他与方兴未艾的"东瀛文体"密切接触的时期。这是除了英文、德文学习之外的另一种"跨语际体验"。周树人上课所用西学教科书，一部分是传教士主持的江南制造局推出的西学新书，如他手抄过的英国雷侠儿的《地学浅释》与批注过的美国代那的《金石识别》，均是由华蘅芳、玛高温合译的江南制造局的出版物。传教士及其中文合作者们译介了数量庞大的新词语，其中一些名词先被日语借用。① 陈力卫在研究中发现传入日本的江南制造局西学新书就使得很多语词概念随之进入了日本，在这批书中，最受日本人重视的就是《地学浅释》与《金石识别》，而后留日学生又把消化了传教士译语的日译本再重新译为汉语。② 可见，所谓"东瀛文体"本就不是纯粹的日本化，大量从日本来的新名词也渊源有自。

除了江南制造局的西学新书，1900 年前后的各类教科书可谓是"东瀛文体"的"重灾区"。王云五谈起刚刚成立的商务印书馆时，曾言"无适当人才堪以主持编译，于是零零星星不免接受若干外来书稿，大都由日文翻译而成，庞杂不精，且多由于直译，难免措词生硬"③。"东瀛文体"被朝野上下一致抵制，也因其混杂了"和制汉语"词汇。《奏定学务纲要》批评清末少年滥用日本名词之风时说：

> 日本各种名词，其古雅确当者固多，然其与中国文辞不相宜者亦复不少。近日少年习气，每喜于文字间袭用外国名词谚语，如团体、国魂、膨胀、舞台、代表等字，固欠雅驯；即牺牲、社会、影响、机关、组织、冲突、运动等字，虽皆中国所习见，而取义与中国旧解迥然不同，迂曲难晓；又如报告、困难、配当、观念等字，意虽可解，然并非必需此字，而舍熟求生，徒令阅者解说参差，于办事亦多窒碍。此等字样，不胜枚举，可以类推。④

---

① 何绍斌：《越界与想象——晚清新教传教士译介史论》，上海：上海三联书店，2008 年，第 216 页。
② 陈力卫：《东往东来：近代中日之间的语词概念》，北京：社会科学文献出版社，2019 年，第 134—152 页。
③ 王云五：《商务印书馆与新教育年谱》（上），南昌：江西教育出版社，2008 年，第 2 页。
④ 《奏定学务纲要》，璩鑫圭、唐良炎编：《中国近代教育史资料汇编·学制演变》，上海：上海教育出版社，2007 年，第 500—501 页。此引文由笔者重新标点。

引文所举除"配当"外，其余复音词都早已是汉语日常使用中的高频词汇。但在120多年前，它们却被官方视为"与中国文辞不相宜"的"外国名词谚语"而遭禁。汉语百年来的剧烈变化，可见一斑。而周树人在南京接受新式教育的几年里，正是"中国文辞"危机加剧、"新名词"泛滥成灾又无可替代的汉语转变期。

比起教科书，周树人阅读的新式报刊更是"东瀛文体"的大舞台。据朱京伟的研究，《时务报》是日语借词早期进入汉语的一个重要渠道，特别是由日本人古城贞吉担任翻译的"东文报译"栏。① 既有研究在谈及周树人与《时务报》时，一般津津乐道于梁启超文体对他的影响，但纵观《时务报》，截止到1898年8月停刊，梁启超的"论说"文章中仅有少量的日语借词。逃亡日本后的梁启超和《时务报》时期相比也有很大变化，不能一概而谈。虽不否认梁启超文章对周树人的吸引力，但不能将《时务报》直接与梁启超画等号，特别是要注意到他对古城贞吉所译"东文报译"栏的接触。

兹举《时务报》的"四字词"为例。传统的四字成语几乎是约定俗成且一成不变的，而作为新名词的"四字词"具有能产性，指按照一定的词法规则复合而成的专名词语或通用四字词语，如"2+2型"的"自由贸易""中央政府"，或"1+3型"的"大博览会""总税务司"，或"3+1型"的"红十字会""金本位制"。四字词的语素可以替换，从而实现自由组合，如"自由贸易"变为"自由竞争"，"金本位制"改为"银本位制"。朱京伟从《时务报》中抽取了192个四字词，其中90%以上为"2+2型"；从"2+2型"四字词所在的栏目看，取自"东文报译"的数量最多。"明治时期是日语四字词空前发展的时期，除了涌现出大量新词之外，在构词法方面也有贡献"，即"形成了以2+2型四字词为主要结构的构词模式"，"充当前语素和后语素的两个二字词都可以单独使用"，还可"以一些抽象性名词作前语素或后语素进行系列性构词"。这些特点都是清末以前的汉语所不具备的。在《时务报》中，已出现不少以前语素或后语素为中心形成的"2+2"型四字词词群。② 这便是"东瀛文体"在《时务报》上的显影。

---

① 朱京伟：《近代中日词汇交流的轨迹》，北京：商务印书馆，2020年，第109—110页。

② 详参朱京伟：《近代中日词汇交流的轨迹——清末报纸中的日语借词》，北京：商务印书馆，2020年，第99—123页。

至于《译书汇编》的文体，比之《时务报》的"东瀛化"，有过之而无不及。《译书汇编》本就是留日学生在东京创刊的，最初专以连载日文书籍为重。很多欧美原著也是由日译本转译成汉语的。朱京伟从日语借词研究的角度出发，明确了《译书汇编》作为词汇史研究资料的价值。他调查发现："《译书汇编》发行的两年之间主要以翻译文章为主，到末期转变为以自撰文章为主。事实上，翻译文章中的日语借词明显多于国人的自撰文章，而日本人原著的译本与欧美人原著的译本相比，前者的日语借词又明显多于后者。"[①]周树人在南京的最后两年，《时务报》已经停刊，爱读的《译书汇编》拉近了他与"东瀛文体"的距离。

　　平心而论，传统文章在"三千年未有之变局"中必然落入下风。随着中外文化大交流，面对层出不穷的新生事物，传统文章或是回避书写现实，或是求变。然而，清代存在众多禁忌，禁止各种语体、文体等侵犯古文领地，以方苞、李绂的影响最为显著。每当思想活跃之际，为维护道统，禁忌范围就进一步扩张。随着古文禁忌的增多，不仅语体、文体，篇章、格调、作法等方面的规定越发严格，至晚清时，对古文创作的约束更为严厉。[②]这是恶性循环之路。文脉遇到危机，不思由内自新，妄图依靠外力压制；压制越严，死路愈近，传统文章到晚清时已然积重难返。求新求变者勉力为古文续命，又难免受到固执韩柳文法者的苛责。

　　空谈道理，古文尚可汪洋恣肆，一旦进入实学领域，严守桐城文法根本没有可能。林氏译笔虽有桐城味道，但在钱锺书看来，"好些字法、句法"更像出自不通中文之人的手笔。[③]何况文坛历来的复古求新之路在晚清也走不通了。"文必秦汉"又如何？哪怕贾谊重生，能用地道的西汉古文讲述《圣经》的故事吗？即使韩愈回魂，生花妙笔可以重现于牛顿《自然哲学的数学原理》之汉译本吗？诚如高凤谦所言："今之所谓新名词者，大抵出自翻译，或径用东邻之成语。其扞格不通者，诚不可胜数。然欲一切屏弃不用，则吾又以为甚难。何也？世界之变迁益甚，则事物之孳乳益多，

---

　　① 朱京伟：《近代中日词汇交流的轨迹——清末报纸中的日语借词》，北京：商务印书馆，2020年，第220页。

　　② 潘务正：《清代"古文辞禁"论》，《文学评论》2018年第4期。

　　③ 钱锺书：《林纾的翻译》，《文学研究集刊》第一册，北京：人民文学出版社，1964年，第20页。

此不可逃之定例也。其后起之事物,既为古之所无,势不能无以名之。此正新名词之所由起……新旧二字,本对待之词,其界说孰能从而画之。"①他在代表商务印书馆替"东瀛文体"发声,背后或有生意经的驱动,但较之清末同时期昏聩的无能而暴怒的情绪输出者们,高凤谦的判断理智而现实。二字、三字乃至四字、五字的新名词能"一切屏弃不用"吗?新名词的根源是"世界之变迁益甚,则事物之孳乳益多"。在"三千年未有之变局"中,社会被动现代化的速度太快,固有文脉来不及消化"古之所无"的"后起之事物"。传统文章无限美好,可是时代变了。剑术高超又如何,终究敌不过长枪大炮。无可奈何,回天乏术,传统文脉的落幕不以人的意志为转移。

第二节　留学日本前夕的新学准备

矿路学堂发给周树人的《执照》文凭显示的毕业时间为"光绪二十七年十二月十八日"②,该年为"辛丑年",公历日期是1902年1月27日。然而,毕业证上写的日子不是最终离校的日子。目前的研究对周树人留日之前的准备期常常一笔带过。之所以会如此,一方面受限于材料不足征;另一方面,可能受到了《朝花夕拾·琐记》叙事的引导。《琐记》有言:

> 毕业,自然大家都盼望的,但一到毕业,却又有些爽然若失。爬了几次桅,不消说不配做半个水兵;听了几年讲,下了几回矿洞,就能掘出金银铜铁锡来么?实在连自己也茫无把握,没有做《工欲善其事必先利其器论》的那么容易。爬上天空二十丈和钻下地面二十丈,结果还是一无所能,学问是"上穷碧落下黄泉,两处茫茫皆不见"了。所余的还只有一条路:到外国去。
>
> 留学的事,官僚也许可了,派定五名到日本去。③

---

① 高凤谦:《论保存国粹》,《教育杂志》第1年第7期,1909年8月10日。
② 矿路学堂毕业文凭见薛绥之主编《鲁迅生平史料汇编》(第一辑)"鲁迅在南京"的插图17。
③ 鲁迅:《朝花夕拾·琐记》,《鲁迅全集》第2卷,北京:人民文学出版社,2005年,第307页。

从矿路学堂到弘文学院的过程在鲁迅的笔下显得如此顺畅。实际上，《琐记》里需要"疑义相与析"的地方确乎不少。对周树人走向弘文学院之前这一段，不妨慢慢讨论，细细思量。周树人毕业之际、留日前夕的相关记录较为完整地保留在周作人日记中。本节以周作人日记为基础，探究《琐记》叙事的修辞所在，丰富对周树人留日之前准备期的认识；同时，描摹周氏兄弟早年间的怡怡情深，既是本书题眼的展开，也为后文的论述做些铺垫。孙郁对周氏兄弟失和前的关系有十分精到的概括：

> 从鲁迅、周作人的少年时代，直到1923年，近40年的岁月，兄弟两人的感情一直很好。我翻看着两人早年的日记、文章，常可以看到兄弟二人的"怡怡之情"。有的文字，读后亦颇为感动。显然，青少年时代，鲁迅对周作人影响深远，这位早熟的兄长，对周作人早期生活道路起了重要作用。因为鲁迅是长子，承担的家务自然多于弟弟，且又因兄长接受启蒙略早，故有关花鸟虫鱼、文史掌故，懂得略多一些，弟弟受到一些熏陶，也是自然的。可以说，周作人后来的成长与职业选择，鲁迅是起到很大作用的。他把弟弟带到南京，又携至日本，而后回绍兴，再调至北京任教，其间出力甚多，弟弟亦广为受益。两人一同由小镇走出国门，闯进文坛，又共创"五四"新文化，其成就相映成辉，颇为后人所赞佩。①

确实如此，他们文字背后的"怡怡之情"令人动容，尤其是周作人日记里的记载。周作人在鲁迅逝世后，特别是在晚年，撰写了大量关于鲁迅的文章以及其他回忆录。写作过程中的重要依凭，正是他早年的这些日记。然而，他的回忆比起这些日记却生冷得多，坚硬得多。周作人在晚年看其早年的日记，会做何感想？他该分明地知道自己在当年对兄长的情愫。他会后悔中年的失和吗？会怀疚于逝去的长兄吗？或许会，抑或不会。也可能心里有波痕，但嘴上绝不松口。人性本就复杂，何况文人！

1901年9月，周作人考入江南水师学堂。此时，大哥已经在南京求学

---

① 孙郁：《鲁迅与周作人》，沈阳：辽宁人民出版社，2007年，第6页。

三年半。对于刚到南京、还在青春期的周作人来说，大哥是一个怎样的存在？兄弟情深，自不必说。说是偶像，或许太过；说是榜样，总觉不足。在求取新知方面，大哥是先行者；在求取大义方面，大哥是领路人。1901年冬到1902年春的周作人日记载了周树人在矿路学堂的最后一段生活，其文如下：

> 辛丑年十二月十五日　下午大哥来，少顷去。夜甚无聊，心绪如麻，无意看书，即睡。
> 辛丑年十二月十九日　心绪烦恶，触目生恼，甚不耐烦，自亦不知何故也。……拟往陆师不果。
> 辛丑年十二月廿一日　下午大哥回去。……黄昏挑灯独坐，甚觉岑寂，景物凄清，益无聊赖。
> 辛丑年十二月廿二日　下雪，甚大。……拟至陆师同大哥晤谈，借豁尘障，乃雨师风伯相继光顾，令人跬步为难，恨恨。①

十六七岁的周作人精神困顿时，便寄希望于大哥可以为他答疑解惑，擦拭心中的尘障，无奈天公不作美。接下来几天的日记，更是大写的"矫情"，充满了痴心与怨念：

> 辛丑年十二月廿四日　饭后步行至陆师学堂，道路泥泞，下足为难。同大哥谈，少顷即偕至鼓楼一游……啜茗一盏而返。予循大路回堂，已四下钟矣。晚饭后，大哥忽至，携来赫胥黎《天演论》一本，译笔甚好。夜同阅《苏报》等，至十二下钟始睡。
> 辛丑年十二月廿五日　晴，冷。上午，大哥回去。……下午忽甚冷，须着重裘，似受寒光景，兼患头眩，又因昨夜枕头太低，颈骨作疼，向晚少愈。吃饭一盂，步至马路歧口，候大哥不至，归而复作，灯光如豆，伴我凄清，对之悽然，不能久坐，即睡，时七下钟。
> 辛丑年十二月廿六日　晴。疾少愈。早饭后，循小径至陆师，

---

① 鲁迅博物馆藏：《周作人日记》（影印本）上册，郑州：大象出版社，1996年，第276—278页。

大哥犹未起,坐少顷,同步至钟鼓楼,乘车至花牌楼,过夫子庙一游,左近啜茗,买稻香村茶,食之少许已饱……

辛丑年十二月廿七日　晴。上午患项疼,左目上忽生小瘰,颇不适。下午大哥同封燮臣兄来,坐少顷,即同往下关,思啜茗,嗣因茶楼均已闭歇,遂回。燮臣别去,大哥亦相继去。夜项甚疼,假睡少顷,八下钟即睡。旅馆荒凉,独居甚寂,惜不留大哥宿此也。

辛丑年十二月廿八日　三下半钟至陆师访大哥,适出游不值,怏怏而回,坐小车归堂。……予今日始能少坐片刻,借书消遣。故尚不甚寂寞耳。

辛丑年十二月廿九日　即除夕矣。故乡正当爆竹迎年,桃符换岁,风景一新。今乃旅馆凄清,如是如是,终日高吟,借消愁思。是日晴。上午大哥来,少坐,即同至下关,买食物归,即由歧路去,予自回堂……①

前一天,弟弟在泥泞中艰难跋涉,换来与大哥同游之乐;晚饭后,大哥的到访又是一大惊喜,一天之中竟见两面,入夜,兄弟二人并肩,挑灯读同样的书报。后一天,大哥上午刚离开,弟弟下午便感到不适。或许,他多么希望大哥还能像昨天那样不期而至,于是草草吃了一碗饭,赶紧到路口迎着,为的是哪怕能早几分钟见到,但终究没有盼来要见的人,只好早早睡下。第二日一大早,弟弟赶紧去找大哥,思念之迫切,溢出纸面。"大哥犹未起",也被记在了日记中。当天,兄弟二人热闹同游,有哥哥在身边,弟弟似乎也忘记了有病在身。哥哥的陪伴仿佛成了最好的药。可是,刚刚毕业的周树人有太多比陪伴弟弟更重要的大事,周作人需要自己解决孤寂的问题,好在病不严重的时候,他还可以看书排解。这一年,兄弟二人都未回绍兴过年,留在南京,彼此为伴。

1902年,农历新年正月的前几天,兄弟间频频见面。周作人日记载,初一,"下午大哥来,即往下关去,傍晚又至,饭后回";初二,"上午十下钟,予至陆师学堂";初三,"下午甚不适,患嗽",未见。后面三天,因

---

① 鲁迅博物馆藏:《周作人日记》(影印本)上册,郑州:大象出版社,1996年,第278—279页。

病"不能出外",都是"大哥来"。初七,"下午至大哥处闲谈,傍晚回";初九,"下午至大哥处,坐少顷,即同至妙耳山一游";初十,"下午大哥来谈,四下钟去"。①如果日子就这样过去,周作人似乎也是满足的,即便无法每天都见到兄长,但相见总是不难,相互间可以照应得很好。周作人在正月十一日记里还写有"下午大哥来谈,甚洽"②的字样。周作人常常记"大哥来谈"的事,但注明"甚洽"的还极少,可见当天相谈之欢。然而第二天,他得知了大哥出洋的消息,日记载:

> 下午大哥来,交书箱一只,篮一只,云二月中随俞办出东洋,定明日于里启行。予闻之,惘然。坐少顷,即去。夜,方寸甚不畅快,磊块满矣;灯下作三十绝句,为大哥送行。至十一下钟始睡,转辗不能成寐。夜半始睡酣,至六下钟,又矍然醒,即起。③

哥哥能"出东洋"固然是好消息,但对周作人来说,这不啻为晴天霹雳,猝不及防。是夜,周作人几近失眠。"灯下作三十绝句,为大哥送行",足见情深。兄弟二人刚刚团聚了半年,又面临分离。也因为即将留学,周树人决定回绍兴告别,同时将南京毕业后的行李带回家中。兄弟间几乎日日相见的往来也无法维系了。送兄长回绍兴的当天,周作人的记载颇为耐人寻味,日记里写日期的位置写有一个大大的"鐙"字,即"灯"。结合前一则日记推断,或许是早晨"六下钟"就"矍然醒"了,"即起"后需要写字,便点了灯。这样早起,对他来说,颇为少见,就以"鐙"字替代了本来的"十三日"。全天日记如下:

> 晴。晨写笺,附名片,托大哥往绍刻,又船图十一纸,托交三弟。上午,无聊之至,不能静坐。十下钟,大哥来,云行李已往下关,予同去,至则尚早,啜茗及车糖。同去者为顾石臣(琅)、张协和(邦华)、刘济舟(乃弼)、杨文恢(星生),同予兄弟六人。至一

---

① 鲁迅博物馆藏:《周作人日记》(影印本)上册,郑州:大象出版社,1996年,第308—309页。

② 同上书,第309页。

③ 同上。

下钟,船尚未至,大哥使予回堂,因步回,甚饥,吃油炙饼三个。抄灯虎六页。负手行讲堂小天井及操场一周,聊以解闷。闻轮舟放气声,知已将驶行矣,时已五下钟。傍晚,胡子樵兄来坐谈,索诗要看,予辞以无。夜看杂诗稿,吟数章,瀹茗当酒,以浇磊块,银灯澹月,此情此景,有不堪为人道者也。黯然消魂里,非俗悄焉以怨而已。看文章,游戏少许,诵陆放翁"四方本是丈夫事",拔刀起舞,亦无聊之极,思也奈何。十下钟睡。①

本就缺乏睡眠,又半日奔波,故周作人身体欠佳,但他却无心休息,内心烦闷不安,这都是兄长离开之故;独自散步驱遣寂寥,却听到轮船汽笛声,遥想兄长"将驶行",更添孤独。夜晚,观书读诗,煮茶饮酒,都为消磨心中"磊块";然而,皆是徒劳,"不堪为人道"。除不忍与兄长分别之外,或许也想到了自己的可怜。"四方本是丈夫事",兄长已实现,顾影自怜,"黯然消魂"而已。第二天醒来"兀坐",他"捡大哥旧日记观之",以慰思念。

两周后,周作人收到了来自绍兴的"大哥函并小棉袄一件、大篓一个、盐一瓶",可见周树人对弟弟日常生活的关心。此外,周树人还寄来了一捆书,有"大日本加藤弘之《物竞论》、涩江保《波兰衰亡战史》各一册","斯密亚丹《原富》甲、乙、丙三本","皆新得者"。收信的当晚,大哥好友兼陆师同乡谢西园到访,告诉周作人"今年二月陆师及矿生出东洋,章程三年半毕业、月赡五元,启行时有治装费百洋","夏间放假两月,俾可回家,惟盘川太多"。②可以推断,哥哥寄给周作人的这些物品,应该是由留学治装费里出的。

在同学的眼中,南京求学的周树人"平日生活简朴,从不讲究衣着"③。在妈妈鲁瑞的记忆里,大儿子在南京上学时吃了太多苦,令她心疼。鲁迅去世后,鲁瑞对许寿裳说:"他在南京读书时,没有余钱制衣服,

---

① 鲁迅博物馆藏:《周作人日记》(影印本)上册,郑州:大象出版社,1996年,第310页。本段手稿识别由萧振鸣老师提供。

② 同上书,第317页。

③ 张协和:《忆鲁迅在南京矿路学堂》,薛绥之主编:《鲁迅生平史料汇编》(第一辑),天津:天津人民出版社,1981年,第401页。

以致夹裤过冬，棉袍破旧得可怜，两肩部已经没有一点棉絮了。"① 在南京读书时，周树人因为天气冷，学会了吃辣。后来，他曾亲口告诉许寿裳："因为夹裤过冬，不得已吃辣椒以御寒气，渐渐成为嗜好，因而害及胃的健康，为毕生之累。"② 几乎一样的说法亦见于许广平的文章，如下：

> 爱用的还有辣椒，说起来也有一段可悲的生活在里面。据他时常说起的是：当他领受他母亲的八块钱到南京求学，到了之后，款就用完了。入学之后，再没有多余的钱可以给他做御寒的棉衣，而冬天来了，砭人肌骨的寒威，是那么严酷。没有法子，就开始吃辣椒取热，以至成了习惯，进而变为嗜好，因之更是损害到胃的健康的要素之一。③

在许广平的表述里，似乎入学之后就面临御寒危机，但实际上周树人是1898年5月到达南京的，距离需要御寒还有半年时间。记忆的细节虽然不严谨，但周树人在南京读书时缺少御寒的冬衣，是可信的。

由此想到周树人寄给弟弟的"小棉袄"，不禁令人感慨系之矣！因为自己挨过冻，所以想到替弟弟买棉衣。经济不宽裕的时候，没有办法；有了治装费，心里便记着弟弟。想必鲁瑞告诉许寿裳的话，早就和二儿子周作人也说过吧。当周作人晚年靠翻阅自己年幼时的日记来写关于鲁迅的文章时，不知有没有注意到这个"小棉袄"的细节？不知心里会不会生出一丝悔意一点痛？

壬寅年正月三十，即1902年3月9日，周作人收到小棉袄、大篓、盐的同时，还获知了大哥"初三动身"回南京的消息。二月初六，他在日记中写下："如果不易，今日可到申江，此刻可在轮舟中矣。盼望之至，不能成寐。"④ 大哥离开前的一晚，"转辗不能成寐"；推算他快回来的时候，

---

① 许寿裳：《亡友鲁迅印象记》，上海：峨嵋出版社，1947年，第118页。
② 同上书，第120页。
③ 景宋：《鲁迅先生的日常生活》，《中苏文化》第4卷第3期，1939年10月1日。景宋即许广平。
④ 鲁迅博物馆藏：《周作人日记》（影印本）上册，郑州：大象出版社，1996年，第319页。

又"不能成寐"。有过多少不眠的夜晚与大哥有关,就不得而知了。不负所望,初八早晨,"大哥自浙江来,喜极"。这一趟,周树人"带来书甚多",计十二种,约七十册。大部分是留给弟弟的,计划自带去日本的有《科学丛书》第一集十本、《日本新政考》二本、《和文汉读法》一本。①

再考虑前面已寄来的加藤弘之《物竞论》、涩江保《波兰衰亡战史》等,可以发现周树人有意在知识储备方面为留学日本做准备。长期以来,《琐记》叙事牢牢控制了人们对"南京鲁迅"的认识。董炳月提醒道:

> 成名之后的鲁迅多次写及南京与自己的南京求学生活,但相关表述作为一种回忆具有选择性和重构性,因而成为一种"话语"。某些未被表述的史实作为被压抑的记忆,同样深刻地影响着鲁迅。记忆是一种对待历史的态度,处理记忆是一种处理历史与现实之关系的方式,一种认识自我、塑造自我的方式。②

这对打开《琐记》乃至《朝花夕拾》整个文本群都有着一定的指导意义。在董炳月看来,《琐记》重构了鲁迅自己的南京求学生活。他补充了周树人改考矿路学堂的原因,并非只是《琐记》里叙述的那样;同时揭示出鲁迅希望通过《琐记》所传达的叙事效果,即形成一个"前后呼应"的结构,将鲁迅置于"走异路,逃异地,去寻求别样的人们"的旅程中。

沿着"作为修辞的《琐记》"这一脉络继续深入探析,会对周树人南京时期的知识结构产生新的认知。在《琐记》中,江南水师学堂与矿路学堂是一组对照符号。江南水师学堂课程幼稚,官气十足,因循守旧,乌烟瘴气;矿路学堂授课新鲜,新党当政,风气开放,自由自在。前文已述,江南水师学堂的课程之所以显得幼稚,是因为要先打英文基础,未开专业课;而矿路学堂不重外语,直接开设矿物学、地质学等基础课,必然

---

① 鲁迅博物馆藏:《周作人日记》(影印本)上册,郑州:大象出版社,1996年,第319—320页。
② 董炳月:《论鲁迅的"南京记忆"——以其"自我"的形成与表现为中心》,《广西师范大学学报(哲学社会科学版)》2019年第3期。

新鲜。至于两校风气,确实新旧有别,关键在于矿路学堂总办俞明震的开明。对此,《琐记》以较多篇幅记述如下:

> 第二年的总办是一个新党,他坐在马车上的时候大抵看着《时务报》,考汉文也自己出题目,和教员出的很不同。有一次是《华盛顿论》,汉文教员反而惴惴地来问我们道:"华盛顿是什么东西呀?……"
>
> 看新书的风气便流行起来,我也知道了中国有一部书叫《天演论》。星期日跑到城南去买了来,白纸石印的一厚本,价五百文正。翻开一看,是写得很好的字,开首便道:
>
> "赫胥黎独处一室之中,在英伦之南,背山而面野,槛外诸境,历历如在机下。乃悬想二千年前,当罗马大将恺彻未到时,此间有何景物?计惟有天造草昧……"
>
> 哦!原来世界上竟还有一个赫胥黎坐在书房里那么想,而且想得那么新鲜?一口气读下去,"物竞""天择"也出来了,苏格拉第,柏拉图也出来了,斯多噶也出来了。学堂里又设立了一个阅报处,《时务报》不待言,还有《译学汇编》,那书面上的张廉卿一流的四个字,就蓝得很可爱。①

引文所说的"第二年的总办"即俞明震,字恪士。这一段的行文逻辑也很清晰。俞明震身为新党,坐马车时都在看《时务报》,出的汉文考题也是论美国总统,因而校内风气自由,学生中流行"看新书";于是,周树人也看到了"一部书叫《天演论》",文字水平高,内容特别"新鲜",由此打开了新知的视野。在"看新书的风气"流行起来后,"学堂里又设立了一个阅报处",学生的视野便从《天演论》这样的新书,拓展到《时务报》《译书汇编》等新式报刊。这段对矿路学堂的描述暗里也隐藏了与江南水师学堂的参照。同是汉文课程,新鲜的《华盛顿论》与陈旧的《颍考叔论》高下立现。

---

① 鲁迅:《朝花夕拾·琐记》,《鲁迅全集》第2卷,北京:人民文学出版社,2005年,第306页。

以往的研究惯于将作为叙事散文的《朝花夕拾》当成信史资料，邢程另辟蹊径关注到"鲁迅何以要在彼时提笔'旧事重提'，以及在漫长的'自叙'回忆中，何以撷取这样一些片段进行组织与拼贴"①。刘彬亦提出"在旧事中发现并建构意义来解释当下，是'旧事重提'的内在动力"，进而表示"相较于所能承载的意义而言，旧事在细节上的真伪并不重要"。②这样的新观点非常给人启发。只是他们的文章重点均在论析写作《朝花夕拾》时的鲁迅，无意对"细节上的真伪"进行考校。细致考辨，不难发现引文里呈现出的矿路学堂事实上只是一个"虚象"，而非"实相"。作为"鲁迅"记忆的《琐记》与周树人实际的经历之间存在出入。

一者，所谓"第二年"到底是哪一年？叙述是模糊的。粗略地想，1898年10月26日，周树人被矿路学堂录取，加之他在仙台所填陆师学堂的学历时间为"光绪二十四年ヨリ同二十七年九月"③，似乎"第二年"为1899年。然而，无论是周作人据日记推断④，还是研究者据《中外日报》记载⑤，都认为周树人是1899年才开始在矿路学堂学习，那么，"第二年"则为1900年。然而，鲁迅博物馆鲁迅研究室编《鲁迅年谱》援引上海《中外日报》报道，推断俞明震接办矿路学堂应在1901年2月以后⑥。"1901年"说最为可信。由1901年2月算起，到最后的停课考试、预备毕业，满打满算，周树人在俞明震治下的矿路学堂的学习时间不足一年。这还没算上俞明震走马上任、熟悉校务、推行改革、开放风气等要花去的时间。由此可知，现有研究被《琐记》叙事影响，放大了矿路学堂的新学风气。

返观《琐记》中的"第二年的总办是一个新党"，明眼人一望便知是

---

① 邢程：《现实照进旧事：〈朝花夕拾〉中的"流言"与"自然"》，《中国现代文学研究丛刊》2019年第1期。

② 刘彬：《"腊叶"的回眸——重读鲁迅〈朝花夕拾〉》，《文艺研究》2020年第1期。

③ 见《鲁迅生平史料汇编》（第二辑）"鲁迅在日本"的图片14"鲁迅的学业履历书"。薛绥之主编：《鲁迅生平史料汇编》（第二辑），天津：天津人民出版社，1982年。

④ 周遐寿：《旧日记里的鲁迅》，《鲁迅小说里的人物》，上海：上海出版公司，1954年，第247页。

⑤ 南师附中鲁迅纪念室：《关于江南陆师学堂附设矿路学堂的历史资料》，薛绥之主编：《鲁迅生平史料汇编》（第一辑），天津：天津人民出版社，1981年，第444—445页。

⑥ 鲁迅博物馆鲁迅研究室编：《鲁迅年谱》（增订本）第1卷，北京：人民文学出版社，2000年，第80页。

指俞明震,而鲁迅却并未明说。据王锡荣统计,在鲁迅日记中,只对寿镜吾、俞明震、章太炎三位尊称为"师",另对十多位敬称为含"老师"意味的"先生"。①可见俞明震在他心中位置之特殊,私下里情感之真切。但诚如周楠本所言,鲁迅在文章中"甚至连名字都没有提到,这在他的老师中,对俞明震算是吝啬的了"②。而鲁迅在《琐记》中故意不明说"总办"的名字,可能是为适当的虚构留出空间。不具体出现人物姓名,就可以在建构"新总办"与学堂风气开放关系时有所发挥。

二者,新总办"坐在马车上的时候大抵看着《时务报》"的记述,经不起推敲。关于这一点,李新宇做过特别精彩的辨析。《时务报》是1898年8月停刊的,俞明震出任总办时,《时务报》已停办两三年,且为朝廷明令禁毁。如果说在马车上偶尔违禁看看旧刊物还能理解,可是经常性阅看《时务报》,则是故意冒险,以身试法。考察俞明震的为人处世,他似乎不大可能这样做。稍可解释的说法是俞明震在马车上常看《时务报》发生在戊戌政变之前。③

再细致地考虑,"大抵"有两层含义:一是"大都",表频率,可引申为总是、经常之意;二是"大概",表达推断语气。两种义项在鲁迅笔下的用例都有不少。李新宇的辨析是将"大抵"视为了"大都",可备一说。也不妨将"大抵"理解为"大概",上下文的语义逻辑更为顺畅。原文"第二年的总办是一个新党,他坐在马车上的时候大抵看着《时务报》,考汉文也自己出题目"有三个分句,先点明身份是"新党",第二个分句补充论证,用看《时务报》显示为何称其为"新党",第三个分句里的"也"字及后文出题《华盛顿论》,同样在加强对其"新党"身份的确认。但他看的是否真为《时务报》,鲁迅记得不真切,故说"大抵看着",以《时务报》指代维新派的刊物。即便"大抵"确表"大概"之意,俞明震明目张胆地阅看"康梁逆党"所办的报刊,甚至在学生中都不算秘密,也是违背常识的。

然而,《琐记》的讲述方法很有迷惑性,容易让人误以为是任职矿路学堂总办的俞明震经常阅读《时务报》等康梁一党的出版物。或许是鲁迅将

---

① 王锡荣:《鲁迅称谁为"师"和"先生"?》,《日记的鲁迅》,北京:人民文学出版社,2018年,第21—27页。
② 周楠本:《鲁研拾穗》,《鲁迅研究月刊》1999年第8期。
③ 李新宇:《鲁迅的新学学历》,《齐鲁学刊》2021年第3期。

听来的故事当成亲眼所见讲了出来。从行文逻辑来说，《琐记》的讲述非常顺畅，但不大符合现实逻辑。与此相应，矿路学堂的阅报处也不大可能公开出现《时务报》，倒是周树人在江南水师学堂读书时可能看过这份维新派的报刊。

　　三者，所谓"看新书的风气"，让人起疑。早在1981年，蒙树宏就对鲁迅购读《天演论》的时间问题做过缜密细致的考辨。当时的主导观点认为，鲁迅是1900年购读《天演论》的，依据便是《琐记》。对此，蒙树宏超前性地指出：《朝花夕拾》当中包含着很多极为重要的传记材料，但并不完全是一本传记性质的书；鲁迅视它为"创作"，它将某些史实进行了一些缀合与加工，不能简单等同于事实。在《朝花夕拾·小引》中，鲁迅自言道："这十篇就是从记忆中抄出来的，与实际容或有些不同，然而我现在只记得是这样。"①因此，仔细推敲起来，《琐记》里记载的某些细节以及前后文之间，就可能有一些矛盾。最终，蒙树宏通过周作人日记，理据充分、逻辑严谨地考证出鲁迅购读《天演论》的时间是1902年2月2日，即农历辛丑年十二月二十四。②

　　《琐记》提到了周树人购阅《天演论》的细节，即"星期日跑到城南去买了来"。前面梳理"兄弟怡怡"时已然征引周作人辛丑年十二月二十四的日记，兹不重复。简言之，当天下午，兄弟到鼓楼一游，喝了一杯茶，周作人先回校，晚饭后，大哥亦从南边回，买来一册《天演论》。关于这两则材料互相印证、相互补充的关系，董炳月亦有展开。③

　　在蒙树宏、董炳月研究的基础上，尚有可供发挥的空间。辛丑年十二月二十四这一天，不仅是"星期日"，还是南方的"小年"。所以，周树人当天留在江南水师学堂陪弟弟过节；夜里，兄弟二人还一起阅读了《苏报》和《天演论》，凌晨才睡。许是印象深刻，才能记忆犹新。经比照可以发现，鲁迅对买《天演论》的记述是很精准的。可是，1902年2月2日，周

---

① 鲁迅：《朝花夕拾·小引》，《鲁迅全集》第2卷，北京：人民文学出版社，2005年，第236页。
② 蒙树宏：《关于鲁迅购读〈天演论〉的时间》，《云南社会科学》1981年第3期。另可参蒋永国对蒙树宏考证的补正。蒋永国：《鲁迅购读〈天演论〉的时间和版本考辨——兼及2005年版〈鲁迅全集〉中相关撰述和注释的补正》，《鲁迅研究月刊》2018年第2期。
③ 董炳月：《论鲁迅的"南京记忆"——以其"自我"的形成与表现为中心》，《广西师范大学学报（哲学社会科学版）》2019年第3期。

树人在矿路学堂的毕业证都快下发一周了。那么，问题来了，《琐记》所写"哦！原来世界上竟还有一个赫胥黎坐在书房里那么想"的感受，实际产生的时间是在周树人从矿路学堂毕业之后。如此说来，《琐记》关于矿路学堂新学风气的完整叙事面临着崩塌的危险。

周树人在矿路学堂读书时，前后经历了三任"总办"的管理。按"鲁博"版《鲁迅年谱》，"第一任总办是钱德培，一九〇〇年一月卸任；第二任是席汇湘，一九〇一年二月离职"；据上海《中外日报》1901年2月3日报道："南洋陆师学堂总办席汇湘到差时少，且与堂中洋教习不甚浃洽，公事一切旷误。滋　昨经江督刘制军将观察撤差，另委俞明震观察接办。"①年谱也由这则材料推断俞明震接办矿路学堂是在1901年2月以后。周楠本曾指出：

> 奇怪的是鲁迅先生本人只字不提席汇湘这位第二任校长，而索性让俞总办多干了一年。当然鲁迅不会是不知道这些，这可以用"诗与真"的道理解释，不过由此可以看出鲁迅对席不及俞那样留下了颇为良好的印象。②

《琐记》的叙述"让俞总办多干了一年"，意在抹去矿路学堂不那么美好的阶段。根据《中外日报》报道可知，席汇湘时期，"总办"与"洋教习"不能和谐相处，只是不知是否与其守旧有关，最终玩忽职守到了"公事一切旷误"的程度，可见，矿路学堂亦有"乌烟瘴气"的时候。1925年5月，鲁迅有感于新任教育总长章士钊对学生的"高压"态度，曾在《忽然想到》里讲起南京求学时的旧事。他说：

---

① 鲁迅博物馆鲁迅研究室编：《鲁迅年谱》（增订本）第一卷，北京：人民文学出版社，2000年，第80页。"滋""昨"间的空格，原文如此。年谱里所言"钱德培，一九〇〇年一月卸任"，或有不实。按陈占彪的考证，1900年1月，应该是钱德培任职陆师学堂总办以来的高光时刻。1900年春季，陆师首届学生毕业后，钱德培随同两江总督刘坤一北上入觐。据1900年4月12日的《申报》消息，荣禄称赞钱德培"创办江南陆师学堂于今三年，成效昭著"，似乎此时的钱德培还没有卸任。同年5月17日，被委任新职的钱德培才离开南京。详参陈占彪：《江南陆师学堂考》，上海鲁迅纪念馆编：《上海鲁迅研究·赵家璧与出版研究（总第79辑）》，上海：上海社会科学院出版社，2018年，第102—103页。

② 周楠本：《鲁研拾穗》，《鲁迅研究月刊》1999年第8期。

> 我在 N 的学堂做学生的时候,也曾经因这"钊"字碰过几个小钉子,但自然因为我自己不"安分"。一个新的职员到校了,势派非常之大,学者似的,很傲然。可惜他不幸遇见了一个同学叫"沈钊"的,就倒了楣,因为他叫他"沈钧",以表白自己的不识字。于是我们一见面就讥笑他,就叫他为"沈钧",并且由讥笑而至于相骂。两天之内,我和十多个同学就迭连记了两小过两大过,再记一小过,就要开除了。但开除在我们那个学校里并不算什么大事件,大堂上还有军令,可以将学生杀头的。做那里的校长这才威风呢,——但那时的名目却叫作"总办"的,资格又须是候补道。
>
> 假使那时也像现在似的专用高压手段,我们大概是早经"正法",我也不会还有什么"忽然想到"的了。①

鲁迅生平传记的叙述,几乎都把这一段旧事放在周树人的江南水师学堂时期,但却并未进行认真的考证,大概是因为《琐记》里将水师学堂写得"乌烟瘴气"而矿路学堂风气开放,便推定"势派非常之大"的职员定然出自前者。

实际上,被连连记过之事完全有可能是在矿路学堂读书时发生的,甚至它的可能性更大。因为周树人在江南水师学堂满打满算也就五个月,而前四个月都是"试习期"。在试习考察期中,别说被连连记过,犯一次大过就会被退学。而且,《忽然想到》写于 1925 年,这一非常典型的事件恰可充分证明水师学堂的"乌烟瘴气",但鲁迅 1926 年写《琐记》诟病江南水师学堂时,竟然放弃了对"学者似的,很傲然"的新职员的讽刺,这有些不合常理。此处"学者似的"如果用在《琐记》里,又是对《现代评论》派的迎头一击。可鲁迅没有这样处理。或许一个合理的解释就是这位"沈钊"同学根本不是水师学堂的学生,而是出自陆师学堂或其附设的矿路学堂。且因为要微讽章士钊,就用了"沈钊"这个真人的名字,也就不方便再用回避名字的"第二年的总办"这种迷惑性的移花接木的手段了。

---

① 鲁迅:《华盖集·忽然想到》,《鲁迅全集》第 3 卷,北京:人民文学出版社,2005 年,第 65—66 页。

《琐记》里的矿路学堂叙事的影响使得许寿裳等在描述鲁迅早年生平时，偏于强调周树人在矿路学堂时期的趋新。其实，许寿裳到了东京之后才认识了周树人。他惋惜说关于鲁迅童年和在矿路学堂的一段，"可惜我知道的太少"；他笔下的矿路学堂时期的鲁迅主要是向周树人的同班同学张协和处打听来的，即"那时爱看小说，好骑马，不喜交际，学业成绩优异"①。1936年12月，许寿裳受邀在北平大学女子文理学院所开"鲁迅座谈会"，讲演"鲁迅的生活"。他将"鲁迅的生活状况"分为七个时期，第二期是"江南矿路学堂时期"，把由张协和处听来的"爱看小说"敷衍为"新小说购阅不少"②。数月之后，许寿裳编写《鲁迅先生年谱》，刊于北平大学女子文理学院院刊《新苗》上。1899年这一条谱文，写"改入江南陆师学堂附设路矿学堂"后，又添笔称其"课余辄读译本新书，尤好小说"③。王冶秋参照许寿裳所编《鲁迅先生年谱》完成的专著《民元前的鲁迅先生》，又将许寿裳的说法大为扩充：

> 　　看课外的书报，除了上述的《时务报》《天演论》外，他还看过生理学，严译的《法意》，另外就是看小说，其中以林琴南的译著为最，从《茶花女遗事》出版以后，随出随买。④

　　该书由许寿裳作序，在出版前，他还曾"作了仔细的校正"⑤，也收录了许寿裳所编《鲁迅先生年谱》。可见，许寿裳、王冶秋二人关于矿路学堂时期周树人生活的叙事一脉相承。

　　除去上文辨析过的《时务报》和《天演论》，王冶秋的叙述里充满了想当然的地方。严复译的《法意》首版时间已然是"光绪三十年十二月"，即公历1905年1月，周树人在矿路学堂怎么可能读到它？至于在"新小说"里，读书"以林琴南的译著为最"，更不可能。据周作人日记，大哥是在

---

① 许寿裳：《许序》，王冶秋：《民元前的鲁迅先生》，重庆：峨嵋出版社，1943年，第9页。
② 许季茀院长讲演、沈蕴芳记录：《鲁迅的生活》，《新苗》第十三册，1937年1月16日。许季茀即许寿裳，时任北平大学女子文理学院院长。
③ 许寿裳：《鲁迅先生年谱》，《新苗》第十八册，1937年6月16日。谱文写为"附设路矿学堂"。
④ 王冶秋：《民元前的鲁迅先生》，重庆：峨嵋出版社，1943年，第66页。
⑤ 王冶秋：《附录·后记》，同上书，第38页。

辛丑年十二月十三给他带来《巴黎茶花女遗事》《包探案》《长生术》三部新小说的。这个时候，周树人已经结束了矿路学堂的毕业大考。即便他稍早看过了这三部书，也不至于提前太多。林纾1899年问世的《巴黎茶花女遗事》，周树人两年后才读到。至于1901年译出的《黑奴吁天录》，并没有出现在同一时期的周作人日记里。截至1902年，林纾的翻译著作只有这两部；1904年以后，他才真正开始与人大量合译西方小说。①矿路学堂时期的周树人怎么可能"随出随买"呢？所谓"随出随买"源自周作人对1905年前后情况的说明②，但因是笼统地从南京学堂时期说起，故而给人以错误的印象，仿佛周树人自矿路学堂起就追着买"林译小说"。周作人自己当然了解详情，也非刻意扯谎。可是，鲁迅研究者不深究的话，就容易将其混为一谈。

再向上推，许寿裳所谓"新小说购阅不少"也是主观臆断的添笔。首先，梁启超创办《新小说》杂志，时间晚至1902年11月，此时周树人已东渡日本。其次，由周作人日记来看，自1898年至1901年，往来于兄弟二人的图书记录里鲜有"新小说"一类。据蒙树宏的统计，1902年2月2日以前，周作人的日记很少记有关新书报的事，提及《知新报》《申报》《巴黎茶花女遗事》等的地方寥寥可数。③最关键的是，张协和对许寿裳说周树人"爱看小说"，可没有讲爱看"新小说"。张协和在他的回忆文章中写得很清楚：

> 鲁迅在学堂时，年虽最幼，但已表现出他过人的聪慧和高贵的品质……鲁迅在下课后从不复习课业，终日阅读小说（笔记小说、《西厢记》等），过目不忘，对《红楼梦》几能背诵。④

---

① 张旭、车树昇编著：《林纾年谱长编（1852—1924）》，福州：福建教育出版社，2014年，第59—119页。

② 周启明：《鲁迅与清末文坛》，《鲁迅的青年时代》，北京：中国青年出版社，1957年，第78—79页。

③ 蒙树宏：《关于鲁迅购读〈天演论〉的时间》，《云南社会科学》1981年第3期。

④ 张协和：《忆鲁迅在南京矿路学堂》，薛绥之主编：《鲁迅生平史料汇编》（第一辑），天津：天津人民出版社，1981年，第400页。引文标点，略作修订。

周树人在南京读书时"爱看小说"不假，但爱看的是"旧小说"。许寿裳"添笔"为"新小说"，当与《琐记》里写到的"看新书的风气"分不开，于是附会出"新小说购阅不少"的记述。1938年，许寿裳所编《鲁迅先生年谱》又被收录在鲁迅先生纪念委员会编《鲁迅全集》第20卷的附录中。后经由王冶秋屡次再版的《民元前的鲁迅先生》①的推动，周树人矿路学堂时期喜读新书的叙事被完整地建构起来，一直影响到当下各版鲁迅传记的写作。

1953年，南京文物保管委员会的调查人员访问了"当年鲁迅的同班同学伍崇学"，他说："鲁迅先生性沉静，潜修功夫极深，聪明用功，喜爱看书，很少外出，偶而出去也是逛书店，间或到南门贵人坊吃吃干丝。"②走访陆师学堂第二期学生徐森时，他介绍道："鲁迅和我是同期学生，但不是同班，互相知道而已。当时我觉得，鲁迅不爱说话，喜读书，看来很老练的样子，功课是很好的。"③可见，不仅是张协和，其他与周树人在南京矿路学堂有过直接接触的人都说他爱看书，却不提爱看新小说。按说他们应该都读过《朝花夕拾》了，至少会看过鲁迅专写南京生活的《琐记》，却没有人沿着鲁迅描述的"看新书的风气"这条重要线索来追忆，足见这一叙述未能诱发老同学的共鸣。这也反映出《琐记》的叙事存在修辞性问题。

综上，通过详解周作人日记，可以发现周树人在南京矿路学堂时期的新学知识仍然以科学方面为主，他很多时间都沉浸在旧学的世界，而非与它们告别。诚如周作人所说，"鲁迅更广泛的与新书报相接触，乃是壬寅（1902）年二月到了日本以后的事情"④。南京矿路学堂时期之于周树人固然重要，但也不能被夸大。留学日本前夕，周树人开始阅读林纾与严复的译本，由科学到文学，继而哲学；特别是当明确将赴东洋后，周树人有意

---

① 《民元前的鲁迅先生》在1943年经峨嵋出版社问世后，又于1947年再版，1948年，峨嵋出版社通过光华书店发行东北版。1956年，该书略作删节，改题为《辛亥革命前的鲁迅先生》，由上海的新文艺出版社重新推出。
② 南京市文管会：《江南矿路学堂遗迹和鲁迅求学情况的调查》，薛绥之主编：《鲁迅生平史料汇编》（第一辑），天津：天津人民出版社，1981年，第413页。
③ 朱嘉栋：《追记鲁迅在南京读书的文物资料调查》，同上书，第421页。
④ 周启明：《鲁迅与清末文坛》，《鲁迅的青年时代》，北京：中国青年出版社，1957年，第77页。

在知识储备方面更新自己，做足准备。在人生的新十字路口上，阅读视野的变化也预示着新的可能。

第三节　周树人与弘文学院的因缘

1902年3月17日，临行前一周，周树人从绍兴返回到南京，当天留住在江南水师学堂，陪伴弟弟，"畅谈甚适"①。此刻，周树人并不知道去日本对他来说意味着什么，期待中难免有惶恐。《琐记》写道：

> 日本是同中国很两样的，我们应该如何准备呢？有一个前辈同学在，比我们早一年毕业，曾经游历过日本，应该知道些情形。跑去请教之后，他郑重地说：
>
> "日本的袜是万不能穿的，要多带些中国袜。我看纸票也不好，你们带去的钱不如都换了他们的现银。"
>
> 四个人都说遵命。别人不知其详，我是将钱都在上海换了日本的银元，还带了十双中国袜——白袜。
>
> 后来呢？后来，要穿制服和皮鞋，中国袜完全无用；一元的银圆日本早已废置不用了，又赔钱换了半元的银圆和纸票。②

他之前已经按照自己对留学生活的想象，准备好了或许需要的新学书籍。眼下，更迫切的是生活用品。引文里回忆的白袜，不知是什么时候买好的。据周作人日记，他又到南京的城南商业区买了"鞋一双（洋五角，北门桥老义和售，绒面圆头薄底，颇中穿），扇骨面一付，笔二支，片纸一刀"③。这些或许都会出现在他东渡日本的随身行李中，只是《琐记》里没有提起。细想的话，因为"要穿制服和皮鞋"，那么不仅"中国袜完全无用"，"颇中穿"的"绒面圆头薄底"鞋也面临使用的尴尬。周树人的南京四年生活，虽然沐浴新风，衣食住行已较在故乡绍兴时大不同，但日常生

---

① 鲁迅博物馆藏：《周作人日记》（影印本）上册，郑州：大象出版社，1996年，第321页。
② 鲁迅：《朝花夕拾·琐记》，《鲁迅全集》第2卷，北京：人民文学出版社，2005年，第307页。
③ 鲁迅博物馆藏：《周作人日记》（影印本）上册，郑州：大象出版社，1996年，第320页。

活的审美眼光还是旧式的。男性不似女性那样很快"素裙革履学欧风",从长袍马褂到西装革履的变化略为漫长。"制服和皮鞋"大概是日式学生装的搭配,在中国的流行要晚至民国了。

1902年3月23日,离别进入倒计时。周树人将自己带不走的衣服、被褥留给了弟弟。是夜,十八叔祖摆宴,为他饯行,"八簋颇丰"①。第二天,周树人乘坐大贞丸前往上海。在沪上住了三四天,换日本银元即在此时,或许白袜也是这个时候购买的。3月29日,他搭乘日本邮轮股份有限公司的汽船东渡日本。北冈正子据日本邮轮股份有限公司七十年史,了解到该航班"每周一班由横滨、上海分别出发,来回皆停靠神户、下关、长崎";查《神户又新日报》,推算周树人乘坐的是"神户丸"。②不过,1903年2月,在一份周树人参加署名的《在留东京绍兴人寄回同乡公函》中,详细记录了从上海到东京的路线,如下:

> 由上海坐日本邮船,二日至长崎,又二日至神户,又二日至横滨。由上海抵横滨,首尾不过六日。长崎神户停船一日,总计七日已达。由横滨至东京,即日本都城也。乘汽车,只一小时许。邮船头等舱洋四十余元,二等舱三十余元,三等舱十二元。启行之先,函知东京神田区骏河台铃木町留学生会馆。会馆有招待人,届时可至车站相接。③

这大概就是1902年周树人的东渡路线。3月29日出发,据周作人日记于4月4日抵达横滨④,"总计七日已达"。这则材料还补充了由横滨到东京的交通方式以及船费等级、接待情况。周树人有一卷现已散佚遗失的《扶桑记行》,"甚长","系其路上日记,颇可观览"⑤,推知会写到对长崎、神户、横滨的观感,可惜无缘得见。稍可补充的是周树人与长崎的渊源。他自称"从小就是牙痛党之一",牙齿很坏,或蛀,或破,牙龈出血,然而试

---

① 鲁迅博物馆藏:《周作人日记》(影印本)上册,郑州:大象出版社,1996年,第321页。
② 关于周树人赴日行程的细节,以往多有讹误,北冈正子依据日文资料多有纠正。北冈正子:《日本异文化中的鲁迅》,王敬翔、李文卿译,台北:麦田出版,2018年,第51—58页。
③ 这份《在留东京绍兴人寄回同乡公函》收录于倪墨炎编注的《鲁迅署名发表的宣言和声明》(上),《鲁迅研究文丛》第3辑,长沙:湖南人民出版社,1981年,第464页。
④ 鲁迅博物馆藏:《周作人日记》(影印本)上册,郑州:大象出版社,1996年,第327页。
⑤ 同上书,第329页。

尽"验方"以及秘方偏方，都不灵；正式去看中医，服汤药，也无效。有长辈斥责他不自爱，内心诬陷他是纵欲过度导致了"阴亏"，"所以会生这病"。他日后回忆说：

> 我不解，但从此不再向人提起牙齿的事了，似乎这病是我的一件耻辱。如此者久而久之，直至我到日本的长崎，再去寻牙医，他给我刮去了牙后面的所谓"齿垽"，这才不再出血了，化去的医费是两元，时间是约一小时以内。①

治牙的经历，应当就是从上海出发、前往横滨、途经长崎时发生的。② 晚年，鲁迅"曾经打算夏季带孩子到长崎去洗洗海水浴"③，也盘算过到长崎"转地疗养"④，虽然都未成行，但可见他对长崎始终保持了很好的印象。

到达东京后，周树人暂住在麴町区（今千代田区）平河町四丁目的三桥旅馆，给周作人写信说"不日进成城学校"⑤。据北冈正子考证，周树人此行由俞明震亲自带队，另有随行的工作人员五位，其中一位是陈师曾；留日的学生总计二十八人，其中有江南陆师学堂二十二人、附设矿路学堂六人。最终，来自陆师的顺利进入成城学校，而矿路学堂学生或因其非陆军教育出身被拒收。⑥ 关于入学的波折，周作人说："鲁迅等人由江南督练

---

① 鲁迅：《坟·从胡须说到牙齿》，《鲁迅全集》第1卷，北京：人民文学出版社，2005年，第307页。

② 这次治牙的经历，最可能发生在周树人1903年第二次乘船途经长崎的时候。详参柳和城：《鲁迅到过长崎》，上海鲁迅纪念馆编：《纪念与研究》第8辑，上海：上海鲁迅纪念馆，1986年，第45页。

③ 鲁迅：《340607 致增田涉》，《鲁迅全集》第14卷，北京：人民文学出版社，2005年，第307页。一个多月后，鲁迅1934年7月3日在写给山本初枝的信里说："上月曾很想到日本的长崎等处去，终因种种事情而作罢。上海酷暑，西洋人似乎很多去了日本，一时赴日旅行成了摩登之举。明年去罢。男孩子不知为何大多欺负妈妈，我们的孩子也是这样；非但不听妈妈的话，还常常反抗。"可知，赴长崎目的有二，一者消暑，二者在海边玩，可以释放儿童旺盛的生命力。鲁迅：《340723 致山本初枝》，《鲁迅全集》第14卷，北京：人民文学出版社，2005年，第312—313页。

④ 鲁迅：《360711 致王冶秋》，《鲁迅全集》第14卷，北京：人民文学出版社，2005年，第113—114页。

⑤ 鲁迅博物馆藏：《周作人日记》（影印本）上册，郑州：大象出版社，1996年，第327页。

⑥ 北冈正子：《日本异文化中的鲁迅》，王敬翔、李文卿译，台北：麦田出版，2018年，第59—73页。

公所派往日本留学,原来目的当然是继续学开矿去的吧,可是那时官场办事前后不接头,学生出去之后就全不管了。"① 这是一种臆测,并不符合实情。

阴差阳错之间造就了周树人与弘文学院未期而至的学缘,而这也恰恰是官方出面才最终促成的。1882年,嘉纳治五郎设立家塾"弘文馆",至1896年,受托开始着手清朝留学生教育,进行"日语日文及普通科"的教学。② 按北冈正子的考证,周树人能进入弘文学院充满了戏剧性。1902年4月10日,嘉纳治五郎向东京知事提出设立弘文学院申请书,称"为中国留学生教育之便"。4月11日,驻日公使蔡钧向日本外务大臣小村寿太郎提出申请,表示周树人等六名来东研究矿学者"均系初到,未谙贵国语言文字,拟先入宏文学堂肄业,俟其通晓语言文字后,再行送入别校",恳请小村大臣将周树人等介绍进"宏文学堂"。4月12日,弘文学院正式获得官方核准设立,外务省请求弘文学院让周树人等六名留学生入读,外务大臣回信告知清国公使弘文学院同意接收。在言必有据的精密考证之后,北冈正子感慨道:

> 弘文学院提出设立申请后,隔天清朝公使向外务省申请让无法进入成城学校的六名学生就读,再隔日,弘文学院正式获准成立,外务省立刻协调弘文学院让这六名学生入学。而外务省、弘文学院、清朝公使之间究竟是如何"打通关节",使人觉得像是事先协调好一般……③

周树人等人的入学危机确实被日清之间的外交人员火速解决了,中间还牵涉要联系的嘉纳治五郎与东京知事。戏剧性之所以产生的一种可能是巧合。4月10日,嘉纳治五郎向东京知事提出设立申请时,尚不知周树人

---

① 周启明:《东京与仙台》,《鲁迅的青年时代》,北京:中国青年出版社,1957年,第37页。除了说官方不解决学生困难有误之外,周树人也并非由江南督练公所派往日本留学。详见蒙树宏:《鲁迅是哪个单位保送去日本留学的?》,《上海师范大学学报》1980年第2期。

② 北冈正子:《日本异文化中的鲁迅》,王敬翔、李文卿译,台北:麦田出版,2018年,第74页。

③ 同上书,第82页。

等人之事。第二天,外务大臣小村寿太郎收到蔡钧函件时,紧急联系,促成解决。另一种可能的戏剧化场景是蔡钧与小村大臣本都是第一知情人。嘉纳治五郎与小村之间在清国留学生教育方面早已保持着密切的联系。1900 年前后,随着清国留学生逐渐增加,嘉纳治五郎正是接受了外务大臣小村寿太郎的建议,"将家塾扩建为以教育清国留学生为目的之学校"①。那么,就不能排除嘉纳治五郎 4 月 10 日提出申请时存在小村授意的可能。如此看来,周树人等人一时的危机恰恰促成了日本中国留学生教育的新生机,为快速解决矿路学堂留学生的入学难题,他们抵达东京一周之后,弘文学院被官方批准成立。周树人也便成为弘文学院设立后的第一届学生。显然,第二种可能性更大。目前留存的各方文件多是走流程的手续文书而已,这也就解释了牵涉中日四家不同部门的协调工作何以推进得如此迅速。

有意味的是,日本外务省的回函特意询问清国公使"宏文学堂"是否就是"弘文学院"。驻日公使蔡钧未必不知弘文学院的本名,更大的可能是要避乾隆帝的"弘历"名讳。1906 年,中国留日学生数量达到高峰,校方也明显发现留学生多有使用"宏"字避讳之人,于是正式提请更改校名为"宏文学院"。②周树人 1902 年入校,1904 年离校,他入读时的校名始终是"弘文学院"。

1902 年 4 月 13 日,周树人给弟弟写的信里还没有提到新的入学去向,或许前两天中日双方走流程的极限操作的最终结果,还没有向学生们提起。而一周后的信里,他向周作人详细地介绍了自己在弘文学院的新生活:"已进弘文学院,在牛込区西五轩町三十四番地。掌院嘉纳先生(治五郎),学监大久保先生(高明),教习江口先生(善华文而不能语言)。"③在这封信里,有一处惹人注意的地方,即与很多留学生以"宏文"代"弘文"不同,周树人没有避讳。

鲁迅日后很少谈起自己在弘文时期的生活。一次是 1910 年 12 月 21 日致许寿裳信时捎带说道:

---

① 北冈正子:《日本异文化中的鲁迅》,王敬翔、李文卿译,台北:麦田出版,2018 年,第 75 页。

② 同上书,第 85—93 页。

③ 鲁迅博物馆藏:《周作人日记》(影印本)上册,郑州:大象出版社,1996 年,第 330 页。

> 木瓜之役，倏忽匝岁，别亦良久，甚以为怀。故乡已雨雪，近稍就显，而风雨如磐，未肯霁也。府校迩来大致粗定，藐躬穷奇，所至颠沛，一遭于杭，两遇于越，夫岂天而既厌周德，将不令我索立于华夏邪？然据中以言，则此次风涛，别有由绪，学生之哄，不无可原。我辈之挤加纳于清风，责三矢于牛入，亦复如此。①

信中的"加纳"即嘉纳治五郎，"三矢"为三矢重松。关于"挤加纳于清风，责三矢于牛入"，杨天石有很详细的考证。②简言之，1903年3月，弘文学院留学生们因认定校方收费规则不合理，与教务干事三矢重松发生矛盾，绝大多数离校退学，以示抗议。最终经嘉纳校长的斡旋，三矢重松被解除了教务干事职务，学生们返校。③1910年，任教于绍兴府中学堂的周树人向好友重提旧事。一年前，他与许寿裳在杭州的浙江两级师范学堂刚刚经历了反对校长的"木瓜之役"，此时身为教师的周树人同样在内心中倾向学生，并以弘文旧事比附，便于让老友理解自己的现实处境。④

另有一次，也是唯一一次公开讲述自己弘文时期经历是在1935年最初发表于日本杂志《改造》的日文作品『現代支那に於ける孔子樣』中，该文随后译为中文《在现代中国的孔夫子》。这篇日语原文及其生成语境颇可玩味，李炜曾撰文详细解析⑤。或许与写给日本读者有关，鲁迅在文中谈到了在弘文学院时的一些细节：

> 义和团完全失败，徐桐氏也自杀了。政府就又以为外国的政治法

---

① 鲁迅：《101221 致许寿裳》，《鲁迅全集》第11卷，北京：人民文学出版社，2005年，第337页。
② 杨天石：《释"挤加纳于清风，责三矢于牛入"》，鲁迅研究室编：《鲁迅研究资料》(2)，北京：文物出版社，1977年，第415—418页。
③ 关于弘文学院"退学"事件，详参北冈正子：《日本异文化中的鲁迅》，王敬翔、李文卿译，台北：麦田出版，2018年，第331—403页。
④ 详参黄坚：《学潮中作为不同角色的鲁迅》，《桃花树下的鲁迅》，北京：九州出版社，2020年，第64—75页。
⑤ 李炜：《重探鲁迅日文作品之"意"——以"在现代中国的孔夫子"为中心》，《中国比较文学》2023年第4期。

律和学问技术颇有可取之处了。我的渴望到日本去留学,也就在那时候。达了目的,入学的地方,是嘉纳先生所设立的东京的弘文学院;在这里,三泽力太郎先生教我水是养气和轻气所合成,山内繁雄先生教我贝壳里的什么地方其名为"外套"。这是有一天的事情。学监大久保先生集合起大家来,说:因为你们都是孔子之徒,今天到御茶之水的孔庙里去行礼罢!我大吃了一惊。现在还记得那时心里想,正因为绝望于孔夫子和他的之徒,所以到日本来的,然而又是拜么?一时觉得很奇怪。而且发生这样感觉的,我想决不止我一个人。①

引文里"这是有一天的事情"之前的回忆还带有一丝脉脉温情,而这转折之后的感受并不美好。从以上"唯二"的两处来看,鲁迅言谈中的弘文学院都不那么值得怀念,他日后避谈弘文生活,或许与其一言难尽的体验有关。但由1902年4月周树人给弟弟信中的介绍观之,他对新生活是有很大期待的。

大概是进入弘文学院后,诸事繁杂,周树人已顾不上给二弟写信。此前一段时间,基本上是每周一封。然而,从被告知入学弘文学院,直到1902年6月8日②,周树人才又给二弟写了信。中间,他仅托人"带回包袱一个,内衣服六件(小衫裤、单夹大衫、又马褂)"③。《琐记》里的"白袜子"并没有出现在退回南京的衣物中。或许"白袜子"只是一个符号,无法确定十双白袜子事件的真伪,但从退回衣服一事来看,因不了解日本的学生生活,准备工作出现了偏差是有可能的。不过,退回衣服更直接的原因可能是弘文学院会给学生们发衣物用品。按《弘文学院章程第六章照行细则》:

---

① 鲁迅:《且介亭杂文二集·在现代中国的孔夫子》,《鲁迅全集》第6卷,北京:人民文学出版社,2005年,第326页。
② 即农历五月初三。或是兄弟之间心有灵犀,就在大哥寄信的第二天,周作人在日记里写下了"煮茗自啜,怀忆远人,思作日本信,因无鱼雁而止"。鲁迅博物馆藏:《周作人日记》(影印本)上册,郑州:大象出版社,1996年,第334页。
③ 同上书,第333页。

第二条　每年应给衣服等类。开列于左①。

夏衣一套（进学初年特给两套 自次年起给一套）

冬衣一套

夏短衫并裤子　两套

冬短衫并裤子　两套

皮鞋　两双

领子　两条（进学初年特给三条）

袜子　每月一双（进学初年特给两双）

鞋墨　两个

鞋刷每一室给一个（每加十名添给一个）

第三条　外套、帽子及帽盖、脚袢（即护脚布）等三件。每三年应给一次。即于进学时先给。

第四条　学生中途退学。未至前两条所定年份者。必须补纳衣服费。②

《琐记》中也提到"要穿制服和皮鞋"，而"中国袜完全无用"，因为进学初年，每月两双袜子，足够使用。弘文学院的制服及周边物品完全能满足日常，周树人才会在入学后不久又将带来的衣物托人带回。由第四条退学须补交衣服费来看，引文所列衣物都是免费发放的。

1902年6月16日，周作人终于收到了盼望很久的大哥的来信。周树人还寄来"摄影三纸"，即三张新拍摄的照片，分赠十八叔祖、母亲、二弟。周作人在日记里写道："披图视之，宛然东瀛人也。上缀数语，为录如下：'会稽山下之平民，日出国中之游子。弘文学院之制服，铃木真一之摄影。二十余龄之青年，四月中旬之吉日。走五千余里之邮筒，达星杓仲弟之英盼。兄树人顿首'。"③照片上题录的文字，是周树人自述其事。主体部分共八个小句，语言俏皮流动，对仗不求工整，虽有打油诗的味道，但含着格外的意趣。前两句交代了身世及出国游学的现状。三四句说的是他身着

---

① 原始资料为左起竖排的格式。

② 转引自北冈正子：《日本异文化中的鲁迅》，王敬翔、李文卿译，台北：麦田出版，2018年，第349页。

③ 鲁迅博物馆藏：《周作人日记》（影印本）上册，郑州：大象出版社，1996年，第335页。

弘文学院的校服,由铃木真一为他摄影。周作人之所以说照片"宛然东瀛人",或许主要就是日式校服的原因。五六句写出照片上人物的形象和摄影的时间。七八句点出路途遥遥,送照片给分隔两地的二弟。由最末两句,亦可知这段文字是专门给周作人题写的。周作人原名周櫆寿,字星杓,即"星杓仲弟"。关于"英盼",汉语辞典一般注释为"奕奕有神的目光",举例是谢朓的诗句"江海既无波,俯仰流英盼";但它在书信中,主要是作为套语,一般用于给亲友小辈的信中。

1902年7月7日,周树人整整隔了一个月后,才又给弟弟写了信①。从原来的每周一封到现在的每月一封,足见弘文学院校内功课的紧张。三个月前,嘉纳治五郎向东京知事提交《私立学校设立申请书》时,附有一份《私立弘文学院规则》。长期以来,关于弘文学院的介绍,既有研究多依据日期未知的中文版《弘文学院章程》或1906年学院更名后的一份《宏文学院一览》,但其内容与周树人入学时的情况是否完全一致是有疑问的。北冈正子所据《私立弘文学院规则》②恰是周树人入学前的材料,关联更为直接。

依规则来看,弘文学院为"教育清国人日语及普通教育之处所"。起始阶段,"学生原则上寄宿于院内之宿舍",周树人即住在校内。按规则的预想,"修业年限为三年,特设之专门学科课程或汉语课程,其年限另订之";但实际上,周树人修业两年即毕业。他在仙台手写的一份"学业履历书"记有"明治三十五年四月ヨリ同三十七年四月マデ東京私立弘文學院入學速成普通科卒業"③。校方原设定的三年期限是为常规的"普通科"设计的。但1902年4月,仓促上马的弘文学院正式成立后,迎来迅速扩张期,"在一年不到的短时间内,不断接受出身地、学历、留学目的、修业期间各异的各式各样留学生,其师资、校舍与宿舍自然难免捉襟见肘"④。1906年《宏文学院一览》中介绍"学科及肄业年限"时已变为:

---

① 鲁迅博物馆藏:《周作人日记》(影印本)上册,郑州:大象出版社,1996年,第340页。
② 详见北冈正子:《日本异文化中的鲁迅》,王敬翔、李文卿译,台北:麦田出版,2018年,第94—106页。
③ 见《鲁迅生平史料汇编》(第二辑)"鲁迅在日本"的图片14"鲁迅的学业履历书"。薛绥之主编:《鲁迅生平史料汇编》(第二辑),天津:天津人民出版社,1982年。
④ 北冈正子:《日本异文化中的鲁迅》,王敬翔、李文卿译,台北:麦田出版,2018年,第368页。

一　普通科　　　　　　肄业年限三年
一　速成普通科
一　速成师范科
一　夜学速成理化科
一　夜学速成警务科　以上四科年限随时定之
一　夜学日语科　　　肄业年限不定①

周树人所在学科即"速成普通科",与其所填"学业履历书"一致,学科年限属于"随时定之",而非"三年"。尽管如此,为"普通科"设计的《私立弘文学院规则》,仍有十分重要的参考价值。

周树人是弘文学院设立后仓促入学的第一届学生。草创阶段的弘文学院当来不及专门为他们制定有针对性的具体培养方案,最初大致会按照《私立弘文学院规则》拟定的那样授课。因此,由这份规则可以简单了解周树人在弘文学院时期的学习生活。按常规计划,"学年自九月十一日开始,翌年七月三十一日结束","分为三学期,自九月十一日至十二月二十四日为第一学期;翌年一月八日至三月三十一日为第二学期;四月八日至七月三十一日为第三学期"。弘文学院主要是由各地派遣的官费生组成,各类速成班入学和毕业的时间都不太固定。周树人等入学时已然到学年的第三学期,那么只能将规则所定的第三学期作为第一学期开课,课程总量一致即可,即"授课日数每学年为四十三周,授课时数每周三十三小时"。具体来说,第一学期每周27小时的日语课、5小时的体操课、1小时的修身课;第二学期日语课减至17小时,地理历史、算数各分走5小时;从第三学期开始至第二学年结束,这四个学期都是每周12小时的日语课,又增加了理科指导、理化、图画等;第三学年日语课时比重继续下降,增加了作为第二外语的英语课、作为算数进阶的三角函数课、动物与植物等博物类课。②

《私立弘文学院规则》里的授课科目安排是为三年制普通科制定的。那么,周树人在弘文学院的学习就有两种可能:一是三年课程并作两年,二

---

① 转引自北冈正子:《日本异文化中的鲁迅》,王敬翔、李文卿译,台北:麦田出版,2018年,第108页。

② 同上书,第95—99页。

是只上前两个学年的课。如果说"三泽力太郎先生教我水是养气和轻气所合成"的化学知识有可能在第二学年的课上学习，那么，"山内繁雄先生教我贝壳里的什么地方其名为'外套'"的生物学知识按道理只能在第三学年每周3小时的"动物"课上学到。由此推测，周树人在弘文学院的两年至少部分地学完了原计划三年的普通科。

具体到周树人在弘文学院的学习内容，可从两个方面来辨析。一者，自然科学方面，弘文学院自视为教育清国人"普通教育之处所"与此相关。据周作人说：

> 南京附设在陆师学堂内的矿路学堂本来是以开矿为主，造铁路为辅的，虽然主要功课属于矿路二事，但鲁迅后来既不开矿，也不造路，这些功课都已还了先生之后，他所实在得到的也只是那一点普通科学知识而已。鲁迅在"朝花夕拾"上特别提出地学（地质学）和金石学（矿物学），这些固然最是新鲜，但重要的其实还是一般科学，如数学、代数、几何、物理、化学，都是现代常识的基础，但是平常各个分立，散漫无归宿……鲁迅看了赫胥黎的"天演论"，是在南京，但是一直到了东京，学了日本文之后，这才懂得了达尔文的进化论。因为鲁迅看到丘浅治郎的"进化论讲话"，于是明白进化学说到底是怎么一回事。鲁迅在东京进了弘文学院，读了两年书，科学一方面只是重复那已经学过的东西，归根结蒂所学得的实在只是日本语文一项，但是这却引导他到了进化论里去，那末这用处也就不小了。①

人们经常引用这段话来介绍周树人在弘文学院的生活，但意识不到周作人叙述中的错误。他将"普通科"做了字面上的理解，才会说出"科学一方面只是重复那已经学过的东西"，即仅学"那一点普通科学知识而已"。弘文学院所讲"普通科"的"普通"一直是校长嘉纳治五郎不遗余力进行推广的"普通教育"，实质内涵是"国民教育"，它是小学教育到专业化教育之间的过渡，由德育、智育、体育所组成。弘文学院着眼于普通教育的课程设计，与矿路学堂时期的课程相比固然有重叠的地方，但不可同

---

① 周启明：《鲁迅的青年时代》，北京：中国青年出版社，1957年，第50页。

日而语。

二者，外语学习方面。驻日公使蔡钧考虑送周树人等进入弘文学院，就是因为他们未谙日文日语，"俟其通晓语言文字后，再行送入别校"。周作人亦称：

> 留学生到了外国，第一要赶学语文，同时还得学习普通科学知识，因为那时还是科举时代，去留学的人们中间尽有些秀才，做得上好的八股文或策论，至于别的"西学"，全未问津，须得从头搞起，像鲁迅他们在学堂里学过几年的人乃是例外，实际上很是吃亏，因为他们不能单独补习外国语，也得跟着上班，听讲已经学过了的功课。①

此处也是强调周树人在弘文学院学习语言的重要性。不过，他在留日以前并非没有接触过日语。矿路学堂的外语是德文、日文任选其一②，周树人选的是德文，同学里也有学习日文的，有间接接触的可能。另外，他临行前，曾购得梁启超的《和文汉读法》，并携带到日本。不过，周树人真正学习日语是从弘文学院开始的，也由此拉开了"周译"的序幕。

第四节 "弘文"时期的日语习得与"周译"的触发

关于周树人在弘文学院时期的日语习得，目前学界尚未形成系统深入的研究成果。除前文不断征引的北冈正子的研究外，实藤惠秀的成果亦为这一话题提供了重要参考，特别是两份材料的展示，提供了重要的线索。一是罗列出1900年至1910年专为中国人学习日语所编书籍的详细信息。③二是开列了弘文学院日语教师的名单，有三矢重松、难波常雄、松下大三郎、小山左文二、门马常次、菊池金正、柿村重松、松本龟次郎等人。④这

---

① 周启明：《鲁迅的青年时代》，北京：中国青年出版社，1957年，第37页。
② 南京市文管会：《江南矿路学堂遗迹和鲁迅求学情况的调查》，薛绥之主编：《鲁迅生平史料汇编》（第一辑），天津：天津人民出版社，1981年，第413页。
③ 实藤惠秀：《中国人留学日本史》（修订译本），谭汝谦、林启彦译，北京：北京大学出版社，2012年，第32—34页。
④ 同上书，第38页。

份名单与北冈正子提供的不尽相同，可互为补充，另有江口辰太郎、吉川襄平、谷广阐、山川友治、穗苅信乃等曾在弘文学院教授日语①。在日本明治时期中国留学生教育这一议题上，接续实藤惠秀而做出卓越成绩的是细野浩二②、阿部洋③、二见刚史④和荫山雅博⑤。20世纪70年代，日本外务省外交史料馆开放了清末留学生资料的利用权限，他们的研究变得更加细致。1980年，荫山雅博依据"讲道馆"所藏"宏文学院关系文书"，最早对宏文学院的留学生教育做了系统考察，并披露大量原始材料。⑥

　　日本学界对弘文学院日语教师特别是其所编撰教科书的研究在近三十年间取得了不少成果，相关研究呈现出持续性发展的态势，吉冈英幸、坂本哲平、中野真树、伊藤孝行、高桥良江、坂根庆子、张金涂、诸星美智直、本间美奈子、增田光司、薛静、魏维等人发表了多篇论文。整体上试图超越实藤惠秀所创日本中国留学生教育研究范式的是酒井顺一郎。他的专著大量运用了日本外务省外交史料馆、讲道馆等机构所藏的珍贵史料，以及留学生使用的教材等第一手资料，以宏文学院为中心，从留学政策、教育实况、留学生与日本社会的日常接触等多角度，深入分析了明治时期

---

① 北冈正子：《日本异文化中的鲁迅》，王敬翔、李文卿译，台北：麦田出版，2018年，第306—311页。北冈正子未能确定的"穗苅"全名，实为穗苅信乃。

② 細野浩二「中国対日留学史に関する一問題——清末における留学生派遣政策の成立過程の再検討」『史観』(86・87)、1973。細野浩二「境界の上の魯迅：日本留学の軌跡を追って」『朝日アジアレビュー』7 (4)、1976。第二篇有中译本。细野浩二：《鲁迅的境界——追溯鲁迅留学日本的经历》，童斌译，《国外社会科学》1978年第1期。

③ 阿部洋「中国近代における海外留学の展開——日本留学とアメリカ留学」『国立教育研究所紀要』(94)、1978。阿部洋編『日中教育文化交流と摩擦——戦前日本の在華教育事業』第一書房、1983年。阿部洋『中国の近代教育と明治日本』福村出版、1990年。

④ 二見剛史『中国人留学生教育と松本亀次郎——論文集成』溝辺町、1994年。二見剛史『中国人留学生の父・松本亀次郎研究——その学問観と教育実践を中心として』学文社、2021年。

⑤ 蔭山雅博「清末江蘇省の教育改革と日本人教習」『日本の教育史学』(31)、1988。蔭山雅博「江蘇教育改革と藤田豊八」『国立教育研究所紀要』(115)、1988。蔭山雅博『清末日本教習与中国教育近代化』雄山社、2011年。蔭山雅博『明治日本与中国留学生教育』雄山社、2016年。

⑥ 蔭山雅博「宏文学院における中国人留学生教育——清末期留日教育の一端」『日本の教育史学』(23)、1980。文章将"讲道馆"写成了"弘道馆"。细野浩二的文章已经使用了"讲道馆"所藏文献，但偏重对鲁迅留日时期思想精神的探讨，不以他在弘文学院的具体经历为核心。

中国人赴日留学的开端、发展及落幕的全过程。①其中，第四章聚焦于日本近代日语教育的萌芽与清末赴日留学生的关系，对理解周树人的日语习得过程最有参考价值。刘建云、王鼎的著作或从清末东文学堂的视角提供探讨中国人日语习得的本土化维度，或剖析湖北省留日学生与明治日本的关联，均提供了诸多可以比照的线索。②

上述著述使得深入探究周树人的日语习得有了新的可能，可惜直接讨论这一议题的成果极少。在日文文献里有代表性的是根津义的《来日初期鲁迅的日语》③，从鲁迅日本语学习之目的、松本龟次郎与鲁迅的接触、宏文学院的日语教育等多方面展开讨论，重点对松本龟次郎日语教科书『漢訳日本文典：言文対照』（中外图书局，1904年）中出现的对应于"に"的"于"和"於"用例及其解释进行考察。

相较而言，明治日本与中国留学生教育方面的中文成果并不算多，但针对鲁迅日语习得的讨论略为丰富。④谢泳早年购得一套宏文学院⑤编制的初版于1906年的《普通科、师范科讲义录》，其中有一册松本龟次郎讲述的《日语日文科》，是宏文学院留学生使用的基本教材。谢泳认为，松本龟次郎的《日语日文科》讲义对研究鲁迅十分重要，"一是它例句中所使用的翻译文字，在很大程度上接近于白话文"，"二是这本日文教科书的例句中有很多现代政治的内容，比如关于议会的说明有好几处"。他进而提出：

---

① 酒井順一郎『清国人日本留学生の言語文化接触——相互誤解の日中教育文化交流』ひつじ書房、2010年。该书使用的是"宏文学院"。

② 劉建雲『中国人の日本語学習史——清末の東文学堂』学術出版会、2005年。王鼎『湖北省留日学生と明治日本』勉誠社、2024年。

③ 根津義「来日初期の魯迅の日本語——松本亀次郎とのかかわりから」『常葉学園大学研究紀要．外国語学部』(27)、2011。根津义的文章使用的是"宏文学院"。

④ 以黄福庆的专著为先导，近年有严安生、徐志民、邵宝等人的专著问世，又以吕顺长集中于近代浙江留日学生的研究最为系统。黄福庆：《清末留日学生》，台北：中研院近代史研究所，1975年。严安生：《灵台无计逃神矢：近代中国人留日精神史》，陈言译，北京：生活·读书·新知三联书店，2018年。该书日文版为：厳安生『日本留学精神史——近代中国知識人の軌跡』岩波書店，1991年。徐志民：《近代日本的中国留学生政策史》，北京：中国社会科学出版社，2020年。邵宝：《大江歌罢掉头东——清末留日学生留学实态研究》，郑州：郑州大学出版社，2021年。吕顺长：《清末浙江与日本》，上海：上海古籍出版社，2001年；《清末中日教育文化交流之研究》，北京：商务印书馆，2012年；《近代浙江留日学生之研究》，杭州：浙江工商大学出版社，2019年；《近代浙江留日学生与中日文化交流》，杭州：浙江大学出版社，2024年。

⑤ 出版这套讲义录时，弘文学院已更名宏文学院。

第一项，有可能影响了鲁迅对白话文的自觉，他最早能用白话写成《狂人日记》，与他早年学习日文的经历可能存在一定关系。松本龟次郎的这本讲义说得很明确，是要将"文语用例"结合起来，也就是要把书面语言和口语结合起来。《日语日文科》中的语言实例，以采用中国文化典籍中的例子为多，特别是《论语》《孟子》和《史记》中的语言材料，有些用法已相当口语化。如果我们把书中的例子完全和鲁迅文字中的行文习惯对应研究，或者能从中发现鲁迅文体的特征。①

无论是从材料还是视角来看，谢泳的研究皆为极重要的发现，只可惜限于这部《日语日文科》讲义稀有，学界难以跟进。兹将谢泳选录的《日语日文科》中的典型例句，全部征引如下：

何处地方是最适人间之生活乎？
温带地方是最适人间之生活。
何处国土是位于温带地方乎？
世界文明国皆在温带地方。

石炭多在何处地方采掘乎？
石炭多在九州与北海道采掘。
生丝多产在何种地方乎？
生丝多产在长野县与群马县。

君由何年留学于敝国乎？
我从贵国明治三十五年四月留学。

余他日将从事矿山

明年我弟亦将来日本。
理化学之研究，今后当倍开。
来月上旬辽河当结冰。

---

① 谢泳：《宏文学院教科书在鲁迅研究中的意义》，《当代文坛》2010年第4期。

> 此船回航再归来日本之时,
> 想上野向岛之樱花当满开矣。①

谢泳很看重这些例句中"由浅近文言向白话文过渡的痕迹",且由所引例句"君由何年留学于敝国乎？我从贵国明治三十五年四月留学……明年我弟亦将来日本"完全与鲁迅的经历相合,推断"有些句式和词汇的使用,可能与鲁迅有关"。首先,可以确定松本龟次郎担任过周树人所在班级的日语教师。而且,引文里的抵达时间,加之以石炭举例及"余他日将从事矿山"的表白,也能反映出松本面对的是从南京矿路学堂而来的留学生。从中还可体会到松本是一名因材施教的称职教师,能够依据班级学生的具体特点举例讲解,对教学内容进行灵活调整和补充,注重与学生的互动和交流,以其鲜明的针对性调动学生的积极性,而不是搬来万年不变的固定教案照本宣科。

其次,从例句的语体来看,它并非简单的半文半白的过渡,而是一种不古不今、非中非西的日式蹩脚白话。对于当时江浙一带的中国文人来说,想模拟使用地道的官话写作也并非易事。至于像松本这样缺乏长期在华生活经验、以研究和实践日语教学为工作重心的外国人,凭借其汉学修养,撰写中规中矩的文言文或许尚可应付,但若要以白话形式进行汉语表达,则会力不从心。表面上的半文半白,并非一种文白之间的过渡形态,而是捉襟见肘的显现。例如,句中仍以"乎"与"矣"这种文言语气词表达疑问或感叹,因为当时各类标点符号的功能尚未普及为国民常识,松本在将白话文本化时就不得不沿用文言语气词以确保表意的准确性。再如,"何处地方是最适人间之生活乎"一句拗口话,换为文面的白话可以是"什么地方最适合于人的生活",但更日常的交流方式是"哪里最适合人生活",甚至是"哪儿住着最得劲儿"。相比之下,文面的白话虽不影响理解,却显得生硬别扭,因为它属于写出来的"话",而非老百姓嘴里的自然言谈。这句"何处地方是最适人间之生活乎"显系由汉文调或文语体的日文直译而成,即把日语的"何处ノ地方""人间ノ生活""适"等组成部分,按照中国人大致可以理解的方式重新排列组合。

---

① 谢泳:《宏文学院教科书在鲁迅研究中的意义》,《当代文坛》2010年第4期。

关于《日语日文科》中带有白话色彩的例句，谢泳的解释虽然略显简略，但将其与《狂人日记》联系起来，确实展现了他作为学者的敏锐洞察力。《日语日文科》中的蹩脚白话，作为翻译的产物，难以抹去其浓厚的日式汉语痕迹，但它恰恰是周树人接触并学习文章体白话的起点。这种看似生涩的表达，正是他从传统文言向现代白话过渡的初始资源。这些例句不仅反映了当时语言转型的复杂性，也揭示了弘文学院时期周树人的新型跨语际体验。

在谢泳之后，林敏洁、潘世圣皆围绕松本龟次郎与鲁迅的渊源展开论述。林敏洁将谢泳的结论与根津义的研究结合了起来。① 潘世圣则更进一步，既考索了周树人早年的日语习得，又围绕"宏文学院讲义录"对他这一时期的日本文化接受情况做出了新的探讨。

关于周树人的日语习得，潘世圣除了注意到『漢訳日本文典：言文対照』之外，还根据讲道馆保存的资料，统计出了周树人入学时弘文学院的日语教师名单，即三矢重松、松下大三郎、井上翠、难波常雄、佐村八郎、柿村重松等，松本龟次郎是第二年才加入的。这不仅在人员方面补充了实藤惠秀、北冈正子所列日语师资名单的缺漏，还使他们的在校时间更为精确。潘世圣以日语教师名录为线索，继续探查了明治时代弘文学院编辑出版的多种日语教科书，从1903年到1906年间，出版有：

> 弘文学院《日本語教科書第一卷 口語語法用例之部 下》（金港堂书籍，1903年）、松本龟次郎《言文对照汉译日本文典》（中外图书局，1904年）、宏文学院编纂《日本語教科書》（第1—3卷，中外图书局，1906年）、金太仁作《东语集成 全》（1906年）、唐木歌吉著、王盛春译《中日对照实用会话篇》（中东书局，1906年）、菊池金正《汉译学校会话》（1906年）、小山左文二《汉文注释东文读本》及《文法适用东文教科书》（三松堂所局，1906年）、门马常次《文法适用东文汉译轨范》（东亚公司，1906年）、佐村八郎《汉译日本语典》（六

---

① 林敏洁：《松本龟次郎与鲁迅》，《鲁迅研究月刊》2013年第8期。另可参林敏潔「魯迅生誕130周年によせて 松本亀次郎の日本語教育と魯迅」『世界文学』(114)、2011。林敏潔「翻訳家としての魯迅とある日本語教師：松本亀次郎と雑誌『日文研究』」『東方』(380)、2012。

盟馆，1906年）、难波常雄《汉和对照 日语文法述要》（观澜社，1906年）、松下大三郎《汉译日语阶梯》（诚之堂，1906年）等。①

潘世圣推断，在这些教科书中，周树人应该至少使用过前三种。接着，潘世圣以1906年出版的三卷本《日本语教科书》为代表，分析了这套以松本龟次郎和三矢重松为核心编纂的教材。它的特点如下：

> 第一，根据学生的学习需要，对基础语法项目进行了系统整理编排。根据当代日本学者考察，这套教材采编的语法条目，与现代基础日语语法内容的重合率竟高达百分之八十六。在二战前出版的诸多日语教材中，达到这一程度的寥寥无几。学者们认为，作为日语语法综合教材，这套书系统而完整，奠定了日本日语教育的基础。第二，这套教材重视发音，对中国人容易出错的发音进行了归纳整理；例文和会话内容紧密联系当时日本社会的日常生活、学校生活、时事、留学生管理和名胜古迹等等，具有实用性和趣味性。第三，在教学法上，特别重视"发音"。②

潘世圣在2015年对周树人日语习得做细致讨论的时候，尚未利用《日语日文科》的材料。至2019年，他系统梳理了"宏文学院讲义录"的刊行与形态，发掘"鲁迅形成"背后的弘文学院因子，因主要关注点在弘文学院普通教育的知识体系与鲁迅的意识构造之间的关系，他将《日语日文科》置于理解周树人接受进化论等"主义""思想""精神"的脉络里，并未从日本语教育、日语教科书方面加以拓展。在他看来，《日语日文科》与『漢訳日本文典：言文対照』在内容上大体一致。③

有关周树人在弘文学院日语习得的最新成果出自李冬木之手。他弥补了根津义研究中未尽的遗憾，解决了周树人以怎样的词语对译"流石に"

---

① 潘世圣：《留日时期的鲁迅与嘉纳治五郎》，《东岳论丛》2015年第3期。
② 同上。
③ 潘世聖「弘文学院留学期の魯迅における日本受容——新発見の『宏文学院講義録』を手掛かりに」『中国：社会と文化』(34)、2019。

的疑惑。① 此外，陈红②、潘世圣等各自有关鲁迅日文日语能力的考述也有参考价值，特别是潘世圣引述的小川环树的鲁迅印象记颇为形象。"小川说，鲁迅从始至终一直都讲日语，讲得非常好，让人感觉不到是在和外国人说话。当然，郁达夫的日语也极好。鲁迅一开始就对两人说，我的日语是明治时代的日语。听起来也许有些老旧。的确，鲁迅的日语稍微有点与今不同的感觉，和郁达夫不一样。讲什么鲁迅往往会多说一句补充一下。"③ 鲁迅日语的根基源于他在弘文学院为期两年的学习生涯。他不仅得益于教师的悉心指导，更通过系统的课程安排和扎实的语言训练，深入掌握了其留学阶段的日语精髓。"明治时代的日语"便也伴随了他的一生，如影随形。

综上可以发现，既有成果对周树人日语习得的研究主要围绕松本龟次郎展开，一个重要的原因是他的回忆里提到了"鲁迅"。这段有场景和细节的回忆几乎是谈论周树人日语习得必引的材料，不妨较为完整地将它引用出来，如下：

（四）回顾过去我对日语教育的体验

我初次教授中国留学生日语，是在明治三十六年，也就是我三十八岁那年，受聘于嘉纳治五郎校长的宏文学院之际。当时宏文学院有速成师范科、速成警务课与普通科等班，速成科约八九个月修毕，普通科是三年毕业，班名都冠上集体前来之处的地名。当初我所教授的普通班是浙江班，速成科是四川班与直隶班。

（五）普通科日语

普通班毕业后，进入高等学校或专门学校，需与日本学生一同上课，因此大家非常努力学习日语。学生中有几年前去世的鲁迅，即周树人，以及前年秋天由国民政府外交部次长转任驻德大使，却因大使派任令问题而一时进退两难的陈介（东大法学士），以及过去召开的

---

① 李冬木：《关于留学生周树人的两位日本老师——以"流石"为中心》，《鲁迅研究月刊》2024年第7期。

② 详参陈红：《日语源语视域下的鲁迅翻译研究》，杭州：浙江工商大学出版社，2019年，第19—100页。

③ 潘世圣：《小川环树、目加田诚与鲁迅及其他》，《鲁迅研究月刊》2014年第6期。

日华医师联合会上，作为中国代表团长来日的厉家福（金泽医大毕），还有许多优秀人才。我是在其他讲师辞职后接任，学生们的日语程度已达相当水准，已经可以不靠中文说明，用日语的同义语解释便能理解。有一次在说明助词"に"时，我写下相当于汉字的"于"或"於"，厉家福便表示不需要同时写出于、於二字，只要写出一个即可。当时我还不知道中文里于、於二字为同音，只是读过《操觚字诀》与《助字审详》之中复杂的分别用法，却有人告诉我两字没有差别，用一个就好，当下实在有些尴尬。这时鲁迅又补充说明，于、於二字并非在任何场合意义都相同，但在相当于"に"的部分是同音同义，故写一个即可。我才逐渐感受到关于汉字的使用方法，的确有必要与以中文为母语的中国人共同研究。鲁迅又表示，很多日语要译成贴切的华文实在是相当困难，例如他曾煞费苦心翻译"流石"（さすが）一词，还是想不到适当的中文翻译。当时周树人与陈介、厉家福都还未满二十岁，可见当时的中国学生都有不错的汉文素养。恕我寡闻，后来才知道周树人成为中国文坛的翘楚——鲁迅。鲁迅从年轻时代就相当稳重，日文翻译尤其精妙，忠于原意，且译文稳健流畅，同学间推崇为"鲁译"。可惜他在一、二年前，年仅五十左右便辞世了。①

在这段回忆里，松本龟次郎提到了和周树人一同上课的陈介与厉家福。然而，周树人等矿路学堂生最初是在弘文学院的"江南班"，而陈介、厉家福等是在比周树人晚了四五个月抵达的"浙江班"。松本自称他教授的是"浙江班"，北冈正子由此推断鲁迅所在"江南班"被合并到了"浙江班"②。有意思的是，松本龟次郎对30多年前的旧事记忆犹新，连周树人翻译"流石"（さすが）一词的困难都还记得。据李冬木的考索，"1903年的周树人还无法把日语词'流石'有效地处理到中文文本中"，最早也要到1904年至1905年间，他翻译《地底旅行》时才开始真正理解了"流石"一词的含义，证据是在译第五回"今は流石の叔父すらも大いに困じ果てた

---

① 转引自北冈正子：《日本异文化中的鲁迅》，王敬翔、李文卿译，台北：麦田出版，2018年，第117—118页。

② 同上书，第120页。

るさまにて"时,将"流石"译为"强项",指一向固执。① 由此,松本龟次郎关于"流石"对译的回忆得到了验证。

松本龟次郎的回忆是研究译者周树人诞生的重要材料。鲁迅日后谈及自己弘文学院时期的翻译时说,"我那时初学日文,文法并未了然,就急于看书,看书并不很懂,就急于翻译"②。然而,在松本龟次郎的眼中,周树人的日文翻译"尤其精妙,忠于原意,且译文稳健流畅",故而在同学间被推崇为"鲁译"。对此,李冬木表示怀疑。他说:

> 因为"鲁迅"是自1918年发表《狂人日记》起才开始使用的笔名,留学日本时期还不存在"鲁迅",所以也不可能有所谓的"鲁译"。因此,把松本的话看作老师对弟子的溢美之词就好。③

松本龟次郎说周树人的日文翻译"精妙"固然是"老师对弟子的溢美之词",可鲁迅说自己"文法并未了然"与"看书并不很懂"也显然是自谦。这两则表面看起来对立的材料其实不矛盾。

至于"不可能有所谓的'鲁译'",或许存在另一种解释的可能。在松本龟次郎的回忆里,两次将"鲁迅"与"周树人"并置说出,即"学生中有几年前去世的鲁迅,即周树人"与"后来才知道周树人成为中国文坛的翘楚——鲁迅"。他夸赞"鲁译"的部分正是顺着后面这句并置而提的话头引出来的。从上下文来看,松本龟次郎的语义逻辑是将"周译"与"鲁译"等量齐观的,无心区分。不过,这只能说是表达上不够严谨,"鲁译"这个词虽不可能在1903年存在,却不能否认周树人的日文译作在同学间受到推崇的事实。换句话说,不可能存在的是"鲁译"二字,同学间推崇的是"周译"。周树人弘文学院时期的老同学沈瓞民就曾说:"有很多时间,鲁迅已涉猎欧美和日本的书籍,边学习日语,边翻译……鲁迅译作,随阅随译,速度惊人。开始译笔,颇受严几道的影响。但后来却一变而清新雄健,在

---

① 李冬木:《关于留学生周树人的两位日本老师——以"流石"为中心》,《鲁迅研究月刊》2024年第7期。
② 鲁迅:《集外集·序言》,《鲁迅全集》第7卷,北京:人民文学出版社,2005年,第4页。
③ 李冬木:《关于留学生周树人的两位日本老师——以"流石"为中心》,《鲁迅研究月刊》2024年第7期。

当时译书界已独树一帜了。"①言辞虽有夸大不实之处,但周树人的译笔给他留下的深刻印象不会是伪造的。

按潘世圣的推断,周树人学习过松本龟次郎的《言文对照汉译日本文典》,即『漢訳日本文典：言文対照』。先不妨以松本龟次郎的『漢訳日本文典：言文対照』为例,对周树人日语习得的细节做更充分的展示。该书共三编,第一编概说"品词",讲解词性分类;第二编由词法扩展到文法,介绍句子结构与文章形式的关系;第三编约占全书的十分之九,对名词、代名词、动词、形容词、助动词、助词、副词、接续词、感叹词等九种品词以及接头语、接尾语一一详解。关于日语词法、文法的知识讲解,清晰明确,由浅入深,如讲名词的时候,举"人"为例,后面讲动词时,就会搭配出"人行ク",再到讲助动词时,又滚动出"人行キヌ"。②随着知识的增长,句式越来越长,修饰成分也愈加复杂,兹举书中一例,如下：

一、娘ガ、花ヲ、花瓶ニ挿ス。
少女插花於瓶。
二、愛ラシキ娘ガ、牡丹ノ花ヲ、磁器ノ花瓶ニ、巧ニ挿ス。
可怜少女巧插牡丹花于磁瓶。
三、眞ニ愛ラシキ娘ガ、半バ開キタル牡丹ノ花ヲ、南京燒ノ磁器ノ花瓶ニ、甚巧ニ挿ス。
真个可怜少女真个甚巧插半开牡丹花于南京产磁瓶。③

所谓"汉译日本文典",页面上半是日语,下半是汉语译文。教师讲解此例,目的是使学生领会修饰语可以"层层相重,渐为复杂形状"④。不过,在学习文法的过程中,学生们耳濡目染便也掌握了翻译的要领。比之于前文辨析过的《日语日文科》的译文,正可印证松本龟次郎看似半文半

---

① 沈瓞民：《回忆鲁迅早年在弘文学院的片断》,薛绥之主编：《鲁迅生平史料汇编》第2辑,天津：天津人民出版社,1982年,第43页。
② 松本亀次郎「『漢訳日本文典：言文対照』例言」『漢訳日本文典：言文対照』中外図書局、1904年、2-3頁。
③ 同上書、35頁。
④ 同上。

白的语体背后是直译的缘故。周树人在弘文学院接受的日语教育大体如此。

值得注意的是，既有研究讨论松本龟次郎与周树人日语习得问题时，有意或无意地回避了一个问题。根据松本龟次郎的回忆，可知他是明治三十六年即1903年受聘到弘文学院教书的，具体是在五六月份的时候。①此时，周树人已在弘文学院学习了一年的日语。按松本的说法，"我是在其他讲师辞职后接任，学生们的日语程度已达相当水准，已经可以不靠中文说明，用日语的同义语解释便能理解"。可知，周树人日语基础的课程教学并非由松本龟次郎担任。

1903年6月15日，松本龟次郎在弘文学院任教尚不足一个月时，周树人以"庚辰"和"自树"为笔名，在浙江留日同乡会所办《浙江潮》第5期上，分别发表了译自嚣俄（即雨果）的《哀尘》以及有材源可依的《斯巴达之魂》（未完）。据许寿裳回忆，周树人是应其邀请后才撰文，交稿速度很快。②这一细节从侧面反映出周树人当时的日文能力确已达到一定水平。考虑到许寿裳接编《浙江潮》后，集稿、编校、付排等环节均需一定时间，可以推断，周树人译出《哀尘》并编译半篇《斯巴达之魂》时，其日文能力的培养恐怕并未受到松本龟次郎的直接影响。关于周树人第一年日语课的具体授课者，目前仍缺乏直接的材料支撑。因此，若以松本龟次郎为重心，考察周树人的日语习得过程，并将其与他最初的翻译实践相联系，仍需在现有材料的基础上，进一步弥合史料之间的断裂，如此方能得出更为清晰的结论。

先就宏观方面看，不妨由弘文学院第一年的日语授课安排着手。上一节已经介绍了弘文学院第一学期每周27小时的日语课，第二、第三学期分别减至每周17小时、每周12小时。据《私立弘文学院规则》③统计，4月8日到7月31日为16周，但周树人等入学已是第二周，按15周算，日语课计为405小时；9月11日到12月24日，也是15周，日语课总时长为

---

① 一般认为松本龟次郎是1903年5月到弘文学院赴任的，但也有材料显示为6月。详见根津義「来日初期の魯迅の日本語——松本亀次郎とのかかわりから」『常葉学園大学研究紀要．外国語学部』(27)、2011。

② 许寿裳：《亡友鲁迅印象记》，上海：峨嵋出版社，1947年，第17页。

③ 转引自北冈正子：《日本异文化中的鲁迅》，王敬翔、李文卿译，台北：麦田出版，2018年，第95页。

255 小时；翌年 1 月 8 日到 3 月 31 日，是 12 周，计有 144 小时。留学第一年，周树人在弘文学院学习日语 800 小时以上。①

为了更直观地理解，不妨引入参照。1984 年，由国际交流基金组织和日本国际教育协会共同推出"日本語能力試験（JLPT）"，国内称其为"日本语能力考试"。该考虑面向母语为非日语的学习者，考核学生的日语水平是否足以适应日本大学的正规课程学习。考试申请者应根据自己的实际日语能力选择相应等级。第一等级水平考试（N1）要求申请者掌握高级文法汉字，即 2000 个汉字、10000 个词汇，具有在社会生活中应用、在大学学习或从事研究工作的综合性日语能力。应考者应该完成至少 900 个小时以上的日语学习。第二等级水平考试（N2）要求应考者掌握较高级的文法汉字，即 1000 个汉字、6000 个词汇，处理一般事务时具有会话、阅读及写作的能力。应考者需完成 600 个小时的日语学习。②尽管周树人在明治时期习得的日语与当代人在昭和、平成时代所学的日语存在显著差异，但通过引入日本语能力考试（JLPT）的评估体系，或许能为周树人第一学年 800 小时密集日语课程所达到的语言水平，提供一个虽非精确却大致可感的想象空间。

具体到日语授课本身，弘文学院不同日语教师的教法必然有差别，如"当时教师间意见亦各相异，于讲文法之时期方法及得失等未有一定成案"③，但它们内在的一致性或大于个体间的差异。值得注意的是，弘文学院的日语教师群体与国学院大学之间有着非常密切的关联。周树人在弘文学院的第一年里，三矢重松无疑是日语课程团队的核心人物。早在 1899 年，三矢重松便已在弘文学院前身亦乐书院担任教育主任，深受嘉纳治五郎的器重。到了 1902 年，他不仅担任日语教授，还兼任教务干事，手握实权，成为学院教学管理的中坚力量。三矢重松本人是国学院大学的第一期毕业生，于明治二十六年（1893 年）7 月以优异成绩完成学业，是同期毕业生中的佼佼者。从弘文学院日语教师的履历来看，出身于国学院大学的

---

① 日本学者统计弘文学院普通科第一学年用于日语教学的全部课时也是 800 多个小时。详见坂根慶子「宏文学院における日本語教育」『東海大学紀要．留学生教育センター』(13)、1993。

② 国家教委留学服务中心编：《日本高等教育与赴日留学总览》，北京：北京语言学院出版社，1995 年，第 13—14 页。

③ 松本亀次郎「『漢訳日本文典：言文対照』例言」『漢訳日本文典：言文対照』中外図書局、1904 年、3-4 頁。

教师不在少数，这一现象或许与三矢重松的引荐有关。此外，包括三矢重松在内的一批从弘文学院退职的教师，后来也纷纷前往国学院大学任教，进一步加深了两校之间的联系。①

三矢重松在日本的国语国文学领域成就斐然。据悉，以三矢重松为主任，弘文学院每月都会召开数次日语教授研究会。②这种定期的研讨活动，已经具备了集体备课和集体教研的雏形，为弘文学院日语教学的系统化和规范化奠定了基础。1903 年，三矢重松被迫离开，但他所奠定的日语教授法仍然在弘文学院持续发挥作用。三矢重松离开后，松本龟次郎才到任。但松本在其所编日语教科书『漢訳日本文典：言文対照』的"例言"里说："现今所行于世之文典中，简而能提要，明而易能晓者，以三矢重松、清水平一郎两君所共著《普通文法教科书》，为第一。"在一些文法的讲解方面，松本认为三矢等"其说甚为切当"，因此"我弘文学院诸教授，久采用此说，故拙著亦袭用此名"。③ 1906 年，『漢訳日本文典：言文対照』印至第12 版时有过改订，两年后，第 23 版问世时，又经订正增补，而新版的校阅者正是三矢重松。

三矢重松的个人影响不容忽视，但更关键的是制度性的因素。酒井顺一郎在其书中专门讨论了弘文学院的教授法。按日本文部省《小学校教则纲领》的规定，日本人学习母语要先从五十音、浊音、清音、假名、短句等开始，稍有基础之后再教简易的汉文读本等，至高等水平，再以文体雅驯、有益学术、愉悦心志的文章为主。明治前期的教材基本上采用汉文体写成，弘文学院日语教师自身接受的基础教育也是在汉文体的训练之下。面对中国留学生，他们认为直接以汉文体开展教学格外有优势。④究其原因，中国留学生不同于日本小学生，汉文体日文里有大量汉字，几乎与汉语一样，从文法上看，"其所异者，不过于语尾变化之有无，及时之区别与

---

① 可参诸星美智直「日本語教育史における宏文学院と国学院大学」『国学院雑誌』107 (11)、2006。

② 北冈正子：《日本异文化中的鲁迅》，王敬翔、李文卿译，台北：麦田出版，2018 年，第 314 页。

③ 松本亀次郎「『漢訳日本文典：言文対照』例言」『漢訳日本文典：言文対照』中外图书局、1904 年、10–11 頁。

④ 酒井順一郎『清国人日本留学生の言語文化接触——相互誤解の日中教育文化交流』ひつじ書房、2010 年。

品词排列次序不同数则而已",所以非常容易上手,"故一学文法,若能融会贯通,则犹持管键启宝库也"。①

确认了弘文学院在日语授课方面的内在一致性后,可推断松本龟次郎在『漢訳日本文典:言文対照』中采用的这种逐字翻译的方法也会是周树人第一年在弘文学院所受日文训练的基本途径。由此返观周树人第一篇译作《哀尘》,便能豁然开朗。

《哀尘》作为鲁迅的一篇集外文,长期不为人知;直到1961年,陈梦熊在《浙江潮》上读到它,疑为鲁迅之作。他写信向周作人请教,得到了肯定的答复。周作人还补充说《哀尘》的文体"正是那时的鲁迅的","其时盛行新民体(梁启超)和冰血体(陈冷血)②,所以是那么样"。陈梦熊对周作人所答文体问题感到生疏,复信追问。周作人以"'频那夜迦'以下一节,特别是'剖南山之竹'以下"来说明鲁迅的文章受到严几道、梁任公的影响;又以"要之嚣俄毋入署""嚣俄应入署""女子惟再三曰"等句子说明鲁迅受陈冷血"惯用冷隽、短小突然的笔调"影响。③

两年后,陈梦熊刊文考证《哀尘》时,将周作人对其译笔的回复移用在文章中④。自此,学界谈及《哀尘》文体时大抵引用这套源自周作人的说法。然而,周作人对《哀尘》文体的判断流于主观。先看"'频那夜迦'以下一节",它并非出现在译文中,而是在"译者曰"里。讨论《哀尘》这篇小说的翻译文体,不能把周树人编译所得的"译者曰"⑤这类介绍性文字的文体与其混为一谈。至于受陈冷血的影响,也颇为可疑。"冷血体"在舆论界产生广泛影响是1904年《时报》成立之后的事。1903年,《浙江潮》第1期、第3期上确实载有陈冷血化名"喋血生"的翻译小说《少年军》和《专制虎》,但细读这两篇,译笔文风和《哀尘》差别较大。以《少年军》

---

① 松本亀次郎「『漢訳日本文典:言文対照』例言」『漢訳日本文典:言文対照』中外図書局、1904年、3頁。
② 周作人原信手稿即写为"冰血体"。
③ 陈梦熊:《知堂老人谈〈哀尘〉、〈造人术〉的三封信》,《〈鲁迅全集〉中的人和事——鲁迅佚文佚事考释》,上海:上海社会科学院出版社,2004年,第25页。
④ 熊融:《关于〈哀尘〉、〈造人术〉的说明》,《文学评论》1963年第3期。
⑤ 《哀尘》文后的"译者曰"源自日文底本里森田思轩写在译文前的小序。详参岳笑囡、潘世圣:《〈哀尘〉底本:森田思轩译〈随见录〉第四则——汉文脉共享与鲁迅的"翻译"政治》,《鲁迅研究月刊》2021年第4期。

开篇为例，如下：

> 呜呼。我少年其谛听。其大声喝采！！！喝采！！！
> 时惟千八百六十二年之秋。余年十有五。秋风瑟瑟。鬼气嘤嘤。过威尼亚大学校。则石径草深。铁键锈涩。入威廉中学校。则夕照如灰。校斾欲睡。①

再看周作人提到的《哀尘》内有"要之嚣俄毋入署"的一段，如下：

> 既达警署。嚣俄欲径入为女子雪其罪。复自省曰。己之名已多知者。且迩日报章。亦遍揭之。因是等事而辄厕入其中。则物议所从生也。要之嚣俄毋入署。②

两相比较，固然笔调都"短小"，但"冷血体"的四字句频多，有对仗的意识，文气足，且跌宕，故给人以"突然"之感，善用标点特别是叹号来凸显情绪高昂。这些特点都是《哀尘》译笔缺乏的特征。

分析《哀尘》的文体，需先确定其所据底本。1993年，日本学者工藤贵正最早指出《哀尘》的底本是森田思轩所译《随见录》。③近年，岳笑囡、潘世圣合作的文章重新对《哀尘》及其日文底本的诸问题进行考辨，"鲁迅翻译和发表《哀尘》时，思轩日译《随见录》有两个版本"，即1888年在杂志《国民之友》连载的初刊本和1898年收入单行本《雨果小品》中的初版本。经全面比照核对，两个版本的内容完全相同。④兹以《雨果小品》为例，同样择选日文里"要之嚣俄毋入署"一段如下：

---

① 喋血生：《少年军》，《浙江潮》第1期，1903年2月17日。第1期所载《少年军》未有作者署名，自第7期续出第二回时，署为"喋血生"，即陈冷血，原名陈景韩。

② 庚辰：《哀尘》，《浙江潮》第5期，1903年6月15日。庚辰为周树人笔名。

③ 工藤貴正「魯迅の翻訳研究-4-外国文学の受容と思想形成への影響，そして展開——日本留学時期（『哀塵』）」『大阪教育大学紀要 第Ⅰ部門，人文科学』41(2)、1993。工藤貴正「魯迅留学初期翻訳の三作品——其の翻訳意図の考察を中心に」『日本アジア言語文化研究』(1)、1993。

④ 岳笑囡、潘世圣：《〈哀尘〉底本：森田思轩译〈随见录〉第四则——汉文脉共享与鲁迅的"翻译"政治》，《鲁迅研究月刊》2021年第4期。

警察署のホトリに達せる時ユーゴーは直ちに内に入りて婦人の為めに
申立てやらんと考へり、去乍ら又た自ら謂もへり己れの名は多く人に知
られたり且つ此の兩日間は各新聞紙皆な己れの名を以て一杯になれるをりか
ら斯る事柄に自ら己れを混入せんとは色々面白からぬ物議を啓らくの本な
るべしと、要するにユーゴーは内に入らざりし①

《哀尘》底本的日文句子颇长，作为对照的这一段，中间仅有两处停顿符号。但周树人改长句为短句，并非模仿冷血体，而是依原文句意拆成，不是译者主体的能动性创造。将日汉对照关系简单列出，即可一目了然：

警察署のホトリに達せる
既达警署。

時ユーゴーは直ちに内に入りて婦人の為めに申立てやらんと考へり
嚣俄欲径入为女子雪其罪。

去乍ら又た自ら謂もへり
复自省曰。

己れの名は多く人に知られたり
己之名已多知者。

后面也都可大致一一对上，不再罗列。周作人所举这句"要之嚣俄毋入署"，也是对译自"要するにユーゴーは内に入らざりし"，只是将原文的"内"字替换成了更直接的"署"字。

诚如前人所言，"鲁迅刚到东京一年，正从早到晚在'弘文学院'修习日语及其他基础教育课程。其日语刚刚修完初级阶段，程度不能算很高"，但他通过选择森田思轩所译雨果作品的日文译本，"在其'和三汉七'的汉文式翻译文体中找到了共享和突破路径"。② 可补充的是，森田思轩译作的

---

① 森田思軒訳『ユーゴー小品』民友社、1898 年、51 頁。
② 岳笑囡、潘世圣：《〈哀尘〉底本：森田思轩译〈随见录〉第四则——汉文脉共享与鲁迅的"翻译"政治》，《鲁迅研究月刊》2021 年第 4 期。

文体与弘文学院教科书体有一定的差异。这本身就是对周树人的挑战。从例文看，他这一时期还无法领会复杂的日文文法，遇到较难较长的句子会简化信息，这当是能力受限的缘故。

关于《哀尘》的翻译方法，陈梦熊说"鲁迅虽据日译本转译，但除一处可能出于日译本误译外，几乎是逐字逐句的直译"，认为"这样忠实于原文的译法，在意译盛行的当时，也是别树一格的"。① 实际上，逐句对译的方法本身得益于弘文学院日语教学的训练。所谓"别树一格"，是衡之以国内"意译"风尚的结果，在日本留学生群体里，这样的直译训练是制度性的存在。至于译笔本身，周树人没有采用弘文学院所授蹩脚的日式白话，在逐字译的过程中，仍然保持着对雅致文面的追求。

然而，同在1903年译出的《月界旅行》的译笔发生了很大的改变，它与《哀尘》甚至可能是于该年同一时段译出的。《哀尘》的发表时间是1903年6月15日。同年12月3日，即农历癸卯十月十五，《月界旅行》出版发行。二者看似中间间隔5个半月，但据《月界旅行》译者"辨言"，可知"癸卯新秋"时该书译稿已然全部完成。② "新秋"一般是农历七月前后，节气为立秋后、秋分前，对应到癸卯年为1903年8月9日到9月24日。1903年，周树人暑假回国，正于8月初离开东京，9月13日又在上海乘船，9月20日返回弘文学院。然而，周作人日记里虽记载了大哥回乡时的一些事，却没有周树人翻译小说的记录。如果大哥带着小说回乡翻译的话，在当时应该是新鲜的事，即便日记里没有记录，回忆里也会谈一谈，但二者都未涉及。如果译者"辨言"是周树人返回东京后再写，已经是"新秋"最末的三天，其实已经不算"新"秋。综合推断，周树人8月回乡前就译出了《月界旅行》。从译完《哀尘》到着手《月界旅行》，间隔最多三个月，日语能力很难有质的飞跃。那么，译笔的变化就耐人寻味了。

---

① 熊融：《关于〈哀尘〉、〈造人术〉的说明》，《文学评论》1963年第3期。
② 译者：《〈月界旅行〉辨言》，培伦：《月界旅行》，中国教育普及社译印，东京：进化社，1903年，第3页。

第五节 《月界旅行》与周树人新体白话经验的生成

《月界旅行》源自法国作家儒勒·凡尔纳的科幻小说，1903年周树人据日本翻译家井上勤的译本『九十七時二十分間月世界旅行』转译而成。三十年后，鲁迅回忆说"那时还有一本《月界旅行》，也是我所编译，以三十元出售，改了别人的名字了"，并坦言道"我因为向学科学，所以喜欢科学小说，但年青时自作聪明，不肯直译，回想起来真是悔之已晚"。① 或许与鲁迅"不肯直译"的自我追忆相关，学界对《月界旅行》的评价不高，一般认为它与晚清小说翻译的"意译"风尚并无二致。倘若着眼于周树人在《辨言》中自述的"其措辞无味，不适于我国人者，删易少许"和译文中夸饰的译笔、"不避俗滥的习语和成语"②以及"根据某种需要毫无顾忌地改变原文"③，确实可以为《月界旅行》的意译找到确凿的证据。然而，这或许会遮蔽《月界旅行》所蕴含的丰富意义。

学界通常将《月界旅行》与《地底旅行》一并视为不忠实原著的"意译"。从整体来看，可以言之成理；如果具体分析的话，情况则较为复杂。陈红在原典实证的基础上，发现周树人在《月界旅行》中的译笔与晚清小说翻译家群体所惯用的"译意不译词"差异颇大。周树人对《月界旅行》的翻译策略是：译名上，基本采用音译，而未改用中国化的人名地名；体例上，基本遵从译出语，虽然也有"割裂回数，甚至重拟回目"的问题，但这本身也是对井上勤日文底本的仿照；增减译方面，尺度较小，基本没有大规模的擅自发挥。④

然而，周树人处理《地底旅行》时，变换了翻译方式。在鲁迅的回忆中，他提到《月界旅行》与《地底旅行》两篇时所用的描述是不同的，称《月界旅行》是"编译"，而说起《地底旅行》时表示"虽说译，其实乃是

---

① 鲁迅：《340506 致杨霁云》，《鲁迅全集》第13卷，北京：人民文学出版社，2005年，第93、99页。
② 王友贵：《翻译家鲁迅》，天津：南开大学出版社，2005年，第9页。
③ 顾钧：《鲁迅翻译研究》，福州：福建教育出版社，2009年，第54页。
④ 陈红：《日语源语视域下的鲁迅翻译研究》，杭州：浙江工商大学出版社，2019年，第147—161页。

改作"①。二者虽皆是"不肯直译"的产物,但程度有差异:《地底旅行》已经不能算作"译",而是"改作",这意味着其在相当程度上脱离了原作;至于"编译"仍可算在"译"的行列。

周树人译《月界旅行》时的改动主要在"编",即"辨言"所谓"《月界旅行》原书,为日本井上勤氏译本,凡二十八章,例若杂记。今截长补短,得十四回"②。在实际操作中,周树人并不是将两章删改合并为一回,而是有的章节基本保持原貌,有的章节将两章至四章的内容部分删节后合并,原作的第五、六两章被完全删去③。对此,卜立德指出,鲁迅"态度比较认真","即使大规模删掉原文,他还保留了扼要的科学内容,篇幅颇长的讨论和争论他也如实交代了每个论点,总算完成了他'使读者……获一斑之智识'的任务。他自己为了适合中国说部的习俗所作的增删也无伤大雅,至少他没有学当时翻译界通行的可恶做法,打着'不失其精神'的幌子,借题发挥,通过小说人物表达他自己的见解"。在卜立德看来,《月界旅行》"可酌情过关",随后译出的《地底旅行》按说"应该更够水平","可惜事实并非如此",删改等现象变本加厉。④ 分别对照《月界旅行》《地底旅行》与它们的日文原本来看,情况确实如此,卜立德的判断是较为可靠的。

谈及周树人早期的白话实践,研究者也惯于将略晚的《地底旅行》与《月界旅行》相提并论,认为二者皆是文白夹杂。李寄曾说,"《月界旅行》和《地底旅行》最主要的语体特征是旧白话的系统采用……除了旧白话外,译者还掺用了文言"⑤。卜立德的观察更为细致具体,他认为《月界旅行》"行文往往文白夹杂,也就是译文中叙事用白话,对白则用文言(但却不时夹杂'吗、呢、了'等格格不入的白话成分),与一般文学作品中对白用口语的常规可说背道而驰";而《地底旅行》"叙事一概用较为文雅的白话,

---

① 鲁迅:《340506 致杨霁云》,《鲁迅全集》第 13 卷,北京:人民文学出版社,2005 年,第 93 页。

② 译者:《〈月界旅行〉辨言》,培伦:《月界旅行》,中国教育普及社译印,东京:进化社,1903 年,第 3 页。

③ 关于《月界旅行》翻译过程中结构调整的详细情况,见顾钧:《鲁迅翻译研究》,福州:福建教育出版社,2009 年,第 51—52 页。

④ 卜立德:《鲁迅的两篇早期翻译》,《鲁迅研究月刊》1993 年第 1 期。

⑤ 李寄:《鲁迅传统汉语翻译文体论》,上海:上海译文出版社,2008 年,第 80—81 页。

前后相当一致。但对白则有时用日常白话,有时又莫名其妙地转为古雅的文言,以至文言白话夹杂使用"。①相较而言,王风的分析最为深入。他说"两部'旅行'"是在白话的基础上混用文言,"只是这文言更多在对话中出现",且"文言成分失控地不断增加","到了《地底旅行》,似乎已经完全不管文言白话,只照方便"。②

对比《月界旅行》与《地底旅行》的语体会发现,二者看似皆文白夹杂,但面貌却存在着根本的不同。同时期翻译的且同为科学小说的《地底旅行》,其语体并没有像《月界旅行》那样存在很多的新质白话。这与周树人的翻译策略直接相关。《月界旅行》大体依照日文底本的叙述来翻译,有时甚至亦步亦趋,不轻易窜改,毕竟"编译"受到的束缚多一些,而"改作"相对来说更加随意,"译"之外,还包含创作的成分在里面。因此改写《地底旅行》时,周树人自由发挥的程度明显增大,语句上自然也不大会较真。这是两篇作品语体产生差异的重要原因之一。

辨析两部"旅行"的语体差异性,对认识《月界旅行》在鲁迅整个白话实践活动中的价值与意义至关重要。周树人的这次借由日汉翻译的跨语际实践,堪称其新体白话文经验生成的原点性的存在。

在翻译《月界旅行》前,周树人对语体的选择已有明确的思考。他在"辨言"中称:"初拟译以俗语,稍逸读者之思索,然纯用俗语,复嫌冗繁,因参用文言,以省篇页。"③学界常引用这则材料,但读法不够细致。关键点在如何理解"初拟"二字。从字面上来看,"初拟"容易被简单理解为"最初拟定"之意,即最初计划完全使用俗语,但因"嫌冗繁",就没有按原计划"纯用俗语",最终采取了"参用文言"的方案。

结合全书的具体翻译实践来看,情况更为复杂。在《月界旅行》前五回中,尽管周树人的白话经验尚不成熟,偶尔夹杂文言,但他确实在努力践行"纯用俗语"的初衷。从第六回开始,文言成分逐渐增多,且文言化程度不断加深。即便如此,通观全书,《月界旅行》的语体基础仍以白话为

---

① 卜立德:《凡尔纳、科幻小说及其他》,王宏志编:《翻译与创作——中国近代翻译小说论》,北京:北京大学出版社,2000年,第130、134—135页。

② 王风:《周氏兄弟早期著译与汉语现代书写语言(上)》,《鲁迅研究月刊》2009年第12期。

③ 译者:《〈月界旅行〉辨言》,培伦:《月界旅行》,中国教育普及社译印,东京:进化社,1903年,第3页。

主。因此,"初拟"纯用俗语的计划并非虚设,而是被认真执行过的,译语的调整是在翻译过程中逐步发生的。兹由第一回和最后一回中各引一段话,如下:

若把这会社社员题名簿一翻,不是写着战死,就是注着阵亡;即偶有几个生还,亦复残缺不完,疮痍遍体:有扶着拐杖的,有用木头假造手足的,有用树胶补着面颊的,有用银嵌着脑盖骨的,有用白金镶着鼻子的,蹒跚来往,宛然一座废人会馆。从前有名政治家卑得刻儿曾说道:"把枪炮会社中人,四个合在一处,没一条完全臂膊;六个合在一处,没一双满足的腿。"可想见这些社员情形了!①

此时天下万国,既得电报,诸新闻杂志,皆细述颠末,作论祝贺。麦思敦欣喜过望向司长雀跃不止,且说道:"呜呼伟业!今已告成,彼等三人,正游月界;若余者,虽近若地球,亦未尝环游一次,对彼等大人物,能不羡煞妒煞么?"司长道:"余亦甚羡之,然只得以老自解嘲耳。"麦思敦若无所闻,又说道:"此时余之三良友,推窗凭眺,奇景殊物,来会目下,巴比堪氏必详记于手帖,将以报告余等,故余等宜静俟之。"司长道:"然,余亦惟静俟巴比堪氏之报告而已。"②

对比之下,两段文字的语体差异显而易见。第一回的白话文字力求"纯用俗语",也确实冗繁啰嗦。最后一回的文段甚至不是"参用文言",全为浅近文言的写法。再看《地底旅行》开篇,如下:

溯学术初胎,文明肇辟以来,那欧洲人士,皆沥血剖心,凝神竭智,与天为战,无有已时;渐而得万汇之秘机,窥宇宙之大法,人间品位,日以益尊。所惜天下地上,人类所居,而地球内部情形,却至今犹聚讼盈庭,究不知谁非谁是。从前有个学者工石力子,曾说:"地球中心,全为液体。"一般学子,禽然从之。迨波灵氏出,竟驳击

---

① 培伦:《月界旅行》,中国教育普及社译印,东京:进化社,1903年,第3页。
② 同上书,第97—98页。

不留余地。其说道:"设地球中心,是沸热的液体,则其强大之力必将膨胀,地壳难免有破裂之患,犹气罐然,蒸气既达极度,则訇然作声,忽至龟坼。然我等所居的地球,为甚至今还是完全的呢?"波氏之说出,这班随声附和的学士先生,也只得闭口攒眉,逡巡退去了。①

《月界旅行》的语体差异还可由前后寻出一定的规律性分布特征。《地底旅行》则全然是近似语言试验的杂糅体。在这段开篇的文字中,首句求雅,第二句则文白夹杂,至"从前有个学者工石力子,曾说"半句又纯是白话的语感。接着提高文言程度后,又来一句"为甚至今还是完全的呢"这样的口语体。

总的来看,《地底旅行》更多采用文言,而《月界旅行》的语言风格偏向白话。相比于《地底旅行》,《月界旅行》除了白话比重更高外,还存在大量具有陌生化效果的新体白话。刘勇强从作者或叙述者的角度,将古代白话小说分为"艺人体"和"文人体"两种类型,它们的白话语言呈现出不同的面貌,也形成了各自独特的文体风格。说书艺人体的白话风格是"叙述朴质无文,以传达情节为基本目的,相对来说较少雕饰",人物对话甚至部分叙述语言也使用接近原生态的口语,且较多运用叙述套语,如"看官""说时迟、那时快""花开两朵,各表一枝""欲知后事如何,且听下回分解"等。②《月界旅行》的语体与"艺人体"古白话小说一脉相承,周树人在行文中有时刻意模仿艺人体小说的"叙事声口",但其白话也常常溢出明清小说语言的藩篱,呈现出全新的特质,例如:

> 我最勇敢的同盟社员诸君!请观这苍穹上,不是一轮月吗?今晚演说,就为着这"夜之女王"可做一番大事业的缘故。这大事业是什么呢?请诸君勿必惊疑,就是搜索这众人还没知道的月界,要同哥伦波发见我邦一般。然而做这大事业,断不是一人独力可以成功的,所以报告诸君,想诸君协力赞助精查这秘密世界,把我合众三十六联邦

---

① 威男:《地底旅行》,之江索士译,上海:普及书局,1906年,第1—2页。
② 刘勇强:《白话小说语言研究思路的细化》,《北京大学学报(哲学社会科学版)》2008年第2期。

版图中,加个月界给大家看。①

引文中除了"这大事业是什么呢"之类的口语表达外,还有一些像"我最勇敢的同盟社员诸君"这样的在汉语书面表达里不常见的白话句子。此外,以"这'夜之女王'可做一番大事业"这一主谓句作长定语来修饰"缘故"一词的句式,同样不是古代白话小说的惯用法。为了进一步说明这种语言风格的差异,可以假拟以下三个句子:

> 只见一个小厮,眉清目秀,齿白唇红,面如傅粉,站在门口。
> 只见一个眉清目秀、齿白唇红、面如傅粉的小厮,站在门口。
> 只见一个眉清目秀、齿白唇红、面如傅粉、站在门口的小厮。

很容易判断,第一句话是典型的说书人叙事风格,语流自然,听起来流畅舒适。而第二、三两句虽然能听懂意思,但会给人一种不顺畅的感觉,讲起来也拗口。此类表达方式会破坏听众习以为常的"听—说"模式。因此,"就为着这'夜之女王'可做一番大事业的缘故"这样的句式,显然脱离了古代"艺人体"白话的基本样貌,展现出《月界旅行》在白话语言上的新质。

周树人之所以会在《月界旅行》中频繁地使用新质白话,与他的翻译方式有密切的关系。例如:

> <u>有名的麦思敦</u>,<u>把树胶作的头盖骨</u>,<u>且搔且说道</u>②
> <u>高名なる「ゼームス。チー。マストン氏」ハ樹膠を以て作りたる頭蓋骨を搔きながら謂て曰く</u>③

汉语白话一般不说"把树胶作的头盖骨,且搔且说道",顺畅的表达应该是"一边搔树胶作的头盖骨,一边说道"。周树人所谓"且搔且说道"就

---

① 培伦:《月界旅行》,中国教育普及社译印,东京:进化社,1903年,第9页。
② 同上书,第4页。
③ ジュールス・ベルン原著、井上勤訳述『九十七時二十分間月世界旅行』三木佐助、1886年、8頁。

是死板对译"搔きながら謂て曰く"的结果。引文所示的周氏译文和底本原话，分别标以单线、双线和虚线，可以清晰地看出文本之间的对应关系。

《月界旅行》中那些读起来略感不顺的白话句子，许多是周树人按照日语原文句序不加改动地对译而造成的。兹再举一例：

> 我们大炮震动天地的时候，在几年之后，是不能豫料的了。①
> 我等の大砲は何れの時あつて又霹靂天地を震動せしむるとは幾年の後ちを待つて到來するや預め知るべからず②

这句话出自枪炮会社社长巴比堪的讲演辞。原文的情景是社长对受伤退伍的社员老兵演说，大意为世界承平已久，他们已然无用，也无法预知要等待多少年，如今已无用武之地的大炮会霹雳一般震天动地。如果模拟明清章回体小说白话的特征，会呈现类似"难料要等上几载，方得见咱那大炮震动天地"这样的风格。此亦可见《月界旅行》与古代小说的白话语体之别。

周树人按原文句序翻译，使其译文表意不清。有时，他虽然略为调整词语顺序，但形成的汉语仍显怪异。例如：

> 著者也是美国人，那有名的亚波就是了。③
> 米國人にて有名なる著者「エドガ、アポーエ」なり④

不改词序的话，可译成"在美国人里有名的作者，名叫亚波"，或更贴近中文表达，则是"有一位著名的美国著者，名叫亚波"，简单明了。周树人将"著者"位置提前，反而使句意模糊。此外，例句中的"就是了"这一表达，颇值得玩味。关于句末语气词"就是了"，宋文辉针对已有研究中

---

① 培伦：《月界旅行》，中国教育普及社译印，东京：进化社，1903年，第8页。
② ジュールス・ベルン原著、井上勤訳述『九十七時二十分間月世界旅行』三木佐助、1886年、18頁。
③ 培伦：《月界旅行》，中国教育普及社译印，东京：进化社，1903年，第10页。
④ ジュールス・ベルン原著、井上勤訳述『九十七時二十分間月世界旅行』三木佐助、1886年、23頁。

的争议，做了细致而深入的考辨。他通过系统的材料梳理发现："就是了"的"是"并非源自判断动词，也不是判断动词引申用法，而是源自表示肯定判断的形容词，因此后世又演化出"就行了""就好了""就对了"。① 然而，例句中的"就是了"的"是"字是表判断的，其来源是周树人用"就是了"对译明治日语表示断定或确认的助动词"なり"。此处的"なり"相当于现代日语中的"だ"或"である"，如"彼は学者なり"意为"他是一位学者"。周树人为了不改变"なり"的译出位置，使用了"就是了"这一常见于《红楼梦》中的字样，但他却改变了曹雪芹的使用习惯。虽然"就是了"在《红楼梦》中出现的具体语境变化万端，但是说话者所执行的言语行为的类型却是有限的，如贾母所说"他说什么，你只好生答应着就是了"，或者宝玉所说"你只快叫茗烟再请王大夫去就是了"，是说话人对听话人进行劝导或提出要求；又如对话双方的答语里"随你馈我多少就是了"及"我回去摘了就是了"，是说话人回答对方的提问或回应对方的要求。② 然而，《月界旅行》例句中的"就是了"主要是表确认或强调。"那有名的亚波就是了"这半句，从字面上看是清人的白话，但用得并不妥帖。这也体现出《月界旅行》的白话读来不顺是受翻译影响的结果。

在《月界旅行》的部分句子中，由于周树人坚持对原语语序进行最大程度的保留，因此无暇顾及读者是否能够理解通畅，甚至一些句子还会给人一种不知所云的感觉。有时，对于句子的内容，周树人或许有所省略，但他完全不调整译文的语序或句子结构，如：

（1）到今日，月界交通的事情，<u>我美国人实地研究的结果，同勇敢不挠的精神，应该自任</u>。③
今や此の月世界に通路を開く<u>ハ米國人の實地研究の結果と生質勇敢なる精神とを以て自から任ずべき所なり</u>④

---

① 宋文辉：《从作述题的小句到句末语气词："就是了"的形成机制》，《河北师范大学学报（哲学社会科学版）》2021年第5期。
② 同上。
③ 培伦：《月界旅行》，中国教育普及社译印，东京：进化社，1903年，第11页。
④ ジュールス・ベルン原著、井上勤訳述『九十七時二十分間月世界旅行』三木佐助、1886年、25頁。

（2）我们今日，应把炮术学，来决这最紧要的问题，第一次会合时，于论定所用器械为第一步的意见，已经都无异议的。①

我等は今砲術の貴重なる學を以て至緊至要なる問題を決定せさるへからず最初の會合に於てハ此大業に用ゆべき器械を論定するを以て先づ第一着手なるべしとの意思に畧ば決定したるが如しと②

句（1）反映出来的问题是周树人缺乏组织长句子的能力，导致"应该自任"的对象模糊，它既可指向"我美国人实地研究的结果，同勇敢不挠的精神"，又关联到"月界交通的事情"，但原文本意是第二层面。句（2）本身并不复杂，稍微畅达一些的改法，应该是"于论定所用器械为第一步的意见，第一次会合时，已经都无异议的"，或者改为"第一次会合时，已经都无异议的，第一步当先论定所用器械"。对照译文和底本分别标出的单线、双线和虚线，可以看出周树人坚持不改变译文语序导致的达意困境。同时，他又缺乏组织句内各层句意关系的能力。这是造成《月界旅行》部分新式白话的直接原因。例如：

我于此事，常自问自答，精细研钻，才晓得把弹丸用第一速力每秒走一万二千码的时候，可以射入月界，是确实无疑的。③

余ハ此の事業に付き嘗て自から問ひ自から答へ精攻細討して終に確乎不拔の計算を以て彈丸の第一速力をして一秒時毎に一万二千「ヤルド」となし彼の月世界に向ふて放つときは之れに達するを得るの必然たるとを確定せしむるを得たり④

例句的怪异主要在"才晓得"后面的内容，"第一速力"是"2+2"型的四字新名词，已经会让晚清的一般读者一头雾水，再将其置于"把弹丸用第一速力每秒走一万二千码"这一长定语中来修饰"时候"，则更使人不

---

① 培伦：《月界旅行》，中国教育普及社译印，东京：进化社，1903年，第19页。
② ジュールス・ベルン原著、井上勤訳述『九十七時二十分間月世界旅行』三木佐助、1886年、59頁。
③ 培伦：《月界旅行》，中国教育普及社译印，东京：进化社，1903年，第11页。
④ ジュールス・ベルン原著、井上勤訳述『九十七時二十分間月世界旅行』三木佐助、1886年、26—27頁。

明所以。日文原意是将弹丸初速度设定为每秒一万二千码,但周树人的白话能力达不到清晰表达原文的程度。他选择了"用"这个词义丰富的白话字眼,虽也能说通,却不够精确。

周树人努力保留原文的句序与句法,映射在翻译语体上的另一表现是《月界旅行》的译文有很多否定句甚至是表示双重否定含义的句子。例如:

(1)他<u>不</u>从兵卒渐渐升等,是<u>不能</u>做大将的;<u>不是</u>自造铁炮,是<u>不能</u>打的①

兵卒より漸々昇等<u>せずんば</u>決して大將となるを<u>得ず</u>又自ら鉄砲を鑄造<u>せずんば打ち得ざる</u>もの②

(2)还有一层<u>不能不</u>用巨大弹丸的缘故,从我地球启行,直达月界,旅路甚遥,所以我们<u>不可不</u>时时瞭望的③

最も巨大ならしめ<u>ずんば得ず</u>何んとなれば其彈丸の我射的なる彼の月世界に達するの長距離の間不斷我より之れを注視<u>せざる可からざれば</u>なり④

(3)然鄙意并<u>不以为</u>炮术之学,今不如古,无非因中世时古人做的事业,颇可惊奇,却像今人<u>远不及</u>的样子⑤

然れ共我意たる決して<u>砲術學業の今の古へに如かずと云ふには非ず</u>只中世に於て古人が為し得たる巧業に付實に驚くべき事跡あり恰も今人の<u>遠く及ばざる</u>如きものありき⑥

---

① 培伦:《月界旅行》,中国教育普及社译印,东京:进化社,1903年,第5页。
② ジュールス・ベルン原著、井上勤訳述『九十七時二十分間月世界旅行』三木佐助、1886年、10頁。
③ 培伦:《月界旅行》,中国教育普及社译印,东京:进化社,1903年,第21页。
④ ジュールス・ベルン原著、井上勤訳述『九十七時二十分間月世界旅行』三木佐助、1886年、64頁。
⑤ 培伦:《月界旅行》,中国教育普及社译印,东京:进化社,1903年,第22页。
⑥ ジュールス・ベルン原著、井上勤訳述『九十七時二十分間月世界旅行』三木佐助、1886年、67頁。

（4）此疑问未经确定，亦不能援引定理，惟由个人思之，自不能不生月球及惑星中，能否栖居之问题耳①

此疑問たるや未だ誰として是に明辨確答を下すものなく亦た定理の依るべきなし故に唯だ單に人の思考を引かんがために「彼の月世界及び惑星ハ人類の栖み得べき場處なりや」と問ハざるを得ず②

就形态来说，先秦时期可作否定性无指代词的主要有"莫""无""罔""靡"等四个否定词，前三个能用在否定动词前而构成双重否定，如莫非、罔非、无非等；其他结构有"无+名+不/弗+动"，如无所不知、无远弗届等，或"不+可/能/敢/得+不"，如不可不察、不能不听、不敢不从、不得不救等；或"罔有不""无有不""未尝不"三种，如罔有不服、无有不当、未尝不可等。③例句（2）这种双重否定是在古代汉语中常见的，但例句（1）这样的双重否定结构的却属少见，且在一句内重复两次出现。

固然，汉语中亦不乏否定句以及双重否定的表达方式，但一般来说，使用的频率不会太高。像例句（3）这样在一句之内连续性出现多个否定词，并不符合汉语表达的惯习。至于例句（4）在双重否定的句子结构中又内嵌一个含有"是否"的疑问句做"问题"的长定语，也不是常见的汉语句子。《月界旅行》中频繁出现的否定式的话语，与作为源语体的日语本身有关。日语的一个重要特点就是尽量避免用明确的表达方式。由于追求含蓄的效果，日语文章喜欢以否定的形态来展开，有的语言学家称之为"日语的非断定性"。他们认为这种特点与其说是日语的性格，不如说是日本人的习惯④。周树人对原文的句式句法未加归化改造，其译文便保留了"日语的非断定性"特征。再举一例：

---

① 培伦：《月界旅行》，中国教育普及社译印，东京：进化社，1903年，第56页。"未经"原文写为"未径"。

② ジュールス・ベルン原著、井上勤訳述『九十七時二十分間月世界旅行』三木佐助、1886年、146頁。

③ 详见羿采妍：《先秦汉语双重否定句式研究》，暨南大学硕士学位论文，2006年。

④ 详参于吟梅：《日语表达方式上的特点——介绍金田一教授的论述》，《日语学习与研究》1981年第4期。"金田一教授的论述"，即金田一春彦的《日语概说》，潘钧译，北京：北京大学出版社，2002年。

难道以后就没有改良火器的事情吗？就没有试验我们火器的好机会吗？难道我们的炮火，辉映空中的时候，竟会没有吗？同大西洋外面国度的国际上纷争，就永远绝迹了吗？或者法国人把我们的汽船撞沉了，或者英国人不同我们商量竟把两三人缢杀了，这宗事情，就会没有吗……①

最早以後火器を改良するに盡力せざる目的なるや又此後彈道を試むるの好機會なしと思へるか又我等の砲火空中に輝かすの時なしとするか又大西洋外の或る國と交際上紛紜を起し戰爭を起す等の事なきものとするか又佛國人が我邦の蒸汽船を一艘沈沒せしむるか又英國人が我人民の權理を輕ん――二三人を縊殺する等の事ハ生ぜずとするか②

例句由五个问句构成。周树人翻译前两个问句时将否定词提前了，而后面三个问句的译文都保留了原文中否定词置后的句序。从字面上看，语言尽是白话，但其风格与明清章回体小说全然不同，造成了一种陌生的语言效果。实际上，它的背后仍是作为源语体的日语在施加影响。日语的最关键部分往往放在一句话的最后。有的语言学家把这一点称为"句子的最后决定意思"③。周树人保留了原文的句序与句法，将日语的文体面貌移植而来，打破了明清时期汉语白话的书写惯习。

结合第四节的分析，由周树人的日语习得来看，《月界旅行》的译出确实属于"初学日文，文法并未了然，就急于看书，看书并不很懂，就急于翻译"④的状态。上述很多例句可以证明这一点。那些保留了原文句序、句法的译文大抵是对弘文学院日语课程翻译训练的模仿。《月界旅行》呈现出一种日语初学者翻译草稿的特征。周树人即便译不出《月界旅行》中繁难的文法，也没有选择按照自己的主观理解去改写，宁可将一个分裂型的文

---

① 培伦：《月界旅行》，中国教育普及社译印，东京：进化社，1903年，第5页。"撞沉"原文写为"撞沈"。
② ジュールス・ベルン原著、日井上勤訳述『九十七時二十分間月世界旅行』三木佐助、1886年、10-11頁。
③ 于吟梅：《日语表达方式上的特点——介绍金田一教授的论述》，《日语学习与研究》1981年第4期。
④ 鲁迅：《集外集·序言》，《鲁迅全集》第7卷，北京：人民文学出版社，2005年，第4页。

本公之于众，且未统一文字风格。弘文学院日语教科书中的白话例句与《月界旅行》的新质白话都是翻译的产物，带有浓厚的日式汉语痕迹。二者的区别是日本教习对文法组织了然于心，但拙于汉语白话；相较而言，周树人的白话水准略好，却疏于日式语言逻辑的训练。前文介绍过，谢泳已敏锐地感觉到弘文学院教材《日语日文科》中有白话色彩的例句与《狂人日记》白话风格的关系。而《月界旅行》译本恰恰是观测弘文学院日语教学与周树人白话写作之关联的有力个案。

至此，可以确定《月界旅行》是鲁迅白话实践历程中的特殊存在。从这个意义上讲，《月界旅行》不仅是周树人的第一次白话实践，也是他在《狂人日记》以前唯一一部具有完整意义的白话作品，更是其"五四"式新体白话的起源文本。《月界旅行》中的新质白话至少在以下四个方面呈现出"五四"式新体白话的特征。

一者，复音词使用频繁。王力在《中国现代语法》中指出，"复音词的创造"是"欧化的语法"的重要表现，"中国本来是有复音词的，近代更多，但是不象现代欧化文章里的复音词那样多"。①翻看《月界旅行》，可以发现，周树人对复音词的使用非常频繁。除去汉语固有的复音词之外，他还在翻译中借用了源语文本的数十个日语词汇，如发明、发见、联邦、会社、精神、试验、机会、汽船、教育、自由、同盟、直径、组织、杂志、新闻、职员、代理、投票、选举、方法、机械、经济、说明、义务、参观、空间、论理学、化学、物质、理论、作用、反对、运动、电报、内容、想象、卫生、劳动者、政府、原理、思想、工业②等等。

此外，《月界旅行》中出现的人名、地名、国名、货币名等基本上是音译词。③仅以第一回为例，即有亚美利加、麦烈兰、拔尔祛摩、坡茵、伊大利、安脱仑格、排利造、波留、毕尔斯排、欧罗巴、爱洱噶拟沙等十余个。这些陌生且拗口的音译词的频频现身本就会阻断以传统章回体白话小

---

① 《王力文集》第2卷，济南：山东教育出版社，1985年，第460—461页。

② 这里的判断依据为《〈汉语外来词词典〉日语借词一览》《〈现代汉语外来词研究〉日语借词一览》《〈现代汉语从日语借来的词汇〉日语借词一览》。详见何华珍：《日本汉字和汉字词研究》，北京：中国社会科学出版社，2004年，第266—281页。

③ 陈红：《日语源语视域下的鲁迅翻译研究》，杭州：浙江工商大学出版社，2019年，第150—152页。

说来看待《月界旅行》的阅读心理趋向。

二者，注重保持句子的完整性，不轻易省略可以省略的句子成分。王力认为，"依中国语的习惯，主语可以因承说而省略（如'他''他们'之类），也可以因习惯而省略（如'我''你'之类）"①。周树人在翻译《月界旅行》时，则常常保留日文原文的主语，不加省略，兹举一段为例：

> 社长立住问道："君是谁？"其人答道："余臬科尔也。"社长大声道："余欲见君，已非一日，今乃相遇于此，何幸如之！"臬科尔道："余亦如是，故来见君。"社长道："君曾侮我。"臬科尔道："然。"社长道："余将举轻侮三条件以问君，君能答乎！"②

以汉语文章来衡量，引文的这段文字显得太过啰唆，不仅主语不加省略，宾语也大都保留。其实，"君"与"余"基本上是遵照原文译出的，如"君是谁"对译的是"君は何人なりや"。倘若置于中国传统白话小说中，至少短线标出的有歧义"君"与"余"五字，均可省略。甚至后文还出现了"君如与余同意，则余亦来觅君"这样蹩脚的对话，这是由"汝若し我が意の如く為さば余ハ同時に於て他方より林中に入て汝に會すべし"③译出的。不轻易省略主语、宾语而照原文译出的情况，在《月界旅行》中俯拾即是。

三者，经常使用长句进行表达。王力曾说："试把《红楼梦》一类的书和现代欧化的文章相比较，则见前者的长句子很少，后者的长句子很多。这并不是偶然的。西洋的句子本来就比中国的句子长。中国人如果象西洋人那样运用思想，自然得用长句子；翻译西洋的文章，更不知不觉地用了许多长句子。因此，句子的延长也是欧化文章的一种现象。"④就《月界旅行》观之，较多的一种类型是定语长的句子。对此，从前面引述的例子里已经可以感知，兹另举五例：

---

① 《王力文集》第2卷，济南：山东教育出版社，1985年，第471页。
② 培伦：《月界旅行》，中国教育普及社译印，东京：进化社，1903年，第66—67页。
③ ジュールス・ベルン原著、井上勤訳述『九十七時二十分間月世界旅行』三木佐助、1886年、183頁。
④ 《王力文集》第2卷，济南：山东教育出版社，1985年，第478页。

（1）汉佗忽然记起麦思敦新发明的<u>第一回就打死三百七十三人</u>的大炮

（2）所以议决铸造<u>哥仑比亚巨炮该在地球上什么所在</u>的问题，亦颇紧要

（3）把华盛顿独立战争时，<u>在硝烟弹雨中</u>，指挥大军的手段，施展出来

（4）然而我等在可生活的月世界中，能否保全生命的问题，却还要质之听众诸君子

（5）欲与君言者，系<u>以人为诞妄不足取，以事为虚伪不能成，而不学无识之一人</u>也①

在所举五例中，第一句是由主谓与偏正两个短语联合构成了定语，第二句是特指疑问句作定语，第三句是主谓句作定语，第四句是反复疑问句作定语，第五句是复句作定语。这些怪异的白话表达同样是保留原文句序而逐字译的结果。

需补充说明的是，所谓长定语不仅指字数偏长，还包括修饰语本身句法结构的复杂。例如，《月界旅行》中有一句"有黄金色笹缘似的东西圈着山麓的青山"②，文字并不多，但句子修饰成分的内在关系比较缠绕。"黄金色"与"笹缘似的"作为叠加式的定语修饰"东西"，而"东西"又与"圈着山麓"构成主谓句来作"青山"的定语。这也是翻译造成的现象，对译的是"黄金色の笹縁の如きものを以て山麓を境ひしたる青山あり"③。在章回体白话小说中，虽然也会出现使用长定语的情况，但一般是"那些极度形容语"被放到宾语前，使文气更生动些，如《儿女英雄传》里有一句"从衣襟底下，忒楞楞露出一把背儿厚，刃儿薄，尖儿长，靶儿短，剁铁无声，吹毛过刃，杀人不沾血的斩铜折铁雁翎倭刀来"④。可这样说话是

---

① 培伦：《月界旅行》，中国教育普及社译印，东京：进化社，1903年，第4、30、46、64、65—66页。例（2）中"哥仑比亚"原文写为"哥仑比积"。

② 培伦：《月界旅行》，中国教育普及社译印，东京：进化社，1903年，第10页。

③ ジュールス・ベルン原著，井上勤訳述『九十七時二十分間月世界旅行』三木佐助、1886年、23頁。

④ 《王力文集》第2卷，济南：山东教育出版社，1985年，第162页。

很累赘的，因而这种特殊的例子在一节内容中不会频繁出现。从用语习惯上看，如果修饰宾语的成分过长，则会将其放在所修饰词的后面。但在《月界旅行》里，长定语修饰宾语的句子不考虑修饰成分是不是极度形容语，并且十分常见，甚至密集地排列在一段中。

四者，频繁使用连接词。王力曾说："欧化的文章里，就普通说，联结成分总比非欧化的文章里多。"[①]在中国传统白话小说中，联结成分的应用往往是比较随便的，如和、而且、或、因、虽、纵、若等时常省去，但欧化文章则一般需要加入连词。周树人翻译《月界旅行》时，很注意连接词的使用，甚至一句之内用多个连词，兹举三例：

（1）若把这会社社员题名簿一翻，不是写着战死，就是注着阵亡；即偶有几个生还，亦复残缺不完。
（2）虽是古来大炮，总没越过二十五尺，我们却不必拘此为例。况且大炮短小，则弹丸在空气中飞路加长，故总以非常长大为妙。
（3）然而棉花却内含许多原质，若浸入冷硝强水时，便生出难熔、易烧、爆发等性。[②]

大概有两方面的原因致使译文连词增多：一是原文本身连词较多；二是原文句式复杂，逻辑严密，当周树人将其拆解为短句来翻译时，需要补充连词，以使句意通畅。如"且若不幸而弹丸不入月界，复堕地球，则地球虽不至于破裂，而世界人民，因是而蒙如何之巨灾，实有难于逆料者"[③]一句中，"且若"即合并了日语原文中的"且"与"若"，至于"则""而""因是而"是配合句意的理解增添上的。

在从日文原著与周树人译文的关系入手进行初步探讨之后，可以对《月界旅行》的翻译与周树人新体白话经验的关系加以剖析。首先，在翻译《月界旅行》的过程中，周树人体验到了一种新的语言经验并习得了新的表达方式。他以不修改原文句序与句法以及从日语原文中借用日语词汇等方式，对译出了欧化色彩浓厚的新体白话。这类白话主谓分明，脉络清楚，

[①]《王力文集》第 2 卷，济南：山东教育出版社，1985 年，第 496 页。
[②] 培伦：《月界旅行》，中国教育普及社译印，东京：进化社，1903 年，第 3、25、29 页。
[③] 同上书，第 34 页。

主语与连接词不轻易省略,句子之间关系紧密,使白话逻辑性增强,表意也更加严密。它们已在一定程度上接近于"五四"后的汉语书面语。

其次,周树人通过以白话的方式翻译《月界旅行》,激活了以往在阅读中所吸收的白话资源。陈平原曾指出:"对于从小读古书作古文的这一代作家来说,很可能如《〈小说海〉发刊词》所表白的,'吾侪执笔为文,非深之难,而浅之难;非雅之难,而俗之难'。采用文言简捷便当,一挥而就;采用白话反而劳神费心,'下笔之难,百倍于文话'。"① 梁启超即是一例。他翻译《十五小豪杰》时感慨道:"参用文言,劳半功倍。"梁氏纯用白话翻译时,"每点钟仅能译千字",当"参用文言"后,"译二千五百字"②。周树人的情况或与梁启超类似。他在《月界旅行》"辨言"中感到俗语"冗繁",亦可佐证其白话写作能力有限。早年长期生活在吴语方言区的周树人,想要写出明白晓畅的白话是较为困难的事情。他拟用"俗语"来翻译时,只能将白话阅读经验转化到写作实践上来。周树人幼时接受的是正统的书斋教育,他很早就读完了"四书五经"、《周礼》、《仪礼》及《尔雅》等古书③。幸运的是,祖父虽出身翰林,但"对于教育却有特殊的一种意见,平常不禁止小孩去看小说,而且有点奖励"④。父亲也给孩子们讲《聊斋》的故事⑤。与家庭环境相关,周树人少年时期曾阅读过大量的传统小说⑥,其中便不乏白话作品。至南京读书时,他也爱看《红楼梦》。留学日本使周树人"广泛的与新书报相接触",他读到了《清议报》《新民丛报》及《新小说》,尤其后两者上登载的翻译文学对周树人影响很大,因其所刊科学小说《十五小豪杰》和《海底旅行》大受欢迎,使他"决心来翻译《月

---

① 陈平原:《中国现代小说的起点——清末民初小说研究》,北京:北京大学出版社,2010年,第158页。
② 《十五小豪杰》第四回"译后语",《新民丛报》1902年第6号。
③ 周作人:《鲁迅读古书》,钟叔河编订:《周作人散文全集》第12卷,桂林:广西师范大学出版社,2009年,第621页。
④ 周作人:《老师二》,钟叔河编订:《周作人散文全集》第13卷,桂林:广西师范大学出版社,2009年,第260页。
⑤ 周作人:《父亲的病中》,同上书,第167页。
⑥ 周作人在《关于娱园》中说,与鲁迅非常谈得来的"友舅舅"家中,凡是那时通行的小说在他那里都有,鲁迅即在那里借看。钟叔河编订:《周作人散文全集》第13卷,桂林:广西师范大学出版社,2009年,第153页。

界旅行》"①。可知,《新小说》上的白话译文也会成为他编译《月界旅行》时借用的话语资源。但阅读与写作之间毕竟还是有着相当大的距离。《月界旅行》的翻译实际上推动了周树人的白话经验由阅读向书写转移。

直到写作《狂人日记》以前,周树人再也没有像翻译《月界旅行》时那样来操练自己的白话。在《月界旅行》中,他在不照搬原文表达的情况下,有时也可以自发地写出新体白话式的句子,如:

(1)凡读过世界地理同历史的,都晓得有个亚美利加的地方。至于亚美利加独立战争一事,连孩子也晓得是惊天动地,应该时时记得,永远不忘的。②

(2)若竟跌落演坛,则身负重伤,是不消说;便是喋喋辩论的无空间说,也可借从演坛落至地面的实有空间,而大悟彻底了。③
若し不幸にして堕落したらんには彼雄辨者の今迄舌を極めて距離の虚無なるを説きたるも足を挫傷して以て始て距離の高座と土地の兩間に於て虛無ならざるを悟りたるなるべし④

例句(1)为日文底本中没有的句子。例句(2)的译文与原文之间缺乏明显的对应关系,作者依照日语原文句意的同时有自我发挥的成分。尽管在《月界旅行》中上述引文一类的句子并不多,但毕竟已经开启了周树人自主的新体白话实践。这同样是《月界旅行》之于鲁迅后来的白话写作而言的原点意义之所在。

---

① 周作人:《鲁迅与清末文坛》,钟叔河编订:《周作人散文全集》第12卷,桂林:广西师范大学出版社,2009年,第646—648页。
② 培伦:《月界旅行》,中国教育普及社译印,东京:进化社,1903年,第1页。
③ 同上书,第55页。
④ ジュールス・ベルン原著、井上勤訳述『九十七時二十分間月世界旅行』三木佐助、1886年、143頁。

第二章　周作人的翻译起点及其语体问题

清末民初部分新式学堂重英文、轻汉文的课程设置，以及英语学习中"Grammar"的输入，重塑了一代学子的文法意识。在周氏兄弟当中，长兄的外语工具主要是日语和德语，而二弟学习英语时间长，还在日本立教大学学过希腊语①。后世皆知周作人的翻译成就很大，却忽略了他的外语习得的问题。本章以周作人的首部译作《侠女奴》为个案，讨论他所学英文教科书的示范意义与其"直译"的发生，以及这种翻译实践带来的《侠女奴》所谓"古文"语体变形的问题。周作人所用英语教材是商务印书馆《华英初阶》《华英进阶》系列，在清末民初流传甚广，该系列教材促动了传统文脉的裂变与新生。

第一节　周作人英语习得考述

1944 年，周作人借用"本来是劝人谨慎"的俗语"开一头门，多一些风"，来"劝现代的青年朋友，有机会多学点外国文"，并解释说"学一种外国语有如多开一面门窗，可以放进风日，也可以眺望景色"。②这里颇有一点夫子自道的况味。周氏一生用心学过的外语有四种：英语、日语、古希腊语和世界语。尽管由英语译出的文字在他的翻译作品中仅占约五分之一的比重，但英文阅读却是周作人"杂学"构成最重要的根基。他自我盘点称，其杂学"大部分是从外国得来的，以英文与日本文为媒介……大抵从西洋来的属于知的方面，从日本来的属于情的方面为多，对于我却是一样的有益处"；但在由 20 篇文章组成的《我的杂学》内部，有 9 篇谈的是

---

① 详参波多野真矢：《周作人与立教大学》，《鲁迅研究月刊》2001 年第 2 期。
② 周作人：《外国语》，钟叔河编订：《周作人散文全集》第 9 卷，桂林：广西师范大学出版社，2009 年，第 235 页。

来自英文的影响，日文方面只有 4 篇。①然而，学界目前对周作人英语方面的了解不甚清晰，一般只是依据他零星的自述来简要介绍，有时容易基于他的翻译成就而加以想象性的发挥。实际上，周作人日记及文章留下了诸多可供考索的材料，特别是在其英语习得过程的方面，倘若回归原生语境中加以钩沉，不难得其大体。这对深入把握周作人的学堂生活及早期思想与翻译皆大有裨益。

作为西方文化载体的英语，至洋务运动开启后，才被引入中国的官办学校教育。最初的英语教学还只是在传统教育体制的边缘进行的点滴改革，存在着诸多缺陷；但随着对外交流的迅速扩大与社会风气的渐趋开通，至 19 世纪 90 年代，英语作为语言工具的重要性日益凸显，新式学堂也越发重视相关的课程建设；特别是清末新政开启后，英语教学体系逐步建立。②恰逢其会，周作人就是在这样的背景下开始学习英语的。

早在 1898 年，14 岁的周作人就接触到了英语。是年，京城中改革风潮涌起，气象万千，也牵动了远在杭州的周作人年幼的心灵。他在日记中多次记录了光绪帝的行止，也关心着翁同龢的"休致永不叙用"；且前一天郑重写下"奉上谕大小科改策论，五月初五奉存稿"，第二日便"定三六作文论，九作策"。③半年后，他还专门从表兄鲁延孙家中借来《英字入门》④，希望对英语有所了解；读之颇感新奇，兴之所至，"定刻图书一方，Kwei 字"，并自注"英文奎字"，周作人原名"櫆寿"，"Kwei"字印章或由此而来。至于将"櫆"作"奎"这种写同音的情况，在周作人日记中很常见，如"椒生"写作"蕉生"；当然也不排除此时周作人已有改"櫆"为"奎"的想法，因为"櫆"字"既不好写，也没有什么意思"，又有点"怪里怪

---

① 周作人：《我的杂学》，钟叔河编订：《周作人散文全集》第 9 卷，桂林：广西师范大学出版社，2009 年，第 186—241 页。

② 顾卫星：《晚清英语教学研究》，苏州：苏州大学出版社，2004 年。

③ 见周作人戊戌年（1898）闰三月初四、二十、廿五，四月初五、廿乙，五月初三、十三、十四、十五的日记。鲁迅博物馆藏：《周作人日记》（影印本）上册，郑州：大象出版社，1996 年，第 7—10 页。

④ 其编译者曹骧，上海人，早先在外国人所设蒙塾习中西文，后入英租界工部局任译职，有感于"西学之考求"之为要务且不满于既有英语工具书"所注均非沪音"，故"辑译是书"。曹骧生平情况，见《上海通志》（第十册），上海：上海社会科学院出版社、上海人民出版社，2005 年，第 6563—6564 页。关于该书，详见曹骧：《英字入门》，上海：商务印书馆，1906 年，"序"第 1—5 页。

气",所以大约一年后,请祖父另改为"奎绶",并做了新名章。①

　　刻章之外,他还在日记本正文格的框外补写了若干字母,由于部分与汉字相叠而无法看清,但大致可知为"CHOW KWEI ZOE",或为"櫆寿周"三字的字母拼读,当然这只是不懂外语的人赶时髦的游戏之作而已,有错误亦在所难免。一个月后的春节,周作人刻"洋文名片"一方,或许就是补写的那些字母。不过,这次与英文的"亲密接触",无甚大收获,至多留下了汉字可用英文拼读、英音能以汉音反切的印象。他仅借了《英字入门》半个多月,便还与表兄。②

　　周作人正式开始学习英语,是在进入江南水师学堂读书后。最初,祖父希望他考杭州求是书院,但是家里的经济条件有限,而求是书院膳宿之外的日常用度"须得自备",因此放弃了。与大哥相同的是,他也到了南京,在十八叔祖周庆蕃(椒生)的帮助下,进江南水师学堂读书,"甄别及格补缺之后,一切均由公家供给,且发给赡银,这于穷学生是很适宜的"③。不同的是,周作人没有转学,一直在江南水师学堂读了下去。

　　1901年9月,他考入江南水师学堂,名列前茅。④进班前,由长其两岁、已在此念了四年的叔叔周伯升帮其预习新知。两天时间,周作人学会了二十六个英文字母,后自己复习。⑤在周家,英文字母的"传帮带"或许一贯如此。1902年5月4日,周作人日记载"上午叔祖令教小琴叔字母"。"小琴叔"即周冠五(观鱼),其回忆称:

---

① 见周作人戊戌年(1898)十一月廿七、廿八,己亥年(1899)十一月初五、初七的日记。鲁迅博物馆藏:《周作人日记》(影印本)上册,郑州:大象出版社,1996年,第16—17、29、86—87页。周作人:《我的笔名》,钟叔河编订:《周作人散文全集》第13卷,桂林:广西师范大学出版社,2009年,第296—297页。
② 鲁迅博物馆藏:《周作人日记》(影印本)上册,郑州:大象出版社,1996年,第14、16、26页。周作人借《英字指南》的时间是戊戌年十一月廿七,字母却写在两日前的廿五日记的框外,显系后加。
③ 木仙:《歧途》,钟叔河编订:《周作人散文全集》第11卷,桂林:广西师范大学出版社,2009年,第768—769页。
④ 周作人于辛丑年(1901)八月初九初试,题目为《"云从龙风从虎"论》,"出案,列副,取第一";"共约五十九人"初试,复试者"凡三人",可知其优异。鲁迅博物馆藏:《周作人日记》(影印本)上册,郑州:大象出版社,1996年,第250—251页。
⑤ 同上书,第251页。

> 周氏子弟往南京进水师学堂的共有五人，因为继你之后还有一个我。我到南京后住在椒生的后半间，由你和奚清如给我教英文，预备英文稍有门径，再予补入，据椒生告我说要先读好英文的。①

可见，周庆蕃是比较注重让后辈学习英文的。周氏兄弟二人或许也被这样提点过。

从周作人日记来看，第一学期的英文课程安排得有条不紊。辛丑年九月初三，即1901年10月14日，周作人首次进洋文馆上课；第二日，"上洋文启蒙书"，在日记中写下"译言泼赖买"②，"泼赖买"即周树人所学"泼赖妈"，二者均是 Primer 的音译汉字。自此，每周四天的洋文课，为他打下了英语的底子。最初是周三、六上汉文，周日休息，其余皆上洋文课；至1902年7月1日（壬寅年五月廿六），因周作人被分入管轮班，改为"一汉文，二至五皆洋文"，实际上周六也上洋文。③1901年10月15日，周作人开始学习"泼赖买"，至11月26日，周作人日记载"上洋文第一书"，周作人还以汉字发音记下"否泗利达"④。可见，他在江南水师学堂前一个多月学的是基础入门。不过，周作人自己对这段经历评价并不高。他说：

> 英文吧，从副额时由赵老师奚老师教起，二班是汤老师，头班是郑老师，对于这几位我仍有相当敬意，可是老实说，他们并没有教我怎么看英文，正如我们能读或写国文也不是哪一个先生教会的一样，因为学堂里教英文也正是那么麻胡的。⑤

---

① 倪墨炎、陈九英编选：《鲁迅家庭家族和当年绍兴民俗·鲁迅堂叔周冠五回忆鲁迅全编》，上海：上海文化出版社，2006年，第251页。
② 鲁迅博物馆藏：《周作人日记》（影印本）上册，郑州：大象出版社，1996年，第255页。
③ 同上书，第255—256、338—339页。周作人"一星期中五天上洋文课，一天上汉文课"的回忆仅指分入管轮班后。周作人：《学堂大概情形》，钟叔河编订：《周作人散文全集》第13卷，桂林：广西师范大学出版社，2009年，第239—240页。
④ 鲁迅博物馆藏：《周作人日记》（影印本）上册，郑州：大象出版社，1996年，第263页。
⑤ 周作人：《老师一》，钟叔河编订：《周作人散文全集》第13卷，桂林：广西师范大学出版社，2009年，第256页。实际上，在周作人提到的几位老师之外，还有"毕业生舒振声代馆，因奚师代驾驶二班馆也"。鲁迅博物馆藏：《周作人日记》（影印本）上册，郑州：大象出版社，1996年，第347页。

以后来者的眼光很容易挑出当时英语教学的各种问题，但客观地说，即便不够高明的训练，对于初学外语的人来说，其意义也是不可完全抹杀的。

又过了月余，进入期末复习阶段。1902年1月13日，英语考试，上午、下午各两个小时，先行口试，"八点钟点名给卷，考背书（自知错一字）、读书、解字三项，十点钟完卷"；后为笔答，"下午一点半钟进馆考拼字、写字、默书、翻译四项，三点半钟缴卷"。①

平心而论，这个学期的英语课，周作人学得颇为用心。除其一贯好学之外，也有现实方面的压力。周作人初入江南水师学堂的身份是"额外生"，"考取入堂试读三个月，甄别一次"②，倘若不及格便不会转为正式生，得不到"公家供给"和"赡银"。对此，周作人还是比较在意的，他不仅在日记中载有"英文温书"，还特意写明"因初四甄别故也"，而且还看了类似课外辅导书的"《英文指南》"。③结果原本"只要学科成绩平均有五成，就算及格"的"甄别"④，周作人英语一门就得了"九成壹"⑤，可见其态度与付出。

1902年3月2日，第二学期开学，由于赵老师调往格致书院，英文课改由奚清如老师教。⑥周作人所谓"从副额时由赵老师奚老师教起"略有不确之处，应该是第一学期充作额外生时，由赵老师教；第二学期转为"副额"后，始由奚老师教。新学期与前一学期相同的是，学习新课、"背书译文"、翻看《英字指南》；不同的是，除了英语课，洋文馆还新开了算法课，从加法、乘法等最基础的规则开始学起。⑦且作为军事学堂，本学期加大了战斗训练的比重，如打靶、出操、学铁球、升枪等，课业任务变得有些繁重。

---

① 鲁迅博物馆藏：《周作人日记》（影印本）上册，郑州：大象出版社，1996年，第274页。

② 周作人：《学堂大概情形》，钟叔河编订：《周作人散文全集》第13卷，桂林：广西师范大学出版社，2009年，第239页。周树人是试读四个月。

③ 鲁迅博物馆藏：《周作人日记》（影印本）上册，郑州：大象出版社，1996年，第272—273页。《英文指南》实为《英字指南》之误。

④ 周作人：《学堂大概情形》，钟叔河编订：《周作人散文全集》第13卷，桂林：广西师范大学出版社，2009年，第239页。

⑤ 鲁迅博物馆藏：《周作人日记》（影印本）上册，郑州：大象出版社，1996年，第274页。

⑥ 同上书，第315页。

⑦ 同上书，第316、323、325—326页。

1902年6月12日，英语期末考试，上午两个小时"考拼法、解字、译句、背书四项"，下午三个半小时，"考读书、默书、写字、算法四项"，周作人自己觉得"差谬甚多"①。不过成绩出来后，还算不错，"分数九成"，名列第三②。

周作人集中地认真学习了两个学期的英语，但仍只是入门级的程度。1902年3月31日，江南水师学堂向洋文馆教师分发"文法书"，"各教习处各一本"。周作人前去翻看，非常喜欢，在日记中写下"阅之甚佳，名曰《英文法程初集》，颇便初学，中西书局亦售，价九角。思得一部，而限于孔方，作妄想而已"。③可知，在他自己看来，水平也不过"初学"而已。由课程进度观之，的确如此。关于江南水师学堂的英文课本，周作人有过一些回忆：

> 一九〇一年的夏天考入江南水师学堂，读"印度读本"，才知道在经史子集之外还有"这里是我的新书"。但是学校的功课重在讲什么锅炉——听先辈讲话，只叫"薄厄娄"，不用这个译语，——或经纬度之类，英文读本只是敲门砖罢了。所以那印度读本不过发给到第四集，此后便去专弄锅炉，对于"太阳去休息，蜜蜂离花丛"的诗很少亲近的机会。④

> 我们读的是印度读本，不过发到第四集为止，无从领解那些"太阳去休息，蜜蜂离花丛"的诗句，文法还不是什么纳思菲耳，虽然同样的是为印度人而编的，有如读《四书章句》，等读得久了自己了解，

---

① 周作人日记中载，是日"进汉文诵堂考试"，或为误记，"汉"字应为"洋"。因该日为"礼拜四"，是进洋文馆的时间；从考试内容来看，第一学期英文考试的类型与之相近，汉文试题只是"作论一首"；六天后，在本就是汉文课时间的星期三，"考汉文，作策论一首"，更可佐证。鲁迅博物馆藏：《周作人日记》（影印本）上册，郑州：大象出版社，1996年，第275、335—336页。

② 同上书，第335—336页。

③ 同上书，第323页。

④ 周作人：《学校生活的一叶》，钟叔河编订：《周作人散文全集》第2卷，桂林：广西师范大学出版社，2009年，第824页。

我们同学大都受的这一种训练。①

我们的英语读本《英文初阶》的第一课第一句说："这里是我的一本新书，我想我将喜欢它。"②

这些回忆为考索周作人所学英文课本提供了基本线索。所谓"印度读本"，第一章梳理周树人在江南水师学堂的生活时已经介绍过。与包天笑一样，周作人也把《华英初阶》误记为《英文初阶》。他还将"第一课第一句"张冠李戴。前文已述，《华英初阶》第一课"LESSON 1"的核心知识是字母 o，课文是字母 n 和 o 的拼读，即"no 无，非"，简单如斯。周作人记忆里的"第一课第一句"与《华英进阶·初集》的开卷相近：

1.—MY NEW BOOK.

Here is my new book. I think I shall like it.

我的新书

这是我的新书，我想我应该欢喜这书。③

这应该就是周作人记忆的出处。据本书第一章第一节所考，周作人几乎用一个半学期学完了《华英进阶·初集》。1902 年 5 月 5 日，他在日记中写"上午温书，因第二书未发也"④。所谓"第二书"当为《华英进阶·贰集》(ENGLISH AND CHINESE SECOND READER)。"贰集"也与"第二书"在名目上相印证。当时，《华英初阶》热卖之后，商务印书馆又请谢洪赍把高一级的课本以同样的形式翻译出版，名为《华英进阶》，从初集开始，一连出至第五集，构成了一套系列性的教材。商务印书馆在书中有言，"《华英初阶》，如升阶然，特初步耳，凡初习英文者，宜先读此书，复继以已成之《华英进阶》初贰叁肆伍集，务使读者依次揣摩，速能进

---

① 周作人：《老师一》，钟叔河编订：《周作人散文全集》第 13 卷，桂林：广西师范大学出版社，2009 年，第 256 页。
② 周作人：《我的新书一》，钟叔河编订：《周作人散文全集》第 13 卷，桂林：广西师范大学出版社，2009 年，第 289 页。
③ 《华英进阶·初集》，上海：商务印书馆，1904 年，第 5 页。
④ 鲁迅博物馆藏：《周作人日记》（影印本）上册，郑州：大象出版社，1996 年，第 331 页。

境"①。江南水师学堂在教过《华英初阶》《华英进阶·初集》后,自然会继续下去。

在为学生讲授《华英进阶·贰集》的同时,洋文馆还专开了文法课,增强学生阅读篇章的能力。②"文法还不是什么纳思菲耳,虽然同样的是为印度人而编的"一句中,"纳思菲耳"即"纳氏文法"系列(English Grammar Series Book),由英国学者纳斯斐尔德(J.C.Nesfield)编辑,最早的中译本是1907年赵灼的《纳氏第一英文法讲义》。③周作人当时自然学习不到此书。

周作人1902年夏季初学的文法书或许是《英文初范》。《英文初范》题为 English and Chinese Grammatical Primer,也是取自英人为印度学生编辑的课本,与《华英初阶》的英文名只差一个单词"Grammatical"(意为语法上的),显然是与《华英初阶》配套使用的语法书。《英文初范》同样由商务印书馆推出。其序言称"习其文,务先明其法,而明其法要在得其书。此《英文初范》之所由辑也"④。在1902年版《华英初阶》封二的广告页上,也赫然印着《英文初范》。更为直接的证据是,在1902年年初,周作人日记中载有"钉《英文初范》乙本";这里"乙"字并非指第二或次一等的意思,而是"壹"的简写。⑤除《英文初范》之外,前文提到过的《英文法程初集》,对周作人最初的语法学习也应有影响。既然江南水师学堂发给各教习人手一册,而不发给学生,那么此书可能被用作教师的授课参考书。

至第三学期期末,"文法"单独作为一门洋文课来考试,另外考的与前两个学期类似,即"背书读书两项"。或许是对英文已产生了兴趣,抑或天性好学,也可能是为了得赏银必须成绩优异;周作人第三个学期的英文成

---

① 上海商务印书馆:《(光绪三十年甲辰孟春重印)序》,《华英进阶·初集》,上海:商务印书馆,1904年,第1页。
② 周作人壬寅年(1902)五月廿五日记中载"洋文,上书两课,文法一节",自此常常有"上文法"的记录。鲁迅博物馆藏:《周作人日记》(影印本)上册,郑州:大象出版社,1996年,第338页。
③ 详参邹振环:《清末民初上海群益书社与〈纳氏文法〉的译刊及其影响》,《近代中国研究集刊3·中国现代学科的形成》,上海:上海古籍出版社,2007年,第97~123页。
④ 《(光绪三十年甲辰仲夏重印)〈英文初范〉序》,《英文初范》,上海:商务印书馆,1904年。
⑤ 鲁迅博物馆藏:《周作人日记》(影印本)上册,郑州:大象出版社,1996年,第274页。"壹"简作"乙"的情况在周作人日记中颇为常见。

绩，名列班级第一。①此时的他已经可以辅导表兄郦荔臣"泼赖买"了，还为其改正了许多错谬的注音②，且他在日记中常常写英文字母，如"午煮肉一罐并 ham"等。

第四学期开学后不久，周作人于 1903 年 3 月 17 日，开始"上第三书"，当为《华英进阶·叁集》（ENGLISH AND CHINESE THIRD READER）；大约两周后，改由汤仲经教习授课。这个学期，洋文馆除英文、算学之外，又增开几何课和地理课。③正如周作人所说："洋文中间包括英语、数学，物理，化学等中学课程，以至驾驶管轮各该专门知识，因为都用的是英文，所以总名如此。"④确实，随着英文基础的稳固，江南水师学堂洋文馆的课程重心从语言教学逐渐转到自然科学。至 1905 年 1 月，洋文馆的冬季小考科目繁多，先是"考数学、代数、量积、平三角四项"，然后"考文法、地理、几何"，最末考"英文"。在周作人升入头班以后，又加入了"航海或机械等"专业课。⑤因而，周作人所言英文课本"发到第四集为止"，据前文梳理的线索，应指《华英进阶·肆集》（ENGLISH AND CHINESE FOURTH READER）。

周作人感其日记"惟事率琐屑不足道，且日日书之，无论有事与否，必勉强作，甚苦之"，故而于 1903 年 5 月 26 日后，改为"记事例，不日日作矣"⑥，自此所记甚少。这使得对其后期学堂生活的考察难以深入。但可确知，周作人在学堂后期与严复的《英文汉诂》结缘甚深。他曾多次谈及《英文汉诂》对自己的影响，如：

---

① 鲁迅博物馆藏：《周作人日记》（影印本）上册，郑州：大象出版社，1996 年，第 364—365 页。
② 同上书，第 371 页。
③ 同上书，第 376—390 页。
④ 周作人：《学堂大概情形》，钟叔河编订：《周作人散文全集》第 13 卷，桂林：广西师范大学出版社，2009 年，第 240 页。
⑤ 鲁迅博物馆藏：《周作人日记》（影印本）上册，郑州：大象出版社，1996 年，第 402 页。周作人：《讲堂功课》，钟叔河编订：《周作人散文全集》第 13 卷，桂林：广西师范大学出版社，2009 年，第 247 页。
⑥ 鲁迅博物馆藏：《周作人日记》（影印本）上册，郑州：大象出版社，1996 年，第 393—394 页。

我的对于文法书的趣味,有一半是被严几道的《英文汉诂》所引起的。在印度读本流行的时候,他这一本书的确是旷野上的呼声,那许多叶"析辞"的详细解说,同时受读者的轻蔑或惊叹。在我却受了他不少的影响,学校里发给的一本一九〇一年第四十版的"马孙"英文法,二十年来还保存在书架上,虽然别的什么机器书都已不知去向了。①

《英文汉诂》一书虽是大体根据马孙等文法编纂而成,在中国英文法书中却是惟一的名著,比无论何种新出文法都要更是学术的,也更有益,而文章的古雅不算在内,——现在的中学生只知道珍重纳思菲尔,实在是可惜的事。②

一九〇一年我考进江南水师学堂,及读英文稍进,辄发给马孙(C. P. Mason)的英文法,我所得者为第四十版,同学多嫌其旧,我则颇喜其有趣味,如主(Lord)字古文为管面包者(hlaford),主妇(Lady)字为捏面包者(hlaefdige),最初即从此书中看来。一九〇四年严复的《英文汉诂》出板,亦是我所爱读书之一,其实即以马孙为底本,唯译语多古雅可喜耳。③

周作人之所以总是将《英文汉诂》与马孙的文法书并论,是因为严复自言其书"杂采英人马孙摩栗思等之说"。④以往学界对周作人的这几段回忆不甚注意,容易误把"马孙"认作马礼逊,除了二者发音相似,马礼逊于1823年确实出版过语法书籍《英国文语凡例传》(*A Grammar of the English Language*),但实际上,这本书的发行量很少,与周作人所言不符。且周作人已言明"马孙"是"C. P. Mason",其当为英国古典文学研究者、语言学家 Charles Peter Mason(1820—1900),他的《英语语法及语

---

① 周作人:《日本语典》,钟叔河编订:《周作人散文全集》第3卷,桂林:广西师范大学出版社,2009年,第71—72页。
② 周作人:《我的负债》,同上书,第326页。
③ 周作人:《〈古音系研究〉序》,钟叔河编订:《周作人散文全集》第6卷,桂林:广西师范大学出版社,2009年,第524—525页。
④ 严复:《〈英文汉诂〉叙》,《英文汉诂》,上海:商务印书馆,1907年,第2页。此为第五版。

法分析的原理》(*English Grammar: Including the Principles of Grammatical Analysis*)，在 1901 年印至第 40 版，正与周作人回忆里的"马孙（C. P. Mason）的英文法，我所得者为第四十版"相吻合，时间上也说得通。在周作人改"记事例"体之前的日记中，有多处阅读《英字指南》的记载，倘若当时已经发下新的语法书，日记中不会没有阅览的记录。且"马孙"之书为纯英文的专业语法著作，可推知它是江南水师学堂高年级学生用的语法书。

至于严复的《英文汉诂》，首版发行于光绪三十年（1904）五月。周作人得到它的时间，至早不超过 1904 年夏季。周作人曾自言，他在清末时，很爱读严复的书，并称"严先生著书的全部当时都搜集完全"①。从周作人日记来看，自 1902 年 2 月 2 日，周树人向其推荐了《天演论》后，周作人对严复译著的阅读颇多，甚至反复阅读；如同年 8 月 14 日，他把《天演论》读完了，又于两个月后，重新开始读该书。② 1902 年 7 月 10 日，周树人致信二弟，向他郑重推荐了严复新译《穆勒名学》；周作人先是托友人胡韵仙代买，未果，又于 8 月 11 日亲自"坐车到夫子庙明达书庄买《穆勒名学》部甲二本"；《穆勒名学》是光绪"壬寅三月"印行，即 1902 年 4 月 8 日后才问世，大约四个月后，周作人就已将它买到。③ 而至于《英文汉诂》，周作人后来提到过严复将"Know Thyself""围在一只红燕子的周围当作《英文汉诂》的版权证"④。笔者仅见初版及第三版的《英文汉诂》，二者出版时间相差八个月。施蛰存曾藏有第四版，"光绪三十一年十二月"发行，已经是 1906 年年初，但书的内封误写为 1905 年。可知《英文汉诂》自问世后，只一年半的时间即印行至第四版，在当时十分受欢迎，也流传较广。对于一贯及时搜购严复译著的周作人而言，购阅《英文汉诂》的时间应该不会太晚。据文献可知，第四版"版权页上有一张严复的凹凸印花，很别致，圆形图案，当中是一只燕子，中圈印着'侯官严氏版权所有'，外圈

---

① 周作人：《我的负债》，钟叔河编订：《周作人散文全集》第 3 卷，桂林：广西师范大学出版社，2009 年，第 326 页。

② 鲁迅博物馆藏：《周作人日记》（影印本）上册，郑州：大象出版社，1996 年，第 278、315、318、345、355 页。

③ 同上书，第 340、344—345 页。

④ 周作人：《代邮——寄徐志摩先生》，钟叔河编订：《周作人散文全集》第 4 卷，桂林：广西师范大学出版社，2009 年，第 501 页。

一句英文'know thyself'"①。而据笔者所见，至1907年第五版时，《英文汉诂》的版权页已改为"侯官严氏"的印章。由此可推断周作人购阅《英文汉诂》的时间至晚不会晚于1906年。

第二节 作为"起点"的《侠女奴》

在理清了周作人英语习得的情况后，本节开始讨论他的翻译。《侠女奴》是周作人翻译的第一篇小说，于他而言，是具有重要的起点意义。历来研究周作人翻译道路生成或其早期思想与文学活动的著述，皆要对这篇翻译小说予以讨论。可以说，对《侠女奴》的认知制约着对晚清时期周作人的理解。然而，就研究现状来看，既有成果主要依据的是译本的"小序"与周作人日后的追述，缺乏对译本自身的探究；个别研究者虽看似认真对照了源语文本后才加以阐释，但却因错选参照的底本使研究失去了效用。由于缺乏坚实的文献基础，目前关于《侠女奴》的分析空疏无当、游谈无根，殊为可惜。本节拟先对周作人的相关回忆加以辨析，去伪存真后，再结合确定的源语文本对照细读，试图对周作人的翻译起点重新估量，借以打开更为广阔的视野。

《侠女奴》的内容，对于今人来说，可谓耳熟能详，即《阿里巴巴和四十大盗》的故事，出自《天方夜谭》，又译《天方夜谈》或《一千零一夜》。作为阿拉伯古代的民间故事集，《天方夜谭》流传成书的过程十分漫长，形成了各种手抄本，它们基本框架相近，但其中故事篇什的数量、内容或次序却不尽相同。1704年至1717年间，法国人加兰（Antoine Galland）首次在欧洲翻译出版了《天方夜谭》，立即引起轰动。许多其他欧洲语言的译本都是在这个版本的基础上再译的。直至19世纪，英语译者才开始直面阿拉伯文本，并认真思考"面对一个又一个不同的中世纪手抄本，一个又一个增加了新故事的许多现代文本，究竟该用哪个文本？"1839年，阿拉伯人爱德华·威廉·雷恩（Edward William Lane）推出了维多利亚标准版本，适宜地删除了原作中有伤风化的部分，使其译本迅速广为流传。因不满于

---

① 陆灏《北山楼藏西文书拾零》附了《英文汉诂》第四版的版权页。陆灏：《看图识字》，上海：上海书店出版社，2010年，第39—41页。

雷恩译本的朴实乏味，特别是对性问题的回避，理查德·佛朗西斯·伯顿爵士（Sir Richard Francis Burton）于 1885 年，出版了较为完备也更显风情的新译本，号称"以其所有的诗情、以其壮观的东方特性、以其直白的性描写来'揭示《天方夜谭》真实的内容'"。①

由于故事引人入胜且弥漫魔幻神秘的异域气息，《天方夜谭》在英语世界中一直甚为畅销。至 1903 年前后——周作人读到其英文版时，至少有数十家出版社发行过上百种的《天方夜谭》。它们大多以雷恩的译本为底本，但具体到句式的使用、词语的选择、插画的配置等细节方面，仍有显著的差异。故而，讨论周作人的译作《侠女奴》，首要的问题是确定其所据之底本。目前，对《侠女奴》底本的认定，研究者们大都采信于周作人的三次自述，如下：

> 我在印度读本以外所看见的新书，第一种是从日本得来的一本《天方夜谈》，这是伦敦纽恩士公司发行三先令半的插画本，其中有亚拉廷拿着神灯，和亚利巴巴的女奴拿了短刀跳舞的图，我还约略记得。②

> 我的这一册《天方夜谈》乃是伦敦纽恩士公司发行的三先令六便士的插画本，原本是赠送小孩的书，所以装订颇是华丽，其中有阿拉廷拿着神灯，和阿利巴巴的女奴挥着短刀跳舞的图，我都还约略记得。③

> 那时我所得到的恐怕只是极普通的雷恩的译本罢了，但也尽够使得我们向往，哪里梦想到有理查自敦勋爵的完全译注本呢……这《阿利巴巴与四十个强盗》是谁也知道的有名的故事，但是有名的不只是阿利巴巴，此外还有那水手辛八和得着神灯的阿拉廷，可是辛八的旅行述异既有译本，阿拉廷的故事也着实奇怪可喜，我愿意译它出来，

---

① 详参仲跻昆：《阿拉伯文学通史》上卷，南京：译林出版社，2010 年，第 553—556 页。另参大卫·达姆罗什：《世界文学是跨文化理解之桥》，李庆本译，《山东社会科学》2012 年第 3 期；杜渐：《〈天方夜谈〉的版本与翻译》，《书海夜航》，北京：生活·读书·新知三联书店，1980 年，第 182—195 页。"Galland"多译为"加兰"，亦有"迦兰""加仑""加朗"的译法。
② 周作人：《学校生活的一叶》，钟叔河编订：《周作人散文全集》第 2 卷，桂林：广西师范大学出版社，2009 年，第 825 页。
③ 周作人：《老师一》，钟叔河编订：《周作人散文全集》第 13 卷，桂林：广西师范大学出版社，2009 年，第 257 页。

却被一幅画弄坏了。这画里阿拉廷拿着神灯,神气活现,但是不幸在他的脑袋瓜儿上拖着一根小辫子,故事里说他是"支那"人,那么岂能没有辫子呢……①

第一段材料出自周作人1922年的回忆文章《学校生活的一叶》,后两段文字皆见于20世纪60年代所撰《知堂回想录》。其第二段记述显然本于《学校生活的一叶》。按照周作人的说法,《侠女奴》的底本是伦敦纽恩士公司(George Newnes)发行的插画本。但事实并非如此简单。由于这些追忆反复出现,在很长一段时期里,研究者对其所述内容坚信不疑。直到21世纪初,日本学者樽本照雄在英国图书馆认真查阅了伦敦纽恩士公司1899年版的插画本之后,因未见周作人多次说到的两幅插图,断言此版《天方夜谈》并非《侠女奴》的底本。2007年,樽本照雄又发表新作,判定《侠女奴》的真正底本是1877年劳特利奇公司出版的《天方夜谈》。但让他困惑的是:该版《天方夜谈》并未标明售价,且书是鲁迅自日本所寄,周作人也没有支付的经历,为何他清晰地记得书的价格是三先令六便士?②

1899年,伦敦纽恩士公司确实出版过 The Arabian Nights' Entertainments。这本英文版的《天方夜谭》共472页,配有插图551张。经确认,诚如樽本照雄所言,该插画本中没有"阿利巴巴的女奴挥着短刀跳舞的图",也找不到"拖着一根小辫子"的阿拉廷的插画,且纽恩士版也不是"赠送小孩的书"。笔者翻阅了数十种出版于1904年之前的英文版《天方夜谭》③,赞成樽本照雄的观点,与周作人的回忆最为相符的版本,即劳特利奇出版社(George Routledge and Sons)发行的 The Arabian Nights' Entertainments。

劳特利奇出版社是处于国际领先地位的学术出版机构之一,特别是在人文学与社会科学方面,每年出版数以千计的图书与杂志,服务于世界各地的学者、教师和专业团体。19世纪30年代,它由乔治·劳特利奇(1812—1888)创建于伦敦,并在美国纽约开设了分支机构。劳特利奇出版社最初

---

① 周作人:《我的新书一》,钟叔河编订:《周作人散文全集》第13卷,桂林:广西师范大学出版社,2009年,第290—291页。
② 樽本照雄「周作人漢訳アリ・ババ『侠女奴』物語」『清末小説』(26・27)、2003-2004。樽本照雄「周作人漢訳アリ・ババの英文原本」『清末小説』(30)、2007。
③ 具体名单详见参考文献中的英文文献。

依靠重印《圣经》评论方面的图书起家，后于 1849 年开始出版铁路图书馆系列图书（供旅客在候车或乘车时用以消磨时间），依靠发行面向公众的廉价通俗读物，该出版社获得了巨大的商业成功。至 20 世纪 60 年代，劳特利奇出版社将工作重心延伸至儿童图书领域，出版了大量面向儿童的专业化书籍，装帧精美且价格低廉，特别是增加了彩色印刷的插图，推动了儿童类图书的发展。[①]

在劳特利奇出版的儿童图书中，*The Arabian Nights' Entertainments* 可谓畅销不衰；仅就笔者所见，在 1903 年之前，劳特利奇就至少发行过七个版本，即 1863 年版、1875 年版、1882 年版、1885 年版、1889 年版、1890 年版、1895 年版。[②]后四个版本皆有符合周作人所言之插图，但 1885 年版是在纽约发行的，不是在伦敦，价格是 1.5 美元，而非"三先令六便士"，故而先行排除。其他三个版本只在插图、封面、广告页等方面有少量细节差异，正文的文字部分则完全相同，内中所插图画与周作人的描述十分一致，如下：

图 2-1《天方夜谭》插图一

图 2-2《天方夜谭》插图二

[①] 参见高鹏：《英国维多利亚时期彩色印刷及图书设计研究（1837—1890）》，中央美术学院博士学位论文，2012 年，第 93、107、121 页。

[②] 具体出版情况如下：1863 年版（London: Routledge, Warne & Routledge）、1875 年版（London: George Routledge and Sons, Arranged for the perusal of youthful readers by the Hon. Mrs. Sugden）、1882 年版（with 44 illustrations by Dalziel brothers）、1885 年版（New York: George Routledge and Sons）、1889 年版（London: George Routledge and Sons）、1890 年版（London: George Routledge and Sons, Ltd.）、1895 年版（London: George Routledge and Sons）。

图 2-3《天方夜谭》插图三

这里，图 2-1 显然就是周作人记忆中的"这画里阿拉廷拿着神灯，神气活现，但是不幸在他的脑袋瓜儿上拖着一根小辫子"，图 2-2、2-3 则为"阿利巴巴的女奴挥着短刀跳舞的图"。前两张在后三个版本中皆可见，最后一张仅见于 1889 年版与 1890 年版。在周作人的追述中，还有两个信息点可以参照——"三先令六便士"和"赠送小孩的书"。在 1890 年版的广告页中，便有两个"BOOKS FOR BOYS"（意为给男孩子的书）的页面，并注明其中的所有图书皆"3s.6d.each"，即"三先令六便士"。1889 年版中则无此类信息，而 1895 年版里虽有标明"Price 3s.6d.each"的广告页，且 The Arabian Nights' Entertainments 也列在其中，但是没有信息可以指向"赠送小孩的书"。

周作人的相关回忆较为有限且彼此冲突，但从心理学的常识来看，大脑的图像记忆相较文字记忆更为长久，特别是产生过视觉愉悦的图像，它甚至可以被记忆数十年①。故而，比起两幅鲜活的图片，周作人误记纽恩士的可能性更大。何况还有"三先令六便士"和"赠送小孩的书"这两个信息可以印证。

---

① 详参约翰·D. 布兰思福特、安·L. 布朗、罗德尼·R. 科金等编著：《人是如何学习的：大脑、心理、经验及学校》扩展版，程可拉等译，上海：华东师范大学出版社，2013 年，第 109—110 页。另参戴维思：《这样学习最有效：戴维思的超效学习法》，海口：南海出版公司，2010 年，第 123—125 页。

将劳特利奇与纽恩士的两部英文版《天方夜谭》中的阿里巴巴故事相对照，可以发现二者在文字组织方面存在相当大的差异。首先，劳特利奇版叙事翔实、细节清晰，而纽恩士版更为疏略。如果将它们分别与《侠女奴》对读，不难看出周作人的译文与劳特利奇版十分契合，而与纽恩士版差别较大。兹举故事开篇为例：

劳特利奇版

In a certain town of Persia, sire, situated on the very confines of your majesty's dominions, there lived two brothers, one of whom was called Cassim, and the other Ali Baba. Their father, at his death, left them but a very moderate fortune, which they divided equally between them. It might, therefore, be naturally conjectured that their riches would be the same; chance, however, ordered it otherwise.

Cassim married a woman who, very soon after her nuptials, became heiress to a well-furnished shop, a warehouse filled with merchandize, and considerable property in land; he thus found himself on a sudden quite at his ease, and became one of the richest merchants in the whole town.

Ali Baba, on the other hand, who had taken a wife in no better circumstances than he himself was, lived in a very poor house, and had no other means of gaining his livelihood, and supporting his wife and children, than by going out to cut wood in a neighbouring forest, and carrying it about the town to sell, on three asses which formed the whole of his capital.[1]

纽恩士版

In a town in Persia, there lived two brothers, one named Cassim, the other Ali Baba. Their father left them scarcely anything; but Cassim married a wealthy wife and prospered in life, becoming a famous merchant. Ali Baba, on the other hand, married a woman as poor as himself, and lived by cutting wood, and bringing it upon three asses into the town to sell.[2]

---

[1] *The Arabian Nights' Entertainments,* London: George Routledge and Sons, Ltd., 1890, pp. 668-669.
[2] *The Arabian Nights Entertainments,* London: George Newnes, 1899, p. 203.

《侠女奴》

前十世纪之时，波斯某街有兄弟二人，一名慨星 Cassim，一名埃梨醅伯 Ali Baba。其父在时，家仅小康，死后平分以给二人。其所得产业各相等，析居而处，尚可拮据以度日，及后景遇不同，而二人生计上之状态遂亦各异。

慨星娶一少妇，当未结婚之前，为一富贾之继女，承袭其产，有土地上之不动产甚多，且有仓库一所，满贮商品，其值不赀。及归慨，携之与俱。慨星以妻之花荫，于是一洗其昔日之穷愁，突然一跃而为富家儿，财名甲于一镇。

埃梨则不然，其妻之景遇，不能少优于彼。一家聚居一破屋中，家无长物，惟借营业所得，以养赡其妻子。日至邻近丛林中伐木为薪，以三驴负之，售于市场以为常。①

显而易见，劳特利奇版开头的三段话，在纽恩士版中仅以一段高度概括，而《侠女奴》却基本上是依据劳特利奇版逐句翻译而得，特别是第三段几乎达到了完全对译的程度，甚至英语比较级的句式也译了出来。具体到词汇或词组的层面，英汉的对应关系亦颇分明。如将"certain town" "a very moderate fortune" "on a sudden quite at his ease" "one of the richest merchants in the whole town" "supporting his wife and children"译为"某街""小康""突然一跃""甲于一镇""养赡其妻子"等。

关于阿里巴巴哥哥死后安葬的情况，纽恩士版只用了三句话略加叙述，而劳特利奇版多出了葬礼的宗教仪式，《侠女奴》的译文亦与后者逐句相应。

劳特利奇版

Morgiana had heated some water to wash the body of Cassim, and Ali Baba, who entered just as she returned, washed it, perfumed it with incense, and wrapped it in the burying-clothes, with the accustomed ceremonies. The

---

① 萍云女士述文：《侠女奴》一，在《女子世界》第8期，1904年。萍云女士即周作人。原刊将"Ali Baba"错印为"Ali Baqa"。在《女子世界》第8、9、11、12期的目录中，《侠女奴》的标题依次为《侠女奴》（未完）、《侠女奴》（承前）（未完）、《侠女奴》（续九期）（未完）、《侠女奴》（承前）（完），为方便论述，本书分别标注为《侠女奴》一、《侠女奴》二、《侠女奴》三、《侠女奴》四。

undertaker also brought the coffin which Ali Baba had taken care to order. In order that he might not observe anything particular, Morgiana took the coffin in at the door, and having paid and sent him away, she assisted Ali Baba to put the body into it. When he had nailed down the boards which covered it, she went to the mosque to give notice that everything was ready for the funeral. The people belonging to the mosque, whose office it is to wash the bodies of the dead, offered to come and perform their usual function, but she told them that all was done and ready.

Morgiana was scarcely returned when the Imam and the other ministers of the mosque arrived. Four of the neighbours took the coffin on their shoulders, and carried it to the cemetery, following the Imam, who repeated prayers as he went along. Morgiana, as slave to the deceased, went next, with her head uncovered, bathed in tears, and uttering the most piteous cries from time to time, beating her breast and tearing her air; Ali Baba closed the procession, accompanied by some of the neighbours, who occasionally took the place of the others to relieve them in carrying the coffin until they reached the cemetery.

As for the widow of Cassim, she remained at home to lament and weep with the women of the neighbourhood, who, according to the usual custom, repaired to her house during the ceremony of the burial, and joining their cries to hers, filled the air with sounds of woe.①

纽恩士版

The ceremony of washing and dressing the body was hastily performed by Morgiana and Ali Baba, after which it was sewn up ready to be placed in the mausoleum. While Ali Baba and other members of the household followed the body, the women of the neighbourhood came, according to custom, and joined their mourning with that of the widow, so that the whole quarter was filled with the sound of their weeping.②

---

① *The Arabian Nights' Entertainments,* London: George Routledge and Sons, Ltd., 1890, p. 677.
② *The Arabian Nights Entertainments,* London: George Newnes, 1899, p. 209.

《侠女奴》

　　曼绮那方回，埃梨亦至。乃取温水以濯慨星之尸，又以香熏之，缠以尸布，一切悉照通常之仪式。斯时埃梨已命工人数人，舁棺而至。曼令之置于户外，如数而赏以报酬，悉遣去之，而己与埃梨合力放尸入棺内，加盖而钉固之。然后乃至墨思克（回教徒之礼拜堂），布告此事，且告以葬仪之已预备。墨思克之教徒，其行业在为死者洗濯尸体。斯时即欲往而尽其职务，但伊则告之以诸事俱备，且已完毕。

　　遂即举行葬式。少顷，墨思克之祭司及僧侣已至，四邻人荷棺于肩，前行以至葬地。祭司随之口诵祷词，为死者忏悔。曼绮那从其后，涕泣而送葬。埃梨则与邻人之来送者，行列而诵经。

　　慨星之妻留于家中，与三五邻妇相向而哭，是盖彼时之习俗使然。遂致哭声不绝，一室中皆充满此悲哀之声音。①

　　此类劳特利奇版中有而纽恩士版里无的故事细节至少有数十处，而这些基本上存在于《侠女奴》中，亦可证劳特利奇版、纽恩士版与《侠女奴》关系之近远。

　　劳特利奇与纽恩士两个版本的阿里巴巴故事，均采用了第三人称的叙事方式，但前者明显增大了内聚焦人物视点的比重。兹举阿里巴巴看到远处扬尘蔽天的情景为例：

劳特利奇版

　　He looked at it very attentively, and perceived a numerous company of men on horseback, who were approaching at a quick pace.

　　Although that part of the country was never spoken of as being infested with robbers, Ali Baba nevertheless conjectured, that these horsemen were of that denomination. Without, therefore, at all considering what might become of his asses, his first and only care was to save himself. He instantly climbed up into a large tree…

---

① 萍云女士述文：《侠女奴》二，《女子世界》第9期，1904年。

The men, who appeared stout, powerful, and well mounted, came up to this very rock, and there alighted. Ali Baba counted forty of them, and was very sure, both by their appearance and mode of equipment, that they were robbers.①

纽恩士版

He observed it very attentively, and distinguished a body of horse.

Fearing that they might be robbers, he left his asses and climbed into a tree, from which place of concealment he could watch all that passed in safety.

The troop consisted of forty men, all well mounted, who, when they arrived, dismounted and tied up their horses and fed them.②

《侠女奴》

埃梨甚骇，注目凝视，烟尘历乱之中，有多数人队，据马背而疾驰。此地固久不闻有盗害，然见此情状，不能无疑。此时埃梨不暇顾及其驴，攀登一大树以自匿……视其状貌，皆壮健而狞武，且善骑，数之得四十人。睹其装束形式，其为盗确然无疑。因思前此推测之不谬，盖彼等实为一群之盗。③

对照来看，劳特利奇版较多借用了阿里巴巴的眼光和心理活动来推进情节，而纽恩士版直接言明骑马者或为盗贼。前者突出的是阿里巴巴由疑虑到确认的动态过程，尤其强调了盗贼数量是通过他"数"（count）的行为而得知的。《侠女奴》也与之相契合，甚至译文中的"据马背""壮健而狞武，且善骑"等表达也与劳特利奇版的"on horseback""stout, powerful, and well mounted"等逐词对应。

劳特利奇版与纽恩士版的差异性还鲜明地体现在人物对话方面。前者人物对话繁多，声口、语气甚至神情皆有传达；后者对话量相对少，叙事客观冷静。例如阿里巴巴带着巨额财富归家后与其妻子的问答：

---

① *The Arabian Nights' Entertainments*, London: George Routledge and Sons, Ltd., 1890, p. 669.
② *The Arabian Nights Entertainments*, London: George Newnes, 1899, p. 203.
③ 萍云女士述文：《侠女奴》一，《女子世界》第8期，1904年。原刊将"数之得四十人"错印为"数之得四十日"。

劳特利奇版

His wife felt the sacks to know their contents; and when she found them to be full of money, she suspected her husband of having stolen them, so that when he brought them all before her, she could not help saying, "Ali Baba, is it possible that you should—" He immediately interrupted her, "Peace, my dear wife," exclaimed he, "do not alarm yourself, I am not a thief, unless that title be attached to those who take from thieves. You will change your bad opinion of me when I shall have told you my good fortune." He emptied the sacks, the contents of which formed a heap of gold that quite dazzled his wife's eyes; and when he had done so, he related his whole adventure from beginning to end; and as he concluded, he above all things conjured her to keep it secret.①

纽恩士版

he emptied out the gold before his wife, who was dazzled by its brightness, and told her all, urging upon her the necessity of keeping the secret.②

《侠女奴》

其妻方倚睡椅而坐,见此袋不知何物,起视之,见中皆金钱,心疑其夫窃诸他人者,不觉惊异之状见于面,曰:"埃梨,此何来者。予思汝必……"埃梨不俟其言竟即慰之曰:"勿恐。予之爱妻乎,汝勿疑讶,予不为盗,此物乃取之于盗者。汝当去其疑虑,予将告汝以予之奇遇。"言毕,倾出袋中之金钱如一小山,光焰夺目,目光为眩。埃梨乃坐而为其妻述冒险之始末。③

劳特利奇版叙事的现场感很强,人物间的对话有助于使其形象突出丰满,叙事节奏相对舒缓;纽恩士版多是快速地推进情节,叙事紧凑。《侠女奴》的译文与劳特利奇版高度一致,就连人物口吻也对得上。阿里巴巴的

---

① *The Arabian Nights' Entertainments*, London: George Routledge and Sons, Ltd., 1890, p. 671.
② *The Arabian Nights Entertainments*, London: George Newnes, 1899, p. 204.
③ 萍云女士述文:《侠女奴》一,《女子世界》第8期,1904年。

妻子怀疑丈夫盗窃而发问,即"is it possible that you should—",却被阿里巴巴打断;周作人的译文也同样表现为未尽之语,对译为"予思汝必……"为了逼近原文,周作人使用了省略号来表达。劳特利奇版多用短促的语句表达阿里巴巴的安慰之语,如"my dear wife""do not alarm yourself""I am not a thief",这也可以在《侠女奴》中找到对应的文字,分别是"予之爱妻乎""汝勿疑讶""予不为盗"。

至此可以推定周作人《侠女奴》的底本就是劳特利奇发行的英文版《天方夜谭》,而不是其自述的纽恩士版。就笔者目力所及,可能性最大的是1890年版。

确定《侠女奴》的底本后,还有三个相关问题有待讨论。一是周作人因何记错了底本。19世纪90年代,纽恩士公司由乔治·纽恩士(George Newnes,1851—1910)创建于伦敦。乔治·纽恩士早在1881年即从事出版行业,主要是发行杂志《趣闻》(Tit-Bits),大获成功,直到1897年才开始涉足图书出版领域。19世纪末20世纪初,纽恩士与劳特利奇(George Routledge and Sons)两家出版机构皆在伦敦发行过插图本的 The Arabian Nights' Entertainments,且印在图书上的公司名称恰巧都有"George",即乔治。这可能造成了周作人的误记。至于周作人会对纽恩士有印象,或许跟柯南·道尔的福尔摩斯侦探故事是在该公司所办之《海滨杂志》上连续发表有关。

二是劳特利奇英文版的《天方夜谭》是否像周作人所言"只是极普通的雷恩的译本"?事实上,《阿里巴巴和四十大盗》与《阿拉丁神灯》,原本并不在阿拉伯文的通行版本中,是加兰在将《天方夜谭》译成法文时,把从叙利亚讲述者那里听到的这两个故事,编进了书中①。故而,直面阿拉伯文本的雷恩译本最初没有《阿里巴巴和四十大盗》。1901年,哈佛大学校长查尔斯·艾略特主编的"哈佛经典"丛书收录的 The Arabian Nights' Entertainments,在采用雷恩译本之外,加入了兰·普尔(Lane-Poole)所译的阿里巴巴、阿拉丁的两则故事。② 1914年,伯恩通俗图书馆(Bohn's

---

① 大卫·达姆罗什:《世界文学是跨文化理解之桥》,李庆本译,《山东社会科学》2012年第3期。

② 查尔斯·艾略特:《主编序言》,《一千零一夜》,樊习英译,北京:北京理工大学出版社,2014年,第3页。

Popular Libraries）在出版四卷本《天方夜谭》时，也特意在出版说明中强调：此译本以雷恩本为基础，阿里巴巴、阿拉丁的故事则另据他本[①]。《爱丁堡评论》在比较《天方夜谭》的多个译本后，曾指出："加兰（Galland）的版本适合托儿所，雷恩（Lane）的版本适合研究所，而伯顿则适合下水道。"[②] 评论里明显带有对理查德·佛朗西斯·伯顿爵士1885年新译本的嘲讽，亦可知加兰的译本是适合为孩子们所用的。且据笔者所见，1811年伦敦印行的四卷本《天方夜谭》参照了加兰译本，其中的《阿里巴巴和四十大盗》与劳特利奇版《天方夜谭》中的译文基本相同[③]。综合推断，周作人所据《天方夜谭》不是雷恩译本，最可能是由加兰的法文译本而来的英译版。

三是有研究者探讨《侠女奴》翻译时，称其以伦敦纽恩士（Newnes）公司发行的英文插画本为依据，注释出处为"Burton, F. R. 1889. Ali Baba and forty thieves. In A. Lang（ed.）. The Arabian Nights. Newnes Publishment. 242–250"[④]。然而，纽恩士公司迟至1897年才开展图书事业，不大可能在1889年推出《天方夜谭》的英译本。再从作者标明的英文信息"A. Lang（ed.）"来看，该版本出自安特路朗（Andrew Lang，1844—1912）之手。作者似乎是将安特路朗1889年编印的《蓝皮童话书》（The Blue Fairy Book）误注为《天方夜谭》（The Arabian Nights）了。论文所引英文内容和位置与该书完全一致，甚至《蓝皮童话书》中阿里巴巴故事的页码也是"242-250"，亦与论文作者标注的信息相同。这恐怕并非巧合。且《蓝皮童话书》也不是由纽恩士出版，而是由朗曼斯公司（Longmans, Green, and Co.）发行。[⑤] 安特路朗确实也编辑过一版《天方夜谭》，并于1898年通过朗曼斯公司出版，但内里并未收入阿里巴巴的故事。[⑥]

---

① *The Arabian Nights' Entertainments* Vol.I, London: G. Bell and Sons, 1914.

② 参见斯图尔特·凯利：《失落的书》，卢葳、汪梅子译，北京：生活·读书·新知三联书店，2008年，第347页。

③ *The Arabian Nights' Entertainments* Vol.IV, translated from the French of M. Galland by G. S. Beaumont, London: Printed for Mathews and Leigh, Strand, 1811.

④ 颜一兰：《女性主义翻译理论观照下周作人〈侠女奴〉翻译研究》，湖南大学硕士学位论文，2009年，第40页。

⑤ Andrew Lang ed., *The Blue Fairy Book*, London: Longmans, Green, and Co.,1889.

⑥ *The Arabian Nights' Entertainments*, selected and edited by Andrew Lang, London: Longmans, Green, and Co., 1898.

确定《侠女奴》的底本,为深入探讨周作人翻译活动的起点提供了新的可能。周作人自言《侠女奴》"带着许多误译与删节"①,后世学者多结合周作人对题目的更改,判断《侠女奴》是梁启超式的"豪杰译",甚至将之视作"改写"而非翻译。但将劳特利奇英文版的《天方夜谭》与《侠女奴》认真对读,却可发现实际情况相当复杂。

从整体上看,周作人翻译《侠女奴》的态度非常认真,基本受制于原文的叙述,对译的比重明显多于擅自更改。从前文诸例已然可以看出,兹再举阿里巴巴初次从藏宝洞归家时的一段:

> Ali Baba took the road to the town; and when he got to his own house, he drove his asses into a small court, and shut the gate with great care. He threw down the small quantity of wood that covered the bags, and carried the latter into his house, where he laid them down in a regular manner before his wife, who was sitting upon a sofa.②

> 乃驱驴疾行,取道归镇。埃梨既至其家,推户而入,引驴至一小天井中,郑重着意而闭其户。遂取去覆袋之薪,而携其袋至内室,置于其妻之前。其妻方倚睡椅而坐。③

整段大致为逐句译,仅划线句为周氏所增补,为的是句意的连贯。在"took the road to the town""shut the gate with great care"等分句中,每一个词都做到了与原句对应。

在《侠女奴》中,有时一个完整的长段落也几乎都被逐句译出来,例如女仆智杀群盗后,阿里巴巴埋尸的一段:

> Ali Baba's garden was of a considerable length, and terminated by some large trees. He went without delay with his slave, to dig a grave under these trees of sufficient length and breadth to contain the bodies he had to inter.

---

① 周作人:《老师一》,钟叔河编订:《周作人散文全集》第 13 卷,桂林:广西师范大学出版社,2009 年,第 257 页。

② *The Arabian Nights' Entertainments*, London: George Routledge and Sons, Ltd., 1890, p. 670.

③ 萍云女士述文:《侠女奴》一,《女子世界》第 8 期,1904 年。

The ground was soft and easy to remove, so they were not long in completing their work. They took the bodies out of the jars, and set apart the arms with which the robbers had furnished themselves. They then carried the bodies to the bottom of the garden and placed them in the grave, and after having covered them with the earth they had previously removed, they spread about what remained, to make the surface of the ground appear even, as it was before. Ali Baba carefully concealed the oil-jars and the arms; and as for the mules, of which he was not then in want, he sent them to the market at different times, where he disposed of them by means of his slave.①

埃梨之园，甚长而阔，满栽以大木。伊等主仆，乃合力于树林中掘一深坎，长广深浅足容如许尸身之放入。其地土松且软，不久，坎已掘成，即将盗尸自瓮中取出，解下其所带之兵器，将尸放入坑内。<u>少顷，三十七个焦烂之尸，一一入坑</u>，加土筑好，将地面平治如常，<u>令无破绽</u>。又将众瓮及器械一一藏置，而驴无所用，<u>且无处可容匿</u>，于是埃梨乃命其仆将十九头之驴，分数次驱入市鬻之。②

整个段落，除结尾处"he disposed of them by means of his slave"被意译为"命其仆"而略加前移之外，译者基本沿用原句序。且周氏译文改动甚少，仅"without delay"与"easy to remove"两个短语未译出，增加的不过下划线标出的三处而已。

在《侠女奴》中，除了整段逐句对译的方法之外，常见的还有稍微调整原文句序而不改核心意思的译法。例如，写阿里巴巴初入藏宝洞时之所见所感：

Ali Baba expected to find only a dark and obscure cave, and <u>was much astonished</u> at seeing a <u>large, spacious, well-lighted</u> and vaulted room, dug out of the rock, and higher than a man could reach. It received its light from the

---

① *The Arabian Nights' Entertainments*, London: George Routledge and Sons, Ltd., 1890, p. 686.
② 萍云女士述文：《侠女奴》四，《女子世界》第 12 期，1905 年。该期原文"埃梨"作"埃黎"，本书统一为"埃梨"。

top of the rock, cut out in a similar manner.①

埃梨入门，初以为其内不过一黑暗阴晦之地穴。及渐进，则见一拱状之窨室，系鉴岩石为之，高一人有半，岩顶开一孔以受光线，广大而光明，埃不胜惊讶。②

引文中的两个标下划线的句子在译文里被移至段末，其他句子仍保持原有句序对译，"only a dark and obscure cave"与"不过一黑暗阴晦之地穴"则为严整的逐词对应。周作人仅补充了"入门"与"及渐进"两处，以显示具体情境。除了这种移动个别短语的类型，译者有时也对句子进行前后调整，如描述阿里巴巴藏身处的一段：

He instantly climbed up into a large tree, the branches of which, at a very little height from the ground, spread out so close and thick, that they were separated only in one small space. He placed himself in the midst of these with the greatest assurance of security, as he could see everything that passed without being observed. <u>The tree itself also grew at the foot of a sort of isolated rock, considerably higher than the tree, and so steep that it could not be easily ascended.</u>③

（埃梨）攀登一大树以自匿。树乃生于一峻峭之岩石上，石之高过于树，颇险阻不易上。树枝去地不及数尺，而绿阴浓密，蔓延四垂，恍如一座之碧幔。埃踞其中颇安适，人不能窥见己，而己可探视其外之动静。④

译文虽不乏小的改动，如将"a very little height"译为更明确的"数尺"，把"they were separated only in one small space"改为更形象的"蔓延四垂，恍如一座之碧幔"，但大致逐句译出。而原文段末的句子被置于译文第二句，这样安排似乎更符合由整体到局部的叙述顺序。

---

① *The Arabian Nights' Entertainments*, London: George Routledge and Sons, Ltd., 1890, p. 670.
② 萍云女士述文：《侠女奴》一，《女子世界》第8期，1904年。
③ *The Arabian Nights' Entertainments*, London: George Routledge and Sons, Ltd., 1890, p. 669.
④ 萍云女士述文：《侠女奴》一，《女子世界》第8期，1904年。

通过对上述例子的分析可知，试手翻译的周作人非常谨慎持重。《侠女奴》既不是随性而为、漫不经心的"乱译"，也不是参以己意、纵情发挥的"编译"或"译述"。译者的基本方法是逐句译，甚至有相当大的比重是逐词翻译的。兹举盗贼们发现藏宝洞外异象时的一段为例：

> The robbers returned to their cave towards noon; and when they were within a short distance of it, and saw the mules belonging to Cassim laden with hampers, standing about the rock, they were a good deal surprised at such a novelty. They immediately advanced full speed, and drove away the ten mules①
> 日将午，众盗皆返。行渐近，忽见有骡负大筐，鹄立于岩石之下，皆甚讶异。因即疾驰而前，逐去此十骡。②

在这一段中，原文的词或词组基本上能与译文相对应。为了直观地看出文本间的关联，以不同下划线逐一分别。译文仅个别地方做了更符合汉语习惯的承前省略而缺译，但在晚清时，如此忠实的译文已属十分难得。与之类似的这种整段的逐词译在《侠女奴》中并不常见，但大致坚持了逐字译倾向的并不少，如阿里巴巴向其兄长和盘托出时的一段：

> but the discovery was made, and nothing could now be done to remedy the evil. Without showing the least sign of surprise or vexation, he frankly owned to his brother the whole affair, and told him by what chance he had found the retreat of the thieves, and where it was situated; and he offered, if he would agree to keep it secret, to share the treasure with him.③
> 然事已发露，终觉无良策可以掩饰。不得已，因向之直陈颠末。不少露惊惧烦恼之状，而告以偶然得入盗穴，故得一袋之金。且指其所在，许以财富共之，并嘱秘其事。④

---

① *The Arabian Nights' Entertainments*, London: George Routledge and Sons, Ltd., 1890. p. 673.
② 萍云女士述文：《侠女奴》一，《女子世界》第 8 期, 1904 年。
③ *The Arabian Nights' Entertainments*, London: George Routledge and Sons, Ltd., 1890. p. 672.
④ 萍云女士述文：《侠女奴》一，《女子世界》第 8 期, 1904 年。

此段有间杂己意、未严格对译的地方，且将末句 if 引导的条件句直接改为并列关系，但也大都逐词译出。放眼《侠女奴》，倘若不以段落来衡量，译文里逐词译的句子俯拾即是。如下：

（1）giving it to the wife of Ali Baba, apologized for having made her wait so long
以升与埃梨之妻，并谢使之久待之罪

（2）Far from feeling any satisfaction at the good fortune which his brother had met with to relieve him from poverty
不以为埃梨得此，可以救其穷困为埃梨喜

（3）but I desire to know also the precise spot where this treasure lies concealed; the marks and signs which may lead to it
然予欲知此财物所藏之精确场所，有何符号，以为指导

（4）their chief object was to discover him to whom they belonged
其主要之目的，即在根求主有此骡之人

（5）Ali Baba did not wait for his sister's entreaties to go and seek for Cassim.
埃黎不俟其嫂之恳乞，即立时许可往寻其兄

（6）At length he drew his purse from his bosom, and putting them in it
至终则自怀中取夹袋纳入之

（7）"I cannot conceive," added he, "who can have imitated my mark with so much exactness"
予不解其何以模拟能如是之酷肖

（8）not only by looking at it attentively, but by passing before it several times
不斤斤注视，而仅于其前周行数过

（9）This act, so worthy of the intrepidity of Morgiana, being performed without noise or disturbance to any one

曼作此事，殊有价值。伊一人为此，不作一声，亦不惊扰众人

（10）Morgiana had scarcely waited a quarter of an hour, when the captain of the robbers awoke. He got up, and opening the window, looked out

曼窥俟约十五分钟，盗首醒，由床上起，开窗四顾

在以不同的下划线标明了原文与译文之间的词语对应关系后，逐词译的特征清晰可见。在以往的研究中，一般认为要到《域外小说集》的出版，周作人才开始采用直译的方法，其翻译行为内在的连续性被严重忽视，也正由此导致难以对《域外小说集》有更为深入的理解。

周作人翻译《侠女奴》，有意地保留了译文明显的异域文化色彩，即便涉及伊斯兰地区的宗教与风俗，亦不加删改。除前文已述之阿里巴巴兄长下葬时的情节外，另如"慨星之妻留于家中，与三五邻妇相向而哭，是盖彼时之习俗使然"一句，对应的是"As for the willow of Cassim she remained at home, to lament and weep with the women of the neighborhood, who, according to the usual custom"。面对这些内容，周作人并不施以归化之法，强行改为国人喜闻乐见的村头故事。

周作人也没有将人名、地名等直接改为方便读者记忆的中国化的名字，这与《域外小说集》"人地名悉如原音，不加省节"的方法一致。在《侠女奴》中，主要人物首次出现，名字标注英文，如曼绮那（Morgiana）、慨星（Cassim）、苟琪亚（Cogia）等，其他人物如裁缝译为麦斯塔夫，男仆译为蔼代拉[①]。而且，使用音译词也是周作人刻意为之，如他将"mosque"（清真寺）音译为"墨思克"，为避免读者不解其意，自注"回教徒之礼拜堂"；另有"essence"（香精）一词，被音译为"安笙思"，以之为一种药名，猜测其"殆参苓之类"；为世人所熟知的"芝麻开门"——Open Sesame，周作人把它译为"西刹姆，启户"，并标注"意译为胡麻"。明知可"意译为胡麻"，还做出了音译的选择，也反映出他的翻译倾向。

[①] 该男仆在《女子世界》第11期上初登场时，被译为"蔼台籁"，至第12期，始改译为"蔼代拉"。

在对《侠女奴》的主要译法有了基本认识之后，需要考察译文中的所谓"许多误译与删节"。关键是看周作人自言的这些改动是否占据主导。首先分析删节问题。对此，周作人指出两点：

> 第一是阿利巴巴死后，他的兄弟凯辛娶了他的寡妇，这本是古代传下来的闪姆族的习惯，却认为不合礼教，所以把它删除了。其次是那个女奴，本来凯辛将她作为儿媳，译文里却故意的改变得行踪奇异，说是"不知所终"。①

周作人或一时笔误，将"阿利巴巴"与"凯辛"的结局弄反；应该是兄长"凯辛"死后，"阿利巴巴"取了寡嫂。此处删节，其实并不多，如下：

> Ali Baba then related to her all that had happened during his journey until his arrival with the body of Cassim. "Sister," added he, "here is a new cause of affliction for you, the more distressing as it was unexpected. Although the evil is without remedy, <u>if, nevertheless, anything can afford you consolation, I offer to join the small property God has granted me to yours by marrying you. I can assure you my wife will not be jealous, and you will live comfortably together. If this proposal meets your approbation,</u> we must contrive to bury my brother as if he had died a natural death②

> 因详述颠末，自出发以至发见尸体。述毕，复言曰：予思此悲惨之事，实出于不意，然已过去，如已逝之水不复可挽。而祸患之来，方将来已。予等瘗此尸体，当加谨慎，一如死于天然之疾病者……既复建议同居之利便，而陈分立之不可，因同居则非但患难可以相顾，且亦可以慰离索之感③

对照来看，被删节的句子已用下划线标出，不超过50个单词。所删原

---

① 周作人：《老师一》，钟叔河编订：《周作人散文全集》第13卷，桂林：广西师范大学出版社，2009年，第257—258页。
② *The Arabian Nights' Entertainments*, London: George Routledge and Sons, Ltd., 1890, p. 675.
③ 萍云女士述文：《侠女奴》二，《女子世界》第9期，1904年。

文的大意是阿里巴巴向寡嫂提出娶亲之意,并保证其妻不会嫉妒,但译文将此省去,其余大致相应。不过,周作人在后文中又通过增补的句子将类似意思写了出来,即"建议同居"那里,只是不点明结婚的事实。

至于女奴曼绮那去向的部分,确实删节较大,主要删了三段,分别写阿里巴巴劝其子接纳、其子同意、婚礼情况。不过,这也是译文唯一一处整段删除的地方。其他删节,如阿里巴巴躲在树上时想下去抓两匹盗贼的马赶着驴子们逃回家、阿里巴巴的嫂子问他妻子是借大升还是小升、阿里巴巴叮嘱曼绮那要保守秘密、阿里巴巴的儿子对经商的学习、充当探子的盗贼回山后的夸耀、苟琪亚看曼绮那跳舞时的心理活动等,大体上是以句子为单位进行的删减;就内容而言,删去的大多是原文过于枝蔓或无足轻重的细节,所占比例仅在全文的百分之二左右。晚清时期,小说翻译家的角色意识尚未完全建立,译文删去"无关紧要"的闲文和"不合国情"的情节反而成为时代风尚[1]。当时译者长期浸染于中国传统小说以故事为中心的惯习,常常只摘译域外小说的梗概或主要情节,大刀阔斧地删减有关自然景物、人物心理、社会环境等方面的描写。通行的多半是缩写版的翻译小说。像《侠女奴》这样,全其大体、细部微减而相对完整地译出原文的作品,已属难能可贵。

其次,讨论《侠女奴》的添笔问题。同随意删节一样,在周作人译《侠女奴》的时代,译者普遍对西洋小说持有一种根深蒂固的偏见,甚至声称窜改处优于原作,于是译者常常技痒难忍,大加增补原作中没有的情节和议论,如包天笑即在《馨儿就学记》中插入数节自己的家事,方庆周、吴趼人甚至将原译六回的《电术奇谈》衍成二十四回[2]。

相较而言,周作人对《侠女奴》的翻译安分得多,除了说曼绮那"不知所终"外,没有增加任何情节,且未大段地发表原文所无的议论,充其量只是偶尔加上一两句评点,使读者更易理解故事的情理或增添些许趣味,如交代"盗魁之语,埃梨闻之极清晰,心窃志之",解释说"瓮中之盗,闻履声橐橐,以为盗首之来,即举相问",并感慨"绿林豪客,真鲁莽哉",极偶尔也有借题发挥之处,如对盗首处死侦查失败之同伙的解释,称

---

[1] 陈平原:《中国现代小说的起点——清末民初小说研究》,北京:北京大学出版社,2010年,第38页。

[2] 同上书,第50页。

"斯盖虽暴客之举动,未脱野蛮之习俗,然彼欲保一群之安全与幸福,势不得不以严酷立法。彼有志复仇,而事机屡失,一误再误,因以偾事者,直盗道之不如矣"。①此寥寥数语已经是周作人擅自增加最多的一处文字。

周作人对原文添饰的方式主要体现在句内的词组或句子之间的连接处,如:

> Ali Baba did not immediately come down from the tree, because he thought that they might have forgotten something, and be obliged to come back, and that he should thus get into some scrape. He followed them with his eyes as far as he could, nor did he, in order to be more secure, come down till a considerable time after he had lost sight of them.②
>
> 埃梨<u>见盗已去</u>,不敢遽下,惧彼或有遗忘物而复返。<u>及其行已远</u>,竭目力之所及,不复见一点之人影。<u>空山寂寂</u>,四顾无人,乃巡逡下树。③

译文中的"见盗已去"与前句相接,增"及其行已远"可使句意紧凑。"空山寂寂"则是烘托气氛,与此类似的还有,提到夜半,加笔曰"月黑星沉,残灯惨淡",言及"天未明时即入城",补写道"人声寂寂,尚无行道者"。有时,周作人也喜欢于译文中添加细节,如写盗首欲唤起同伙下杀手时,原文只说投掷石子以为号令,译者具体化为"拾小白石数颗,投向瓮所在处";写阿里巴巴晚饭后至门外散步呼吸空气,译文添场景为"草地"。但总的来看,周作人具有比较清晰的译者意识,能够克制翻译过程中的创作冲动,在其所处时代的译衍风尚中卓尔不群。

增删之外,《侠女奴》对原文的改动还可约略分为三类。一是割裂原文。由于阿里巴巴的故事较长,在《女子世界》发表时无法一期刊尽,需要连载。周作人没有按照中国章回小说的样式去标示回数、重拟回目或者沿用既有的"话说""书接上回""欲知详情如何,且听下回分解"等话语套子,但仍逃不开"影响的焦虑"。每期至何处暂作收束,周作人是有计划

---

① 萍云女士述文:《侠女奴》三,《女子世界》第11期,1905年。
② *The Arabian Nights' Entertainments*, London: George Routledge and Sons, Ltd., 1890, pp. 669-670.
③ 萍云女士述文:《侠女奴》一,《女子世界》第8期,1904年。

的。第 8 期结尾是"群议须大索穴中,于是盗魁即把剑为导,启户而入",这不禁让人为困在藏宝洞中"绕穴而走"的慨星捏一把汗。载于第 9 期之末的是裁缝不服老,泄露"天机";盗诈其言未果,而后以金诱之。裁缝答应与否,与阿里巴巴一家之存亡相系,但小说至此戛然而止,又卖一关子,于下期揭晓。至第 11 期,写盗魁假扮客商借宿于阿里巴巴家,意欲取其性命,最后称阿里巴巴"奔走以尽地主之谊",为了设置起伏,周作人甚至不惜凭空添上一笔"岂知此座上不速之客,即山中暴客之魁也"做结,颇令人倒吸一口凉气。《侠女奴》每期都在紧要关头、以"故弄玄虚"的方式收场,吊足了读者的胃口,使之产生阅读期待,这带有典型的中国旧有章回体小说的色彩。而别出心裁地设置悬念,一定程度上延宕了原作流畅的故事表达。

二是改变原著的风格基调。比如本来只应平淡地叙述慨星娶妻后改变了命运,周作人却形容道"以妻之花荫,于是一洗其昔日之穷愁";在盗首征询侦查人选时,原文只是说一贼应命,译文则添了半句"某不才"的谦辞;第二个盗贼进城做了标记后,原作以全知型叙述言其被曼绮那看见,周作人却先运用了中国传统小说里常见的以限制性视角描述人物出场的方式,称"斯时也,忽有一人自道旁踥蹀而来,止于门外。噫。此何人?盖曼绮那自外方归"。不过,《侠女奴》里这种借中国俗语俚语插科打诨或借说书人口吻讲故事的情况只是个别现象。有时虽然译词是借用套语,但算不上别扭。慨星一入洞中,被惊人的财富弄得迷失自我,周作人形容他"目眩神迷","真如行山阴道上,令人应接不暇",这与原文的氛围可称相合。再如周作人将众盗贼进宝洞译为"鱼贯而入"亦无不可。

三是周作人所谓"许多误译"。然而,关于误译,不可一概而论。因为这涉及是否有意改动的问题。像寡嫂未再嫁阿里巴巴、女奴拒婚两处,是有意而为的误译,是受制于译者所持意识形态而不忠实原著的表现。另一种故意为之的目的是使情节更加合理。如原文说老裁缝是住在慨星家附近的 (a good old cobbler lived near),但是译文改为居于"村尾",以示两家存在一定距离。显然这样更合理,这降低了老裁缝直接听说慨星事件及认识曼绮那的可能;否则,老裁缝既然住得近,又已与曼绮那相识,却还要被蒙上眼睛以防他记住阿里巴巴家的住址,岂非多此一举!这样的故事设定会让读者觉得牵强。但译文中有的误译并不属于这两类,如写曼绮那遵主人之命筹备诸事时:

> Morgiana did not forget Ali Baba's orders: she prepared his linen for the bath and gave it to Abdalla, <u>who was not yet gone to bed</u>; and put the pot on the fire to make the broth, but while she was skimming it the lamp went out.①

> 曼不敢忘主人之命,为之预备浴巾,以与蔼代拉,又生火支锅,为煮肉羹,卒卒鲜暇。因不复就睡,倚窗而坐。未几夜阑灯炝,盏中之油已涸。②

划线句本是修饰"Abdalla"的,意思是蔼代拉尚未就寝,但是周作人误译为曼绮那。再如他将"very soon after her nuptials"译为"当未结婚之前",实际上是婚后不久。这或为周作人的英文能力不足所致,也不排除是他一时的粗心。然而,这些改动,在其翻译时仍是抱着忠实的态度译出的,与故意的误译不可同日而语。

至此可以总结《侠女奴》的翻译方法。简而言之,其译法的底色是逐句逐词译;从篇章层面着眼,直译部分占有较大的比例,而具体到段落来看,意译的方式亦扮演重要的角色。而相较于同时代盛行于世的"豪杰译"产出的作品,其增删、修饰、误译等弊病并不严重。《侠女奴》虽未做到完全的忠实,但周作人在当时已经算得上是相当尊重原文的小说译者了。只是,因历来缺乏对他所据底本的了解,此前对其翻译起点《侠女奴》只能依据周氏的追述而加以想象性的阐释发挥,并由此产生了一些不实之论,不免令人遗憾。

第三节 新式学堂的英语教育与"直译"的发生

前面两节首先理清了周作人英语习得的情况,接着考证了他翻译《侠女奴》时所据的底本,并据此比对了周作人的译文与原文,细致解析了《侠女奴》的翻译方法,纠正了诸多既有研究的错误,特别是考订底本后可知《侠女奴》的翻译并非通行所说的"意译"或"豪杰译",而是接近"直

---

① *The Arabian Nights' Entertainments*, London: George Routledge and Sons, Ltd., 1890, p. 683.
② 萍云女士述文:《侠女奴》四,《女子世界》第12期,1905年。

译",甚至通常是逐词译。这同样挑战了惯常的有关晚清翻译史的认知。学界一般认为,晚清以"意译"为风尚①,周作人留日之前受林纾和梁启超的影响,也是"意译"为主,直到1909年的《域外小说集》后才走向直译。然而,早在1904年,还不到二十岁的周作人,在第一次翻译时就采用了有悖于译界潮流的直译,何以如此呢?对这一问题的解答,是讨论其翻译道路生成的前提。

在周作人的翻译历程中,"直译"的发生与他在江南水师学堂所受的英语教育密切相关。在江南水师学堂洋文馆的考试中,翻译是一项重要的内容。周作人日记曾载"上午考读、默、拼、解、写五项,窘极,约差一百多字。下午考翻译,尚好,不至大错"②。可见,翻译是周作人擅长的科目。学界目前对江南水师学堂洋文馆的翻译训练所知甚少,但可借助对其教科书的分析来深化讨论。

前文已述,周作人所用最高程度的英文读本是《华英进阶·肆集》,但至学堂后期,专业课加重,"印度读本不过发给到第四集,此后便去专弄锅炉"③。江南水师学堂是否认真教过《华英进阶·肆集》仍存疑,不妨退一步以《华英进阶·叁集》为例,讨论周作人的英文课程。

《华英进阶·叁集》共有课文110篇,除去数篇基督教祷文和诗歌外,长度一般在150个单词左右,有的长文甚至超过200词。其中,字课(Word Lesson)8篇,文法课(Language Lesson)9篇,课文内句子之间不相承;此外的篇章前后句意基本上是贯通的,或是记叙新的见闻,或是介绍新的知识,或是通过讲述故事来揭示人生哲理。如果仔细阅读这些课文,那么不难发现周作人《侠女奴》的翻译方法与它们存在着相当紧密的联系。

首先,与《侠女奴》译文的主体特征一致,《华英进阶·叁集》的课文也主要采用逐字逐句译。试观第二十四课"空气",如下:

---

① 王宏志:《民元前鲁迅的翻译活动——兼论晚清的意译风尚》,《鲁迅研究月刊》1995年第3期。

② 见周作人壬寅年(1902)二月初五的日记。鲁迅博物馆藏:《周作人日记》(影印本)上册,郑州:大象出版社,1996年,第318页。

③ 周作人:《学校生活的一叶》,钟叔河编订:《周作人散文全集》第2卷,桂林:广西师范大学出版社,2009年,第824页。

24.—THE AIR

<u>The air is round us on all sides.</u> We cannot see the air, but we can feel it if we wave our hands. We can hear it when it moves very fast, and we can see what it does when it makes the leaves of trees shake and the dust fly.

We could not live without air. Plants would not grow without it, and all things that live would soon die if they had no air.

<u>The air we breathe goes into the body to make the blood pure, and take away waste matter.</u> The air that comes out of the body is foul. The air of crowded rooms is very bad for us to breathe. So also is the air from swamps, and drains, and filth of all kinds.

<u>People ought always to let fresh air into their houses.</u> It makes them weak and sickly to breathe bad air. <u>We should try to live where the air is clear and pure.</u> To walk or play every day in the open air helps to make us healthy and strong.

<u>When the air moves fast, it is very useful. The wind blows the sails of ships, and makes them go on.</u>

第二十四课　空气

<u>空气围绕我人四周</u>，我虽不能目睹，然以手摇动，微觉有所激触，即空气也。空气行动极速时，略若可闻。且于树叶摆簸，尘土飞扬之际，可以见其运转。

我人无气不生，草木无气不长。一切万物，不得空气，皆即消亡。

<u>是气也，我人吸之入于身内，可使血液洁净，且可扫荡全身之废料</u>，气之自体外泄者，都污秽而不洁。众人聚处之室，其气亦不宜呼吸，又气之发自湿地、沟渠、及各种朽腐之物者亦然。

<u>人宜令清净之气，常入房屋。</u>吸浊气，则令身弱而有病。<u>我等宜居于气清及洁净之处。</u>每日或散步或游戏于屋外，以助体之爽健。

<u>空气行动极速时，最为有用，风吹船帆，使之前驶。</u>①

---

① 《华英进阶·叁集》，上海：商务印书馆，1924 年，第 39—40 页。此为第 29 版。引文略去了文前的单词部分。

可见课文为逐句对译,力求每一英文词或词组都能被准确地以汉语译出。语序的调整只发生在单句之内。下划线所示句子均是逐词译。这正是周作人在翻译《侠女奴》时所表现出来的译法。教科书的课文示例与周作人的译文之间存在一致性。

纵观《华英进阶·叁集》,类似"空气围绕我人四周"这种蹩脚汉语的例子很多,如第十七课《如尔意》:

> To all who wait upon or serve you, believe that, "If you please" will make you better served than all the cross or ordering words in the whole dictionary.

> 对于仆隶下人,亦当深信此如尔意三字,盖此三字实足以得更切心之服役,胜于种种含怒辞使令辞之在全部字典内者也。①

这段课文就直观地展示出为了字面上的"信"而损失汉语表达流畅度的过程。英语原文被逐词译为令人略感怪异的汉语句子。类似情况也常见于《侠女奴》中。

其次,《华英进阶·叁集》的课文翻译偶尔也会体现其灵活的一面。比如第五课《鹦鹉》中,原文只说"they take a nap",译文则补充了场景"觅浓阴";再如第十一课《童子与溪》,本是简单的一句"what makes you sad?"被译为两个分句"汝何事感触,忧形于色?"有时,译文还会将概念具体化,原文只说"他们错过所有好的事物"("They let slip all that is good"),而被译作"凡嘉言懿行,任其倾泻无遗";"它们上面没有污点"("there is no spot upon them")被译为"无微尘纤垢黏于其上"。

遇到按字面翻译难以连贯上下文时,译文也会添加词句,使之句意明确,如第二十五课《言语之害》的第一段:

> Many people seem to think that words signify little: they must not do what is wrong, but they may say what they please。

---

① 《华英进阶·叁集》,上海:商务印书馆,1924年,第29页。

世人往往以为出言所系甚小，而行事所关者大，故但当行无过举而已，至于出言，可以随心所欲①

由于英文原句中有冒号可助表意，而汉语在不用冒号的情况下，不得不对标点所指示的逻辑关系，添加额外的说明。"而行事所关者大"即是增译所得。

上述整体上逐句逐词译而细节方面有所增补调整的译法，也是《侠女奴》中常见的手法。如果仅仅将周作人的译文与原文对读，会认为这类翻译是周作人的擅改，但在了解了教科书的情况后却可猜想，这种更动在周作人那里或许会被认作忠实的表现，亦未可知。

再者，《华英进阶·叁集》中一些示范性的译法也被《侠女奴》所采用。如课本中的人名地名等专有名词也都是音译的方式，可举 Elizabeth（以利沙伯）、Philip Sidney（腓力悉德尼）、Asia（亚西亚）、Africa（亚非利加）、巴玛拉树（palmyra）等。

课本与《侠女奴》在句子结构方面也有近似的译法，如译位于句中或句末的时间状语时，一般会将其置于最前端译出；遇动词搭配方位短语时，习惯于把方位短语提前；单句或短句大体上会逐词译，遇到多重复句或句意缠绕的句群，则总是调整前后语序；人称代词虽有据前后文而省略的情况，但相对古文而言，基本保持了主谓宾的完整；语气词、并列关系的形容词或副词，以及重复的词或短语都照直译出，不加省略。

上述三个方面的翻译特点，不限于《华英进阶·叁集》，整套《华英进阶》教材皆如此。教科书作为一种权威话语，无疑会形塑受教者的观念。正如1912年出版大家高凤谦所言："教育之普及，常识之备具，教科书辞书之功为多。"②近世学者亦曾指出："在各类翻译材料中，对中国思想及社会最具渗透力和持久影响的，莫过于教科书。"③对于周作人翻译思想的生成而言，洋文馆英语教科书的作用显而易见。它们几乎是当时的周作人习

---

① 《华英进阶·叁集》，上海：商务印书馆，1924年，第41—42页。
② 高凤谦：《〈新字典〉缘起》，傅运森、沈秉钧、蔡文森等编纂：《新字典》，上海：商务印书馆，1912年，第1—2页。
③ 任达：《新政革命与日本：中国，1898—1912》，李仲贤译，南京：江苏人民出版社，2006年，第120页。

得英语的唯一途径,加之日复一日的课上讲授、课下练习,以及定期考试和成绩奖惩形成的鞭策机制,知识与方法由教科书完成了向学生主体的迁移和转化。

来自新式学堂的翻译训练和考核,实际上也造成了学堂出身的译者与同时代为商业利益或政治目的进行翻译的人群的显著差异。学堂出身的译者在翻译时预先带着译文是否准确的意识,不会妄加更改。这也为我们重新理解晚清翻译史提供了新的可能性。以往的晚清翻译研究多着眼于政治性的翻译和商业性的翻译,所以看到的是"意译"风尚,若将目光移向新式学堂出身的译者或许会看到一些不同。周作人早在 1902 年 9 月 2 日的日记中,就已然表达过对译文乱改原作的反感,称"《泰西新史》,译笔不佳,喜掉文袋,好以中国故实强行掺入,点缀过当,反失本来面目。忧亚子译《累卵东洋》亦坐此病。可见译书非易事也"[1]。周作人对翻译与创作的区隔有着清醒的认识,故而与《累卵东洋》一类视擅改比"原作更益完善"[2]的归化式译法拉开了距离。

在剖析了学校英语教育与翻译方法及语体的关联之后,还需要对译文中溢出规范的部分加以讨论,即为何《侠女奴》的译本会存在"删节"和"误译"的问题。最显而易见的一个原因是周作人的英语水平不足。掌故大家徐一士提及《华英初阶》时说:

> "珀拉玛"是 Primer 的音译,即所谓《华英初阶》也。三十年前中国人学英文,初学的课本大都用此。由此而向上,便是《华英进阶》初集(First Reader)至五集(Fifth Reader)。当时读过《华英初阶》的,就仿佛英文已经有了相当的基础,其实是很浅。[3]

至第五集尚被认作"很浅",更不必说周作人只认真学到了《华英进阶·叁集》。该书确实较为基础,课文主要由单句和简单的复句构成,至最

---

[1] 鲁迅博物馆藏:《周作人日记》(影印本)上册,郑州:大象出版社,1996 年,第 348 页。
[2] 忧亚子:《〈累卵东洋〉自序》,大桥乙羽:《累卵东洋》,大房元太郎译,东京:爱善社,1901 年,第 2 页。
[3] 见徐一士为蘧园《负曝闲谈》第八回所作评考。蘧园原著,徐一士评考:《负曝闲谈评考》,上海:四社出版部,1934 年,第 68—69 页。

后的部分，才开始增大了多重复句的比重，并出现少量插入语的使用。相较而言，《侠女奴》的英文原本虽是儿童读物，但只是词汇偏于简单，句式却相当灵活，修饰关系也很复杂，至少在周作人看来是偏难的。比照劳特利奇的英文本与《侠女奴》的译文可以看到，意涵显豁的句子，周作人基本会采取直译的方式；而许多放弃逐句逐词译的地方，原文句子过长，分句间叠合交错，或是多个句子互相联系，表意幽深曲折，周作人为求明快，不得不删减原文。

与水平问题相关的是翻译经验的不足。《侠女奴》毕竟是周作人着手翻译的第一部作品。将课本内学到的知识活学活用是有待练习的。且平日所学多为短章，每文仅几个段落而已，阿里巴巴的故事体量相对而言要大得多，涉及篇章层面。

《侠女奴》分四次在《女子世界》上连载，随译随寄，然后发表。从首刊于1904年8月11日这一点来看，翻译的时间至晚在7月。前两期每次只译约3000字，后间隔一期未登载，接续的两期各约载5000字，翻译的速度有进步。从质量上看，首载的一节添饰的零散成分最多，第二、三部分渐入佳境；至最后一节，似有赶工之嫌，越是临近终末之处，删减越是严重，即便如此，连译带抄，仍耗费了周作人三天的时间。1905年1月9日，周作人日记载"终日译《侠女奴》，约得三千字"，他于第二日"抄译稿约三千字，腕力几脱"[1]；两个月后，"译《侠女奴》竟，即抄好，约二千五百字"。篇幅并不算长的阿里巴巴的故事，周作人竟然断断续续地拖了半年多。全部译完后，他在日记里写下"全文统一万余言，拟即寄，此事已了，如释重矣，快甚"。可见，于周作人而言，译《侠女奴》是较大的负担。然而，有这种感觉也不只是经验不足所致，相比"日区四小时，得文字六千言"[2]的林纾，周作人终日译仅"约得三千字"，也可看出他对待翻译之事的细致认真。

再者，周作人的翻译或多或少会受到周树人的影响。尽管长兄当时还无法用英文翻译，但他一直扮演着新学引导者的角色；不仅从日本给弟弟

---

[1] 见周作人甲辰年（1904）十二月十五、十六，乙巳年（1905）二月十四的日记。鲁迅博物馆藏：《周作人日记》（影印本）上册，郑州：大象出版社，1996年，第403、410页。

[2] 林纾：《〈孝女耐儿传〉序》，陈平原、夏晓虹编：《二十世纪中国小说理论资料·第一卷（1897—1916）》，北京：北京大学出版社，1997年，第293页。

寄各种西学书籍，还会对周作人的阅读提出建议，并在信中讲东洋留学生界的事情，以开阔他的视野。1904年春，周作人收到大哥所译之《月界旅行》。①周作人首次翻译苦无经验时，借鉴兄长的译作也是一条途径。比照分析《月界旅行》与《侠女奴》，二者至少有两点相似之处。一为章回体的借用。《侠女奴》虽未拟回目，但仍仿照章回小说的方式截断原文。二为略有删节。《月界旅行》在"辨言"中明确说："其措辞无味，不适于我国人者，删易少许。"②《侠女奴》中阿里巴巴娶寡嫂的情节，被认为"不合礼教"而遭删除。

相较少量删减，更需要解释的是周作人为何故意更改女奴的结局。在劳特利奇版的原文中，阿里巴巴只是对曼绮那宣布了自己的决定，并未征询她的意见，而是去劝说儿子，随后为两位新人举行了盛大的婚礼。也就是说，曼绮那实际上是"失声"的。周作人则突出了女奴的主体性，改为"曼夷然曰：'除患，吾分也。吾不敢邀非分之福，且予自行心之所安，富家妇何足算？吾勿愿也。'卒不许"；并于结尾处，增言"曼绮那其后不知所终"。

目前学界一般从性别的角度来阐释这种改动。周作人在六十年的时间里就女性问题写下过数百篇文章。这些文字也代表着近代以来女性解放思想的重要成就。舒芜等人认为：在中国现代文学家、思想家中，对妇女问题关注之深、贡献之大者，周作人堪称前列③，甚至有研究者称他为"现代中国妇女理论第一家"④。于是，从女性主义视角打量周作人，似乎顺理成章。作为周作人妇女书写的起点，《侠女奴》也被认为体现了女性主义的翻译策略。有研究声称："周作人虽然是一名男性译者，但在翻译《侠女奴》时体现了明确的'女性主义'意图，采用了加写前言、增补、劫持、使用女性笔名和将译作名译为《侠女奴》等女性主义翻译策略，这些意图和策

---

① 鲁迅博物馆藏：《周作人日记》（影印本）上册，郑州：大象出版社，1996年，第401页。
② 译者：《〈月界旅行〉辨言》，培伦：《月界旅行》，中国教育普及社译印，东京：进化社，1903年，第3页。
③ 舒芜：《女性的发现——知堂妇女论略述》，《中国社会科学》1988年第6期。另可参徐敏：《女性主义的中国道路——五四女性思潮中的周作人女性思想》，北京：中国社会科学出版社，2006年。
④ 黄乔生：《选编后记》，姜德明主编，黄乔生选编：《周作人书话》，北京：北京出版社，1997年，第346—347页。

略与女性主义翻译理论的要求不谋而合。"①然而，通过考察底本、细致探究可知，周作人并非基于女性主义进行全盘改动。周作人有意误译"女奴曼绮那拒婚"，既有客观因素的制约，更有民族国家之大义存焉。

从客观上说，这是对《女子世界》的俯就。周作人曾说："当时我的一个同班朋友陈作恭君定阅苏州出版的《女子世界》，我就将译文寄到那里去，题上一个'萍云'的女子名字，不久居然分期登出，而且后来又印成单行本，书名是《侠女奴》。"②他还补充解释说"阿利巴巴故事的主人公是个女奴，所以译了送登《女子世界》"。③这个回忆太过轻描淡写，还有若干细节可以玩味。

早在《侠女奴》刊出前，1904年第5期《女子世界》就在不同栏目同时发表了周作人的三篇署为女性笔名的作品："文苑因花集"的诗歌《偶作》、"女学文丛"的《说死生》以及《论不宜以花字为女子之代名词》。第6期《女子世界》所载《寄稿家芳名录》中，周作人假扮之"会稽女士吴萍云"，赫然列为首位。可知寄稿《侠女奴》时，周作人与《女子世界》已有相当密切之联系。

《侠女奴》发表时署名为"萍云女士"，但从故事本身来看，似乎与女子刊物的定位不符。因为女奴曼绮那的表现在故事中虽十分抢眼，可是很难说算得上主人公。以往在未勘察底本的情况下，研究者习惯于断言周作人是通过有意识的改写和添加，使女奴由配角跻身主位的；然而，通过前文的考述，可知真正改动的地方只有结尾处，其余皆为原文本来面貌。

曼绮那的登场时间相当晚，只是阿里巴巴与四十大盗这条故事主线的助力者，小说原本的落脚点在"前此破屋卖薪之子，今俨然面团团作富家翁矣"。故而，在《女子世界》上刊载，需要格外凸显小说的女性话题，如易名为《侠女奴》，且撰写译者前言引导读者注意故事的性别意涵。译者有言：

---

① 颜一兰：《女性主义翻译理论观照下周作人〈侠女奴〉翻译研究》，湖南大学硕士学位论文，2009年，第44页。另可参李贞玉：《周作人早期译文的翻译策略与性别观念——以〈侠女奴〉为中心》，《励耘学刊（文学卷）》2013年第1辑。

② 周作人：《老师一》，钟叔河编订：《周作人散文全集》第13卷，桂林：广西师范大学出版社，2009年，第258页。

③ 周作人：《我的新书一》，同上书，第291页。

有曼绮那Morgiana者，波斯之一女奴也，机警有急智。其主人偶入盗穴为所杀，盗复迹至其家。曼绮那以计悉歼之，其英勇之气，颇与中国红线女侠类。沉沉奴隶海，乃有此奇物，亟从欧文移译之，以告世之奴骨天成者。①

所谓"颇与中国红线女侠类"的比附，是对《女子世界》办刊宗旨的响应。《女子世界》编者丁初我在创刊号上发表"颂词"，将他心目中对理想女性的构想表述得非常清楚。他认为，"军人之体格，实救疗脆弱病之方针；游侠之意气，实施治怔忡病之良药；文学美术之发育，实开通暗昧病不二之治法"；因此，必须"合此三者，去旧质，铸新魂"，然后"二万万女子，乃得出入于军人世界、游侠世界、学术世界"，进而"养成女军人、女游侠、女文学士"，以最终炼成"花团锦簇"且"光明万古"的"女子世界"。对于未来"女子世界"三足鼎立格局的构想，也直接体现在了杂志的编辑方针中，尤以"传记"栏的表现最为明显，其所建构的女性榜样，几乎完全对应丁初我所谓的"女军人""女游侠"和"女文学士"。②丁初我眼中"女游侠"的典型代表是"缇萦、聂姊、庞娥、红线"，特点在"高义云天"，鼓吹她们的用意为"实施治怔忡病之良药"。③不过，《侠女奴》中的曼绮那，虽最终持剑杀贼，但只是乘人不备，与以武犯禁、放荡不羁且长于技击的游侠形象相差甚远。

周作人欲将一个男子偶遇宝藏而避祸发财的故事在《女子世界》上发表，需要向刊物的诉求靠拢，故不得不去弥合曼绮那与"女游侠"之间的距离，于是有了对红线女侠的比附，可是如果仅凭同为家奴的相似点，仍缺乏说服力。因此，译者增加的"曼绮那其后不知所终"，大概也是为了与红线女侠的结局"遂亡所在"相契合。且《女子世界》第4期刊出过柳亚子假名"松陵女子潘小璜"为"中国女剑侠红线"作的传记；从时间上看，周作人很有可能读到了这篇传记。将曼绮那与红线相勾连，也是对《女子世界》已刊文章的应和。至于周作人是否可能是由柳亚子的文章而产生了

---

① 萍云女士述文：《侠女奴》一，《女子世界》第8期，1904年。
② 详参马勤勤：《晚清女报与近代中国女性小说创作的发生——以〈女子世界〉为观察中心》，《云南大学学报（社会科学版）》2018年第6期。
③ 初我：《〈女子世界〉颂词》，《女子世界》第1期，1904年。

译阿里巴巴故事的灵感,答案虽不得而知,却也引人遐想。

从主观方面来看,周作人增补曼绮那拒婚的情节,则另有深意。如果仅从性别视角着眼,将流于表面。既有研究过于注重女奴曼绮那"女"的身份,对其"奴"的一面却不甚着意。晚清以降,提倡人格独立、铲除奴隶根性成为言论界的热门话题,其背后也带有颠覆君主专制与清朝统治的意图。梁启超在《中国积弱溯源论》里数次提到奴性问题,将此视为"积弱根源"之一种:

> 数千年之民贼,既攘国家为己之产业,縶国民为己之奴隶,曾无所于怍,反得援大义以文饰之。以助其凶焰,遂使一国之民,不得不转而自居于奴隶。性奴隶之性,行奴隶之行。……彼之以奴隶视吾民,犹可言也,吾民之以奴隶自居,不可言也。孟子曰:"人必自侮,然后人侮之。"故使我诚不甘为奴隶,则必无能奴隶我者。嗟乎!吾不解吾国民之秉奴隶性者何其多也!……州县之视百姓,则奴隶也,及其对道府以上,则自居于奴隶也,监司道府之视州县,则奴隶也,及其对督抚,则自居于奴隶也,督抚视司道以下,皆奴隶也,及其对君后,则自居于奴隶也,其甚者乃至对枢垣阁臣,或对至秽至贱宦寺宫妾,而亦往往自居奴隶也。若是乎,举国之大,竟无一人不被人视为奴隶者,亦无一人不自居奴隶者,而奴隶视人之人,亦即为自居奴隶之人,岂不异哉!岂不痛哉!①

梁启超另有《少年中国说》里对"四百兆之父兄子弟,已为人注籍之奴"②的忧虑,以及《新民说》中对"辱莫大于心奴,而身奴斯为末矣。夫人强迫我以为奴隶者,吾不乐焉,可以一旦起而脱其绊也"③的鼓吹。对国人奴性的批判是当时梁氏著作中的一个重要的基点。梁启超先后参与创办的《时务报》《清议报》和《新民丛报》,亦是鞭挞奴隶意志的舆论

---

① 饮冰室主人:《中国魂》,上海:广智书局,1906年,第24—26页。饮冰室主人即梁启超。本版为第六次印行。

② 同上书,第3页。

③ 梁启超:《新民说八·(第九节之续)论自由》,《新民丛报》1902年第8号。

阵地。①

而在江南水师学堂读书时的周作人十分醉心梁氏学说。他自称："庚子以后，在南京读到《新民丛报》和《新小说》，恍然如闻天启；读《饮冰室自由书》，觉得一言一语无不刻骨铭心，永不能忘。这时候的愉快真是极大，至今每望见梁先生还不禁发生感谢之意。"②周作人的日记也可以充分印证他的回忆。从1902年初春读《时务报》开始，周作人就对梁启超的著述广泛搜求，屡有抄录，痴迷地追看"率皆饮冰子所著"的《新民丛报》，甚至"看至半夜，不忍就枕"；还称许《现世界大势论》"论词旨危，切吾国青年"，夸誉《饮冰室自由书》与《中国魂》"美不胜收，令人气壮"；而这后两种也看过不止一遍，它们又正巧收录了《中国积弱溯源论》《少年中国说》等指摘国人奴性的文章。③

正是自1902年起，周作人的思想渐趋激进，他痛贬张之洞的《劝学篇》"斥民权自由平等之说，生成奴隶根性"；目睹官场迎送，感慨"中国普遍压制，随在皆是"及与身者"可谓无血气无脑筋"；得知被安排侍宴，抒发"吾等又须为皂役奴隶站班磕头"的牢骚，事后则暗骂"在上者只知巴结上司，役使吾辈如牛马"。他因友人讲述日本弘文学院学潮风波之事，受到牵连，被学监恐吓，"谓日后黎总办若派人东游，必阻我之行"。周作人激昂地写下"大丈夫生不得志，乃为奴隶，受压制之苦乎！我誓必脱此羁绊"。④这些日记文字皆反映出梁启超奴性论对周作人的影响。而那对抗学监的言论与梁启超之"一旦起而脱其绊"何其相似。耐人寻味的是，"起而脱其绊"恰为周作人给曼绮那设计的新结局。在《侠女奴》的结尾，曼绮那坦然地说要"自行心之所安"而"其后不知所终"的改动与周作人"誓必脱此羁

---

① 关于梁启超的"奴性"批判，可参郭双林、龙国存：《"国民"与"奴隶"——对清末社会变迁过程中一组中坚概念的历史考察》，《中国文化研究》2002年春之卷；孙强：《晚清国民性批判中的"奴隶"话语辨析》，《西安电子科技大学学报（社会科学版）》2012年第2期。

② 荆生：《我的负债》，钟叔河编订：《周作人散文全集》第3卷，桂林：广西师范大学出版社，2009年，第326页。

③ 见周作人壬寅年（1902）正月初四、初六、初八，六月初十，七月初三、初四、初六、初七、十四，十月初六、初七，癸卯年（1903）二月初四、二月廿四的日记。鲁迅博物馆藏：《周作人日记》（影印本）上册，郑州：大象出版社，1996年，第308—309、339、344—346、357、375、379页。

④ 见周作人壬寅年（1902）七月廿八，十月初八、初十，癸卯年（1903）二月廿二、廿三，三月廿一的日记。同上书，第348、357、378—379、386页。

绊"的志向形成了互文关系。周作人给曼绮那设计的新结局正是"脱此羁绊",这也是他抒发个人愤懑情绪的文字出口。

《侠女奴》译者前言中的"沉沉奴隶海,乃有此奇物,亟从欧文移译之,以告世之奴骨天成者",实际上不是专向女性而写,而是就整体国民的现状发声。周作人内心深处有着强烈的危机意识,或是宣告中国"气数完矣",或是赌咒"危亡之现象既已如此,而顽固之老大犹沉沉大醉",三年之内"不亡,吾不信也"。[①]他非常羡慕曾在江南水师学堂就读的秦毓鎏、胡克猷东游日本后译书"以饷国民"[②],至周作人自己开始翻译的时候,也不免要考虑译介以启民智的问题。倘若完全照直翻译而沿用原文,让曼绮那嫁给阿里巴巴的儿子,则批判奴性、倡导独立自由的意旨将无处寄托。由此可知,《侠女奴》中最大的这处改动,实有大义存焉。

除了前述诸种因素之外,译文中还有与周作人本人无关的删减和误译。这类与原文出现差异的责任当归于润饰者。1905年3月19日,周作人完成了《侠女奴》的翻译;大约两个月后,《女子世界》第12期出刊,连载终了;随即杂志社推出了这部小说的单行本。[③]载于杂志时,只署名为"萍云女士述文";至单行本中,改为"译述者萍云女士、润辞者初我"[④]。经核对,原刊本与单行本的文字没有任何差别。那么可推知,今人所见《侠女奴》或许已不是原始面貌,文字方面是经过了丁初我修正的。对晚清小说相当熟稔的阿英,谈及当时的译介活动时曾说:"书店里往往聘有译手和润文的人。先由翻译手把流行的书译成中文。再交把那润文的人去删润,然后再出书。翻译手固未必能没有错误,润笔者是更不知原文为何如,几经改动,等到印出书来,简直不是那么一回事。这种情形,在当时的小说

[①] 见周作人壬寅年（1902）十一月十二、癸卯年（1903）三月廿一的日记。鲁迅博物馆藏:《周作人日记》（影印本）上册,郑州:大象出版社,1996年,第361、386页。

[②] 见周作人壬寅年（1902）十二月初七的日记。同上书,第365页。

[③] 《女子世界》拖期严重,第12期发表已经到了1905年5月,详见栾伟平:《清末小说林社的杂志出版》,《汉语言文学研究》2011年第2期。《侠女奴》的初版时间是"乙巳五月",约为1905年6月。

[④] 见"乙巳五月"《侠女奴》初版本版权页的署名。正文第1页署名为"会稽萍云译述""常熟初我润辞"。

里，记载得很多。"①丁初我的"润辞"未必就会乱改，但毕竟脱离了原文的制约。

新式学堂的英语教育给了青年周作人"直译"的示范，也促成了他的第一次白话写作。周作人在绍兴生长，曾在杭州侍奉入狱的祖父，两地皆为吴语方言区。他自幼接受传统的私塾教育，以科举考试为目标，擅写文言文章，虽然也读《镜花缘》一类的白话小说，却难于运用白话写作。与周树人一样，周作人也是写文言容易，写白话难，对这两种语体的操控能力有所不同。

周作人最初的白话写作经验，大概起始于南京求学时期，此少为人所注意。1902年7月18日，周作人收到了大哥寄自日本的信，"尽二纸，尽白话"，原本"拟即答"，未能；后于第二日，"作日本信，得五张亦白话，至午始竟"。②周作人特意在日记中记载用白话写信，可见对于周氏兄弟而言，这都是新鲜事。"至午始竟"，也能看出他于白话有生疏之感。那么，周作人的白话经验，除了读古代长篇章回小说之外，还有其他来源吗？答案便是英语教科书。

《华英进阶·初集》课本的译文皆是白话。前文已引过他久久未能忘怀的那篇《我的新书》。兹举全文如下：

> 这是我的新书。我想我应该欢喜这书。有好几个难字在这中间就是我所不知道的。我若然每日学些，则他们不致久难于我。
>
> 我应该善用我的光阴。日一过了，不再回来。我应该每日勉力学些新事，并且每日勉力求胜于前。③

在商务印书馆"华英"系列教材中，尽是这种略显拗口的白话，以《华英进阶·初集》为例，有"我们决不能捉得的，是已经出我们口中的言语"

---

① 阿英：《翻译史话》，《阿英全集》第5卷，合肥：安徽教育出版社，2003年，第785—786页。

② 见周作人壬寅年（1902）六月十四、十五的日记。鲁迅博物馆藏：《周作人日记》（影印本）上册，郑州：大象出版社，1996年，第340页。周树人以白话写信，或与在弘文学院所学白话课本有关。

③ 《华英进阶·初集》，上海：商务印书馆，1904年，第5页。

(第二课)、"昔有一小孩见一瓶盛满的是硬壳果,故他去伸入他的手要拿些出来"(第二十一课)、"前有一支燕子作他的巢在窗角里"(第三十一课)、"这树就是他的父亲曾经禁止他不许触动"(第三十二课)……虽然词句矫揉造作,甚至以今人眼光观之,不乏语法错误;反倒因此读着与文学革命后的新体白话有些相近,在本质上与章回小说体那类流畅的俗语白话颇为不同。这便是由翻译导致的。江南水师学堂将"背书"作为考试科目,要求学生背诵课文,周作人数十年后仍可大致写出,可见当年记忆之深。洋文馆是1902年5月开始教授《华英进阶·初集》,两个月后,周作人写白话书信给鲁迅;该书信今日虽不得见,但不难想见很有可能是翻译体的新式白话。

第四节　复音词译语背后的字典资源

周作人在谈翻译的时候曾说:"中国话多孤立单音的字,没有文法的变化,没有经过文艺的淘炼和学术的编制,缺少细致的文词,这都是极大的障碍。"[①]然而,在《侠女奴》中,周作人已经使用了诸多复音词来翻译。表面上看,周作人采复音词入译文,是受"掯撞新词"的"东瀛文体"风尚的影响,但实际上还有更为直接的原因。周作人自言最初译书时,"于我们读英文有点用处的,只是一册商务印书馆的《华英字典》"[②]。王力也说"当时中国为西洋语言(特别是英语)编词典的人由于贪图便利,就照抄了日本人所编的西洋语言词典的译名"[③]。可见,讨论周作人在《侠女奴》中的选词用词,需要认真考察字典的问题。

在整个江南水师学堂的生涯中,周作人最看重的一本英文书就是《天方夜谭》,即《侠女奴》的出处。他称"《天方夜谈》是我在学堂里看到的唯一的新书"未免是一种修辞,但说"我认识了这一本书,觉得在学堂里

---

① 周作人:《译诗的困难》,钟叔河编订:《周作人散文全集》第2卷,桂林:广西师范大学出版社,2009年,第257—258页。仲密即周作人。

② 周作人:《老师一》,钟叔河编订:《周作人散文全集》第13卷,桂林:广西师范大学出版社,2009年,第256页。

③ 王力:《汉语史稿》下册,北京:中华书局,1980年,第528页。

混过的几年也还不算白费"①倒是由衷的感受。周作人甚至说:

> 我弄杂学虽然有种种方面的师传,但这《天方夜谈》总要算是第一个了。我得到它之后,似乎满足一部分的欲望了,对于学堂功课的麻胡,学业的无成就,似乎也没有烦恼,一心只想把那《夜谈》里有趣的几篇故事翻译了出来。②

该如何理解他对《天方夜谭》的推重呢?会不会是一种夸大的表达?倘若说周作人先前课堂内外认真对待英文源自求知的愿望、例行考试的压力或与成绩挂钩的赡银,那么这本"新书"的出现推开了一个崭新的世界,"引起了对于外国文的兴趣"③。这也就是周作人一再说"假如没有它,大概是出了学堂,我也把那些洋文书一股脑儿的丢掉"④的原因。一根逻辑链条就此清晰地呈现了出来:如果不是偶遇了《天方夜谭》,周作人就不会对英文感兴趣;而英文阅读又是构成周作人"杂学"最重要的根基,故而《天方夜谭》可谓其杂学师传的"第一个"。

周作人据旧日记自述甲辰年(1904)三月中旬收到了鲁迅从日本寄给他的英文版《天方夜谭》。⑤此刻,他正处在"神经为病"的绝望厌世之中,"思想而觉前此之种种为大谬、为自苦"⑥。回到周作人的生命状态来看,便可体会《天方夜谭》的出现也恰好解了燃眉之"烦恼"。多年以后,他仍清晰地记得该书是"插画本","装订颇是华丽",里面"有亚拉廷拿着神灯,和亚利巴巴的女奴拿了短刀跳舞的图";还说"当时这一本书不但在我是一种惊异,便是丢掉了字典在船上供职的老同学见了也以为得未曾有",

---

① 周作人:《天方夜谈》,钟叔河编订:《周作人散文全集》第11卷,桂林:广西师范大学出版社,2009年,第808—809页。《天方夜谭》,周作人多用《天方夜谈》,有时也写为《天方夜谭》。在《知堂回想录》中专有两节谈"我的新书",已经不再强调《天方夜谭》的"唯一"。

② 周作人:《我的新书一》,钟叔河编订:《周作人散文全集》第13卷,桂林:广西师范大学出版社,2009年,第290页。

③ 周作人:《老师一》,同上书,第257页。

④ 同上。

⑤ 周作人:《补遗二》,钟叔河编订:《周作人散文全集》第11卷,桂林:广西师范大学出版社,2009年,第572页。

⑥ 鲁迅博物馆藏:《周作人日记》(影印本)上册,郑州:大象出版社,1996年,第401页。

于是将"对于学堂功课的麻胡"等不满转移到自修延长线上的翻译中去。①

大概只过了三个半月，周作人译出的《侠女奴》第一节即刊于《女子世界》。细致算来，首先要通读《天方夜谭》，整本书是"交递传述的那种故事形式"②；其次要择选，周作人原本想译出的是"水手辛八和得着神灯的阿拉廷"③的故事，后改选《侠女奴》；译出后还要寄给杂志社，并被安排发表、排印……这些都需要时间。由此更可见，所谓"一心只想把那《夜谈》里有趣的几篇故事翻译了出来"的"欲望"有多么强烈。

随之而来的问题是，既然周作人希望翻译"几篇故事"，因何最终只译成一篇《侠女奴》而未再出手呢？最合理的解释是此时周作人的英语能力尚不足以实现。周作人手中这册《天方夜谭》"原本是赠送小孩的书"，该书的英文表达总体来说已经相当简单。前文已述，篇幅并不算长的民间故事，周作人竟然断断续续地拖了半年多。拿到书时明明在摩拳擦掌、跃跃欲试，完稿时却有石头终于落地般疲于应付的感觉。

将《侠女奴》英文底本与周作人所学英语教材相互对照，会发现底本里语法方面超纲的部分虽然也有，但不算十分严重。最麻烦的是词汇问题。《华英初阶》到《华英进阶·肆集》，每册所收新词量大幅增加；不过，粗略统计，五册总数不会超过四千，即便全部掌握也还达不到当下英语四级的水平，何况周作人还未必能记下。

1922年，周作人在《学校生活的一页》里回忆"字典也只发给一本商务印书馆的'华英字典'，（还有一本那泰耳英文字典）"④。据周作人日记可知：壬寅年（1902）六月初八，洋文馆发《华英字典》。但据周作人日记，江南水师学堂时期的周作人至少还用到了《英字指南》和《新译英和辞典》。四者中，屡屡出现在周作人自述中的是《华英字典》，至少有七处；文字上多有交叠，撮要如下：

---

① 周作人：《学校生活的一叶》，钟叔河编订：《周作人散文全集》第2卷，桂林：广西师范大学出版社，2009年，第824—826页。

② 周作人：《〈蒙古故事集〉序》，钟叔河编订：《周作人散文全集》第5卷，桂林：广西师范大学出版社，2009年，第667页。

③ 周作人：《我的新书一》，钟叔河编订：《周作人散文全集》第13卷，桂林：广西师范大学出版社，2009年，第291页。

④ 周作人：《学校生活的一叶》，钟叔河编订：《周作人散文全集》第2卷，桂林：广西师范大学出版社，2009年，第824页。

于我们读英文有点用处的,只是一册商务印书馆的《华英字典》,本是英语用汉文注释,名字却叫做"华英"……我们所领到的大约还是初版所印,用薄纸单面印刷。①

参考书是考贝纸印的《华英字典》,其幼稚可想,此外西文还有什么可看的书全不知道。②

中国人学英文在东亚算最早,邝其照编的一本字典,还颠倒地叫作《华英字典》,据说日本福泽谕吉学英文时,就是利用这本书的,可以够得上说是东洋第一册英文字典了吧。③

或许是周作人手头无书不能查考④,这些回忆里难免有不准确的地方。该书全名应是《商务书馆华英字典》,双面铅印。其序称:"前邝其照曾辑有《华英字典》……本局心焉惜之用,特延聘通人,重行译著,更广为搜罗而增益之,补其不逮,蔚为大观。原书约二万余字,又为之增入二万余字。"⑤可知《商务书馆华英字典》并非邝其照编成,而是在其基础上的增补本;福泽谕吉倘有利用,也当是邝其照1868年辑出的《字典集成》。⑥

尽管周作人后来追说《商务书馆华英字典》"幼稚",却也承认当时"于我们读英文有点用处"。这认可或是与教师课堂讲授相对照而言。他曾抱怨江南水师学堂的英文老师"并没有教我怎么看英文",批评"学堂里教英文也正是那么麻胡的",称其英语习得"正如我们能读或写国文也不是哪一

---

① 周作人:《老师一》,钟叔河编订:《周作人散文全集》第13卷,桂林:广西师范大学出版社,2009年,第256—257页。类似表达亦见于《学校生活的一叶》(1922)、《老师》(1951),但都较简略。
② 周作人:《外国小说》,钟叔河编订:《周作人散文全集》第9卷,桂林:广西师范大学出版社,2009年,第197页。
③ 周作人:《翻译与字典》,钟叔河编订:《周作人散文全集》第11卷,桂林:广西师范大学出版社,2009年,第12页。除前注所列6处,另有《壬寅四》(1953)提到《华英字典》。
④ "所谓《华英字典》之流不必说了,手头也一册都没有。"周作人:《案山子》,钟叔河编订:《周作人散文全集》第5卷,桂林:广西师范大学出版社,2009年,第775页。
⑤ 《〈商务书馆华英字典〉序》,《商务书馆华英字典》,上海:商务印书馆,1901年。周作人所用或为1900年初版本。1901年版增加了部分词汇,排版格式亦有变化,但释义总体差别不大。
⑥ 《字典集成》1887年出至第3版时始改称《华英字典集成》,《〈商务书馆华英字典〉序》称"邝其照曾辑有《华英字典》"或即指此。

个先生教会的一样"。① 这里强调了自修的意义：教师讲授无甚价值，"有点用处"的只是一册字典，而字典显系自修的范畴。

江南水师学堂的英语教学固然乏善可陈，但从周作人日记来看，洋文馆的日常授课有条不紊，以"风行宇内，凡中外之书院学堂皆借以教授生徒，均称便益"②的商务印书馆《华英初阶》《华英进阶》作为教科书，阶段性的分项考察设计合理，口试笔试兼顾，并择优奖励；且周作人对英语课一直较有热情，成绩始终名列前茅。其培养机制的促动显然形构了周作人英语习得的基本盘。

那如何理解周氏几乎全盘否定的态度呢？从主观上看这是浓厚的民族主义情绪的倒影。癸卯年（1903）四月初三的日记载："今此间所用读本、文法各书，皆印度本，殊不可解，殆自居于印度耶？"③所谓"印度本"，即江南水师学堂教科书《华英初阶》《华英进阶》等，是西方人为印度所编课本。而近代中国知识界对曾经拥有绚烂至极的古文明如今却沦为殖民地的印度，有着强烈的共情心理。在"举印度事警中国"的驱动下，晚清士人向"亡国灭种"危机意识弥散的国人揭示了一个衰亡的"印度"；周作人当时熟读的《盛世危言》及心向往之的梁启超的著述中，多有这方面的内容。④且时人所批评的印度人在殖民政府的管控下"靦颜苟活"的奴性，正是此期周作人日记中反复笔伐的对象。前文已经分析过了《侠女奴》译介背后的民族大义所在，其背后映射的便是梁启超的"奴性论"。虽说后来这种民族主义的躁动归于沉寂，但他对所用教科书或已形成了不良的印象。

而从客观上讲，首先，江南水师学堂的英语师资确实非常薄弱。周作人求学时的几位洋文教习多为江南水师学堂往届的毕业生，如林继荫、奚清如；他提到的"汤老师"（汤文城）则是天津水师学堂的毕业生，"郑老

---

① 周作人：《老师一》，钟叔河编订：《周作人散文全集》第13卷，桂林：广西师范大学出版社，2009年，第256页。
② 虽语出1900年6月19至21日反复刊登的《申报》广告《重印华英进阶全集》，但这套教材的受欢迎程度毋庸置疑。可参邹振环：《疏通知译史》，上海：上海人民出版社，2012年，第207—224页。
③ 鲁迅博物馆藏：《周作人日记》（影印本）上册，郑州：大象出版社，1996年，第389页。
④ 参见季羡林：《中印文化交流史》，北京：新华出版社，1993年，第169—183页；林承节：《康有为、梁启超英国殖民统治下的印度》，《史学月刊》1992年第1期。

师"（郑秉彝）原为体操教习。①其次，《华英初阶》《华英进阶》作为教科书"在当时初学英文者甚便之"，更多指的是与原版相比增添了中译的部分②，但毕竟不是面向中国学生的实情纂成，自然不免方凿圆枘的尴尬。对此，为该系列做中文注解的谢洪赉，在评点包含其所译"印度读本"在内的十种"商埠通行"的英文读本时，指出"求之适合时用者，尚乏其书"，因此，他希望"世有精于语学之士，采各家之长，另编一套，因地制宜，正合吾邦学人之需"。③

在估量了周作人的相关回忆后，需要解答的是，何以在他的眼中一本字典竟然会比日常的授课更有助于读英文呢？在"华英"系列教材里，《华英初阶》"专重音韵"，即拼读训练；《华英进阶》凡五集，"初、二、三集皆编者自著，语多浅近，四集略采成书，五集多摘名作，文理颇进"④。总的来看，这套教材十分注重词汇量的积累，能让学生在课文中掌握词汇，并锻炼阅读能力和翻译技巧。

然而，这套书整体上缺乏良好的顶层设计，在知识的系统化和难度的衔接方面还有明显的缺陷。谢洪赉曾指出："读毕《初阶》，继读首集，开卷第一课即嫌太深，学者似越数级，每苦其难，而第七课短句甚易成诵，苟能更其先后，似较合宜，或二书之间更编一册，以作过渡，庶小子无越级之难。"⑤而且江南水师学堂讲授英文为的是让学生"读一般理化及机器书籍"⑥，重实用而非钻研英语本身。

即拿词汇来说，"华英"系列通常是一词一意的排列，但英语中一词多义甚至一词多性的现象相当普遍，各个义项之间还存在"连锁连接"和"辐

---

① 洋文教习姓名的确认可参《周作人日记》，以及《江南水师学堂及鱼雷营鱼雷艇捐助红十字会衔名清单》，《申报》，1904 年 8 月 5 日。

② 蔡元培：《商务印书馆总经理夏君传》，《商务印书馆九十年——我和商务印书馆（1897—1987）》，北京：商务印书馆，1987 年，第 1—2 页。章锡琛谈得更清楚，"因原书只有英文，使用的人不很方便"。章锡琛：《漫谈商务印书馆》，见《商务印书馆九十年——我和商务印书馆（1897—1987）》，北京：商务印书馆，1987 年，第 105 页。

③ 谢洪赉：《论英文读本》，《普通学报》1901 年第 2 期。

④ 同上。

⑤ 同上。

⑥ 周作人：《外国小说》，钟叔河编订：《周作人散文全集》第 9 卷，桂林：广西师范大学出版社，2009 年，第 197 页。

射"等不同关系①；即便在具体语境中记住了某一义项，换个情景对这个单词却仍有可能是陌生的。对外语学习来说，孤立地记忆某个词汇的某一词义是事倍功半的方法。"华英"教材虽有上下文可参考，但缺乏变化性的练习例句。况且，同一个中心词，与不同的介词搭配，还可以生成更多的含义。无法应对此类难题正是《华英进阶》读本的短板，而这恰好可由《商务书馆华英字典》来弥补。

《商务书馆华英字典》的特色是"以华字释英义，并以各字联成句语，注词娴雅，编译详明"②。为了便于说明，兹举该字典所收最常用的英语动词之一的"get"为例：

> Get，to 得，取，获，请，买；to get into debt 欠钱；to get a livelihood 糊口，谋食；to get by improper means 苟得；get out the way 行开；to get on a horse 上马；to get off 脱，除，离开； to get on 穿着，猛拉，趋向，前进，进益；to get in 遮蔽，入进；to get over 克，胜过，止息；to get down 下去；to get home 到家；to get rid of 脱手；to get up 起身；to get near 行将到；to get money 赚钱，发财；to get into office 得位；to get into a passion 发怒；to get hold of 拿住；to get a cold 伤寒，外感；to get up idle stories 造谣言；to get free 得释。③

一个英文单词"Get"对应了五种汉语义项，与不同的介词搭配又衍生出诸多新意涵，即所谓"以各字联成句语"。其中 get into 词组变换着与 debt、office、a passion 等搭配，也有助于使用者在对照中加深印象。

再看"make"一词，虽只列有"做，制造，作整，为"四项释义，但词组中的变化颇多，如"make him afraid"译为"令他畏惧"，"make money"释为"发财"，"make the bed"不是造床，而是"铺床"。为了让读者更清晰地领会词义，字典有时还会列出例句。譬如将"I make him go"译作"我迫令他去"，以明其使役动词的特性；先将"make of"标以"晓识，明白"后，又把它置于"I can make nothing of the account"的句子中，译成"我不

---

① 段满福：《谈英语一词多义现象》，《内蒙古大学学报（人文社会科学版）》2004年第3期。
② 《〈商务书馆华英字典〉序》，《商务书馆华英字典》，上海：商务印书馆，1901年。
③ 同上书，第115页。

明悉此事"。①

与教科书相比,该字典英语词汇的展示更加丰富和立体化,也便于作为工具书查考及在实际中运用。这或许便是周作人肯定它的原因。另可参照的是与周作人同庚且乡梓相隔不远的周越然(1885—1962)的评价。周越然是浙江吴兴(今湖州)人,长期供职于商务印书馆编译所,编译英语书籍数十种;其《英语模范读本》在1917年问世后的二十多年间,跻身商务印书馆销路最广的"西文教本",仅由他所得版税计,"总数必在百万以上"。②即便与之商榷者,也公允地说:"自从这部书出世以来,从前许多不适用的英语教科书,自然地渐渐淘汰到干干净净。"③《华英初阶》《华英进阶》虽是这"不适用"名单中的要员,但恰是它们让周越然"暗暗发一誓道:'他日倘我所学有成,定当为商务服务,定当为它编一部完备的字典或外国语教本。'"他评价清末民初商务印书馆出版物时说:

> 我最爱好的,我视为最有实用的,是那本英华字典。其次则为初阶和进阶。我在教会学校念了好多年英语,后来又在本城及乡镇中教初级英语,总觉得西洋原本,不宜作初学外国语者的课本,又觉得初学外国语者,非自己有一册可靠的字典,随时翻查不可。④

作为民国时期英语教科书的编译大家,周越然的意见与周作人相比显得更为平正,也有助于借此理解周作人与商务印书馆所出英语书籍的关系。简言之,教科书的功用固然不应否定,但字典在课堂之外自修方面的意义更加举足轻重。

厘清周作人最为重视的《商务书馆华英字典》之后,本节将考察在他日后的叙述中较少提及、近乎"隐身"的三本字典及它们在周作人英语习得中各自发挥的作用。

最难描述的是"那泰耳英文字典"。除了书名发音为"那泰耳"之外,唯一的线索是其壬寅年(1902)十一月十二的日记:"下午堂中发红面大

---

① 《商务书馆华英字典》,上海:商务印书馆,1901年,第154页。
② 周越然:《六十回忆》,上海:太平书局,1945年,第60—68页。
③ 李儒勉:《评英语模范读本并致周越然先生》,《中华教育界》第14卷第7期,1925年。
④ 周越然:《六十回忆》,上海:太平书局,1945年,第73页。

板英国字典一本。"①在广泛查考后,笔者推断该书当是 *Nuttall's Standard Dictionary of the English Language*,通译《纳托尔标准词典》。"那泰耳"即 Peter Austin Nuttall(1792—1869),在 19 世纪中期的英国,以字典编纂著称于世,还参与过《韦伯斯特英语语音词典》《沃克英语语音词典》等的增订出版工作。周作人所用字典是那泰耳去世后由詹姆斯·伍德(James Wood)修订的。该书自 1886 年问世至 1902 年已印十多次②,十分畅销。仅就笔者所见,1896 年及其后重印的数版均符合"红面""大板""英国"这三个条件,只是该书总页码在 800 以上,收录词汇 50 万条左右,纯为英语词典,采用以英释英的体例,并不适合一个初学者在日常使用,至多以之为单词发音的权威依据与疑难词汇的备检。这或许也是周作人极少提及它的原因之一。

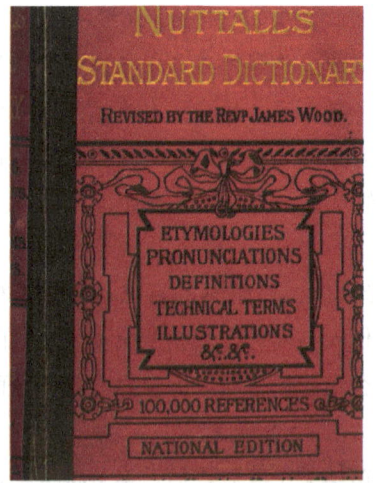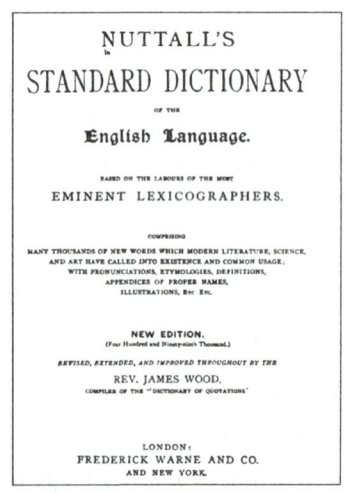

图 2-4 《纳托尔标准词典》

相较而言,在学堂日记中出现频率最高的是《英字指南》,至少有 5 次阅读记录。《英字指南》偶尔被周作人写作《英文指南》,首次出现在他辛丑年(1901)十一月三十的日记里。但就笔者查阅,当时并无《英文指南》

---

① 鲁迅博物馆藏:《周作人日记》(影印本)上册,郑州:大象出版社,1996 年,第 361 页。
② 版本间略有变化,如初版本封面并非红色。

一书，周作人在壬寅年（1902）日记中亦记为《英字指南》。《英字指南》是晚清时期流传颇广的一部英语学习类读物，杨少坪编译，1879年由美华书馆印行，共六卷：卷一、卷二为读音、书写；卷三、卷四为分类字学，按天文、时令、地理、邦国、刑法、乐律、人伦、人物、闺阁、文事、武备、商贾、宫室、服饰、饮食、草木、花卉、飞禽、走兽、鳞介、昆虫等分类；卷五为贸易须知；卷六为通商要语；末附新增文规译略、英文尺牍。

从内容上看，《英字指南》并不适合初学者按部就班地学习，而更近于一部工具书，类似课外辅导书。不过，1902年前后，这部出版于二十多年前的书并不易得；故笔者推断，周作人所用的《英字指南》，更有可能是由上海仓海山房于光绪二十五年（1899）石印的杨氏《增广英字指南》或由上海书局于光绪辛丑年（1901）石印的杨氏《新译增广英字指南》。①

当时，周作人在备战"额外生"转正的"甄别"考试。这次英语考试分为七项："背书""读书""解字"为一卷，"拼字""写字""默书""翻译"为一卷，上下午各考两小时。②就复习而言，《英字指南》主要是有助于"拼字"。该书"得一千一百三十字，分为：拼法七部，辨气音，别声韵，列浅说十二则，诸诀十则，以江浙两省通用字音逐字详注，另列音气注释，分注之，附书法三昧为第一第二两卷；又以日用所需字若干言，分类罗列为分类字学两集及贸易须知、通商要语各一集，为三、四、五、六四卷，共六卷"③。《英字指南》的一大特色是"首重拼法，叠讲音义"④，格外适合周作人的地方在于"以江浙两省通用字音"拼读，而此前同类书籍多用广东话、上海话或宁波话。其"音气注释"格外详尽，二十六个字母及元音、双元音、三元音、辅音、双辅音、三辅音等读法皆以汉字标明，周作人按熟悉的乡音来念即可掌握，如"scl 史克而""spl 史泼而""squ 史阔"。第二卷还以音节数量将词汇分为七个部分，一一注音，并指明重音，以"四声字高声在次声"为例：

---

① 以下多引《增广英字指南》，为方便论述，正文有时仍称《英字指南》。
② 鲁迅博物馆藏：《周作人日记》（影印本）上册，郑州：大象出版社，1996年，第274页。
③ 杨勋：《〈增广英字指南〉自叙》，《增广英字指南》，上海：商务印书馆，1905年，第3页。
④ 程祖伊：《增广英字指南·序》，杨勋：《增广英字指南》，上海：商务印书馆，1905年，"序"第1页。

a-bi"-li-ty	爱别立的
be-ne"-vo-lence	皮奈佛哑伦史
con-ve'- ni-ent	康惟纳乙痕脱
dis-u'-ni-on	笛史雨乎纳乙恩
ex-ceed'-ing-ly	爱克西定立①

加黑的字即为重音所在，标下划线者是需要连读的字。对比来看，以教授语音为主要目的的商务印书馆《华英初阶》只是按拼读规则排列词汇，暂且不论国际音标的注法，就连汉字读法竟然也没有附上，如第53课中的"five 五""rise 起，起身""size 大小"，学生只能凭记忆或记录教师的讲授来复习。由此观之，《英字指南》可谓雪中送炭的工具书。

不过如此习得的后遗症是英语发音不准，因而这又可谓是一条出发即错误的歧途。1904年秋，周作人曾告假江南水师学堂，改在东湖学堂教英语，"但是两个月快满，学堂方面通知椒生公说，因为学生们说英文口音不大准确，所以拟不再聘请了"②。而周作人将其英语"没有能够学好，大抵只可看看书而已"归结于"学外国文，一直很迟……光绪辛丑进江南水师学堂当学生，才开始学英文，其时年已十八"③。

实际上，周作人口语能力不足也和学堂重视不够有关。在教学安排上，将专重语音学习的90课《华英初阶》在一个半月中教完，无法为学生打下良好的发音基础。加之江南水师学堂的英语师资薄弱，作为教材的《华英初阶》又不加注音，周作人还要依靠江浙方言读《英字指南》中用以表音的汉字来掌握，完全对应已是做不到的事，而《英字指南》编者的疏忽错误与捉襟见肘也在所难免，如例中的"dis-u'-ni-on"，重音应在"雨乎"，且二字也需连读，但若加下划线则又和后面的"纳乙"连在一处。平心而论，在这种情况下，想要周作人有一口标准流利的英语不啻为"天方夜谭"。

---

① 杨勋：《增广英字指南》，上海：商务印书馆，1905年，第33页。
② 周作人：《东湖学堂》，钟叔河编订：《周作人散文全集》第13卷，桂林：广西师范大学出版社，2009年，第282—284页。
③ 周作人：《外国小说》，钟叔河编订：《周作人散文全集》第9卷，桂林：广西师范大学出版社，2009年，第197页。

周作人壬寅年（1902）二月廿二、六月初四、十月廿九、十二月十二的日记均有览阅《英字指南》的记录。① 他或许仍在熟悉拼读方法，也可能是为了了解英语中的文化常识，如第五卷虽为"贸易须知"，但也包括"西国姓氏""各式记号"等内容。倘若认可周作人看的是《增广英字指南》的话，他也许是对《文规译略》感兴趣。但不论如何，都可以肯定一点：这部字典无法用作翻译的参考。原因是该书主要面向商贸领域的从业者，强调实用与速成；词汇量总计不过数千且颇分散，主体部分的卷三、卷四以类相从，分天文、时令、地理、邦国、刑法、乐律等几十个方面；《文规译略》仅寥寥七页，只是极为简略地介绍了英语的九大词类。

与《纳托尔标准词典》及《英字指南》相比，《新译英和辞典》算得上"幸运儿"，虽然也只被提起过两次，但略微详尽。1953年，周作人曾为其壬寅年（1902）旧日记作注：

> 十一月廿五日：晴。下午接日本十六日函，并辞典一册，甚佳，价日金一圆。
> 这大概是神田乃武等五人所编的《新译英和辞典》，比那时上海考贝纸印的《华英字典》（内容实是英华，因为是用华文来释英文的），要更为详备了。②

周作人的这段记述基本可信。1902年6月1日，《新译英和辞典》首发，大受欢迎，当月即再版，同年10月三版发售，第二年竟印至第八版。同期中无有能与之相提并论者。回忆里小有差错的是编者共有六位而非五人，分别是神田乃武、横井时敬、高楠顺次郎、藤冈市助、有贺长雄、平山信③。但这六位中实际上只有神田乃武（1857—1923）是明治后期极负盛名的英语教育者，其他五位分别是农业、宗教、电气学、社会科学、天文学领域的专家，主要担任与专业相关的词汇附译。周作人第二次谈到《新

---

① 鲁迅博物馆藏：《周作人日记》（影印本）上册，郑州：大象出版社，1996年，第323页、第339、360、367页。

② 周作人：《壬寅四》，钟叔河编订：《周作人散文全集》第12卷，桂林：广西师范大学出版社，2009年，第490页。

③ 神田乃武等編『新譯英和辭典』三省堂書店、1902年。

译英和辞典》是在《知堂回想录》中,他自言用过这部辞典:

> 《玉虫缘》这名称是根据原名而定的,本名是《黄金甲虫》(The Gold-bug),因为当时用的是日本的《英和辞典》,甲虫称为玉虫,实际是吉丁虫,我们方言叫它做"金虫",是一种美丽的带壳飞虫。①

这册辞典是周树人从日本寄给周作人的,但令人不解的是他为何要寄一册厚达 1248 页的大部头英和辞典给英语刚刚入门、日文完全不通的弟弟呢?

细读周作人日记可知,1902 年的他在新式学堂的环境里广泛阅读了梁启超、严复等新学方面的书籍,思想趋向激进。在与留学日本的大哥频繁通信的过程中,周作人产生了负笈东瀛的强烈愿望。壬寅年(1902)十月廿二日记载,"托大哥买字典"②的信将于第二日发出,周树人得信后,只半月时间便寄出"辞典一册"。十一月廿五,周作人收到日本寄来的"辞典",即《新译英和辞典》。从周作人收到时表示满意来推断,应是他先拜托了周树人,其用意当在日语学习,为出洋做准备。有趣的是,周作人不索要日语入门教科书,而求"字典",这是否有受了自修《商务书馆华英字典》事半功倍启发的可能,亦未可知。至于何以是英和辞典,不排除有双语兼修的打算。

从事实上看,《新译英和辞典》对周作人的日语学习未见功效,倒是为提升英文行了很大的方便,同时给了他在翻译语言方面追摹梁启超"新民体"格调的可能性,这方便周作人绕开汉译径直借日语词汇来翻译。

以《侠女奴》第一节为例,从其对应的英文原作中选出其中周作人所学教材未收的高阶词、义项较多或用法灵活的高频词、不易记忆的疑难词等若干,将它们分别对应到《商务书馆华英字典》《新译英和辞典》的解释中,再比照周作人采用的译法,可以得到如下结果③:

---

① 周作人:《我的新书二》,钟叔河编订:《周作人散文全集》第 13 卷,桂林:广西师范大学出版社,2009 年,第 293 页。
② 鲁迅博物馆藏:《周作人日记》(影印本)上册,郑州:大象出版社,1996 年,第 359 页。
③ 在英文底本中,原文或存在复数、时态、语态、第三人称单数等方面的变化,本表一律使用其原形;《商务书馆华英字典》(1901)对应的单词义项均收列,《新译英和辞典》(1902)则主要选取相关的义项;"×"表示该词未收,括号"()"内的注释作为参照。

表2-1 《侠女奴》译本用词对照

序号	英文底本词	《商务书馆华英字典》	《新译英和辞典》	《侠女奴》
1	Persia	×	波斯ノ，波斯人ノ	波斯
2	warehouse	栈，栈房	倉庫，土藏，納屋	仓库
3	merchandise	货，货物，生意，贸易	①商品，商货	商品
4	gain	获利，得益，赚钱，利益，得到，至，及	利益，利得，所得	营养所得 (gaining his livelihood)
5	livelihood	生活，养命，度日	活計，糊口，渡世，營業	
6	neighbouring	邻	近郷ノ，近所ノ	邻近
7	stout	康健，强壮，精壮，坚固，肥大	①強キ，強壯ナル，壯健ナル	壮健
8	conjecture	悬想，猜度，忖度	①推量，推測，揣摩，忖度	推测
9	*depredation*	劫抢，掠夺，强抢，蚀坏	強奪，侵掠	掠夺
10	system	法，格式	①法式，組織 ②次序，規律	组织
11	rendezvous	兵集会之所	①集會所，集合所	集合所
12	bridle	辔，缰	①絡頭	络头
13	travelling-bag	行囊 (Travel：行，游行，去)	Travel：旅ス，旅行ス	旅行之革鞍
14			Bag：①袋，嚢 ③鞄，手提	
15	so	这样，如此，如斯	①然様ニ，左程ニ，ソレホド ②甚ダ，大層，餘程	甚
16	bush	丛，丛生矮树	①叢林，簇 ②灌木，枝ノ茂レル矮樹	灌木丛莽 (bushes and shrubs)
17	shrub	小树，矮树	灌木	

续 表

序号	英文底本词	《商务书馆华英字典》	《新译英和辞典》	《侠女奴》
18	sesame	芝麻，胡麻	胡麻	胡麻
19	departure	开行，起程，离别，往，去，出发，死去，弃绝，退去	①行去，離去，起程，出發	离去
20	curiosity	探听新事，奇物，古玩	①知リタガル，聽リタガル．貪知心，好奇心	好奇心
21	vaulted	有拱	②圆天井状ノ，拱状ノ	拱状
22	century	一百年	百年，一世紀	世纪
23	envy	妒忌，妒心，怨恨	①猜忌，嫉妬	妬嫉
24	wretch	凄凉之人，悽惨者，穷苦者，狼狈之人，溺于恶者	①怜レナル人，困苦者，不幸者	困苦者
25	shop	铺，店，廛，肆	①店，店鋪 ②工場	工场及店铺
26	enigma	隐语，谜言，暗语	①謎，謎語	谜语
27	discovery	×（Discover：露出，查出，想出，找着）	①發見，創見，查出，探出	发见
28	consequence	关系，要紧，效验	①結果②斷案，推斷	结果
29	obstinacy	×（Obstinate 执滞，固执，执拗，顽梗，拘泥）	頑固，強情，偏執，執拗	偏执
30	haughty	骄傲，假作模样	①高慢ナル，倨傲ノ，大風ノ，威張ル	倨傲
31	precise	简切，定，正合，准，依足	①精密ナル，正確ナル	精确

续　表

序号	英文底本词	《商务书馆华英字典》	《新译英和辞典》	《侠女奴》
32	mark	号，痕，记号，画印号	①紀號，符徵，印號	符号（marks and signs）
33	sign	号，兆头，字号	①記號，符號	
34	inform	通知，禀知，报，达，说知	①告グ，知ラス，通知ス，報告ス．罪狀ヲ訴フ，告發ス	告发
35	police	衙役，差役	警察，取締，警察官	警察
36	refuse	不允，不许，不徇情，却意，推却，弃绝，辞谢，不肯	拒ム，否ム（Refusal：拒絕，拒否，固辭，不許，不諾）	拒绝
37	memory	记性	①記憶力，記性．②記憶	记忆力
38	chief	首一个，顶上的，最紧要	①首ノ，長ノ，頭ノ，魁ノ②重ナル，主要ノ	主要
39	object	心之所欲，志向，意志	①物體，物象②目的，志向	目的

为节约篇幅，上表所列内容经过了二次筛选，将周作人所用译词在两部辞典中均出现的语词剔除，最终得此39词。其中，仅斜体标示的9号词"depredation"在《商务书馆华英字典》中的义项"掠夺"为《侠女奴》所用。其余38例，周作人译《侠女奴》时选用的译词皆只出自《新译英和辞典》。在一一对应查找后，可以肯定周作人主要是依照《新译英和辞典》的释义译出《侠女奴》的，即便不懂日语，但他借用了其中的汉字。这种以日语资源为中介的译法，周作人在同一时期稍后的翻译中已驾轻就熟。或许，周作人翻译时基本上没有参用《商务书馆华英字典》。一者，在实际操作中，每遇难词均翻阅两部字典实在烦琐，况且比照选取的结果，其选词集中在一部里未免太过巧合；二者，从表中的"travelling-bag"来看，《商务书馆华英字典》有现成的译词"行囊"，且十分妥帖，但周作人却拼用两个

日译词汇译为"旅行之革鞄",反而显得蹩脚。至于译"depredation"作"掠夺",也有可能是对"强夺,侵掠"的取字缩译法,例同 31 号词。

《侠女奴》第一节的统计结果虽仅筛选出 39 个词,但在实际翻译中,周作人必然不只是查阅了这些词。联系到翻译第一节这三千余字的故事,可能要翻阅数十次乃至上百次的字典,他在日记中感慨的"如释重矣",也就不难理解了。吊诡的是,如此特殊的翻译经历,周作人日后的屡次回忆中竟然只字未提。他准确地记得《天方夜谭》的装帧、插画、价格、用途等繁多的细节,也清晰地记得《天方夜谭》在其生命中的意义。然而,他却独独忘记了对《新译英和辞典》的借用。这到底是选择性的记忆与遗忘,还是有所隐瞒呢?对此,不妨见仁见智。40 多年后,周作人曾说:"假如让一个稍有翻译经验的人来诉苦,那么除了自己对于外国文的了解不够、本国文的能力薄弱之外,第一要说的是没有好字典。"[①] 终其一生,周作人都非常重视字典在翻译中的作用,而《侠女奴》的译出则是这一理念的起点。借用周作人提示的维度来看,1904 年的他不妨说便处在"对于外国文的了解不够"且"本国文的能力薄弱"的阶段,或许他的翻译所依靠的很大程度上就是《新译英和辞典》这本"好字典"吧。

前文分析过《天方夜谭》"引起了对于外国文的兴趣",但周作人回忆的下句是《天方夜谭》"做了我的无言的老师"[②],另有一处类似的表述是"作了我外国语的老师"[③]。这些材料常被引用,但研究者不是很注意话里似乎不大合理的逻辑,即一本浅显的英文故事书何以能做"老师"?通过上面的梳理可知,数以百计地翻查字典既是对课堂知识的召唤与复现,也是对教师授课的补充与拓展;不仅扩大了词汇面,还能使人灵活掌握词汇的语境用法;在将英文词转为汉语的思虑中,更可以深入体会中西语言乃至思维、文化方面的差异。这些都是在潜移默化中发生的转变,它是一个不断"去陌生化"的熟悉过程。所谓"无言的老师",或许并非指《天方夜

[①] 周作人:《翻译与字典》,钟叔河编订:《周作人散文全集》第 11 卷,桂林:广西师范大学出版社,2009 年,第 12 页。

[②] 周作人:《老师一》,钟叔河编订:《周作人散文全集》第 13 卷,桂林:广西师范大学出版社,2009 年,第 257 页。

[③] 周作人:《老师》,钟叔河编订:《周作人散文全集》第 11 卷,桂林:广西师范大学出版社,2009 年,第 805 页。

谈》做了他"外国语的老师"，而是阅读特别是翻译让周作人得到了英语之真味。由此便可看出《侠女奴》的翻译如何在周作人英语自修的延长线上发挥着巨大效应。

第五节 "直译"的实践与"古文"的变形

在英语习得之外，颇可玩味的是周作人在译词选择方面的态度。如在"商品/商货"间选"商品"（merchandise），在"法式/组织"中取"组织"（system），在"百年/一世纪"里采"世纪"（century），在"记忆力/记性"内用"记忆力"（Memory），于"目的/志向"二端独举"目的"。他选择翻译语词的倾向基本一致，即以带东瀛文体色彩的新词语为上选。周作人曾多次说起自己初期的翻译"还够不上学林琴南"，而是受"社会上顶流行的"梁启超"《新民丛报》那一路笔调"的影响。[①] 在《侠女奴》中，最具梁启超"新文体"特色的正在这些译词的选用。王力将"复音词的创造"视为"欧化的语法"的重要表现[②]，《侠女奴》中大量复音词的出现，亦带有撑破既有古文规范的效应，从而使译文初具新型书面语言的面貌。

不妨追问的是，周作人为何会选择《新译英和辞典》而非《商务书馆华英字典》来检索词义。他虽曾自述《新译英和辞典》"比那时上海考贝纸印的《华英字典》（内容实是英华，因为是用华文来释英文的），要更为详备"[③]，但不通日文的他只能借用日文辞典的汉字，如此势必带来译文的艰涩。那到底是什么原因让他不惜放弃使用更接近国人表达习惯的释义呢？这也涉及《侠女奴》译出的日本渊源问题。

学界一般认为，甲午战败后，国中士子觉醒，一改对日本的看法。大的方面看，固然如此。而对周作人来说，在到江南水师学堂读书前，虽知海战，但日本在他的思想中仍是无感的存在。这从他1898年至1901年的日记中可以明显感知。至江南水师学堂后，周作人开始频繁接触到与东洋相

---

① 周作人：《丁初我》，钟叔河编订：《周作人散文全集》第11卷，桂林：广西师范大学出版社，2009年，第448页。

② 《王力文集》第2卷，济南：山东教育出版社，1985年，第460—461页。

③ 周遐寿：《壬寅四》，钟叔河编订：《周作人散文全集》第12卷，桂林：广西师范大学出版社，2009年，第491页。

关的信息。

首先是他的哥哥留学日本后，他曾抄录友人胡韵仙给大哥的赠诗，诗序中有言"兹闻兄有东瀛之行，壮哉大志，钦慕何如"①。这大概也是周作人的心情。他这一时期的日记常常记述鲁迅通信中所言有关日本的内容。

其次，其日记中记录译自日本的读物越来越多。深受流亡日本的梁启超影响，自1902年后半，周作人的思想渐趋激进。至1903年，从周作人日记所载读书记录中，只极偶尔几日有读《古文苑》的记录，其阅读以新学书籍为主。阅读资源的变化非常明显。在记其购阅《生物之过去未来》时，他还写下"日本横山又次郎著，无锡秦毓鎏、胡克猷译，二君本在此间，不合于俗，去而东游，今且译书，以饷国民矣，为之忻羡不已"②。当他听说水师学堂新任总办黎锦彝拟选四位学生随往东洋后，即刻动心，筹划此事。两日后，他与另外三名同学上午"共议出洋事，决计同方总办面商"，得知"方在下关"，便立即前往，但未能见成。虽经挫折，当日最终还是见到总办，"请往东洋"，却以"所派者皆卒业生"而遭拒。③他表面上答应着"伯文叔"放弃东游，却依旧心心念念，在日记中写下："我志已定，不可复夺，徒喋喋也。在此处如在荆棘丛莽中，予早蓄振脱此难之志，倘东游消息的确，吾志遂矣，人言不可恤也。"④日本成为周作人的理想之域，去之不得，反过来更加激化了他对现实的不满。思想的不满又转化为行动的取向。译《侠女奴》时所改"脱此羁绊"的结局，也影射了势必留学日本的决心。被黎锦彝拒绝之事给周作人造成了很大的精神刺激，自言"愤气填膺"；然而他愈挫愈勇，公派留日无望反而激起了他学习日语的意志，第二日他从"均公"处借来日语书，预备自修；第三日早起，七点"看日本语"，却因"初学不能解"，便也不得不罢手了。⑤自此，南京学堂时期的周作人日记中未有关于日语方面的记载。

周作人的激进趋向也同时表现在文字方面。他自谓"必当尽弃昔日章

---

① 见周作人壬寅年（1902）二月十五的日记。鲁迅博物馆藏：《周作人日记》（影印本）上册，郑州：大象出版社，1996年，第321页。
② 见周作人壬寅年（1902）十二月初七的日记。同上书，第365页。
③ 见周作人壬寅年（1902）十二月十三、十五的日记。同上书，第366页。
④ 见周作人癸卯年（1903）二月廿二的日记。同上书，第378—379页。
⑤ 见周作人癸卯年（1903）廿二、廿三的日记。同上书，第386—387页。

句之学方可。予之拼与八股尊神绝交者，其义如此"，还激愤地说"文章自古无真理，典籍于今多丐词"；甚至自况"宁使人目为武夫，勿使人谓作得好文章也"。① 他所倾慕的梁启超新文体不仅不忌以和制汉语入文，反而以"杂以外国语法"为特色。如此想来，周作人选用《新译英和辞典》，恰恰可以使之实现向其偶像看齐的愿望。

周作人译《侠女奴》对《新译英和辞典》的借用，背后又有着以日本为理想国的驱动，并投射着其对水师学堂乃至清政府的彻底失望。看似微不足道的《侠女奴》译本，拆解开来，内里却包藏着一名晚清少年心灵变革的密码。

通过对周作人译词选择的考辨，已经可以从语词上看到他在梁启超"新民体"影响下的文章新变。下面将集中讨论"逐字译"实践给周作人的文言语体表达带来了怎样的影响。关于《侠女奴》的翻译，周作人曾说：

> 在印度读本以外所看见的新书，第一种是从日本得来的一本《天方夜谈》……在这本书消灭之前，我便利用了它，做了我的"初出手"。《天方夜谈》里的《亚利巴巴与四十个强盗》是世界上有名的故事，我看了觉得很有趣味，陆续把它译了出来，——当然是用古文而且带着许多误译与删节。②

从本章第二节所举各例来看，周作人所谓"用古文"并无不妥，但此类"古文"也颇可玩味。在这段话的语境中，"用古文"强调的是并非白话。可是，且不说周作人所谓的"古文"距离先秦两汉的古文文体很远，无论以韩柳"古文运动"对"古文"的倡导来比对，还是用桐城派的"古文"要求来衡量，不必苛责也可以看出周作人的"用古文"不合格，文弊、文病丛生，难逃真正古文家的不通之讥。

与周树人所译《月界旅行》相近，《侠女奴》的译文同样带有欧化语体的色彩，所谓"古文"不得不屈就变形。这既有周作人模仿梁启超、偏于

---

① 见周作人壬寅年（1902）十一月十六、十七以及十月廿四的日记。鲁迅博物馆藏：《周作人日记》（影印本）上册，郑州：大象出版社，1996年，第361—362、359页。

② 周作人：《学校生活的一叶》，钟叔河编订：《周作人散文全集》第2卷，桂林：广西师范大学出版社，2009年，第825页。

选用和制汉语词汇的缘故，也与逐字译实践的结果有关。汉语的句子结构在"五四"后发生了重要变化，尽可能不省略主语①；这种严密化的句子关系，已经可以在《侠女奴》的所谓"古文"中看到。兹举三例如下：

（1）但其以何方法而得入此门，则<u>此问题</u>终不能解决。②

（2）麦闻言摇首曰："否。汝不知<u>我</u>。我年虽老，然眼力尚佳。<u>我</u>尚忆数日前有人招我至一处。"③

（3）顾谓盗曰："我业告汝，知之不详，即使予往，所得恐亦不能如汝之望也。惟当日出门时之事，<u>予</u>尚记忆之，余则忘矣。去去！<u>我</u>行将为汝思索之。"④

在传统汉语中，"凡主语显然可知的时候，以不用为常"⑤，而例文所标可省略之主语都被保留了下来。例（1）中的"此问题"按文言写作习惯，属于赘余。例（2）里的几个"我"，在英文中有"me""my""I"三种，当然不能省去，可是译到中文才变成了"我"，不省略就显得啰唆。例（3）里的"予"和"我"都是行动主体，和言语的发出者同一，也都可省。周作人不省，便与这所谓的"古文"言辞来自翻译相关。

此外，《侠女奴》中还存在很多"信而不顺"的句子，具有"无从索解""读者几莫名其妙"⑥的直译味道。究其原因，有的是由生硬的逐词翻译造成的，如"其主要之目的，则在访有无被杀而死之人于通常谈话间"⑦。这句话除了状语后置的"于通常谈话间"令人莫名其妙之外，稍加改动，可为"其主要目的是于通常谈话间访有无被杀而死之人"，已经相当接近"五四"时的新体白话。再如，"于是即取亚笔仿其式，作记号于上下

---

① 王力：《汉语史稿》中册，北京：中华书局，1980年，第479页。
② 萍云女士述文：《侠女奴》二，《女子世界》第9期，1904年。
③ 同上。
④ 萍云女士述文：《侠女奴》三，《女子世界》第11期，1905年。
⑤ 《王力文集》第1卷，济南：山东教育出版社，1984年，第52页。
⑥ 对晚清直译的描述，参见陈平原：《中国现代小说的起点——清末民初小说研究》，北京：北京大学出版社，2010年，第36—37页。
⑦ 萍云女士述文：《侠女奴》二，《女子世界》第9期，1904年。

两旁之邻屋，与埃梨之居相似者"①，尽管文言语法可以有后置成分，但由于译不出英语从句的引导词，限制了句意的呈现。有的是词汇已经据前后语境补译出来，但译到后面该词便在原文中出现，为了不丢原文，又译了一次，使句子显得啰唆或杂糅，如"以恐吓大胆之人，有仿之而为此危险事业者，使之惊走"②和"如贵君以予之请求，为无不便于贵君"③等。至于"其所用之规则，亦无与人以可根究之痕迹"④和"因户间已加键二道之铁闩，颇不易出也"⑤等一些读来颇感生涩、不合于全文语体风格的句子，则与过于死板的译法相关。

中西语法之间差异明显。具体来说，英语以形显意，多运用形态来表达语法关系，句子各成分（包括单词、短语、分句）之间的逻辑关系靠关联词等显性连接手段直接表示，故而语序十分灵活，且以主谓核心协调控制全句结构，环扣相嵌，盘根错节，句中有句，可以使冗长的句子不致流散，从而形成一个中心明确、逻辑清晰、层次显豁的语法结构；然而，汉语因为缺少丰富的形态变化，在组合上很难用"楼房建筑法"，实现句子的立体结合⑥。对此，王力曾言：

> 西洋语的结构好象连环，虽则环与环都联络起来，毕竟有联络的痕迹；中国语的结构好象无缝天衣，只是一块一块的硬凑，凑起来还不让它有痕迹。西洋语法是硬的，没有弹性的；中国语法是软的，富于弹性的。惟其是硬的，所以西洋语法有许多呆板的要求，如每一个 clause 里必须有一个主语；惟其是软的，所以中国语法只以达意为主，如初系的目的位可兼次系的主语，又如相关的两件事可以硬凑在一起，不用任何的 connective word。⑦

---

① 萍云女士述文：《侠女奴》三，《女子世界》第 11 期，1905 年。
② 萍云女士述文：《侠女奴》二，《女子世界》第 9 期，1904 年。
③ 萍云女士述文：《侠女奴》三，《女子世界》第 11 期，1905 年。
④ 萍云女士述文：《侠女奴》二，《女子世界》第 9 期，1904 年。
⑤ 萍云女士述文：《侠女奴》四，《女子世界》第 12 期，1905 年。
⑥ 详见连淑能：《英汉对比研究》，北京：高等教育出版社，1993 年，第 65 页。另参张卫中：《母语的魔障——从中西语言的差异看中西文学的差异》，合肥：安徽大学出版社，1998 年，第 65 页。
⑦ 《王力文集》第 1 卷，济南：山东教育出版社，1984 年，第 140—141 页。

由此观之，周作人在翻译时，倘若不擅拆解腾挪而沿用其句序，则难免给人以佶屈聱牙之感。不过，值得肯定的是，借由翻译实践，周作人的汉语写作习惯开始发生着改变，这对于他日后的语体转向而言，亦有起点的意义。

在《侠女奴》的译文中，与逐词译的方式相杂存在的，是冲破字面含义而述其大要并参以己见的意译。兹举曼绮那智杀众贼前的片段：

> Any other slave except Morgiana, in the first moment of surprise at finding a man in the jar instead of some oil, as she expected, would have made a great uproar, which might have created irremediable misfortunes. But Morgiana was superior to those usually in her station: she was instantly aware of the importance of secrecy in the affair, and the extreme danger in which Ali Baba and his family were as well as herself, and also the urgent necessity of devising a speedy remedy that should be executed with privacy. Her quick imagination soon conceived the means. // She collected her thoughts, and without showing any emotion, she assumed the manner of the captain, and answered, "Not yet, but presently." She approached the next jar, and the same question was asked her; she went on to them all in succession, making the same answer to the same question, till she came to the last, which was full of oil.①

> 咄咄奇事，于油瓮中忽发人声，他人当之，鲜不惊叫失措者，或因是而惊起群盗，陡起不测之祸。无能之人，莫不坐此以致失败。然曼在当时，一闻此声，并不惊骇。然曼之为人机警，有胆力与急智，其处事所以较他人占优胜者，正在此等处。伊乍闻之下，心中即了悟其故。自思此中以人代油，事出意外，必含有危险残害之事件无疑，此时若不思挽救，必将祸及埃梨全家。// 于是立定一主意，不露仓惶之状，即假为盗首之音，拊瓮答曰："尚未。"及至次瓮，复问如前，曼均以此语答之。至终，过三十七瓮，而至末贮油之一瓮。②

---

① *The Arabian Nights' Entertainments*, London: George Routledge and Sons, Ltd., 1890. pp. 683–684.
② 萍云女士述文：《侠女奴》四，《女子世界》第12期，1905年。

大体来说，例文中"//"标示之前的是意译，其后则为逐字译。意译部分标示下划线的句子，对原文进行了重新拆解。这句话的句法结构较为复杂，包含了从句和修饰成分。主句结构是"Any other slave except Morgiana would have made a great uproar"。"would have made"是用虚拟语气表示对过去情况的假设，直译的话是"除了曼绮那之外，任何其他奴隶都会大声喧哗"。原文的"in the first moment of surprise at finding a man in the jar instead of some oil, as she expected"是插入语，对主句做补充说明，描述了导致"uproar"的具体情境，直译的话是"在发现罐子里是一个男人而不是她所期待的油的那一刻的惊讶中"。周作人将插入语提前译出，又把被插入语分隔的主句结构合在一处。原文后续使用"which"引导非限制性定语从句，对主句内容进行补充说明，进一步解释"uproar"可能导致的后果。周作人也顺着译出。面对如此繁复的句子，周作人选择将英文句法的各成分拆开，经重新组合而表达流畅的汉语意思。这与周作人自述的译《域外小说集》的方式较为接近，即：

> 简单的办法是先将原文看过一遍，记清内中的意思，随将原本搁起，拆碎其意思，另找相当的汉文一一配合，原文一字可以写作六七字，原文半句也无妨变成一二字，上下前后随意安置，总之只要凑得像妥帖的汉文，便都无妨碍，唯一的条件是一整句还他一整句，意思完全，不减少也不加多，那就行了。①

不同的是，周作人意译《侠女奴》时会适当增删，尚做不到"意思完全"。例文的第二个长句，对于英语水平不足、汉语表达能力亦有限的周作人来说就很棘手。这句话的句法结构包含多个并列成分和从句。冒号前面的部分"But Morgiana was superior to those usually in her station"是主句。冒号后看起来特别长，是一个并列的从句，用以介绍曼绮那优越性的具体表现，三个并列结构由"and"连接。此处，难以应对的周作人选择了简化处理。有趣的是，即便是意译，周作人仍会将原作的部分词组按字面意思译

---

① 周作人：《谈翻译》，钟叔河编订：《周作人散文全集》第9卷，桂林：广西师范大学出版社，2009年，第112页。

出。如是观之，一段之中，既有直译又有意译，而意译的句子中又包含逐词译的成分。

严复曾批评按字面直译的弊端，提出"西文句中名物字，多随举随释，如中文之旁支，后乃遥接前文，足意成句。故西文句法，少者二三字，多者数十百言。假令仿此为译，则恐必不可通"①。"不幸"的是，"华英进阶"系列教材即可称为严复所指摘的样例。严复在《英文汉诂》中举过一个例子，颇能说明如何翻译可以更加接近汉语文章：

> "Having ridden up to the spot, the enraged officer struck the unfortunate man dead with a single blow of his sword"，"既驰至其地，此盛怒之军官，以其剑之一挥击死此不幸之人"，依中文法，或译云"军官仗剑怒驰，抵此不幸之人击杀之。"②

在严复看来，好的翻译应该"取明深义，故词句之间，时有所颠到附益，不斤斤于字比句次"；故而，符合"中文法"的是后者，前者的译法完全照字面操作造成了翻译腔，"信"有余而"达"不足，更谈不到"雅"了。而周作人所译《侠女奴》即如此。

《侠女奴》虽看似是"古文"，但因过于死板地依照原文进行对译，句法的逻辑性和严密性大大加强，本质上已经成了"古文"的变体，文言的色彩基本只体现在词法上，至于句子内及句子间的关联方式已经与桐城古文及八股时文均颇为相异。以今人之眼观之，甚至不乏白话之感。当然，这种白话并非口语意义上的，而是偏于书面语，譬如"盗住数日后，以种种秘密方法，或明或暗，或朝或暮，驾一马自穴中搬运许多美好之织物，锦绣布帛之类，至旅店中，而转售之于一商店"；"埃梨闻言甚感动，答曰：'汝之恩没世不敢忘，予之余年，皆汝所赐，予必相报以明予志。自今以后，予当还汝自由'"③。人们很容易将这些看似是文言的句子转换为白话表达。

《侠女奴》翻译语言的体貌非常驳杂。关于其最初阶段的译语风格，周

---

① 严复：《译例言》，赫胥黎著，严复译：《天演论》，上海：商务印书馆，1933年，第1页。
② 严复：《英文汉诂》，上海：商务印书馆，1907年，第199页。
③ 萍云女士述文：《侠女奴》四，《女子世界》第12期，1905年。

作人自言道：

> 那时还够不上学林琴南，虽然《茶花女》与《黑奴吁天录》已经刊行，社会上顶流行的是《新民丛报》那一路笔调，所以多少受了这影响，上边还加上一点冷血气，现在自己看了也觉得有点可笑。①

这里"够不上学林琴南"，就是指过于求"信"，他做不到以地道的汉语文章表达原文的意思；而《新民丛报》的笔调，即为梁启超的"新民体"。不过翻译不似创作，它要受到原文限制，特别是周作人还力争相对忠实，故而《侠女奴》的译文不大具备"杂以俚语""杂以韵语""纵笔所至不检束""笔锋常带情感"等梁氏"新文体"的特点，最称得上相似的其实在于"平易畅达"和"杂以外国语法"。尤其是"仿效日本文体"，这是"新文体"最为特异之处。在这方面，影响梁启超最大的两位是日本的矢野文雄和德富苏峰，而恰巧两人都是"欧文直译体"的代表。有趣的是，梁启超的翻译本身是与之大相径庭的"译意不译词"，自家的散文创作却巧妙地杂用了"汉文调、欧文脉"的翻译体。而周作人的译文则直接接续"新文体"的日本之源，达到了"以西文体为骨"的效果，甚至在这一方面超前于他所模仿的"新文体"。②

以往的研究偏于强调梁启超的单向影响，但加入了学堂教育的向度之后，不妨认为，受直译教育的周作人的翻译观念及语体实践自身便与"新文体"接近，这也更容易促使他将其作为言语资源之一种。至此也可以清晰地看到，周作人日后创制的新体白话，既不源自旧有的章回小说，也不是简单地渊源于梁启超的"新文体"，更绝非意在开民智之类的报刊用于下层启蒙的口语白话，而是肇始于翻译实践对欧西文脉的吸纳和对古文体制的变形。

《侠女奴》作为周作人"最初的翻译的尝试"，被他谦虚地描述为"不

---

① 周作人：《丁初我》，钟叔河编订：《周作人散文全集》第11卷，桂林：广西师范大学出版社，2009年，第448页。

② 关于梁启超的新文体与矢野文雄、德富苏峰之间的关系，参见夏晓虹：《觉世与传世——梁启超的文学道路》，北京：中华书局，2006年，第225—259页。

成东西"。①然而，这次仍显稚拙的翻译，不仅是一次很好的锻炼，也给了周作人极大的信心和满足感。译稿先是得到了《女子世界》编辑丁初我的肯定，稿件尚在连载中，丁初我便力邀周作人出版单行本；被周作人"坚辞中止"后，丁初我又反复致信苦口商谈，并承诺"赠报一年"②；出版后，市场反响良好，很快又被再版发售③。周作人最初计划"把那夜谭里有趣的几篇故事翻译了出来"，但一个阿里巴巴的故事就拖了半年，译完后的如释重负之感，或许使他放弃了原有的想法。四十多年过后，因为附逆而被剥夺政治权利的周作人，开始"给公家译书"④，并热烈赞颂共产党的新生政权，放言"中国的翻译事业的第三个伟大的时期应当到来了"。他还献计献策，提出了一项宏大的翻译计划；其中，周作人格外推重《天方夜谭》的译介，甚至说它"是世间少有的真的民间文学"，"宁可放弃但丁的《神曲》与歌德的《浮士德》，却要这部亚剌伯的话本的"，并且表示"我个人如能分得一部分，也十分高兴尽力，因为没有别的能力，但喜欢这些故事总是确实的，自信这也可以算是一种力量吧"。⑤可见，到了晚年，周作人还是心心念念地希望译出那些古老神秘的阿拉伯故事，大概也是想达成那个刚刚踏上翻译之路时形成的夙愿吧。作为周作人的翻译起点，《侠女奴》的阐释空间才刚刚被打开。

综观本章，通过深入发掘周作人英语习得的情况，我们更能理解江南水师学堂之于"原周作人"的肇基作用。一是激起了周作人对外语的兴趣，为其"杂学"扎下了根基。晚年时，周作人总结五年的南京学堂生涯，肯定了两个"好处"，"第一是学了一种外国语"⑥，那便是英语。正与他对青年劝说的话一样，于其自己而言，英语即起到了"开一头门，多一些风"

---

① 周作人：《老师一》，钟叔河编订：《周作人散文全集》第13卷，桂林：广西师范大学出版社，2009年，第258页。
② 见周作人乙巳年（1905）二月初十的日记。鲁迅博物馆藏：《周作人日记》（影印本）上册，郑州：大象出版社，1996年，第410页。
③ 乙巳年（1905）五月初版，丙午年三月（约为1906年4月）再版，前后只相差10个月。
④ 周作人：《我的工作三》，钟叔河编订：《周作人散文全集》第13卷，桂林：广西师范大学出版社，2009年，第798页。
⑤ 周作人：《翻译计划的一项目》，钟叔河编订：《周作人散文全集》第11卷，桂林：广西师范大学出版社，2009年，第22—25页。
⑥ 周作人：《五年间的回顾》，钟叔河编订：《周作人散文全集》第13卷，桂林：广西师范大学出版社，2009年，第325页。

的作用,为他"放进风日"。得益于外语,他翻译的小说有的能够在刊物上连载,有的还可以单册出版发行。这是他在文化公共空间中发声的初体验,"能出这样的风头"让他始终记忆犹新,对他也是极大的激励。[①]

二是建立了周作人新型的自我意识,为他打下了思想底色。江南水师学堂时期是周作人身心急剧发展的关键时期。学堂生涯开启,五光十色的思想诱惑在在皆是,这使他原本传统且单纯的观念逐渐激进化,年轻气盛的他思想不断分化又逐渐走向新的统一。周作人回忆说:"都是浪漫的思想,有外国的人道主义,革命思想,也有传统的虚无主义,金圣叹梁任公的新旧文章的影响,杂乱的拼在一起。"[②]尤为鲜明的是,这段经历为他留下了深深的民族主义烙印,他甚至受《苏报》影响,不惜与三位同学一起鼓动学堂风潮。[③]1903年秋季,接连三场大病使他不得不抱病修身,直到1904年4月,才返回学堂。[④]不久后的日记中,便出现了"佛说:从前种种事,譬如今日死,后种种事,譬如今日生,善哉善哉"[⑤]的字样。5月15日发表的文章也提到"尝闻佛氏之言曰:'我不入地狱,谁入地狱,谁出地狱。'"[⑥]自这一时期开始,周作人与佛学结缘。

强调江南水师学堂的意义,并非指认此时"原周作人"已经完整建立,而是想提出:追寻周作人的精神构造,需要格外认真清理这段以往研究缺乏重视的源起时期。相较对他留日阶段的高度关注,学界对其学堂生涯过于冷落。前者是显在的视点,就异文化之影响而言,最易于阐释;后者为潜隐的层面,需要做细致的考古式发掘,并打通二者在深处的历史关联,廓清延伸抑或新变之盘根错节的交织。不妨说,看清江南水师学堂的周作人是真正理解留学日本于其价值所在的一个重要前提。

对"原周作人"进行考古式发掘对史料把握提出了更高的要求。在中

[①] 周作人:《我的新书一》,钟叔河编订:《周作人散文全集》第13卷,桂林:广西师范大学出版社,2009年,第291页。

[②] 周作人:《五年间的回顾》,同上书,第325页。

[③] 鲁迅博物馆藏:《周作人日记》(影印本)上册,郑州:大象出版社,1996年,第348页、第357页、第378—379页。

[④] 周作人:《生病后》,钟叔河编订:《周作人散文全集》第13卷,桂林:广西师范大学出版社,2009年,第275—278页。

[⑤] 鲁迅博物馆藏:《周作人日记》(影印本)上册,郑州:大象出版社,1996年,第401—402页。

[⑥] 会稽十八龄女子吴萍云:《说死生》,《女子世界》第5期,1904年。

国现代作家中，周作人的自我言说算得上颇为充分的一位。特别是对晚清到"五四"一段的自述尤其饱满，不同时期对同一事件的追忆有时还大同小异，甚至给人以叠床架屋之感，不免眼花缭乱。由于周作人的回忆有日记作为基础，一般来说容易被取信。他在《〈知堂回想录〉后序》中说："除了偶有记忆不真的以外，并没有一处有意识的加以诗化，即是说过假话。"①是否"没有一处有意识的加以诗化"姑且不论②，仅就其对江南水师学堂时期的自述来看，"记忆不真"之处并不少见。目前学界对早期周作人的建构主要依赖《知堂回想录》等回忆型史料，这距离完满意义上的"深描"还有不小的距离。

在不断发掘新史料的同时，还要格外加强对基本史料的解读能力。关于《知堂回想录》，周作人提示不要"以为所有的事情都真实的记录在里边"，"想来找得一切疑难事件的说明，那未免是所愿太奢了，恐怕是要失望的。我在上边说过，如果详尽的说明，那就非有一百万字不可"。③例如本章讨论的《英字指南》，它在日记中频繁出现，但周作人后来的自述里似乎一次也未提起；而他叙述里情有独钟的《商务书馆华英字典》在日记里却没有被阅读的记录。前者验证了周作人自道的回想录并不详尽的说法；后者似可提点日记作为史料来运用时或许有需要小心的陷阱。总之，日记与自述之间有时存在相当大的裂隙，需要研究者去弥合；无论是日记，还是回忆录，仍有大量叙述需要抽丝剥茧或层层剥笋来逐步核准。理想的研究范式应该让二者相互激荡，在持续的对读与逼问状态中，解答出最大的历史公约数。

江南水师学堂对应的是清末民初新式学堂教育的新空间。晚清学堂教育与传统文章变革之间存在一种深处的关联。晚清学堂英语教育带来了直译方法的示范，也促动了传统文章的变革。本章仅以周作人为个案，但实际上与其情况相似者颇多。商务印书馆的"华英"系列书籍在清末民初时

---

① 周作人：《〈知堂回想录〉后序》，钟叔河编订：《周作人散文全集》第14卷，桂林：广西师范大学出版社，2009年，第333页。

② 该自传的"诗与真实"问题，可参夏晓虹：《〈知堂回想录〉偶谈》，《鲁迅研究月刊》2014年第12期。

③ 周作人：《〈知堂回想录〉后序》，钟叔河编订：《周作人散文全集》第14卷，桂林：广西师范大学出版社，2009年，第333页。

期流传甚广,影响巨大;仅就笔者所见,自出版至民国元年(1912)的十余年间,就已经发行了47版,至1917年,更是增至第75版。周树人[①]、胡适[②]、钱玄同[③]、夏丏尊[④]等新文化人的英文因缘皆与它有关。不难想象,"五四"新文化人里学过这套教材的当占有相当大的比例。新式教育的引入,特别是新的逻辑性语言经验的进入,或隐或显影响了一代人的思维方式与语言表达,中国传统文脉也因此而裂变新生。

[①] 鲁迅:《朝花夕拾·琐记》,《鲁迅全集》第2卷,北京:人民文学出版社,2005年,第303页。

[②] 胡适:《四十自述》,欧阳哲生编:《胡适文集》第1卷,北京:北京大学出版社,2013年,第61页。

[③] 钱玄同:《钱玄同自撰年谱》,《钱玄同文集》第6卷,北京:中国人民大学出版社,2000年,第318页。

[④] 丏尊:《我的中学生时代》,《中学生》1931年第16期。

第三章 "直译"的流转与文言语体的递嬗

既有研究对《域外小说集》的讨论已然十分丰厚，也惯于把它视为周氏兄弟"直译"道路的起点。对此，前两章展开了正面的对话。第一章以周树人为个案，重点讨论了清末留学生的外语习得与其文体重塑的关系，通过详解《月界旅行》的翻译语言，梳理了其新体白话经验的生成。第二章对译作《侠女奴》的讨论，为探究周作人翻译道路的启动与语体演化的方向提供了坚实的基础。本章将周氏兄弟并置，进一步观察二人"直译"之路的流转变化，特别是他们在《域外小说集》前后"直译"的复杂面向。从晚清到"五四"，"直译"的内面十分丰富，既有"率尔操觚"的讥讽之意，又有前两章梳理的语言教育导向的初学译者的学生腔。为便于讨论，同时也为符合时间线索，本章拟先接续第二章，揭示周作人由字面对译到文腔还原的变化过程以及背后"日译"起到的作用，再延伸至周作人"半著半译"类的作品；然后以周作人为焦点，讨论周氏兄弟对新书写形式的接受过程及其在书写形式方面持续的文本试验；最后再回到周树人的脉络里，结合他在仙台的生活，剖析其科学编译性质的文本，厘清它们对"直译"的偏离及其语体特征。

第一节 《玉虫缘》的双语底本及其语体

周作人晚年回忆说，他将《阿里巴巴和四十大盗》的故事译出后，向《女子世界》寄去了译文，"不久居然登出，而且后来又印成单行本，书名是《侠女奴》。这回既然成功，我便高兴起来，又将美国亚伦坡（E. Allen Poe）的小说《黄金虫》译出，改名《山羊图》"[①]。这段记述有失

[①] 周作人：《学校生活的一叶》，钟叔河编订：《周作人散文全集》第2卷，桂林：广西师范大学出版社，2009年，第825页。

准确。他把《侠女奴》与《玉虫缘》的翻译、发表、出版说成了前后相续的关系。《侠女奴》虽为周作人的"初出手"①，但并非最先完成的译稿。《侠女奴》原本分四期连载，但刊载过程中实有中断，并非连续四期。其主要原因当在周作人方面，他的英语水平实在有限，应对《侠女奴》之译事已经力不从心。《侠女奴》完稿于1905年3月19日。吊诡的是，早在一个月前，周作人便结束了《山羊图》"约一万八千言"②的翻译。约三个月后，《山羊图》易名为《玉虫缘》，与《侠女奴》同在乙巳年（1905）五月出版。

《玉虫缘》译自美国推理小说家爱伦·坡的《黄金甲虫》(The Gold-Bug)。周作人在《我的新书二》中曾对其故事梗概做过较为详细的介绍。③

以往学界讨论《玉虫缘》的翻译时，大多随意选择英文版的《黄金甲虫》来比较。其实，周作人自己已经说得非常清楚："这篇《玉虫缘》的原文系依据日本山悬五十雄的译注本，系是他所编的《英文学研究》的一册，题目是《掘宝》。"④很多研究者忽视了这个"英文学丛书"的日文注本，这或许受到了《玉虫缘》"例言"的影响。其言曰：

> 是书英文原本名曰《金之甲虫》，著是事之原始也。日本山县氏译本名曰《掘宝》，著是事之结果也。译者不解和文，而于英文少有涉猎，因从原本绅绎成此，别著其名曰《玉虫缘》。⑤

按译者自陈，因其"不解和文"，是从英文译出，似乎不需注意所谓的"山县氏译本"。事实并非如此简单。

"山县氏"即山县五十雄，生于明治二年（1869），笔名螽湖，就读于东京帝国大学英文科，但中途退学；曾帮助兄长日本近代著名教育家山县

---

① 周作人：《学校生活的一叶》，钟叔河编订：《周作人散文全集》第2卷，桂林：广西师范大学出版社，2009年，第825页。

② 见周作人乙巳年（1905）正月十四的日记。鲁迅博物馆藏：《周作人日记》（影印本）上册，郑州：大象出版社，1996年，第408页。

③ 周作人：《我的新书二》，钟叔河编订：《周作人散文全集》第13卷，桂林：广西师范大学出版社，2009年，第293—294页。

④ 同上书，第294页。"山悬五十雄"应为山县五十雄。

⑤ 美国安介坡：《玉虫缘》，会稽碧罗译述，常熟初我润辞，上海：小说林，1905年。

悌三郎编辑《少年园》，还担任过《万朝报》英文栏的主笔；1895 年，参与编辑《青年文》；后加入以自我改良为前提进而谋求社会改良的精神主义运动团体"理想团"，是日本明治、大正年间以"英文报国"的著名记者。① "英文学研究"是他在 1901 年至 1903 年间译注的六部作品，每年两本，其中第三册是『英米詩歌集』，其余五册皆为小说，分别为『白梅孃』『荒磯』『婿選び』『宝ほり』和『該撒殺害』。整套图书的编排体例基本一致，每册先后依次为英文原文、作者小传（日语）、繁难词句注释、日译前言、日文译本，非常适合英语初学者使用。

所谓"山县氏译本名曰《掘宝》"即"英文学研究"的第四册『宝ほり』。关于这套"英文学研究"的来源，周作人曾说：

> 《英文学研究》，一共有四五本，只记得其一是朗佛罗的长诗。这些原书都是鲁迅寄来的，大概是在甲辰年内收到的吧，日记上却未有记载，恐怕是在日记断缺的期间中也未可知。②

或许当时只寄给他"四五本"，抑或是周作人记错了册数，但可以确定是这些书是大哥寄自日本的。所谓"朗佛罗的长诗"即在『英米詩歌集』中。关于邮寄的时间，大概也确如周作人回忆的那样。从周作人日记来看，周树人 1902 年留学日本后，与弟弟保持着频繁的通信，并陆续寄回过多种图书，如《最近清国疆域分图》《留学生会馆第一次报告》《摩西传》《浙江同乡会章程》《权利竞争论》《雷芙余声》《林和靖集》《真山民集》《朝鲜名家诗集》《天籁阁》《西力东侵史》《世界十女杰》《生理学粹》《利俾瑟战血余腥录》《月界旅行》等，还有《浙江潮》《新小说》《清议报》《新民丛报》《译书汇编》等杂志若干。③ 大哥每次寄来图书，周作人在日记中都会详细地记录书名，有时还会记下出版信息。故而，未见于

---

① 详见白山映子「『英文報国』ジャーナリスト山縣五十雄」『メディア史研究』(34)、2013。
② 周作人：《乙巳·旧日记中的鲁迅（二五）》，钟叔河编订：《周作人散文全集》第 12 卷，桂林：广西师范大学出版社，2009 年，第 499 页。
③ 见周作人壬寅年（1902）九月廿五、十一月廿九，癸卯年（1903）二月十三、廿一、三月十二，甲辰年（1904）"大寅宫之取书"的日记，鲁迅博物馆藏：《周作人日记》（影印本）上册，郑州：大象出版社，1996 年，第 356、364、377—378、384、401 页。

准确。他把《侠女奴》与《玉虫缘》的翻译、发表、出版说成了前后相续的关系。《侠女奴》虽为周作人的"初出手"[1]，但并非最先完成的译稿。《侠女奴》原本分四期连载，但刊载过程中实有中断，并非连续四期。其主要原因当在周作人方面，他的英语水平实在有限，应对《侠女奴》之译事已经力不从心。《侠女奴》完稿于1905年3月19日。吊诡的是，早在一个月前，周作人便结束了《山羊图》"约一万八千言"[2]的翻译。约三个月后，《山羊图》易名为《玉虫缘》，与《侠女奴》同在乙巳年（1905）五月出版。

《玉虫缘》译自美国推理小说家爱伦·坡的《黄金甲虫》（The Gold-Bug）。周作人在《我的新书二》中曾对其故事梗概做过较为详细的介绍。[3]

以往学界讨论《玉虫缘》的翻译时，大多随意选择英文版的《黄金甲虫》来比较。其实，周作人自己已经说得非常清楚："这篇《玉虫缘》的原文系依据日本山悬五十雄的译注本，系是他所编的《英文学研究》的一册，题目是《掘宝》。"[4]很多研究者忽视了这个"英文学丛书"的日文注本，这或许受到了《玉虫缘》"例言"的影响。其言曰：

> 是书英文原本名曰《金之甲虫》，著是事之原始也。日本山县氏译本名曰《掘宝》，著是事之结果也。译者不解和文，而于英文少有涉猎，因从原本紬绎成此，别著其名曰《玉虫缘》。[5]

按译者自陈，因其"不解和文"，是从英文译出，似乎不需注意所谓的"山县氏译本"。事实并非如此简单。

"山县氏"即山县五十雄，生于明治二年（1869），笔名蠡湖，就读于东京帝国大学英文科，但中途退学；曾帮助兄长日本近代著名教育家山县

---

[1] 周作人：《学校生活的一叶》，钟叔河编订：《周作人散文全集》第2卷，桂林：广西师范大学出版社，2009年，第825页。

[2] 见周作人乙巳年（1905）正月十四的日记。鲁迅博物馆藏：《周作人日记》（影印本）上册，郑州：大象出版社，1996年，第408页。

[3] 周作人：《我的新书二》，钟叔河编订：《周作人散文全集》第13卷，桂林：广西师范大学出版社，2009年，第293—294页。

[4] 同上书，第294页。"山悬五十雄"应为山县五十雄。

[5] 美国安介坡：《玉虫缘》，会稽碧罗译述，常熟初我润辞，上海：小说林，1905年。

悌三郎编辑《少年园》，还担任过《万朝报》英文栏的主笔；1895 年，参与编辑《青年文》；后加入以自我改良为前提进而谋求社会改良的精神主义运动团体"理想团"，是日本明治、大正年间以"英文报国"的著名记者。① "英文学研究"是他在 1901 年至 1903 年间译注的六部作品，每年两本，其中第三册是『英米詩歌集』，其余五册皆为小说，分别为『白梅嬢』『荒磯』『婿選び』『宝ほり』和『該撒殺害』。整套图书的编排体例基本一致，每册先后依次为英文原文、作者小传（日语）、繁难词句注释、日译前言、日文译本，非常适合英语初学者使用。

所谓"山县氏译本名曰《掘宝》"即"英文学研究"的第四册『宝ほり』。关于这套"英文学研究"的来源，周作人曾说：

> 《英文学研究》，一共有四五本，只记得其一是朗佛罗的长诗。这些原书都是鲁迅寄来的，大概是在甲辰年内收到的吧，日记上却未有记载，恐怕是在日记断缺的期间中也未可知。②

或许当时只寄给他"四五本"，抑或是周作人记错了册数，但可以确定是这些书是大哥寄自日本的。所谓"朗佛罗的长诗"即在『英米詩歌集』中。关于邮寄的时间，大概也确如周作人回忆的那样。从周作人日记来看，周树人 1902 年留学日本后，与弟弟保持着频繁的通信，并陆续寄回过多种图书，如《最近清国疆域分图》《留学生会馆第一次报告》《摩西传》《浙江同乡会章程》《权利竞争论》《雷芙余声》《林和靖集》《真山民集》《朝鲜名家诗集》《天籁阁》《西力东侵史》《世界十女杰》《生理学粹》《利俾瑟战血余腥录》《月界旅行》等，还有《浙江潮》《新小说》《清议报》《新民丛报》《译书汇编》等杂志若干。③ 大哥每次寄来图书，周作人在日记中都会详细地记录书名，有时还会记下出版信息。故而，未见于

---

① 详见白山映子「『英文報国』ジャーナリスト山縣五十雄」『メディア史研究』(34)、2013。
② 周作人：《乙巳·旧日记中的鲁迅（二五）》，钟叔河编订：《周作人散文全集》第 12 卷，桂林：广西师范大学出版社，2009 年，第 499 页。
③ 见周作人壬寅年（1902）九月廿五、十一月廿九，癸卯年（1903）二月十三、廿一、三月十二，甲辰年（1904）"大寅宫之取书"的日记，鲁迅博物馆藏：《周作人日记》（影印本）上册，郑州：大象出版社，1996 年，第 356、364、377—378、384、401 页。

日记的"英文学研究"丛书应和周作人甲辰年（1904）日记的缺失有关。目前所见的周作人日记，自甲辰四月至十一月的内容缺载。而乙巳年二月十四，即 1905 年 3 月 19 日，《玉虫缘》已然译竟。可推知周作人所言不差。

值得追问的是，"对于英文也没有好感"[①]的周树人，为何要给弟弟寄日本人译注的英语文学丛书呢？何况周作人当时不懂日语。日后他回忆说："《和文汉读法》我在三十年前曾一见，现今手头没有此书，未能详说，大抵是教人记若干条文法之后删去汉字下的语尾而颠倒钩转其位置，则和文即可翻为汉文矣。"[②]此处"曾一见"即指大哥留学日本前夕将此书携至南京的那次。后来周树人将此书带去了日本[③]，因此在周作人日记中看不到他有阅读记录。只是"一见"而已，周作人对其内容只能说个大概，至于具体规则是不清楚的。在当时，连周树人都尚未能掌握《和文汉读法》看似极为简易的"颠倒钩转"之法，仍需携带赴日，更不必说只粗粗看过一眼的周作人了。上文已述，1903 年前后周作人有负笈东瀛的强烈愿望，遇阻后激起了他学习日语的意志，但很快就因"初学不能解"而放弃。1906 年，周作人终于如愿以偿留学日本，但日语是从头学起的。

从《新译英和辞典》的例子来看，或许未必是周树人主动帮助弟弟挑选了英语学习的读物，这可能源于周作人的自发要求。即当他尝试翻译《玉虫缘》的时候，请大哥代买了英日双语版的译本，也可顺便学习日语。即便不是周作人直接托请，至少是他在通信中流露过类似的需求。

尽管周作人一再申辩不懂日文，乃从原文译出，但是《玉虫缘》显然受到了日语译注本的影响。『宝ほり』这一日语译本采用的是"文语体"，有大量的汉字夹杂其中。对于周作人而言，至少知晓可以将汉字"颠倒钩

[①] 周作人：《鲁迅与英文》，钟叔河编订：《周作人散文全集》第 11 卷，桂林：广西师范大学出版社，2009 年，第 442 页。

[②] 周作人：《和文汉读法》，钟叔河编订：《周作人散文全集》第 6 卷，桂林：广西师范大学出版社，2009 年，第 640 页。

[③] 见周作人壬寅年（1902）二月初八的日记。鲁迅博物馆藏：《周作人日记》（影印本）上册，郑州：大象出版社，1996 年，第 320 页。

转"来理解,何况还可以参考英语原文和翻查字典。

周作人有关《玉虫缘》的回忆,集中在"知堂回想录(五二)"《我的新书二》里。为便于论述,大段征引于下:

> 《玉虫缘》这名称是根据原名而定的,本名是《黄金甲虫》(The Gold-bug),因为当时用的是日本的《英和辞典》,甲虫称为玉虫,实际是吉丁虫,我们方言叫它做"金虫",是一种美丽的带壳飞虫。这故事的梗概是这样的,著者的友人名莱格阑,避人住于苏利樊岛,偶然得到一个吉丁虫,形状甚为奇怪,颇像人的枯颅,为的要画出图来给著者看,在裹了吉丁虫来的偶从海边捡得的一幅羊皮纸上,画了图递给著者的时候,不料落在火炉旁边了,经著者拾起来看时,图却画得像是一个人的髑髅。莱格阑仔细检视,原来在画着甲虫的背面对角地方,真是髑髅的图,是经炉火烘烤出现的,而在下方则显出一只小山羊,再经洗刷烘烤,乃发见一大片的字迹,是一种用数字及符号组成的暗码。他的结论是这是海贼首领甲必丹渴特(Kidd)的遗物,因为英语小山羊的发音与渴特相同,而髑髅则为海贼的旗帜,所以苦心研究,终于将暗号密码翻译了出来,掘得海贼所埋藏的巨额的珍宝。①

首先,值得讨论的是"玉虫"的译法。按周作人的说法,他"当时用的是日本的《英和辞典》"。但笔者翻阅神田乃武等编的《新译英和辞典》,却发现 Bug 条的注释并非"玉虫",而是"(動)椿象(カメムシ)類の諸蟲.ナンキンムシ"②。椿象或者ナンキンムシ(南京虫)皆指臭虫,和被誉为虫中之"淑女"的散发着金绿色光彩的吉丁虫③不可同日而语。再查 Gold-bug,则《新译英和辞典》未收该词条。其实,"玉虫"便是山县氏在『宝ほり』中用来指称那只黄金虫的固定叫法。全文中"玉蟲"二字几乎随处可见,如"一つの玉蟲を狩り出し""その玉蟲は全く新らしきもの""羽

---

① 周作人:《我的新书二》,钟叔河编订:《周作人散文全集》第 13 卷,桂林:广西师范大学出版社,2009 年,第 293—294 页。
② 神田乃武等編『新譯英和辞典』三省堂書店、1902 年、136 頁。
③ 顾茂彬、陈仁利主编:《昆虫文化与鉴赏》,广州:广东科技出版社,2011 年,第 55 页。

の他は純金の玉蟲でがすよ"等。由此看来,《玉虫缘》"例言"中声称"从原本紬绎成此"的说法是故布疑阵,有意遮盖。

其次,周作人对《玉虫缘》作者的介绍,也来自山县氏译本。兹将《玉虫缘》第一条"例言"与山县五十雄译本中的作者小传并列如下:

是书为美国拔尔祛摩人安介坡所著。坡少负隽才,年三十八而卒。其诗文惨怪哀感,为一时所欢迎。顾天不永年,殊亦长吉鬼才之俦也。此书曾应斐力代而夫一新闻社小说之悬赏,当选受三百弗之赏金。其价值可想见。闻其所作《大鸦》之诗及《泻梨(酒名)之酒桶》等篇尤奇异,惜未得见。①

(Poe) 其作る所の詩文は物凄く,うら寂しく,鬼氣紙に滿ち. (中略) Edgar は第二子にて 1811 年一月 Baltimore 府に生れたり. Edgar 幼にして容貌頗る美に,才智敏慧にして神童の聞えあり. (中略) されど彼が文名は次第に上りて,讀書社會は一回は一回より彼の作を歡迎したり. Annabel Lee と題するやさしき歌,M. Valdemar 及び Cask of Amontillado と題する凄絶慘絶なる二篇の譚,The Bells なる奇詩,前述の The Raven なる怪異の詩,此等の傑作は皆此頃の作なり. (中略) 年齡僅に三十八歳なり. (中略) 本册收むる所の The Gold-Bug は Poe が Philadelphia の一新聞の懸賞小說に當選して三百弗の賞金を得たるもの②

根据第二章梳理的周作人所接触英文类图书,及由周作人日记显示的所阅书刊,可以确定他并未获取到能够提供爱伦坡相关知识的资源。对比两份小传,一目了然,周作人笔下的爱伦坡基本上来自『宝ほり』的「EDGAR ALLAN POE 小傳」。两者之间的关联信息点已通过不同形式的下划线标注出来。日文版的爱伦坡小传篇幅较长,且以汉字为主,周作人只需略加揣度,将原文中散落的信息点摘取撮要,重新组织,便可成文。对照来看,除了将爱伦坡附会为中国版李贺外,几乎无一字无来处;还有就是结尾处的"惜未得见",流露出周作人渴望阅读却未能如愿的心情。

---

① 译者:《例言》,美国安介坡:《玉虫缘》,会稽碧罗译述,常熟初我润辞,上海:小说林,1905 年,第 1 页。

② ポー原著、山縣五十雄訳註『宝ほり』內外出版協会、1902 年、69-74 頁。

在此"例言"中,"《泻梨(酒名)之酒桶》"这一译法显得颇为怪异。其对应的英文原文为"Cask of Amontillado"。按照周作人在《侠女奴》中的翻译习惯,本应音译为"阿蒙提拉度"之类的词汇。再看山县氏译本,它对此类词汇以假名标注,无汉字可借用。周作人既未采用音译的方式处理英文专有名词,却将"Amontillado"译为"泻梨",那么,"泻梨"二字从何而来?考虑到周作人自述"当时用的是日本的《英和辞典》",故查阅《新译英和辞典》,它对"Amontillado"的注解为"一種ノ淡色シュリー酒"①。因此,周作人在括号里注明其为"酒名"。而"泻梨"是日语"シュリー"的音译。由此可知,周作人确实使用过《新译英和辞典》译《玉虫缘》,主要是为了对付英文专有名词。

周作人的回忆中存在一种叙述的错位。尽管《侠女奴》主要依据《新译英和辞典》译出,但他对此却只字未提;而《玉虫缘》虽借助了山县氏的日文译注本,周作人却在回忆中声称其直接从英文译出,并提到翻译"玉虫"等关键词汇时参考了《新译英和辞典》。然而,实际情况是他借助该辞典翻译出了"泻梨"一词。这既可能是周作人记忆有误,亦不排除其刻意塑造历史的可能性。

最初对《玉虫缘》译本与山县氏『宝ほり』的关联展开细致分析的是日本学者樽本照雄②。周旻在樽本照雄的基础上揭示《玉虫缘》的底本并非纯粹的英文版本,它"再译"自日人山县五十雄的英和双语读物『宝ほり』。她认为:『宝ほり』的文本顺序——英文本、英和对译的注释、文学性的介绍、译者识、和文译本,是将翻译动作拆解细化,对处于翻译实践初期的周作人有极大的启发。③本节拟进一步讨论周作人在不通日语的情况下如何以日译本为中介进行翻译,以及日译本对其译文面貌产生了怎样的影响。

《玉虫缘》究竟是何时起手翻译的,已不得而知,但明显晚于《侠女奴》。周作人也说"《侠女奴》着手在前,因在报上分期发表,故全文完成

---

① 神田乃武等編『新譯英和辭典』三省堂書店、1902 年、34 頁。
② 樽本照雄「ポー最初の漢訳小説——周作人訳『玉虫縁』について」『大阪経大論集』52(5)、2002。
③ 周旻:《"隐形"的底本:英和双语读本在周作人早期翻译生产中的角色——以〈玉虫缘〉为个案》,《中国比较文学》2017 年第 4 期。

反而在后了"①。不过，说是分期发表造成了延误似也不充分，因为周作人本可以先将《侠女奴》译出，等待陆续发表即可，但他也是一直拖延。何以周作人译完《侠女奴》感到如释重负，但在同时期翻译原文更难的《玉虫缘》却似乎较为轻松呢？

奥秘即在周作人所据的底本。山县氏译本『宝ほり』为他的翻译提供了便利。周作人几乎是逐句逐词依照日译本而辅以英文来翻译的，为了直观体现，兹举开篇交待威廉·莱格兰移居之地的环境及"我"的到访一段为例，后附『宝ほり』里的英文底本与日语译本，如下：

苏利樊岛之纬度，至冬并不极冷。若秋中用暖炉，殆稀有者。一千八百某年十月之中旬，天气忽非常寒冷，当时予住查理士顿府，距岛凡九里，往来之便利，殊不如今日远甚。一日，予因不与莱晤，已有数礼拜之久，乃于日暮之前，径穿常绿之草丛，直造小舍往访之。及至，予如例叩户，述通访意，久无应者。予稔知其户键存取之隐处，乃探键出，启户径入室。暖炉中一团之火光，熊熊正上炽，时时作爆裂声。予遂脱去外衣，置架上，移椅至炉边就火，坐以静待莱格兰主仆之归来。②

The winters in the latitude of Sullivan's Island are seldom very severe, and in the fall of the year it is a rare event indeed when a fire is considered necessary. About the middle of October 18－ there occurred, however, a day of remarkable chilliness. Just before sunset I scrambled my way through the evergreens to the hut of my friend, whom I had not visited for several weeks－ my residence being, at that time in Charleston, a distance of nine miles from the Island, while the facilities of passage and re-passage were very far behind those of the present day. Upon reaching the hut I rapped, as was my custom, and getting no reply, sought for the key where I knew it was secreted, unlocked the door and went in. A fine fire was blazing upon the

---

① 周作人：《我的新书二》，钟叔河编订：《周作人散文全集》第13卷，桂林：广西师范大学出版社，2009年，第293页。

② 美国安介坡：《玉虫缘》，会稽碧罗译述，常熟初我润辞，上海：小说林，1905年，第3—4页。

hearth. It was a novelty, and by no means an ungrateful one. I threw off an overcoat, took an arm-chair by the crackling logs, and awaited patiently the arrival of my hosts.①

　　サリヴァン島の緯度に於ては、冬の寒さの嚴しきことは稀にて、秋に至りて暖爐を要するは稀有の事なるが、一千八百某の年十月の中旬一日非常に寒冷なりし事ありき。當時余は島を距ること九哩なるチセーレストン府に住居して、同島に往來するの便は今日の如くよからざりしかば、久しくレグランドを訪はぎりしが、此日、日の暮れかゝる前、常綠の草叢をかきわけて、歩を彼が小舍の方に枉げたり。さて彼の小舍に到り、例の如く戸を打ち叩きて來訪を通ぜしに、答ふる者なく、因りて余は戸の鍵の隱しある所をよく知り居りければ、そこより鍵を取出し來り、戸を開きて中に入りしに、暖爐に一團の火赤く燃え居たり。こは珍らしき事なれど嬉しからぬにてはなく、余は外套を脱ぎ捨て、椅子をバチバチと音して燃ゆろ火の傍に持ち來り、レグランド主從の歸り來るを辛抱强く待ち居たり。②

倘若只将英语原文与周作人的翻译对读，似乎会感到《玉虫缘》的译文明显比《侠女奴》灵活，表意也更为显豁。英文的第一句包含两个并列的主句，通过连词"and"连接。主句的主语是"The winters"，其后的"in the latitude of Sullivan's Island"是介词短语做修饰语，进一步说明冬天的地理位置。周作人翻译时，将这个修饰语改为句子主语，原主语变为了状语。这一处理方式显然借鉴了山县氏的日语译文。考虑到周作人不通日文，不妨先去除这一段的假名，只保留汉字，重新排列，以观其与周作人译文之关系。

　　島緯度於、冬寒嚴稀、秋暖爐要稀有事、一千八百某年十月中旬、一日非常寒冷事。當時余島距九哩府住居、同島往來便今日如、久訪、此日、日暮前、常綠草叢、步彼小舍方枉。彼小舍到、例如戸打叩來訪通、答者、因余戸鍵隱所知居、鍵取出、戸開中入、暖爐一團火赤燃居。珍事嬉、余外套

---

①　ポー原著、山縣五十雄訳註『宝ほり』內外出版協会、1902年、100-101頁。该书英文文本的页码从第99页开始。

②　ポー原著、山縣五十雄訳註『宝ほり』內外出版協会、1902年、139-140頁。

脱捨、椅子音燃火傍持來、主從歸來辛抱強待居。

似乎连梁启超的《和文汉读法》都用不上，周作人只需将英语原文的意思先读个大概，然后按照日语汉字的字面意思加以敷衍即可。其实，山县氏在译英文的第一句话时，主语是"冬の寒さの嚴しきこと"，对应着"The winters"，而开头的"サリヴァン島の緯度に於ては"表示句子的主题范围。可周作人看不懂，就顺着日文的汉字译下来了。类似的情况，不胜枚举：

> 岛西端尽处，墨而忒列炮台在焉。其旁有古朴小房数椽，每当盛夏之交，查理士顿府士女之来避尘嚣与热病者，多僦居之。①
> 島の西の端なるムールトリー炮臺の邊數戶の板造りの見すぼらしき家ありて、盛夏の交チャーレストン府の士女等、蒼の紅塵と熱病とを避けんとて來る所に②

> 彼藏书甚多，而取读之时则甚少。平常惟以铳猎及鱼钓为乐。又常喜逍遥于海滨草原间，采集贝壳、昆虫之类，以作博物学之标本。③
> 彼は多くの書籍を藏せしかど、これを讀むこと稀にして、平常銃獵と魚獵とを樂しみ、又は海濱草原の間に逍遙して、貝殼昆虫等を採集し、博物學の標本を作りて喜びしが④

> 彼乃于上衣之衣囊内，取出一册之手账，将此纸郑重夹入，藏之于写字斜面几之抽斗内而下键，面见出一种沉着之态度。前此热心之风，已全行消灭。⑤
> 彼は上衣の衣囊より一册の手帳を取出し、其中に彼の紙片を丁寧に疊み入れ、更に其手帳を机の抽斗に入れ、鍵を下ろしたり。彼の樣子は前よ

---

① 美国安介坡：《玉虫缘》，会稽碧罗译述，常熟初我润辞，上海：小说林，1905年，第2页。
② ポー原著、山縣五十雄訳註『宝ほり』内外出版協会、1902年、137-138頁。
③ 美国安介坡：《玉虫缘》，会稽碧罗译述，常熟初我润辞，上海：小说林，1905年，第3页。
④ ポー原著、山縣五十雄訳註『宝ほり』内外出版協会、1902年、138頁。
⑤ 美国安介坡：《玉虫缘》，会稽碧罗译述，常熟初我润辞，上海：小说林，1905年，第10页。

りは沈着きて見えたれども、前の熱心の風は全く無くなれり①

　予读此书既毕，心忽大动。细玩文体，大异于莱平常之风度。不知彼之心中，究蕴若何新奇之理想？其所幻想，究为何事乎？彼所云非常重大之事件，将何以处置之乎？②

　余は此手紙を讀みて心中一方ならぬ心配を感じたり。其文體はレグランドが平常の風とはいたく異なる所あり、彼は如何なる事を妄想し居るなるか、何も「非常の大事件」といふ如き事を處置すべき筈なきに③

　约二小时，日将没，乃至一处，其荒邈寂寞，殆不经见。瞥见一片高原，在一小山之顶。此小山颇难攀登，自山麓以至山顶，皆树木丛生，茸密无隙。树与树之间，巨大岩石，罗列地上。④

　二時間ばかりにして、日の將に沒せんとする頃、余等は今迄見たることもなき程の荒涼寂寞たる所に來れり。こゝは殆ど攀ぢ登り難き小山の頂上に近き一の高原にして、其小山は麓より頂上迄樹木密生し、樹と樹の間には巨巖地上に緊なく橫はり⑤

以上例句显示的"日汉转移法"在《玉虫缘》中占据主要位置。这类译法稍稍麻烦的地方是有的日语假名表达否定含义，如"答ふる者なく"中的"なく"，但比照英文，便不会译错。当周作人以日译本为中介时，翻译活动仿佛变得容易了起来。大量的词汇不需再费时间翻查字典，也省去了选择的踌躇，甚至于句式结构也可以有所参照。这便解释了为何周作人译原文简单、文字量少的《侠女奴》很艰难，译难度倍增、篇幅亦长的《玉虫缘》却更显轻松。

除了借用日译本的汉字与句式为译文骨架之外，周作人还通过日译本

---

① ポー原著、山縣五十雄訳註『宝ほり』内外出版協会、1902 年、145 頁。
② 美国安介坡：《玉虫缘》，会稽碧罗译述，常熟初我润辞，上海：小说林，1905 年，第 17 页。
③ ポー原著、山縣五十雄訳註『宝ほり』内外出版協会、1902 年、150 頁。
④ 美国安介坡：《玉虫缘》，会稽碧罗译述，常熟初我润辞，上海：小说林，1905 年，第 26 页。
⑤ ポー原著、山縣五十雄訳註『宝ほり』内外出版協会、1902 年、157 頁。

的注释来帮助理解原文。他在《玉虫缘》的"例言"中写道：

> 书中形容黑人愚蠢，竭尽其致。其用语多误，至以 There 为 dar，it is not 为 taint，译时颇觉困难。须以意逆，乃能得之。惟其在英文中可显黑人之误，及加以移译，则不复能分矣。（如英文"故"Cause 可误为"爪"Claws，而在中文则否，不加注语，便觉费解）。①

确实，书中黑奴"迦别"（Jupiter）的语言，倘若只读英文，常常是很难理解的。譬如他最初登场时的一段话：

> "Dey aint no tin in him, Massa Will, I keep a tellin on you", here interrupted Jupiter; "de bug is a goole bug, solid, ebery bit of him, inside and all, sep him wing——neber feel half so hebby a bug in my life."②

大量拼写错误是对黑奴讲话时声音情境的复现。这种模拟发音不准所造成的满纸病误的语段，不仅完全超出了周作人的英语能力，即便是训练有素的英语学堂生恐怕也难以应付。好在周作人有日译本的注释可以依凭。山县氏译本的注释是单独列出的，而非随文出注，为了便于查找，山县氏将英文全文标注了行数，读者可以通过行数去找注释。"Massa Will"最早出现在第 46 行，山县氏对其注释如下：

> "Massa Will." 黑奴 Jupiter が其主人を呼ぶ語，即ち Master Will の訛にて，Will は William を親しく呼ぶ語，例へばこゝに義太郎といふ人あれば其親しき人之をよつちゃんといふが如し．William は又親しく Bill とも呼ぶ．猶ほこれと同様の数例を序に示さんに，Charles は Charlie, Francis を Frank, John を Jack, Abraham を Abe, Thomas を Tom, Elizabeth を Beth, Jane を

---

① 译者：《例言》，美国安介坡：《玉虫缘》，会稽碧罗译述，常熟初我润辞，上海：小说林，1905 年，第 1—2 页。

② ポー原著、山縣五十雄訳註『宝ほり』内外出版協会、1902 年、102 頁。

Jenny 等なり①

　　这段解释的大致意思是"Massa Will"是黑奴 Jupiter 对其主人的称呼，即"Master Will"的讹音，其中"Will"是对"William"的亲密称呼。例如，如果这里有一个人名叫"义太郎"，其亲密的朋友可能会称呼他为"よっちゃん"，类似汉语称呼其"义宝"或"小义"。William 也可以亲密地称为"Will"。此外，顺便再举几个类似的例子：Charles 可以称为 Charlie, Francis 可以称为 Frank, John 可以称为 Jack, Abraham 可以称为 Abe, Thomas 可以称为 Tom, Elizabeth 可以称为 Beth, Jane 可以称为 Jenny，等等。

　　黑奴"迦别"最初登场时的那段话出现在英文本的第 94—97 行。山县氏译注本的注释为：

　　"Dey aint no tin ... so hebby a bug in my life."黑奴の訛りの言なれば讀み慣れざれば解し難く見ゆれども，よく注意して其訛りを正しき言に直して讀み試むべし．次第に慣れて後には容易に解し得るに至らん．試みに此一句を正しき言に直して示すこと下の如し

　　"They is not nothing in it, Master Will, I Keep on telling you, the bug is a gold bug, every bit of it, inside and all, except his wing-never feel half so heavy a bug in my life."②

　　返观周作人所译"迦别"最初登场时的话："迦别突然接口曰：'麦撒威而（麦撒即密司脱之讹。威而为威廉之亲密称呼。如多马氏之称汤姆，爱理查白士之称白士也），此虫空中无物，然甚重。除羽之外，殆皆为纯金所成。纯金之玉虫，予平生未见玉虫有如是之重者。'"为了保留原文中黑奴的口吻语气，周作人没有译注释内的"Master Will"，而是袭用了原句里的"Massa Will"；但正如周作人担心的那样，"麦撒威而"的译语无法让中国读

---

① ポー原著、山縣五十雄訳註『宝ほり』内外出版協会、1902 年、76 頁。该书注释部分从第 75 页开始。
② ポー原著、山縣五十雄訳註『宝ほり』内外出版協会、1902 年、77 頁。引文里"They is not nothing"的"They"为排印错误，应为"There"；山县氏对第 199 行难词的注即明确写为"Dar！there！なり。そこですつて．"

者体察到作者的用意，于是他以括号加注说明，其内容明显来自山县氏对第 46 行的注释。可见，他参考了上述两条注释，将原本难以理解的黑奴的英文译出。《例言》中的"There 为 dar, it is not 为 taint"大概亦由此而悟出。

不过，原注已经说得很清楚，"Massa Will"是黑奴 Jupiter 称呼其主人的话，是"Master Will"的讹误；周作人却误以为是"密司脱之讹"，"密司脱"实为"Mr"（先生）的音译，在清末民初小说中常见，甚至林译小说中亦可见到。① 周作人出现这样的错误，与他不通日语相关，同时他也误解了 Master 的含义。

《例言》中的"如英文'故'Cause 可误为'爪'Claws"也是借鉴了日译本对第 239 行的注释，即"what cause have you との問のうちに cause なる語あり、黑奴は之を claws と聞き誤りてかくは答へたるなり"②。至于正文的部分，相较于《侠女奴》，《玉虫缘》的译文有一个非常明显的文本特征，即以括号形式加文字注释的地方很多。这类内容，基本出自日译本的注释部分。例如：

> 法国黑哥诺宗派（法国新教派，十六世纪中叶，大受政府之迫害，遂多寄居外国）③
>
> Huguenot. 佛國新教派の信者、第十六世紀の中頃大に佛國朝廷より迫害を受け、本國に住居する能はずして諸外國へ移住せり．④
>
> 山某潭（和兰之大学者，始创昆虫学。后人遂谓昆虫学家为山某潭，如凡大政治家之称卑士麦也）⑤
>
> a Swammerdamm. Swammerdamm は和蘭の大學者にして昆蟲學を創始したる人なり。1637 年に生れ 1680 に死せり．因て a Swammerdamm といへば或昆蟲學者を意味す．斯の如く有名なる人名に冠詞を附して普通名詞

---

① 参见吕叔湘：《三位一体的"字"》，《语文常谈》，北京：生活·读书·新知三联书店，1980 年，第 42 页。另见钱锺书：《林纾的翻译》，《文学研究集刊》第一册，北京：人民文学出版社，1964 年，第 20 页。
② ポー原著、山縣五十雄訳註『宝ほり』內外出版協会、1902 年、79–80 頁。
③ 美国安介坡：《玉虫缘》，会稽碧罗译述，常熟初我润辞，上海：小说林，1905 年，第 1 页。
④ ポー原著、山縣五十雄訳註『宝ほり』內外出版協会、1902 年、75 頁。
⑤ 美国安介坡：《玉虫缘》，会稽碧罗译述，常熟初我润辞，上海：小说林，1905 年，第 3 页。

として用ゆる例英語に多し．例へば He is a Bismarck といへば彼は一大政治家なりとの意なり．①

bivalve. 二子壳属（有二壳之贝类，如蚬蛤等）②
二子殼（蜆蛤等の如く二つの殻を有したる貝類）③

王水（硝酸与盐酸之混合液，其力甚猛，能化黄金）④
aqua regia. aqua は water，regia は royal，即ち譯して王水といふ．硝酸と鹽酸の混合液、以て黄金を溶解すべし⑤

甲比丹渴特（渴特著名海贼之首领，英人，时出没于大西洋上，夺掠法国、西班牙之商船。一千七百年顷，被捕于波士顿，护送伦敦，翌年处死刑）⑥

Captain Kidd. 名を William と云ひ 有名なる海賊の首領にして英國に生れ、少壯の時より船乗りとなり、1696 年頃印度洋の海賊征伐を命ぜられて Madagascar に行き、同地に於て自ら海賊となり、以來太西洋上に出沒して頻りに西班牙佛國等の商船を奪掠せしが、1700 年米國 Boston に入船して捕へられ、London に護送せられて翌年死刑に處せられたり。⑦

哥耳康大（印度一都府名，其处为有名金刚石之产地）⑧
Golconda. 印度の一都府にして、其近隣に有名なる金剛石の産地あり⑨

---

① ポー原著、山縣五十雄訳註『宝ほり』内外出版協会、1902 年、75-76 頁。
② 美国安介坡：《玉虫缘》，会稽碧罗译述，常熟初我润辞，上海：小说林，1905 年，第 4 页。
③ ポー原著、山縣五十雄訳註『宝ほり』内外出版協会、1902 年、76 頁。
④ 美国安介坡：《玉虫缘》，会稽碧罗译述，常熟初我润辞，上海：小说林，1905 年，第 54 页。
⑤ ポー原著、山縣五十雄訳註『宝ほり』内外出版協会、1902 年、90 頁。
⑥ 美国安介坡：《玉虫缘》，会稽碧罗译述，常熟初我润辞，上海：小说林，1905 年，第 56 页。
⑦ ポー原著、山縣五十雄訳註『宝ほり』内外出版協会、1902 年、90 頁。
⑧ 美国安介坡：《玉虫缘》，会稽碧罗译述，常熟初我润辞，上海：小说林，1905 年，第 61 页。
⑨ ポー原著、山縣五十雄訳註『宝ほり』内外出版協会、1902 年、91 頁。

在《玉虫缘》正文中，周作人以括号形式添加的注释恰可与日译本注释一一对应。这些都是"不解和文"的他暗中使用了山县氏译本的明证。小说的主体部分，周作人可以同时参看英语原文与日语译文两个底本。然而，要注解出括号里的内容，周作人就只能借助山县氏的日文注释。因此，解析日文注释转化为汉语的过程，能更加清楚地看到"不解和文"的周作人对日语信息的处理方式。以"甲比丹渴特"一条为例，"著名海贼之首领"是由日文"有名なる海賊の首領にして"的汉字提取而成，"英人"对应的是"英國に生れ"。这两处转换，不需要会日语，也可以轻松实现。从"少壯の時"开始到"海賊となり"的一句，假名变多，仅凭汉字猜测较为困难。原句大意是：渴特年轻时便开始航海，大约在1696年奉命前往印度洋征讨海盗，并前往马达加斯加，然而，他在那里自己也成了海盗。周作人看不懂"命ぜられてMadagascarに行き"这样的被动形式，就将其直接简化掉。后面的两句又可以根据日文中的汉字敷衍出通顺的意思，于是再借用过来。除了知识层面的拓展之外，日译本注释还为周作人理解故事背景及上下文语境提供了诸多便利。周作人的译文能尽量保留原文感觉，很大程度上得益于此。

然而，正所谓"成也萧何，败也萧何"，日译本如同双刃剑，在将翻译实践变得简单的同时，也造成了诸多问题。首先，周作人的翻译态度不似译《侠女奴》时那般谨慎，沿用日译本汉字而不以英语原文核查的情况时有发生，出现了若干误译。譬如原文中"my dear fellow, you are joking"[①]一句，周作人由日译"では君、戯けて居るんだらう"[②]中的"戏"字附会理解为"予亟解之曰：'予之良友戏言耳'"[③]，将本指"我亲爱的朋友，你这是在开玩笑啊"的意思扭曲为向他人致歉的"我的话是玩笑"。再举一例，"余"向迦别询问莱格兰"病状何如"之处，英语原文、日文译本及周作人译文分别如下：

"Dar! dat's it! —him nebber plain of notin —but him berry sick for all dat."

---

① ポー原著、山縣五十雄訳註『宝ほり』内外出版協会、1902年、103頁。
② 同上書、143頁。
③ 美国安介坡：《玉虫缘》，会稽碧罗译述，常熟初我润辞，上海：小说林，1905年，第8页。

"Very sick, Jupiter! —why didn't you say so at once? Is he confined to bed?"①

「ところが、何處も惡るいとはいはねいので、けれども大變によくねいんでがすよ」

「大變に悪い、何故すぐ言はないんだ。寝ているかね」②

迦别曰："彼亦不言所苦，惟其气色举止则大变。"

予惊问曰："何故大变？迦别，汝言何谓——彼卧病乎？"③

前一句是迦别的答语，下面是"余"听后的反应。例子中的英文底本有黑奴口语，难以理解；对应的日语译文则假名多，汉字少。好在日译本在此处加了两条注释，告诉读者"him nebber plain of notin"即"he never complains of anything"，而"berry sick for all dat"为"very sick for all that"。然而，周作人并没有认真参考日文注释提供的正确的英文表达，硬生生据日语译文所含汉字来猜测，将日译的"けれども大變によくねいんでがすよ"中的"大變"猜想为"气色举止则大变"；随之，也借用了后面的答语"大變に悪い、何故すぐ言はないんだ"，将"Very sick, Jupiter!"译为"何故大变？迦别"。但日语词汇"大變"（たいへん）不是汉字字面上的变化大的意思，而是与"に"连用，译为"非常"，是一个程度副词。"大變に"准确的对译就是"very"。

"you are joking"与"Very sick"这两个例子，实际上都是再简单不过的英文短语，很容易通过上下文或参考日译本注释来正确译出，可周作人译得太过随意草率。此两例也在侧面上证明了周作人对山县氏日译本的依赖程度之高，甚至可以说至少在译所举两个例子时，他基本抛开了英文底本，由日译本的汉字来发挥。

其次，以日译本为借镜，使周作人有了大致译出 *The Gold-Bug* 的可能性；但平心而论，爱伦·坡这部小说远非周作人的英语水准所能驾驭，日译本可作参照时，翻译尚无大碍，倘若遇到假名过多，或汉字难解的部

---

① ポー原著、山縣五十雄訳註『宝ほり』內外出版協会、1902年、105頁。

② 同上書、146頁。

③ 美国安介坡：《玉虫缘》，会稽碧罗译述，常熟初我润辞，上海：小说林，1905年，第11—12页。

分，便常常会出错。上一章已经梳理过，周作人没有能力处理过于灵活的句式或多重复句，于是他不得不削删篡改原文。兹举一例：

> In these excursions he was usually accompanied by an old negro, called Jupiter, who had been manumitted before the reverses of the family, but who could be induced, neither by threats nor by promises, to abandon what he considered his right of attendance upon the footsteps of his young "Massa Will." <u>It is not improbable that the relatives of Legrand, conceiving him to be somewhat unsettled in intellect, had contrived to instil this obstinacy into Jupiter, with a view to the supervision and guardianship of the wanderer.</u>①
>
> かゝる逍遥の際ジュピタルと云ふ老年の黒奴彼に伴するを常とせしが、此者はレグランドの家の猶ほ衰へざりし時釋放されたれど、『ウィル若旦那』の御伴をするを以て自己が權利なりと思ひ、如何に叱るとも、如何に騙すとも、之を捨てしめ得ざりき。<u>蓋しレグランドの親族の者、彼が幾分か心狂ひたるかを氣遣ひ、ジユピタルをして、暫くも目を離さずして、後見看護せしめんが爲め、かくは頑固なる考を彼が頭に吹込みしものなるべし。</u>②
>
> 彼以喜游历原野故，故尝以一老黑奴自随。此黑人名迦别，乃莱先世未衰之时所释放者。人甚憨而忠于其事，不烦呵叱约束，自以伴侍主人为天职。彼因莱有时忽发狂气，胸中常持一成见，守护视察之惟谨。而莱亦善待之，颇亲信焉。③

例中的英文句式复杂，使用了多个从句和修饰成分，但行文逻辑清晰分明，逐步展开了对黑奴Jupiter和莱格兰亲戚的描述，信息量丰富的同时，保持了句法连贯性。日译本也以长句为主，在句法结构乃至细节上与英文底本基本一致。而周作人的译本句式较短，除了前两句基本准确之外，其余皆误，特别是笔者标注的部分更是错得离谱。直面画线的英文句子，对周作人来说颇有难度；可是对应的日文部分，将汉字抽出之后是"蓋

---

① ポー原著、山縣五十雄訳註『宝ほり』內外出版協会、1902 年、100 頁。
② 同上书，138–139 頁。
③ 美国安介坡：《玉虫缘》，会稽碧罗译述，常熟初我润辞，上海：小说林，1905 年，第 3 页。

親族者、彼幾分心狂氣遣、暫目離、後見看護爲、頑固考彼頭吹込",只有"彼幾分心狂氣遣"这里,意思稍显连贯。于是周作人写出"彼因莱有时忽发狂气"。不妨结合前句来理解画线句,原文大意是说,亲戚们认为莱格兰的心智有些不稳定,因此设法将"以伴侍主人为天职"这种固执灌输给了迦别,目的是让已获自由身的迦别不离开,继续监督和守护这位漂泊者,即莱格兰。然而,周作人错把在亲戚们眼中莱格兰的"狂气"换到了迦别眼中。

在《玉虫缘》中,类似的错误还有许多。例如,把大意为他自己遭受的一连串不幸使其陷入贫困的英文句子"he……had once been wealthy; but a series of misfortunes had reduced him to want"译为了"其先世颇饶于资,数传至莱,家道日落";将表达天黑不久他们回来了之意的"Soon after dark they arrived"误译成"良久,天将昏黑,二人方返";一个正要把纸片揉成一团的动作"was about to crumple it"被认为是完成了的"将纸片搓成一小团";原本表达虚拟语气的英文句子"I should like to understand what it is you are talking about",意为"我是真想弄明白你现在说的这些啊",到了周作人之手,意思完全弄反了——"汝之所言,我已略知大意"。

有的学者依据《玉虫缘》"例言"中的"书系入作者口气,今仍其体例",误以为周作人对原文的理解能力很强。实际上,这里所言"作者口气"无非是指采用"第一人称叙事",全篇以"予"之口吻讲述。即便周作人有意保留迦别称呼主人时的奇怪语气,并像翻译《侠女奴》时那样,将原文中的插话场景和人物语气词等也都尽量译出,可美式文章的幽默反讽的味道,仍是当时的周作人无法体会的。以莱格兰在迦别插话后的一段回答为例:

"Well, suppose it is, Jup," replied Legrand, somewhat more earnestly, it seemed to me, than the case demanded, "is that any reason for your letting the birds burn? The color?"—here he turned to me[①]

莱曰:"然然。予意亦如是——其色诚可异……"

---

① ポー原著、山縣五十雄訳註『宝ほり』內外出版協会、1902年、102頁。

言次。复向予曰①

　　这段译文中的标点，即为周作人译本原样，可以看到他已经很努力地去借助新的书写形式来还原英文语境的现场感，如以省略号表示说话对象的转变；但无论如何，周作人尚无法体会划线句"难道那就是你把鸡烧糊的理由吗？"的趣味，所以只好连同前面的话一并删去。另外，周作人虽可凭借日译本和别加注释的方式保留黑奴与他人交流时的部分语误，却仍在一定程度上造成了迦别形象丰富性的丧失。除去"加以移译则不复能分"的地方，周作人也有意地删去了许多迦别在对话中啰唆散乱甚至词不达意的部分，还把前后三次出现的关于黑奴因莱格兰私自外出而想要狠狠揍他一顿的叙述径直去除，使得原文中迦别那种有些愚蠢、略带疯癫、插科打诨的人物形象难以完整呈现。

　　总的看来，由于有山县氏的译注本可以参照，同时该译本带有显著的"直译倾向"，故而《玉虫缘》的译文大体上仍是忠实的。与完全照英语原文来译的《侠女奴》相比，能感觉到《玉虫缘》对日译本的依赖。将爱伦·坡的 The Gold-Bug 与《玉虫缘》直接对读，难以看到周作人译《侠女奴》时的那种对原文的亦步亦趋般的生涩之感；可是倘若拿山县氏的译注版来参阅，便可发现周作人主要是以日译本的句子组织方式来逐句逐"字"译出《玉虫缘》的。此时的他，也只能依靠日文里的汉字，实施另一种形式的逐"字"译。毕竟他不通日语，只能通过假名中夹杂的日语汉字并辅以对英文原句句意的把握来翻译，也正因此，The Gold-Bug 原本的句子组织方式被拆散。

　　周作人之所以选用这样的翻译策略，一方面和原文难解而其英文水平不足，难以将其逐句逐词译出有关，另一方面是如此操作不仅可以事半功倍，大幅提高翻译速度，还能使译文本身更像文章。译《侠女奴》时，由于有原文的牵绊，加之经验不足，其文字给人以粗率杂糅之感；面对爱伦·坡的小说时，周作人并没有完全按照学堂所接受的训练方式，而是借镜于山县氏的日译本，如此极大地脱去了原文的限制。周作人以英文意译，兼日译本散于句中的汉字为立足点，拓展了译者主动发挥的空间。

---

① 美国安介坡：《玉虫缘》，会稽碧罗译述，常熟初我润辞，上海：小说林，1905年，第6页。

因此，如上文所述，《玉虫缘》的译文风貌相较于《侠女奴》，更有妥帖的汉语文章的感觉。周作人晚年重阅其译本时仍自认"在起首地方有些描写也还不错"，即：

> 此岛在南楷罗林那省查理士顿府左近，形状甚奇特，全岛系砂砾所成，长约三里（英里），广不过四分之一。岛与大陆毗连之处，有一狭江隔之，江中茅苇之属甚丛茂，水流纤缓，白鹭水凫，多栖息其处，时时出没于荻花芦叶间。岛中树木稀少，一望旷漠无际。岛西端尽处，墨而忒列炮台在焉。其旁有古朴小屋数椽，每当盛夏之交，查理士顿府士女之来避尘嚣与热病者，多僦居之。屋外树棕榈数株，绿叶森森，一见立辨。全岛除西端及沿海一带砂石结成之堤岸外，其余地面，皆为一种英国园艺家所最珍重之麦妥儿树（木本丛生，冬夏常青，实如金樱子，花甚香）浓阴所蔽。岛中此种灌木，其生长每达十五尺（英尺）至二十尺之高。<u>枝叶蓊郁，成一森密之矮林。花时游此，芬芳袭人。四围空气中，皆充满其香味。</u>①

在这段话里，句序的基本结构是由日译本对译而来的，但周作人译得非常灵活。笔者以下划线标注了三句话，其所对应的日译本与英文原作，均只一句话，分别是"殆ど足を踏み入れがたき森を為して、こゝろよき香を四邊に充たしつゝあり"和"forms an almost impenetrable coppice, burthening the air with its fragrance"。第一句或由英译本来，第二句为周作人的添笔，第三句参看的是日译本。虽然译《侠女奴》时周作人也会习惯性地添加简短的景物描写，但其文字远不如《玉虫缘》中的"绿叶森森，一见立辨"或"花时游此，芬芳袭人"这样文章感十足。

通观《玉虫缘》，译文明显增大了短句的比重，行文舒缓，文气通畅。如果说《侠女奴》是信有余而达不足的话，那么《玉虫缘》偏于信达兼备，甚至有时求达而害信。周作人对于达的追求很有可能是受了严复与林纾共同的影响。以往更容易看到林纾的作用，因为周作人自言"我虽佩服严先

---

① 美国安介坡：《玉虫缘》，会稽碧罗译述，常熟初我润辞，上海：小说林，1905年，第1—2页。

生的译法,但是那些都是学术书,不免有志未逮,见了林先生的史汉笔法的小说,更配胃口,所以它的影响特别的大。我在民国以前译过几篇古文小说,其中有不少林派的字句,现在还约略记得",这似乎是说周作人对严复的译法敬而远之,但其实在这段话的前面他也说到,"那时我相信《天演论》的达旨是翻译的正宗,只是非有极大的才学不办,所以只能悬作理想的标准"。① 可见,严复才是真正让周作人改为追求"达旨"的人,而林纾由于不通英文,所以很少谈及翻译方法的问题。严复在《天演论》中早已阐明了"达旨"的要义:

> 译文取明深义,故词句之间,时有所颠到附益,不斤斤于字比句次,而意义则不倍背原文……不云笔译,取便发挥……此在译者将全文神理,融会于心,则下笔抒词,自善互备。至原文词理本深,难于共喻,则当前后引衬,以显其意。凡此经营,皆以为达,为达即所以为信也。②

由周作人日记来看,1904年前后,《天演论》恰好是他反复阅读的书籍之一。周氏兄弟对于严复的译著追捧有加,随出随购。翻译《侠女奴》时的周作人还放不开手脚,脱不去学堂翻译腔,但山县氏的日译本为他迈向"达旨"的追求提供了一个契机,使他可以甩开原文的束缚,"不斤斤于字比句次";而对日译中独立汉字的参照,既可使意义"不倍背原文",又"取便发挥","前后引衬,以显其意",有助于译语的文章化。然而,在将译本语言凑成妥帖的汉文时,周作人放弃了取法严复而改以林译小说作为话语资源。因为严复强调"信、达而外,求其尔雅",他自身即"用汉以前字法、句法",以求与"晚周诸子相上下"。③ 师法严复对刚满二十岁"于国文未能窥门径"④的周作人来说,无疑是难如登天的。这也就是周作人所

---

① 周作人:《我的负债》,钟叔河编订:《周作人散文全集》第3卷,桂林:广西师范大学出版社,2009年,第326页。
② 严复:《译例言》,赫胥黎著,严复译:《天演论》,上海:商务印书馆,1933年,第1页。
③ 同上书,第2页。"晚周诸子相上下"语见吴汝纶为《天演论》所作序言。
④ 见周作人癸卯年(1903)三月廿七的日记。鲁迅博物馆藏:《周作人日记》(影印本)上册,郑州:大象出版社,1996年,第388页。

言"非有极大的才学不办,所以只能悬作理想的标准"。严复是有意地规避"近世利俗文字",而与之大相径庭的是,"林纾译书所用文体是他心目中认为较通俗、较随便、富于弹性的文言。它虽然保留若干'古文'成分,但比'古文'自由得多;在词汇和句法上规矩不严密、收容量很宽大"。① 其实,周作人取法林纾,未必是看重其真有正宗的"史汉笔法",而是欲仿效林译小说那种杂糅了文言小说、笔记传统文体与当时流行的报章杂志文体的古文。

1905年5月3日,周作人在日记中写下:"接初我廿六日函,云《山羊图》已付印,易名《玉虫缘》。又云《侠女奴》将印单行。有所入,即以补助《女子世界》社。"② 一个半月后,第12期《女子世界》登出了两部小说的广告,分别如下:

> 奇趣!小说《玉虫缘》豫告　定价三角　四月出版　小说林发行
> 法国赤贫之夫,因缘一玉虫,一月获百五十万金之巨富。其中,如山羊图之变幻,骷髅之怪诞,暗号文之离奇巧妙。非有精心耐力,不足探索其一二。寻常一记事之文,而含有种种侦探小说之意味。碧罗女士从英文移译,初我为之润辞,文笔简峭,奇绝妙绝。

> 侠义!小说《侠女奴》豫告　定价贰角　五月出版　小说林发行
> 萍云女士译述,初我润辞。是书价值已见本志,今付印单行以饷未阅本志者。俾先睹为快焉。

其中,第一则广告亦载于第13、14期(第2年第1、2期)《女子世界》的封底,只不过将"豫告"字样去掉,同时删去了价格和出版时间。《玉虫缘》初版本的版权页上标记的是"乙巳五月"。第二则广告至第13、14期刊载时,内容也有所变化,即:

> 侠义小说《侠女奴》　小说林社发行

---

① 钱锺书:《林纾的翻译》,《文学研究集刊》第一册,北京:人民文学出版社,1964年,第19页。
② 见周作人乙巳年(1905)三月廿九的日记。鲁迅博物馆藏:《周作人日记》(影印本)上册,郑州:大象出版社,1996年,第412页。

以波斯一女奴，计歼三十八雄盗。粉书之发见，油瓮之破奸，舞筵之暗杀。力当种种危难，而有急智、有胆略，以破之。沉勇机警，其中国红线、隐娘之俦欤？沉沉奴隶界，乃有此奇物。亟从英文译出，可作侠义小说观，可作侦探小说观。

比较广告话语可发现，对《侠女奴》的推广偏重其情节内容，而《玉虫缘》的广告多了一句赞叹翻译语言的地方；所谓"文笔简峭，奇绝妙绝"，正是周作人从《侠女奴》到《玉虫缘》翻译语体发生变化的折射。《侠女奴》接近的是"平易畅达""杂以外国语法"的"《新民丛报》那一路笔调"；《玉虫缘》则开始偏向林氏古文的"叙事简炼肃括之笔"①。

周作人晚年在《知堂回想录》中说，《玉虫缘》"是还没有侦探小说时代的侦探小说"，这部小说的译出受到了《华生包探案》的影响。②从其广告来看，推介的重点确在对"奇趣"的"侦探小说"的标榜上。然而，周作人的翻译意图未必皆在趣味的方面。晚清时期的周作人深为梁启超的醒世觉民之说所鼓舞，其翻译不在为读者消闲，而在"播文明思想于国民"③。以营销为目的的广告自然不会过多谈《玉虫缘》教化的一面，但为了引导读者，让其启迪民智的导向更加显豁，周作人假借了两个笔名，唱着"双簧"——先是以《侠女奴》译者"萍云"的身份在《绪言》结尾处点明："天下无易事也。近者吾国之人，皆思得财矣，而终勿得。吾国之人，皆思做事矣，而终勿成。何也？以不纳其得之、成之代价故也。使读此书而三思之，知万物万事，皆有代价，而断无捷径可图，则事庶有济之一日乎？"④后又以译者"碧罗"现身说法，于"附识"中称："我译此书，人勿疑为提倡发财主义也。虽然，亦大有术。曰有智识，曰细心，曰忍耐，三者皆具，即不掘藏亦致富。且非独致富，以之办事，天下事事皆

---

① 钱锺书：《林纾的翻译》，《文学研究集刊》第一册，北京：人民文学出版社，1964年，第23页。
② 周作人：《我的新书二》，钟叔河编订：《周作人散文全集》第13卷，桂林：广西师范大学出版社，2009年，第294页。
③ 《绍介新著·原富》，《新民丛报》1902年第1号。
④ 萍云：《绪言》，美国安介坡：《玉虫缘》，会稽碧罗译述，常熟初我润辞，上海：小说林，1905年，第2页。

可为，为无不成矣。何有于一百五十万弗之巨金？吾愿读我书者知此意。"①
此为周作人早期翻译颇重现世功利的一面。

在周作人看来，《玉虫缘》以侦探小说论，"不能说很通俗，因为它的中心在于暗码的解释，而其趣味乃全在英文的组织上，因此虽然这篇小说写得颇为巧妙，可是得不到很多的外国读者，实在是为内容所限，也是难怪的"②。然而，他并不知道其所译《玉虫缘》在当时的销量情况。据《丁祖荫日记》之《丙午年自治日记补遗》，《玉虫缘》的"售见款"是217元。③由前文广告每本"定价三角"算来，该书一年时间总共销售了大约723本。这对于一位名不见经传的译者来说，已经是非常好的成绩了。

第二节　《荒矶》的译法新变与文腔还原

周作人连载于《女子世界》第2年第2、3期的《荒矶》也源于"英文学研究"丛书，译自第二册『荒磯』。周作人在《荒矶》的"咐言"中亦有过说明："此文本名 The Man Orom Achemgle，日译易曰《荒矶》，今仍之。译者未能读日译，从原本述出，拙不能文，甚自愧也。"④或为《女子世界》排印之误，"The Man Orom Achemgle" 应为 "The Man From Archangel"。

与《玉虫缘》情况相同，周作人直言"译者未能读日译，从原本述出"，只承认《荒矶》这一篇名借自日译本。事实上，这同样是对真实情况的回避。周作人在"咐言"中对《荒矶》作者的介绍即出自日译本『荒磯』的"Dr. A CONAN DOYLE"，对比如下：

此文为英小说名家陶尔先生 Dayle 所著。先生著有《福尔摩斯全案》行于世，其声价无待言。此其小品中之一，叙惨淡悲之凉景，而有缠绵悱恻之感。……先生著作，素以有趣味闻，彼作小说，不喜

---

① 译者：《附识》，美国安介坡：《玉虫缘》，会稽碧罗译述，常熟初我润辞，上海：小说林，1905年，第1页。
② 周作人：《我的新书二》，钟叔河编订：《周作人散文全集》第13卷，桂林：广西师范大学出版社，2009年，第294页。
③ 栾伟平：《小说林社研究》（下），台北：花木兰文化出版社，2014年，第365页。
④ 陶尔：《荒矶》，会稽萍云译述，《女子世界》第2年第2期，1905年。

如理想派之高远落漠，亦不如写实派之平凡无味，故凡所作，皆奇趣可喜。①

　　Dr. A. Conan Doyle にして，現時の英國小説家中面白き譚を搆成するの伎倆に於て氏に及ぶ者あるなし．（中略）Doyle 答へて曰く，小説の目的は主として娯樂を與ふるに在り，所謂理想派又は寫實派の如きは余の深く關心する所に非ず，余は唯余の小説を面白くせんとを志すのみと．彼は此主義を以て其小説を編む，故に彼の小説は理想派の小説の高遠落漠として雲を捉むが如きものあるの弊もなく，又寫實派の小説のあまりに平凡無味にして倦怠を來たさしむるものあるの癖もなく，始より終り迄唯面白く樂しくして實に卷を掩く能はざらしむ．（中略）Sherlock Holmes なる名は素人偵探の王と認めらるに至れり．Doyle この機會に乘じて Adventures of Sherlock Holmes なる小説を出し（中略）本篇 The Man from Archangel の如きと小文章の中にも佳句續出するを見るべし．②

　　陶尔，今通译为柯南·道尔。《玉虫缘》"例言"对日译本爱伦·坡小传的摘录近乎照搬。相较来说，《荒矶》的自我发挥略多，如"叙惨淡悲之凉景，而有缠绵斐恻之感"即周作人自己的体悟。另外，对于"Sherlock Holmes"他也没有音译出前面的"夏洛克"，而只保留了"福尔摩斯"，这大概与当时《华生包探案》及《福尔摩斯再生案》的流行有关。周作人曾为大哥购寄前书，后书为《女子世界》所属之小说林社甲辰年（1904）编辑发行。它们皆节选数案而已。既然这些断章残简都出自"陶尔先生"之手，周作人便杜撰了所谓的"《福尔摩斯全案》"出来，而原本作者小传中只说到"Adventures of Sherlock Holmes"，即《福尔摩斯历险记》。

　　在借日译本为中介方面，《玉虫缘》与《荒矶》两篇译文有着异曲同工之妙，周作人对日文译注本的依赖直接塑造了其译文的语言风格。然而，由于两篇译文的翻译时间不同、英语底本的难度存在差异，以及所参照的日译本文体有微妙区别，其翻译方法和语体呈现也有差别。

---

① 陶尔：《荒矶》，会稽萍云译述，《女子世界》第 2 年第 2 期，1905 年。《女子世界》排印有误，"Dayle" 当为 "Doyle"，"惨淡悲之凉景" 当为 "惨淡悲凉之景"。

② コナン・ドイル原著、山縣五十雄訳註『荒磯』内外出版協会、1901 年、19—21 頁。

《荒矶》是周作人晚清时期译作中唯一以爱情为题材的作品,在《女子世纪》连载时,标为"恋爱奇谈";该译本虽然格外特殊,却极少为人所论及,不免令人遗憾。樽本照雄对此虽有讨论,但相较对《侠女奴》《玉虫缘》的研究,他对《荒矶》的分析略显简略。①

　　这篇小说采用了第一人称叙事,讲述的是:"予"本为英伦内地小城市的辩护士,有强烈的厌世思想,不合于众;恰巧,其曾任高官的叔父病故,他分得一笔遗产和一片海边的荒地;于是他搬去荒地,心满意足地过上了与世隔绝的生活;然而,某天夜里,风雨大作,有船失事,起初他因超脱生死而不予施救,后为险象环生的现场所动,还是救起了一名美丽的俄国少女"苏菲·简模生";该少女活泼聪颖,"予"虽与之语言不通,却慢慢地由嫌恶而变得依赖;一日,一名不速之客出现在"予"之属地,在得知苏菲的情况后,闯入"予"家,欲带走苏菲,被拦下;原来该男子为苏菲之未婚夫,名"濠玕尼夫",因苏菲移情别恋于他人,便将苏菲强行带到船上,计划至西欧行婚礼,不料遭遇海难;"予"尽管了解了男子的境遇,却因苏菲不愿与其接近,而屡次拒绝了他要带走苏菲的请求;数日后的一个暴风雨来临之前夕,濠玕尼夫趁"予"不备,强行带走了苏菲,夺小舟而离去,结果二人不幸遇难;当"予"发现他们的遗体时,看到"少女之尸,在其怀中!壮夫以手搂之,宛似保护之于暴风之中者","予"为之感慨不已,最终将他们安葬于海边荒地。

　　认真对照《荒矶》与其所据之日译本『荒磯』及英文原本 The Man from Archangel,很容易发现周作人在翻译方面发生的变化。为了便于论述,兹举《荒矶》开篇的一段为例:

　　　　一千八百六十七年,三月四日,予时年二十五,<u>索居寡欢,旷观多感</u>,叹尘缘之滓我,常作出世想,心殊郁郁,<u>不能自广</u>,时于手账中纪录一则云:

　　　　　　太阳系在无数诸统系之中,其大相亚,向"黑蔻尔斯"星宿之方向而前行,<u>漠然无知,淡然无为,惟是各自旋转于太虚之中,终古而不息</u>。此诸圆体,旋转复旋转,无须臾之停留,无一

---

① 樽本照雄「漢訳ドイル『荒磯』物語」『大阪経大論集』52 (2)、2001。

毫之声息，亘千万年，盖常如此。虽有智者，莫测其何由也。此中之一，其为体也，最小最微，为固体与液体集合而成。吾辈名之曰地球。大地运转，我生以来，即已如是，殆老且死，亦终如是。是盖为一不可思议之怪物，其来何从，其去焉息，天壤茫茫，孰知其故？此运行不息之块体，外皮凸凹，厥名山川，有亿万蛆虫类之微生，蠢动其上，无能、无力、无目的、无秩序，徒是娟蠕牵引，扰攘于空气之中，其名曰人间世。我约翰·麦微汀，亦此等蛆虫之一也。此世间之状态，一般之人，必须竭其微小之体力，与些细之脑力，从事劳动，以博一种金属制之圆状物，用之购买化学的原素，以补肌肉之消耗，又必须辛苦拮据，搆为巢穴，隐蔽身体，用避不情天时之侵蚀。一生智力，尽消磨于衣食居处之中，而身外重大之问题，致无暇研究。<u>夫人类之状况，既如此苦辛，而我辈则颇有得意之感，自尊自满，其愉快为何如？尘世劳劳，七情为祟，春蚕自缚，解脱者谁？噫！是非一大奇事耶？</u>"

此之观念，实深中于予心。有时为外界之感情欲念所激动，辄令予引起此意，辗转心头，如辘轳然，放歌狂哭，不能自已。盖予之蓄主此意，厌弃人世者，已非一日，而归隐无山，莫可为计。①

　　一千八百六十七年の三月四日、余は生年二十五歳なりし時、<u>久しく心を悩まし思を苦めたる後</u>、得たる所を我覚え帳に記して曰く、

　　　　太陽系は其大これに譲らざる無数の諸系統の中に在りて、ハーキュルス星宿の方に向ひ、<u>默々空間を轉廻しつゝ進み行くこと永久絶ゆることなく</u>、これを形成する諸の大圓體は、永久の空間中に寸時も止むことなく、毫厘の響をも出さずして、廻轉又廻轉す。此等諸圓體中に於て最小最微の一、液體と固體と集合して一塊となりたる者を、吾人名づけて地球といふ。此者余が生れし前より、前へ前へと旋轉し、今も猶ほ旋轉中にて、余が死後も亦旋轉前進するなるべく、唯これ廻轉する一個の不思議物、何人も其何處より來りしか、又は何處に

---

① 陶尔：《荒矶》，会稽萍云译述，《女子世界》第2年第2期，1905年。

行かんとするか知る者なし。此動きて止むことなき團塊の外皮に、無能無力、蛆虫の如き者幾億萬蠢動し、何の目的もなく、徒らに空間に拉扯れ行く。余ジョン、マクヴィッチー亦此等蛆虫の一なり。さるに此世の狀態たる、余は余の有する微少の躰力と些細の推理力とを專ら一種金屬製の圓狀物を得んが爲めの勞働に用ゐざるべからずして、こは以て我絶えず消滅し行く筋肉を補ふに必要なる化合物を買ひ、又頭上を蓋ふて風雨を避けんが爲めの屋を作らんが爲めなり。斯の如くにして余は余の四圍の大問題に思考を走らすの遑あることなし。<u>それ吾人は斯の如く憫笑すべきの愚物のみ、而も時として心中多少の愉快を感ずることあり、のみならず自尊自重の念を起し、昂然得意を感ずることすらあり、其愚其昧譬ふるに物なき哉。</u>

こは實に我心中に深く根底を有し、<u>常に心頭に上り來る思想を描寫したるものにして、一時の感情慾念の爲めに變動するものにあらず。</u>①

On the fourth day of March, in the year 1867, I being at that time in my five-and-twentieth year, I wrote down the following words in my notebook —<u>the result of much mental perturbation and conflict</u>: —

"The solar system, amid a countless number of other systems as large as itself, <u>rolls ever silently through space</u> in the direction of the constellation of Hercules. The great spheres of which it is composed spin and spin through the eternal void ceaselessly and noiselessly. Of these one of the smallest and most insignificant is that conglomeration of solid and of liquid particles which we have named the earth. It whirls onward now as it has done before my birth, and will do after my death—a revolving mystery, coming none know whence, and going none know whither. Upon the outer crust of this moving mass crawl many mites, of whom I, John M'Vittie, am one, helpless, impotent, being dragged aimlessly through space. Yet such is the state of things among us that the little energy and glimmering of reason which I possess is entirely taken up with the labors which are necessary in order to procure certain metallic disks, wherewith I may purchase the

---

① コナン・ドイル原著、山縣五十雄訳註『荒磯』內外出版協會、1901年、41–42頁。

chemical elements necessary to build up my ever-wasting tissues, and keep a roof over me to shelter me from the inclemency of the weather. I thus have no thought to expend upon the vital questions which surround me on every side. Yet, miserable entity as I am, I can still at times feel some degree of happiness, and am even—save the mark!—puffed up occasionally with a sense of my own importance."

These words, as I have said, I wrote down in my note-book, and they reflected accurately the thoughts which I found rooted far down in my soul, ever present and unaffected by the passing emotions of the hour.①

将《荒矶》译文与英语、日语两个可参照的底本相比对，不难发现，周作人同样更依赖日译本。连引文段落的外观形式都与日译本保持一致，作为记录内容的第二段全部缩进两格书写，而英语原文并未如此处理。

具体到句法层面来看，单下划线所在的开头第一段完全是按照日译本的字面和结构抄译。而日语译本的句子结构未能遵循英语原文的逻辑顺序，导致语义重心和表达重点发生偏移，特别是日语译本弱化了原文的因果关系。原文明确指出了"记录"这一动作是"心理困扰和冲突"的结果，日译本改为了"长时间心理困扰之后，将所得记录下来"。周作人在照搬日译本的同时，还对单划线句的翻译"添油加醋"，扩写出"索居寡欢，旷观多感，叹尘缘之淬我，常作出世想"这些原文没有的语句。

再看双下划线所在的一句。英语原文的主干结构是"The solar system rolls ever silently through space in the direction of the constellation of Hercules"，大意为太阳系永远无声地在太空中滚动，朝着赫拉克勒斯星座的方向。主谓之间插入了介词短语作状语"amid a countless number of other systems as large as itself"，意思是在数不清的与其自身一样大的其他星系之中。合在一起表达的是：太阳系位于无数与其规模相当的星系之中，无声地在太空中滚动，朝向赫拉克勒斯星座的方向。日译本保留了英语原文的主干结构，将英语原文中"ever"（永远）译得更加明确，写为"永久絕ゆることなく"（永不停止），但在修饰语的处理上略显冗长。"其大これに讓らざる無數の

---

① コナン・ドイル原著、山縣五十雄訳註『荒磯』内外出版協会、1901年、29-30頁。

諸系統の中に在りて"中的"讓らざる"是由动词"讓る"加上文言否定助动词"ざる"构成的,结合主语来看,直译的话就是:太阳系者,居于无数诸系统之中,其大不让于彼。周作人所译"太阳系在无数诸统系之中,其大相亚",明显是借用了日译本的句式,但"其大相亚"的译法比较突兀,将文气割断。

《荒矶》延续了《玉虫缘》依靠日译本汉字、辅以参看英文的翻译方式,但二者的译法仍有差异。《玉虫缘》摆脱了英语原文的束缚,改以日译本来逐句译;而《荒矶》则进一步摆脱了日译本的掌控,更多自出机杼。双下划线的"漠然无知,淡然无为,惟是各自旋转于太虚之中,终古而不息"就是周作人在语句上的自我发挥。在引文中,笔者标注的另外两个句子里的"尘世劳劳,七情为祟,春蚕自缚,解脱者谁"与"辗转心头,如辘轳然,放歌狂哭,不能自已",也都是周作人信马由缰、点染开来的结果。其中,以断线标注的第四个句子,他既没有看出英语"unaffected by the passing emotions"中的"unaffected"是指不受影响,也不清楚日文"一時の感情慾念の為めに變動するものにあらず"内的"にあらず"意为"并非",误译了文本的核心逻辑,把否定句翻译成了"有时为外界之感情欲念所激动"。这是外语水平不足导致的问题,不是刻意更改原文。总的来看,周作人不够直译的地方主要是增饰。

不过,周作人的增饰并非率性而为的随意改译,而是有规律可循的。一是引文中的这类表达思想情感的地方,常有溢出之笔触,如"予"看到男尸抱紧苏菲尸身时的感慨"吁嗟壮夫,其行何莽,其情何深!生死不足惧,财产不足惜,而于娟娟此孓,不能忘情。迨至死生一发,犹能挥其强腕,以战风波,为之保障"[1],即为原文所无;有时叹息之余,甚至添上"三六鸳鸯同命鸟,一双蝴蝶可怜虫"[2]这样的晚清言情小说《花月痕》中的名句。

二是周作人加添之处多在景色描写。他此前的翻译主要是在句内的词组或句子之间的连接处添加细节场景。如《侠女奴》提到夜半,加笔曰"月黑星沉,残灯惨淡",言及"天未明时即入城",补写道"人声寂寂,尚无

---

[1] 陶尔:《荒矶》,会稽萍云译述,《女子世界》第2年第3期,1906年。
[2] 同上。《花月痕》一般写为"卅六鸳鸯","三"字或为"卅"字排印之误。

行道者"①;《玉虫缘》写"屋外树棕榈数株",跟着就添了"绿叶森森,一见立辨"②。而在《荒矶》中亦如此,如添入些"碧水为邻,红尘不到"③的景语;但不同之处在于会将原文中的单调叙述敷衍成写景的段落。兹将英文、日文、汉文三种文字比照:

  In front of the house was the great bay, behind it were two long barren hills④

  四邊の景をいは前にはマンジー灣、後には二連の砂山あり⑤

  除此以外,更无别物,惟见黄沙白苇,萧瑟于荒江之畔而已。出前门不数步,即曼水之湾,水色波光,怡人心目。屋之后为二沙山,前后掩映有致⑥

  原本非常平淡的一句英文,在周作人的笔下变成了优美而有色泽的描写。此类增饰,补充进来的文字量已经超过了原文。另如结尾处之"惟有无情碧海,长此终古。江潮呜咽,日夜如语,仿佛有声发于水底云:'恋,恶魔也!'"⑦不纯叙景语,还融情于其中。

  《荒矶》虽多有添饰,但总体来说仍算得上是比较忠实的,只不过这种忠实与《玉虫缘》相似,确切说是对日译本的忠实。其添饰的部分更像是锦上添花,对原本的情绪或景况稍作加强而已,并非任情改易,于原文似无大损伤。甚至,由于 The Man from Archangel 的词汇、句式相较简单,加之山县氏『荒磯』中日语汉字所占比重更大,故而周作人的《荒矶》,与其所译之《侠女奴》《玉虫缘》相比,误译和删节最少。

  周作人在《荒矶》中的译法变化直接影响到了其译文的语体特征。《玉虫缘》已注意避免欧化的生涩,以凑成妥帖的汉语;至《荒矶》时,文章感则进一步得到强化,开始以古文伸缩之法构造译语,清晰畅达,有张有

---

① 萍云女士述文:《侠女奴》二,《女子世界》第 9 期,1904 年。
② 美国安介坡:《玉虫缘》,会稽碧罗译述,常熟初我润辞,上海:小说林,1905 年,第 2 页。
③ 陶尔:《荒矶》,会稽萍云译述,《女子世界》第 2 年第 2 期,1905 年。
④ コナン・ドイル原著、山縣五十雄訳註『荒磯』內外出版協會、1901 年、31 頁。
⑤ 同上書、44 頁。
⑥ 陶尔:《荒矶》,会稽萍云译述,《女子世界》第 2 年第 2 期,1905 年。
⑦ 陶尔:《荒矶》,会稽萍云译述,《女子世界》第 2 年第 3 期,1906 年。

弛。写景状物，工于刻画，如绘曼水湾之处，"反照影射，染猩红色，沿海岸一带，退潮残水，涓涓自流，映黄沙间如血，恍似负伤战士，经过此途，斑斑血痕，点染沙石。未几暮色苍然而至，有数重鸢色之云，下垂于东方之水平线上，成一层奇形之叠云"①；叙暴风雨之凶险，也让人身临其境，"予侧肩旁行，破风而进，惊沙逆飞，乱扑予面，痛如针刺。烟草之火，顺风疾行，如流星投入黑暗去。予行至矶边，直造怒涛如雷，水花乱飞之处，以手障目，防泡沫之溅入，窥望海天，不见一物，惟有风浪叫号，挟人声而至予耳。予时犹凝睇，忽青磷色之一道火光闪闪起，斯盖难船之号火，照湾岸如白昼"②。相比《玉虫缘》之粗疏简拙，《荒矶》的译语显得摇曳多姿。

周作人还极为偏爱四字体句式的运用，这是他刻意追求的结果，四字体的句子在全文中很常见，有的长句由四字体连缀而成，如"天地晦冥，黑暗如墨，暴风迎面，不能前行"，"水色之眼，灼灼射人，曼理皓齿，风度绰约"，"回旋雀跃，羽衣纷披。旋自户出，犹跃不止，并唱长歌，其音清亮"③，"恨恨不已，面色暴怒，举动狂乱，势几用武"④，此种情况不胜枚举。有的长句则以四字句为主，杂言为辅。举例如下：

> 次日头岑岑作痛，乃泛舟海滨，以吸受新空气。沿岸行不数里，忽觉渴甚，缆舟登岸。是处予知有清水，乃往寻之。泉流清洁，注入海湾，潺潺有声。予以手掬饮，凉沁心脾，宿渴顿解。起立欲行，则对面直立一人，即露国壮夫。⑤

其中部分杂言实际上还藏有四字句，"次日头岑岑作痛"的阅读节奏即为二一四，"乃泛舟海滨""予以手掬饮""即露国壮夫"皆为一四，"沿岸行不数里"为二四。《玉虫缘》中虽亦有四字句，但只是自然而然地使用，远非自觉的修辞追求。

---

① 陶尔：《荒矶》，会稽萍云译述，《女子世界》第 2 年第 2 期，1905 年。
② 同上。
③ 同上。
④ 陶尔：《荒矶》，会稽萍云译述，《女子世界》第 2 年第 3 期，1906 年。
⑤ 同上。

除了四字句的灵活运用所带来的节奏感之外,《荒矶》声律谐调,用字绮丽,虽对仗、平仄之讲求较宽,仍偶带骈俪味道,铿锵之处如"予深恶人类,然人类亦甚恶我。彼等蠢蠢之行动,顽固之习惯,诈伪之言行,褊狭之气量,以及一二小善小恶龌龊之行,皆令予憎恨。而彼等于予之鲠直愚憨,不拘末节,不容忍社会之压抑,不徇从俗世之礼法,乃亦多所非难"①,此外还有很多散见于文中的较为整饬的句子,例如:

(1)探索玄妙之理,寻求造化之秘
(2)赞予之英勇,且幸予之平安
(3)此可哀之娘子!此可爱之娘子!②
(4)其额上深刻之皱纹,与颔下卷曲之虬髯……③

大概是为了不破坏译文的美感,保持文气之顺通,《荒矶》不再像《玉虫缘》那样喜欢以加括号的方式为字句做解释,虽然山县氏『荒磯』里也有近千条注释,但周作人吸纳其意,直接融入译语,形成文章。只有在不说明会造成读者之疑惑时,才勉强加注,如"(其意以女子色白,故云。白帝,White Czar,即露国皇帝。爱仓格耳,露国北部一都府,在白海边。)",用来解释前一句的"是矣,此白衣之女子,为露国人无疑。是诚恰合白帝之臣民,白海岸之居者也"④。

虽然周作人刻意地以文章之法经营译语,但毕竟是翻译,故而也常常可以看到其古文义法与外文译法之间的龃龉杂合。如"是年,入六月,三日阴沉之天气后,忽一极平静之日出来,其夕无一缕之风。夕阳渐下,隐见于西方一条紫云之间"⑤中的"一极平静之日出来""其夕无一缕之风""西方一条紫云之间",显系生硬之译;"于叔父遗财中,支出若干之金额,以之买集关于哲学科学之最新书籍器械药品等"⑥一句,复坐此病。虽

---

① 陶尔:《荒矶》,会稽萍云译述,《女子世界》第2年第2期,1905年。
② 同上。
③ 陶尔:《荒矶》,会稽萍云译述,《女子世界》第2年第3期,1906年。
④ 陶尔:《荒矶》,会稽萍云译述,《女子世界》第2年第2期,1905年。
⑤ 同上。
⑥ 同上。

然《玉虫缘》中此类的句子也有很多，但放到《荒矶》中则显得格外碍眼，由此亦可反衬其语体古色古香之特色。

然而，需要追问的是，《玉虫缘》与《荒矶》语体差异的背后究竟意味着什么？何以同样是以日译本为中介，二者的翻译方法及文本面貌却有着较为明显的差异？这时不妨考虑翻译背后的"时差"。

由于周作人乙巳年（1905）的日记缺七个月，《荒矶》的具体翻译时间一直不得而知，但可以根据《女子世界》的出版时间大致推算出来。周作人译完《侠女奴》的时间是 1905 年 3 月 19 日，刊发于《女子世界》第 12 期，已经是两个月之后的事。同年 4 月 17 日，他"作短篇小说《女猎人》一首"，发表于第 13 期（第 2 年第 1 号）《女子世界》时，大约是 7 月中旬；该期上还有周作人的一篇小说《好花枝》，其很有可能是周作人 4 月 25 日思作而未果的"《舒幽怨》"，一直到 1905 年 5 月 3 日周作人的日记暂时停记，也未再见到与《好花枝》相关的记录。① 由此可知，其完成时间是 5 月之后。综合推断，周作人从完成著译到在《女子世界》上发表，大概有两个月的间隔。《荒矶》连载于《女子世界》第 2 年第 2、3 期，这两期分别于 1905 年 9 月和 1906 年 1 月出版。② 如果《荒矶》也像《侠女奴》那样边译边发表，它的后一半要在 10 月左右才完稿。若周作人一气呵成译完《荒矶》，那么最早完稿的时间是 1905 年 7 月前后，但即便如此，也比译成《玉虫缘》至少晚了四五个月。这样的"时差"为其译法的调整提供了时间方面的可能。

周作人曾说，他在南京读书时，"把国文弄通了，可以随便写点东西"③。但这"弄通"，并非指向在学堂汉文馆的所学所得，反而是对科举制业文章的告别。"一星期中五天上洋文课，一天上汉文课"④，本就不再具备传统儒生那样穷经究理、心无旁骛的条件，何况周作人的汉文意识也发生了方向性的转移。1901 年，周作人考江南水师学堂时的文章《"云从

---

① 见周作人乙巳年（1905）三月十三、廿一的日记。鲁迅博物馆藏：《周作人日记》（影印本）上册，郑州：大象出版社，1996 年，第 411—412 页。
② 详见谢仁敏：《〈女子世界〉出版时间考辨——兼及周氏兄弟早期部分作品的出版时间》，《鲁迅研究月刊》2013 年第 1 期。
③ 周作人：《五年间的回顾》，钟叔河编订：《周作人散文全集》第 13 卷，桂林：广西师范大学出版社，2009 年，第 325 页。
④ 周作人：《学堂大概情形》，同上书，第 239—240 页。

龙凤从虎"论》，被评为"文气近顺"，取为第二名；在早期阶段，他时常在日记里记下学堂汉文馆练习的论题，于汉文课颇为用心，且非常在意自己的期末考试成绩，甚至达到"盼汉文榜不出，如望家书之急"①的程度。

但至1902年末，情况有所变化。周作人大发牢骚，称"下午作论，文机钝塞，半日不成一字，饭后始乱写得百余字，草率了事。顾予甚喜，此予改良之发端，亦进步之实证也。今是昨非，我已深自忏悔，然欲心有所得，必当尽弃昔日章句之学方可。予之拼与八股尊神绝交者，其义如此"，甚至激愤地说，"文章自古无真理，典籍于今多丐词"，"今世之人，珍经史如珍拱璧，此余所最不解者也；其他不具论，即以四书五经言之，其足以销磨湮伏者，不可胜数，又且为专制之法，为独夫作俑，真堪痛恨。至于浮词虚语，以并名学家所谓丐词者，尚其最小者耳。余尝恨秦皇不再，并非过论，同志之士，想亦为然。当不见斥为丧心病狂，即斥为丧心病狂，亦余所不辞者也"。②决绝激烈的程度，可见一斑。第二章分析《侠女奴》语体时已经指出，他特意选择以东瀛文体入译词，就在这个时期之后。《侠女奴》是周作人摒弃旧日文章之学而转向欧化的一个表现。此后，其日记所载的读书记录，也以新学书籍为主。大约半年后，他自嘲道："作论两首，我自作只一百六十余字。年来作文，日就短少。从前半日工夫可成四五百，今则二百不能矣，江郎才尽乎？一笑。"③从"一笑"可见他似乎并不以为意。至于如何"弄通"国文，周作人说得非常清楚："所看汉文书籍于后来有点影响的，乃是当时书报，如《新民丛报》，《新小说》梁任公的著作，以及严几道林琴南的译书，这些东西那时如不在学堂也难得看到，所以与学堂也可以说是间接的有点儿关系的。"④

自1905年年初，周作人思想再生新变。1月17日，他在日记中写道："村居老农，能言之而不能言其所以然，不学之故也。今者，或乃瞀于西学，至欲唾弃国学，过矣。近来我之思想大变，昔主强权，今主悲悯；昔

---

① 见周作人壬寅年（1902）正月廿五的日记。鲁迅博物馆藏：《周作人日记》（影印本）上册，郑州：大象出版社，1996年，第315页。

② 见周作人壬寅年（1902）十一月十六、十七的日记。同上书，第361—362页。

③ 见周作人癸卯年（1903）四月初八的日记。同上书，第391页。

④ 周作人：《老师二》，钟叔河编订：《周作人散文全集》第13卷，桂林：广西师范大学出版社，2009年，第260页。

主欧化，今主国粹，其不同如是。"① 翻译语体变化的背后折射出的正是思想渐趋"主国粹"。恰在此后略晚之时所译的《玉虫缘》，语体已在消除欧化痕迹；数月之后译《荒矶》时，更为讲求文章性。

翻译语言的风格变化不仅与其文章意识的改变有关，也能反映出周作人的翻译思想，即对"信"的执念。不能仅看到他以漂亮的古文字面来译外文，就误以为他如林纾一般雅而伤信。提到《荒矶》的原作者柯南·道尔，人们立即想到的是他侦探小说巨匠的身份，及其如何擅于编造小说情节，但事实上，他的文笔也非常出色，细腻优美，表达淋漓尽致。故而，山县五十雄在作者小传中赞美他的 The Man from Archangel 道："然も Doyle の小說は只に面白きのみに止らず，文字の美文章の妙亦これに伴ふ。"② 大意是道尔的小说不只有趣味，同时也兼具文字之美与文章之妙。周作人从日文里的汉字即可推知柯南·道尔的文字能得美文章之妙。周作人还可以通过读英文，体会出柯南·道尔的文字与爱伦·坡的不同。因此，在《荒矶》的"附言"中，周作人脱开山县氏柯南·道尔小传自拟的那句"叙惨淡悲凉之景，而有缠绵悱恻之感"，当是周作人直接阅读英文原作的感悟。

同时，周作人也可以从两部日文译注本发现端倪，即山县氏采取了不同的译法：『宝ほり』中的汉字平淡无奇，而『荒磯』里的却绘声绘色。在周作人的《荒矶》译本中，一部分文采飞扬的句子也参照了山县氏的笔法，如：

> There was a glen between the hills, and when the wind was from the land it used to sweep down this with a melancholy sough and whisper among the branches of the fir-trees beneath my attic window.③
>
> 其間に谷ありて、風の陸地の方より吹く時は、此谷を通過して一種泣くが如き聲を發し、我家の樓下なる無花果の樹の枝葉に咽び入るを常と

---

① 见周作人甲辰年（1904）十二月十二的日记。鲁迅博物馆藏：《周作人日记》（影印本）上册，郑州：大象出版社，1996年，第403页。

② コナン・ドイル原著、山縣五十雄訳註『荒磯』內外出版協会、1901年、21頁。

③ 同上書、31頁。

せり。①

二山之间，有一谷。秋风自陆地之方吹来，通过此谷，发一种如泣之奇声。予家楼下，无花果树之叶间，时满此声，如人呜咽。②

When it was calm in the bay of Mansie the surface would be as clear and bright as a sheet of silver, broken only at one spot some little way from the shore, where a long black line projected out of the water looking like the jagged back of some sleeping monster. This was the top of the dangerous ridge of rocks known to the fishermen as the "ragged reef o' Mansie." When the wind blew from the east the waves would break upon it like thunder, and the spray would be tossed far over my house and up to the hills behind.③

マンシーの灣日麗かに風靜かなるの日は、其面平かにして清きこと銀盤の如く、眼を遮るは、唯岸を距る遠からぬ所に一團の巖礁ありて、半ば水面に現れ、恰も一大怪物が背を日光に曝らして眠れるに似たるがあるのみ。この巖礁はマンシーの暗礁といひて、危險甚だ多く、漁民の懼れて避くる所なり、風東より吹きて海荒るゝときは、浪これに激して響百雷の如く、泡沫高く飛びて我家を越へ、背後の砂山に達することあり。④

曼水之湾，每当日丽风和之日，俛视水面，宛如银盘，野水长天，一望寥廓。其遮映眼帘者，距岸不远，有一带之黑影，荡漾水面，微露锯齿状，俨似沧海巨灵，露脊就曝，斯盖为一暗礁，甚危险之地，渔人莫不畏而避之，名之曰"曼水之岩"。有时海风东吹，波浪激扑，大声如雷，水花飞越，直过我家之屋脊，而达背面之沙山。⑤

As I went to bed the shingle and seaweed were pattering up against my attic window, and the wind was screaming as though every gust were a lost

---

① コナン・ドイル原著、山縣五十雄訳註『荒磯』內外出版協会、1901年、44頁。
② 陶尔：《荒矶》，会稽萍云译述，《女子世界》第2年第2期，1905年。
③ コナン・ドイル原著、山縣五十雄訳註『荒磯』內外出版協会、1901年、33頁。
④ 同上書、47頁。
⑤ 陶尔：《荒矶》，会稽萍云译述，《女子世界》第2年第2期，1905年。

soul. By that time the sounds of the tempest had become a lullaby to me.①

　　余が臥床に就きし頃、細砂海草我樓上の室に瀺々と音して吹き衝り、風は怒り叫びて宛も亡魂の恨を訴ふるが如くなり。されどかゝる暴風雨に慣れたる余の耳には、宛ら子守歌の如く聞えて②

　　迨予就寝，江沙海草，随风打楼上窗纸，飒飒有声。狂风怒号，呜咽如哭，如诉海底亡魂之幽恨，予闻之愤。此暴风雨声，不啻子夜之歌，入耳清快。③

爱伦·坡的 The Gold-Bug 文字直白，山县氏译为日文时，改动较少；而柯南·道尔的 The Man from Archangel 富于文学性，难以只按字面译出。因此，可以看到表示低音的、飒飒声的 "sough" 与 "whisper" 分别被译作 "泣くが如き" 和 "咽び"；平静之意的 "calm" 对译成了 "日麗かに風靜"，银器 "silver" 具体化为 "銀盤"，"破坏"（broken）也意译成了 "眼を遮る"。"every gust were a lost soul" 改为 "亡魂の恨を訴ふるが如くなり"，把 "每一阵风都是一个迷失的灵魂" 改为更具动态化的 "如亡魂在诉说仇恨"。周作人所译 "如诉海底亡魂之幽恨" 即由山县氏译本的新修辞而来。周作人的翻译是一边参照日译，一边比对英文，自然会发现日译本对原文的改动，而原文的美感，似又非这般不能译出。山县五十雄在其所译『荒磯』的序言中说：

　　譯文は多少直譯の弊あらんなれども、こは成るべく原文の意を直寫して、讀者の獨學自修に便にせんことを努めたるの結果なり。かく直譯の傾きあるが故に、全く英學に通ぜざる人と雖も、之を讀まば、髣髴として原文の妙を味ふことを得るならん。④

这段话的大意是：译文或多或少有些直译的弊病，但这也是为了直写原文之意、努力为读者之独学自修提供便利的结果；正因有此直译的倾

---

① コナン・ドイル原著、山縣五十雄訳註『荒磯』内外出版協会、1901年、35頁。
② 同上書、49頁。
③ 陶尔：《荒矶》，会稽萍云译述，《女子世界》第2年第2期，1905年。
④ 編輯者「はしがき」『荒磯』内外出版協会、1901年、1頁。

向，即便完全不通英语的人，读了它的话，也应该能够品味那原文一般的妙处。这段话周作人肯定无法全部看懂，但是抽其汉字读之，则为"譯文多少直譯弊，成原文意直寫，讀者獨學自修便努結果。直譯傾故，全英學通雖，之讀，髣髴原文妙味得"，也不难理解它的基本意思。也就是说，当周作人了解到山县氏『荒磯』是"直译"的，由"原文意直写"，能得"原文妙味"，那么他便得到了一种理念，即为了实现形象化的翻译不惜有所改动，但依旧是"直译"，也只有这样，才更能得原文妙味。

故而，可以看到周作人的《荒矶》译本基本不做改动，甚至亦步亦趋地跟着日译本，相当忠实，而在唯美之处多加藻饰。同时，为了在汉语语境中显得绘声绘色，周作人有意地将日文的长句变作短句。由此观之，《荒矶》的"咐言"中说译者"拙不能文，甚自愧也"并非周作人的谦辞。它恰恰体现出周作人对原文文采的重视，也正因如此他才会努力去营造译文之美。平心而论，倘若照《侠女奴》那样，逐字逐句地按字面翻译，则必定佶屈聱牙，表面上看是符合了"信"的标准，但内在却与"信"相悖。所以，对于美文翻译而言，周作人以富于韵律、节奏感强、辞藻华丽、偶有对仗的古文来翻译，正是他自己视角内的由雅而信；这比之字面的对译，可称之为腔调的还原，其实是更高层次的忠实。当然，后世之人未必如此看待。

综上，《玉虫缘》和《荒矶》是周作人翻译径路生成过程中十分重要的两个过渡性文本。由表面呈现上看，这两个译本不再像《侠女奴》那样近乎逐字逐句地对译原文，而转移到了对日译本的追摹。这两个译本虽都由周作人以日译本为中介译出，但二者在翻译时间上存在"时差"，而差异的背后又涉及翻译思想、文化观念、资源选择、知识趣味等多方面的因素。从所谓"古文"语体来说，《侠女奴》的翻译语言已具备部分新体白话的特征，《玉虫缘》与《荒矶》没有继续在构造新语体上有所贡献，甚至因为文章性的加强，似乎显得倒退，但由宏观把握，恰恰是这样的阶段导向了更为古朴拙讷的《域外小说集》，此后才会物极必反，走向新的阶段。更何况，周作人后来的白话语体转向，依托于直译经验的支撑，而《玉虫缘》与《荒矶》正是推进其直译观念的重要一环。故而，以日译本为中介的两部译作之意义不可小觑。

在 1906 年留学日本之前，周作人发表或出版的有翻译成分的小说作品共计 6 篇（部）。依动笔时间顺序计，大致可排列为《侠女奴》《玉虫缘》《女猎人》《荒矶》《天鹨儿》《孤儿记》。这一时期可称为周作人译者生涯的初始阶段。引人深思的是，倘若细致地将英文原作与周氏译作对照，可以发现周作人译其第一篇小说《侠女奴》时最为认真，对待《玉虫缘》《荒矶》，也基本上是贴着原作的感觉来翻译，但《女猎人》是"参译英星德夫人《南非搏狮记》，而大半组以己意"，甚至"人名地名，亦半架空，无所据也"①。

至于《天鹨儿》，删改甚夥。《天鹨儿》写的是一位女性未婚生女的故事。她的情人在战争中死去，而她只能将孩子寄养出去，自己拼命工作，来养活女儿。可是她孩子的寄养家庭有一对邪恶的夫妇，利用她未婚生女的"不光彩"，不断敲诈她，还让孩子变为了侍奉他们全家的奴仆，甚至衣不遮体，食不果腹。因为孩子不便公开身世，这位女性及其女儿只能遭受无情的盘剥。这个故事来自雨果《悲惨世界》第一部"芳汀"的第四卷"寄放，有时便是断送"。

《天鹨儿》长期以来不为人所知，周作人自己也未提过，甚至是忘记了。直到 20 世纪 60 年代陈梦熊在给周作人的信里谈及，才触发了周作人的回忆。他先是说："《天鹨儿》文笔亦佳虽颇近似，然不记得有此译作转去，且同一期上亦不应用两个署名，至原作者则似当同是嚣俄（即雨果）也。"②后来又补充道：

> 前承抄示之小说《天鹨儿》，觉得十分面善，因为也是讲芳梯的，当是雨果作品之一，日来细细考虑，却终于记不起鲁迅曾经（译）翻译此篇的事。或者可能是我译的。因文中注有英文天鹨（中国称百灵或叫天子），而日文极少引用原文的，当是从英译嚣俄选集中取材者，当时译笔则模仿冷血体，其黑石的笔名可能是偶尔采用。③

后经陈梦熊披露，学界才知晓周作人是从英文转译了这篇小说。周作人在《知堂回想录》里也确实回忆过"我们也购求来了一部八大册的英译

---

① 会稽萍云女士假造：《女猎人》，《女子世界》第 2 年第 1 期，1905 年。
② 转引自陈梦熊：《周作人致陈梦熊信札》，《新文学史料》2010 年第 1 期。
③ 同上。

选集",说的就是雨果的选集。《天鹨儿》可能是据此译出。有学者将《天鹨儿》与河北教育出版社1998年出版的《雨果文集》中的《悲惨世界》第一部第四卷相对照,并表示:

> 可以明显看出周作人在译文中去除了原文冗长拖沓的叙述,将三部分合为一部分,使得情节紧凑许多。据周作人译文所述,芳梯被情夫多罗抹无情地抛弃。在回乡途中,芳梯将女儿康雪寄放在酒食店老板罩那大家中。康雪受尽虐待,成为一只不唱歌的"天鹨儿",即云雀。周作人在"译者曰"中说"此巴黎之秘密","此中国之常事"。这正同于鲁迅译完《哀尘》之后"亚欧同慨"的感叹。①

如此看来,《天鹨儿》确是半译半著。与《天鹨儿》同出于雨果的是《孤儿记》。《孤儿记》本为创作,直到小说后半才把"嚣俄"(通译为雨果)文章"尽量的放进去"②,但也远不是老实的翻译。如此看来,周作人早期6篇(部)作品似乎存在着两种类型:一者偏于直译,一者实为改译。那么,何以在不到两年的时间中,同一位译者会有如此截然不同的译法选择?其中,译《侠女奴》之终篇到《女猎人》的完成,只间隔不足一月,但文本面貌迥然有异;而此后的《荒矶》之译法又接近于《玉虫缘》,《孤儿记》的作法则近乎《女猎人》的翻版。看似整齐的两种文本类型,实际上又彼此交替出现,其凌乱的表象令人费解。

《女猎人》和《孤儿记》两篇看似是半著半译性质,很容易被后来的研究者算为译作。但回归周作人之本意,这两篇均意在创作。不妨先排列周作人1905年日记里所记与译事相关的内容:

> 甲辰年十二月十五日　终日译《侠女奴》,约得三千字
> 甲辰年十二月十六日　抄译稿约三千字,腕力几脱
> 乙巳年正月十四日　译《山羊图》(美人坡原著)竟,约一万八千言

---

① 高传峰:《论周氏兄弟的早期翻译》,《杭州师范大学学报(社会科学版)》2014年第6期。
② 周作人:《学校生活的一叶》,钟叔河编订:《周作人散文全集》第2卷,桂林:广西师范大学出版社,2009年,第826页。

乙巳年二月十四日	译《侠女奴》竟，即抄好，约二千五百字
乙巳年三月十三日	作短篇小说《女猎人》一首
乙巳年三月廿一日	思作小说《舒幽怨》未果

可见，在周作人的记录中，是"译"还是"作"，分野相当明晰。周作人对《女猎人》的定位就是创作，故而其《约言》说"大半组以己意"，尽管"参译英星德夫人《南非搏狮记》"，但核心在"以理想而造此篇"①。可以补证的是，美国学者韩嵩文（Michael Gibbs Hill）曾据星德夫人的英文底本讨论过《女猎人》。他发现："此文根本无法明确归入任一分类，因为其打破了翻译、梗概、仿写、续书和传统小说评点的界线。"②是否真的是一种独特文类姑且不论，但它距离翻译显然较远。

至于《孤儿记》，无论其《凡例》，还是《缘起》《绪言》，皆指向自著。周作人回忆里也说："我当初执笔，原想自己来硬做的，但是等到那小主人公'阿蕃'长大了之后，却没有办法再写下去，结果只好借用雨果——当时称为嚣俄，因为在梁任公的《新小说》上介绍以后，大大的有名，我们也购求来了一部八大册的英译选集，长篇巨著啃不动，便把他的一篇顶短的短篇偷了一部分，作为故事的结束……原本前一半却是苦心的做了。"③可见，《孤儿记》原初意在创作，尽管是"半做半偷的写了一篇文言小说"，但所"偷"部分的译法仍较为随意。因而，周作人早期看似有直译和改译两种译法，但实际上，《女猎人》与《孤儿记》更接近于有本事参考的创作，而非译作。倘若将此二者纳为对象来研究周作人的翻译，难免不得要领。

至此，大体可以对周作人留日之前与译相关的文字活动进行综合推断。在江南水师学堂训练之下，周作人掌握了逐句对译之法。他的"初出手"《侠女奴》是学堂译法的翻版，甚至是逐句逐词译，但因能力不到，只能借助字典。而后，山县氏和文译注本的获得，使周作人有条件译出其英

---

① 会稽萍云女士假造：《女猎人》，《女子世界》第2年第1期，1905年。
② 韩嵩文：《萍云的狩猎旅行——早期周作人及其性别化的"感时忧国精神"》，祝云译，王德威主编：《中国现代小说的史与学：向夏志清先生致敬》，台北：联经出版事业股份有限公司，2010年，第146页。
③ 周作人：《鱼雷堂》，钟叔河编订：《周作人散文全集》第13卷，桂林：广西师范大学出版社，2009年，第321页。

语能力不足以应对的《玉虫缘》和《荒矶》。此刻的他已经是《女子世界》的重要供稿人，刊物的发行有时间的要求，但能直接提供双语底本参考的文本也有限。若按《侠女奴》的译法来翻译，太累也太慢。按说随着翻译实践的展开，翻译经验在累积，水准应该会有所提高；但周作人的英语水平实在有限，即便以大幅删削的方式来译《天鹨儿》这样的作品，也仍有误译的风险，且比较费力。于是，转向创作似乎是必然的选择。可是，周作人自身的创作才能又有缺欠，故而《女猎人》《孤儿记》这种对英语原作随我取用的创作小说也便应运而生。

第三节　新书写形式的应用与汉语形象的新生

从汉语形象看，改纵向排列为横向排列，加入分段、新式标点等欧化的书写形式是新体白话之为"新"的直观特征。大体而言，这些新书写形式在公共空间中出现乃至在全国范围内广泛推行，源自新文化运动。可以说，新体白话文学的流行与这些欧化书写形式的推广相伴而生。在横排、分段、新式标点这三者之中，分段几乎最无争议，在清末的新式书刊里，分段的版式已经通行；当时，分段的新版式与囫囵一体的旧版式可以分庭抗礼。至新文化运动之后，不加分段的读物迅速消歇。

相较而言，横排的困难最大。自1917年开始，钱玄同多次撰文呼吁《新青年》效仿《科学》杂志，改为横排。最初，他倡议改为横排是因翻译而起的。清末民初时期，中文报刊的流行版式是"右行直下"，即一行之中，从右面开始读起，从上到下阅读。这符合国人向来的阅读习惯。然而，翻译者在这种版式下无法将英文原文附在后面。由此，钱玄同提出《新青年》当改为"左行横迤"来排版。他说"中文直下，西文横迤"，那么当"一行之中有二三西文"——譬如"十九世纪初年，France有Napoleon其人"这样的句子，写的时候"须将本子直过来，横过去，搬到四次之多"；为了解决这种"不便利"，钱玄同疾呼"我固绝对主张汉文须改用左行横迤，如西文写法也"。他的理由是人的眼睛左右并列，"而非上下相重"，设若站立在一间屋中，"横视左右，甚为省力"，但"若纵视上下，则一仰一俯，颇为费力"。在说明了"看横行较易于直行"后，他又从"右手写字，必自左至右"的角度来阐述观点。"无论汉文西文,一字笔势,罕有自右至左者",因此汉语旧有的"右行"之书写习惯"其法实拙"。基于以上两层逻辑,钱玄同希望"今后新教科书从小学起,一律改用横写"。①

而后,钱玄同又不断地重申改"右行直下"为"左行横迤",并且直接提出"何妨把《新青年》从第四卷第一号起,就改用横式"的主张,"以为社会先导。陈独秀表示"待同发行部和其他社友商量同意,即可实行"。②但一是同人内部的看法不一,二是群益书社担心印刷成本飙升。《新青年》自身改为横排颇多障碍③,但《新青年》对这一问题的讨论,促动了国内出版界的变化。如 1919 年,第 6 卷第 1 号《新青年》上就有陈望道与钱玄同关于《横行与标点》的商量。④至第 6 卷第 6 号,又出现钱玄同与陈大齐等有关中文改用横排的讨论。⑤《新青年》上的言论也转化为地方的舆论。1919 年,施存统在《浙江省立第一师范学校校友会十日刊》上发表了《文字为什么要横行?》。该文又被《浙江教育杂志》的前身《教育潮》转载。⑥

整个民国时期,横排还是纵排,官方没有统一要求,各家的情况,悉听尊便;总的来看,完全横排的出版物的比重小于纵排的。直到 1949 年以后,中华人民共和国在政策层面倾向推广书刊横排。这也是时任出版总署副署长叶圣陶心心念念的事业。1954 年,出版总署通告全国,规定统一实行书刊横排。据研究,1955 年,全国百分之七十的刊物采用了横排。是年年底,文化部发布了《关于汉文书籍、杂志横排的原则规定》,1956 年 1 月,《人民日报》及各地报纸也按横排印制。横排才真正整体性地替

---

① 钱玄同:《通信》,《新青年》第 3 卷第 1 号,1917 年 3 月 1 日。
② 钱玄同、陈独秀:《通信》,《新青年》第 3 卷第 6 号,1917 年 8 月 1 日。
③ 张宝明:《〈新青年〉为何坐失"左行横迤"的良机》,《寻根》2004 年第 6 期。陈方竞:《"横行与标点":〈新青年〉新文化倡导的一个并非轻松的话题》,《文艺研究》2009 年第 7 期。张勇:《新文化运动中的汉字横排问题——以〈新青年〉同人为中心的考察》,《中国现代文学研究丛刊》2020 年第 7 期。其中,以张勇的研究最为深入切实。
④ 陈望道、钱玄同:《通信·横行与标点》,《新青年》第 6 卷第 1 号,1919 年 1 月 15 日。
⑤ 钱玄同、陈大齐:《通信·中文改用横行的讨论》,《新青年》第 6 卷第 6 号,1919 年 11 月 1 日。
⑥ 施存统:《文字为什么要横行?》,《教育潮》第 1 卷第 5 期,1919 年。《教育潮》的前身是 1913 年 4 月在杭州创刊的《教育周刊》。

代了纵排。①

关于欧化书写形式在中国的接受，最复杂的是新式标点的问题。②中国自古就有"离经辨志"之法，以郑玄所谓"断句绝"为基础，便于初学之人对经义的分析梳理。③相较于表示文句停顿的"离经"，正式的标点起源于汉代的"句读"。至宋代，馆阁校书开始从旁加圈点符号。近世之际，句读符号渐渐定型，即"句号用圆圈，读号仍用点"。随着西学东渐以及翻译工作的需要，加之晚清切音字运动的展开，源自西方的新式标点传入中国。尽管1915年由中国留美学生创办的《科学》杂志施行新式标点较早，但真正在思想史与文化史上产生重大积极作用的还是《新青年》。④

20世纪30年代末，郭绍虞就以"写文方式的新姿态"为题，详细地分析过新式标点的使用之于中国文学古今差异所施加的影响。所谓"写文方式的新姿态"，即"利用了标点符号，利用了分段写法"⑤。具体来说：

> 由写文方式言，旧文艺正因为不用标点符号，所以不能不注意断句；一注意断句，不是句法匀整，成为骈文韵文，绝不类语言的姿态；便是词意过求完整，很少能写出语言特殊的神情。⑥

这是站在创作心理学的角度进行的分析，入情入理。而且，郭绍虞还举出了大量例子予以论证。他是较早注意到标点符号的使用与新文学文体建构之关系的学人。然而，这一维度在很长时间里不为人所重视。

直到21世纪之后，郭绍虞的思路才被刘进才、文贵良等人接续讨论。

---

① 张志强：《中国书刊文字排式的演变》，《编辑学刊》1997年第2期。张勇：《新文化运动中的汉字横排问题——以〈新青年〉同人为中心的考察》，《中国现代文学研究丛刊》2020年第7期。

② 邓伟：《浅析〈新青年〉"左行横迤"与标点符号的倡导》，《杭州师范大学学报（社会科学版）》2018年第5期。

③ 刘家钰：《"离经辨志"——古籍整理的一块基石》，《古籍整理研究学刊》1995年第5期。彭慧：《〈礼记·学记〉"离经辨志"释义辨疑》，《郑州大学学报（哲学社会科学版）》2011年第5期。

④ 凌远征：《标点符号推行小史》，《语言教学与研究》1986年第3期。

⑤ 郭绍虞：《新文艺运动应走的新途径》（续完），《文艺新潮》第1卷第11号，1939年。

⑥ 同上。

刘进才借用了郭绍虞的"创格"说，探寻新式标点符号的修辞功能。①文贵良还对郭绍虞所谓"写文方式的新姿态"加以解说：

> 郭绍虞特别强调标点符号和分行写法对新文学语言样式的重构功能。他指出，"复杂包孕"的子句在佛经翻译也有了，但是因为佛经翻译用四字句而不能影响到其他问题的关键因素"全在于标点符号"。古文不用标点符号，不分行的坏处在于："不曾悟到标点符号的方法，于是只有平铺直叙的写，只有依照顺序的写；不曾悟到分行写的方法，于是只有讲究起伏照应诸法，只有创为起承转合诸名。"造成两种后果：平易者流为浅俗，奇险者成为艰涩。在他看来，文言作文，不用标点，不分段，不分行，在阅读的视觉上没有提示，所以在句法上，寻求句子的匀整和对偶，在文辞上，重在音句而不重在义句，这样仍然无法表达复杂的意识。由于运用标点符号，吸收新的造句方式，句子结构多种多样，灵活多变，使得文艺出现了新的体式，也就是郭绍虞说的"创格"……②

而后，围绕着标点符号的使用与新文学文体建构之关系的研究开始涌现。如尹奇岭提出"新文学"替代旧文学，不只是白话替代了文言，还包括新式标点代替简单句读，分段篇章替代浑然一体，"横行"书写替代"直行"书写，是一个系统的形式改造工程。形式革命本身也是新文学形式制度建立的过程。③而彭林祥从降低普通读者阅读门槛、增强新文学表情达意的"文学性"内涵等方面，论述了新式标点符号的确立如何为白话文取代文言文提供支持，并推动了新文学的发生与发展。④

张向东亦从横排、分段、新式标点三方面梳理了"五四"文学革命中的"书写形式"革命。他先介绍留美时期胡适对变革"书写形式"的尝试，

---

① 刘进才：《现代文学的"创格"之举——新式标点符号的修辞功能探寻》，《中国文学研究》2007年第3期。
② 文贵良：《回归与开拓：语言—文学汉语作为中国现代文学史书写的关键词》，《华东师范大学学报（哲学社会科学版）》2008年第2期。
③ 尹奇岭：《教育实证研究在新文学形式制度建立过程中的作用》，《教育评论》2009年第3期；《论新文学形式制度的建立》，《江淮论坛》2010年第5期。
④ 彭林祥：《新式标点符号与新文学关系》，《南通大学学报（社会科学版）》2010年第1期。

后盘点了《新青年》对这三种欧化"书写形式"的讨论和实践，最终剖析了"书写形式"的变革对于现代文学的意义。他大段征引郭绍虞的《新文艺运动应走的新途径》，借此提出"书写形式"的革命减轻了文字在古典文学中所承担的句读作用，分行分段和标点符号的引入使新文学的语言在形式上更加灵活自由且又曲折多变，在内容上更加复杂包孕而又层次清晰。① 另有学者在上述研究的基础上，尝试从整体上讨论新式标点及其书写形式对中国新文学不同文体的影响机制，从而理解它在中国文学文体现代转型方面的作用。② 在具体文体方面，以分行与诗歌现代转型之关系的研究相对充分。③

在前人研究中，以文贵良的《新式标点符号与"五四"白话》最为系统、周密。他梳理了国人从晚清遭遇新式标点到当代《标点符号用法》颁布的大致轮廓，又以问号、叹号、省略号、破折号为例，探讨了新式标点给"五四"白话带来的变化。具体来说，意义有三：一是语气上的言文一致，二是意义上的深入开拓，三是结构上的丰满繁复。该文提出"鲁迅是运用标点符号的行家"，特别擅于借助新式标点符号，将因说话转化为书面文字后而消失的人物语言的语气情态复现出来。文贵良对鲁迅《狂人日记》和《孔乙己》中标点使用的细读和分析，颇为精彩。④

而袁一丹的研究最有深度，特别是她发挥了平田昌司"眼的文学革命"的说法，提出就读写习惯的转变而言，所谓"眼的文学革命"也是以标点符号与行款为表征读与写的生理学革命；因为分段与标点作为视觉标记，不仅是一种新的语言工具、书写形式，更是创造了一种新的可读性，而书写习惯与阅读界面的改变影响深远，可将其视作一场广义的"文本

---

① 张向东：《"五四"文学革命中的"书写形式"革命——横行书写 分段 新式标点符号》，《兰州学刊》2010年第3期。

② 王佳琴、夏正娟：《标点符号及书写形式与文学文体的现代新变》，《青海师范大学学报（哲学社会科学版）》2017年第6期。

③ 王泽龙：《分行与五四时期新诗形式的建构》，《文学评论》2021年第2期。王雪松：《论诗歌节奏的心理感知与生理机制——以中国现代诗歌节奏为中心》，《厦门大学学报（哲学社会科学版）》2013年第2期。

④ 文贵良：《新式标点符号与"五四"白话》，《华中师范大学学报（人文社会科学版）》2015年第3期。

革命"。①

通过回顾已有研究，可以看到学界前沿主要对新式标点确立为规范的过程进行了爬梳，对作为形式因素的新式标点的美学意义进行了分析。大量研究虽也会涉及周氏兄弟，但主要以鲁迅为主，对周作人的分析较少。自20世纪80年代，还有一类研究专在分析鲁迅与标点符号的问题，但多流于浅层的赏析和个例的把握。总体上看，大家讨论的文本还是以"五四"之后鲁迅的白话创作为主，对周氏兄弟早年文言著译时期的标点问题关注不够。

在以往的研究中，研究者讨论周氏兄弟与新式标点的关系，多从《域外小说集》谈起，这与该书"略例"中较为全面地介绍过新标点的用法有关。类似王云霞、李寄合作的《〈域外小说集〉欧化标点符号的文体效果及语言史意义》这样深入的成果还不算太多。② 而在《域外小说集》之前，周氏兄弟在其他文言著译里的标点使用情况，如今尚知之甚少，仅王风零散地做过论析，主要以周作人自撰的《好花枝》和其后的译文《域外小说集》为中心。关于周氏兄弟早期著译中的书写形式问题，他的论述精辟，给人深刻的启发，可摘录如下：

> 段落和标点符号属于书写形式的范畴，汉语古典文本中本不存在。……有关分段和标点这些书写形式的问题对现在的阅读者来说，早已习焉不察。但在晚清的汉语书写语言变革过程中所起的作用无论如何估价都不过分。此类变化在文言和白话系统内部都在发生，总体而言尤以文言为甚，或者可将之称为近代文言。这当然与口语没有关系，完全是书写的问题，所以不妨将其看成"文法"的变化。可以这样认为，就"词法"和"句法"的层面，出现了一些新的"文法"。而真正全体的变化在于整个篇章层面——姑且称为"章法"，出现了新的文章样式，这是由段落标点这些书写形式的引入所造成的。周氏

---

① 袁一丹：《创造一种新的可读性——文学革命前后的句读论及其实践》，《中国现代文学研究丛刊》2019年第6期。

② 王云霞、李寄：《〈域外小说集〉欧化标点符号的文体效果及语言史意义》，《上海翻译》2009年第4期。

兄弟的文本也是这一历史环境中书写大革命的产物。①

王风在其文章中对周作人《好花枝》的文本形制做了精细的分析，发现它与当时报刊流行的风尚接近，"是句读和新式标点的混合体"。在这种二元体制中，新式标点的地位等同于文字，占用一格；句读则置于文字一侧，仅仅起到点断的作用，却不占用行内空间。进而，王风概括说："句读的功能是划分阅读单位，而新式标点是参与表达的。"②

新式标点之于初次接触它的周氏兄弟而言，从本质来说，是一种有关西学的新知识。在相当长的一段历史时期，学界误以为新式标点诞生于"五四"运动时期。1990年，胡士云在《语文建设》第3期上发表的《标点符号的简短回顾》仍持这一观点，关于清末的部分被一语带过，说1904年严复的《英文汉诂》是最早直接借用西式标点于汉语的著作，但该文很快受到谢泽荣的批评。谢泽荣的《"新式标点符号产生于'五四'运动时期"说质疑》认为胡士云忽视了新式标点发展史上的初期阶段，即1891年至1910年，伴随着清末切音字运动，已经有若干汉字改革的先驱，成套地制定出了新式标点。③倪海曙在其《清末汉语拼音运动编年史》中称，1896年成稿、1897年在香港出版的《拼音字谱》是"最早的中国人自定的新式标点符号"。它的作者是广东人王炳耀。书内的"句义表"列出了王炳耀自定的10种新式标点符号。此外，谢泽荣还介绍了江苏人朱文熊于1906年在日本出版的《江苏新字母》里自定的7种新式标点、福建人卢戆章1906年在上海出版的《中国字母北京切音教科书》里的15种新式标点。除了上述成套的，还有1907年北京"拼音官话书报社"使用新式标点印行的官话书报，约定地名旁加双直线、人名旁加单直线，各类名词特别是专有名词如官名、学堂名需要"上下加括号"，另有刘孟扬1908年出版的切音字著作《中国音标字书》，其"例言"也声明"句末加·"，"凡一读，在句末加','"。谢泽荣特别重视这批"具有中国特色的新式标点符号"，而对全盘西化地输入西方标点符号之严复的《英文汉诂》保留意见。

不过，从周氏兄弟的标点符号使用实际来看，他们与严复更近似，也

---

① 王风：《周氏兄弟早期著译与汉语现代书写语言》（上），《鲁迅研究月刊》2009年第12期。
② 同上。
③ 谢泽荣：《"新式标点符号产生于'五四'运动时期"说质疑》，《语文建设》1991年第5期。

属于标点符号领域里的"全盘西化派",时人的那些自出机杼的探索却未在他们的文言著译里现身。那么,周氏兄弟如何习得了新式标点呢?在周氏兄弟早期发展的过程中,一般来说都是哥哥影响着弟弟。似乎在标点符号这里,人们同样会不假思索地这样认为。然而,周树人前期学习的主要是日语和德语。1907年以前,他的德语还处在比较弱的程度,可以阅读,但不具备写作的能力。因此,周树人对标点符号的习得主要靠日语。可是,日语的标点比较简单,没有经历过中国"五四"时期那样的标点西化的彻底改革。即便1907年之后,鲁迅德语水平有提高,但是德语的标点系统还是与英语有所差异。平心而论,在新式标点方面,晚清时期的周作人与同时期的大哥相比更为驾轻就熟。那么,周作人何以能够使用那个时代的新型文本形式呢?

首先,周作人在诸多新学报刊中看到西式标点被使用在汉语中。当时周作人所读的《新民丛报》《清议报》《新小说》等都有将标点符号纳入汉语文本的篇章,比如代替旧式双行夹注的括号,施于专有名词的引号,及加强情绪表达的问号和叹号等。其实,周作人投稿的《女子世界》就很注重新式标点的使用,征文广告中就常用"看!!!看!!!看!!!"的字样,杂志自第1期开始连载的《女军人传》《情天债》等文章也偶有用西式标点的;编辑丁初我自己的文章也十分善用西式标点,如其载于第4期的《女子家庭革命说》之"革命!革命!!家庭先革命!!!""咄!大不祥咄!大不道咄咄!!"然而,1904年5月15日,在周作人首次公开发表的《说死生》《论不宜以花字为女子之代名词》两文中,只用了标示诗句、俗语的引号,如下:

『百万骄民事醉醺,坐使中原厌羊酪』
『我不入地狱,谁入地狱,谁出地狱』①

『卅六鸳鸯同命鸟,一双蝴蝶可怜虫』②

"『』"或"「」"皆为直角引号,清末王炳耀(煜初)所著的《拼音

---

① 会稽十八龄女子吴萍云:《说死生》,《女子世界》第5期,1904年。
② 吴萍云:《论不宜以花字为女子之代名词》,《女子世界》第5期,1904年。

字谱》（1897年）列在"句义表"中，称为"释明之号"①。周作人最初使用的还不是西式标点。

其次，还值得关注的是周作人在江南水师学堂的英语学习。周作人在洋文馆学习时的英文课本，或许是他接触分段书写与新式标点的开始，浏览《华英初阶》《华英进阶》系列教材，则可一目了然。不过，华英系列教材里的标点运用比较简单，也未有成系统的介绍；倒是他屡屡翻阅的《增广英字指南》的卷五"大小码号"里有对标点符号的讲解，如：

,	Comma	读也 半句也
.	Period，or full stop	全篇完也
" "	Quotation	引用成语也
——	Viz；namely	即是也，如开列于后之类
?	Interrogation	问语也
!	Exclamation	呼声也
( )	Parenthesis	另注也②

有的标点符号还会附上例子。另外，《商务书馆华英字典》里也有这类讲解，列在字典末尾处的"ARBITRARY SIGNS. 各种记号"的"文法记号"里，如下：

,	Comma	逗
;	Semicolon	半重点
:	Colon	重点
.	Period	点
-	Dash	横线
?	Interrogative point	问点
!	Exclamatory point	叹点③

---

① 王炳耀：《拼音字谱》，北京：文字改革出版社，1956年，第73页。
② 杨勋：《增广英字指南》，上海：商务印书馆，1905年，第70页。
③ 《商务书馆华英字典》，上海：商务印书馆，1901年，第394页。

然而这样的词典对标点符号都是罗列而已,用例最多不过一则。真正让周作人在江南水师学堂彻底掌握新式标点使用规则的当是严复的《英文汉诂》。相较于《增广英字指南》与《商务书馆华英字典》的列表,严复的讲解相当详尽,他在《英文汉诂》中专列一篇,作为全书最末一篇的"篇十八",专讲"句读点顿",从第186条讲至192条,有的条目又分若干小点。

第186条先引入"句读点顿"的概念。严复说:

> 声之于口者曰语言,语言必有停歇,笔之于书者曰文字,文字必有句主(或作句读,皆音逗)。
>
> 故欲句读点顿之得宜,必先通其句法,通句法必自能析句始,未有既能析句,而点顿或不合者也。①

接着,严复称,"点顿,英文曰PUNCTUATION,其字原于拉丁之Punctum,译言点也",总说之后,又一一介绍"Comma 逗""Semicolon 半支""Colon 支""Full stop,译言满顿,又曰Period,译言候"。这四种分别对应当今的逗号、分号、冒号和句号。严复特意强调了标点的特性,即"法有大例,而无定规",有的人用逗号,同样的地方,就有人会用分号。

至第187条,严复先讲解句号的用法,因为句号最容易辨明用法;并告诫英文初学者"不可好为长句,其合叙者宜分叙之,则易于了当,而无葛藤晦涩诸病"。第188条和189条分别讲的是冒号与分号的用法,前者"乃四者之中最为罕用之点顿",而后者"多见于合沓之繁句,义完而意相涉者"。两者不同之处在于:"与全支之点顿异用者,半支所以分断平列之句矣,而其句常有and,but,nor等字为之挈合,而全支则用于无此等字者。"

第190条和第191条讲的是逗号。讲解逗号用法的第190条竟然是全篇里最长的一条,足见逗号功能之繁复。其后列了八小条,也只是介绍了"简句中用逗之法"。第191条讲述的是复句之中的逗号用法。第192条又补充说明了问号、叹号、括号、单引号和双引号的用法。可以说,如此讲解细

---

① 严复:《英文汉诂》,上海:商务印书馆,1907年,第233页。

致、层次分明、附带例句的《英文汉诂》对周作人习得新式标点而言，如虎添翼。

可惜目前不能确定周作人所看严复《英文汉诂》版本的情况，也不易直接证明1904年译《侠女奴》时的周作人对新式标点的掌握是《英文汉诂》在发挥作用。但也不妨先结合具体的翻译作品，来分析周作人对新书写形式的实践。王风讨论过的《好花枝》毕竟是较为简单的文本，新式标点具有准文字功能的特征非常明显。但是到了《侠女奴》，情况变得复杂了，产生变化的一个很重要的原因是翻译。如果将它纳入进来，将会更好地理解周作人对分段及标点的使用。就形式来说，《侠女奴》已经是分段排版；在标点方面，全文总体上是按传统的句读法断开，偶尔又会使用若干新式标点。但是《侠女奴》对新式标点的处理又与《好花枝》有所不同。

《侠女奴》与《好花枝》相似的是，新式标点与句读是两套系统，同样是新式标点占用行内空间，而句读在旁侧；但不同的是，新式标点有着准文字功能之外的作用。《侠女奴》使用的新式标点不多，第一次出现新式标点是众盗贼回山呼喊"芝麻开门"的时候。周作人的译法不是"芝麻开门"，而是"西刹姆启户"。原文是纵排，此处改为横排，如下：

盗魁乃取革鞶置于肩负之为许人导取径于灌木艺莽中直行至峭壁下拨荆棘得一户向之大声而呼曰『西刹母（意译为胡麻）启户』……语未竟石壁之门呀然而启于是各人皆鱼贯而入①

将这段引文按照原刊标点列出，便能看出其怪异。一者，句读在旁侧，原本"、"和"。"交替使用，在"得一户"之前，都是如此，"。"起到停顿的作用。可是在"得一户"的后面，"、"消失了，全部是"。"。这时，"。"之间的空格在起停顿作用。一段之内，即发生如此变化。

二者，短短的一句话，使用了三个新式标点：引号、括号和省略号。引号的作用就是把盗魁喊叫的内容引起来了。括号是补充说明前面的"西刹母"的含义。这两处还都比较普通。但省略号的功能值得注意。周作人

---

① 萍云女士述文：《侠女奴》一，《女子世界》第8期，1904年。

这里已经在模拟人声的情态，使用省略号配合的是"语未竟"的声音感觉的延宕。此段之后《侠女奴》又重复了一次引号的使用，即"『西刻姆启户』"，第一次出现时的解释性语言"（意译为胡麻）"不再重复。

在后面的文本里，《侠女奴》也少量地用到了括号、引号、问号、叹号，还有一次省略号。括号用于解释说明正文的词，引号有两类用法：一是用于类似"西刻姆启户"这样的短的人声，后文还有盗贼在瓮中发声"『此其时乎』"的用例及女奴曼绮那的"答曰『尚未』"的例子；一是用于专有名词，如：

斯时其心中快乐无量神魂飞越而忘其最要之口号不曰『西刻姆』而误呼曰『伯累（意即大麦）启户』彼盖错记一种之谷名以大麦为胡麻①

例中"不曰『西刻姆』"的直角引号即是特指，而非模拟声音。后文里还有以下句子：

（1）虽绞尽脑汁其脑中终无有此『西刻姆』之一字……②
（2）未几彼所百思不得之『西刻姆』一字倏已发声③
（3）翌朝复至药铺则泪承于睫来求买一种之『安笙思』④

前两例看似是声音，实则是专指或复指，第二例的"「西刻姆」一字倏已发声"，说的是阿里巴巴的哥哥脑海中的声音印象。至于第三例中的"安笙思"，明显是专有名词。

在《侠女奴》里，有关问号和叹号的用法也颇有意味。如盗贼找到裁缝，听他讲述了缝尸体之后，有一段心理描写：

曰死体曰缝合此奇异之语入盗之耳心怦然动自思此与所探之事似

---

① 萍云女士述文：《侠女奴》一，《女子世界》第8期，1904年。
② 同上。
③ 萍云女士述文：《侠女奴》二，《女子世界》第9期，1904年。
④ 同上。

甚有关系或可借此而得踪迹因故作为诧容曰死体！何谓[1]

将圈点句读去掉，这个“！”就非常突兀。此即标点符号表情达意的准文字功能的体现。这是感叹号在周作人译文中的首次出现，用来烘托人物故作诧异的语气。这里“死体”后的叹号不仅表疑问，更是语气之加重。而且，这里面还有区别意思的功能。如果没有叹号，就是“因故作为诧容曰死体何谓”，容易将“死体何谓”理解为“什么是死体”。而加了叹号后，情境感就出现了，“死体”传达了盗贼语气的变化，一种吃惊、疑问、不可置信，“何谓”指的是问裁缝为何这样说。为了能够准确传达原文中的人物语言，周作人尝试借助新式标点来帮助表达。从这个意义上看，新式标点的使用本身也是为了更严格地通过逐字译的手段来传达原文的本来面貌。对这一新书写形式的利用，有助于突破传统文章的表达限制。这也是考察“直译”实践与“古文”变形关系的一个重要维度。

在新式标点方面，从《侠女奴》到《玉虫缘》《荒矶》，周作人的实践不断深入。特别是接触山县五十雄的“英文学研究”丛书，有助于他揣摩学习标点的使用。新式标点在《侠女奴》里只是偶然出现，但在《玉虫缘》中被大量运用，成为重要的表意方式。兹举一例如下：

予曰

如何？汝意云何

迦别曰

何故？予意谓玉虫——是其故

予急问曰

何谓？

迦别曰

玉虫！麦撒威而已为所啮

予曰

迦别汝是言意何在？何故？

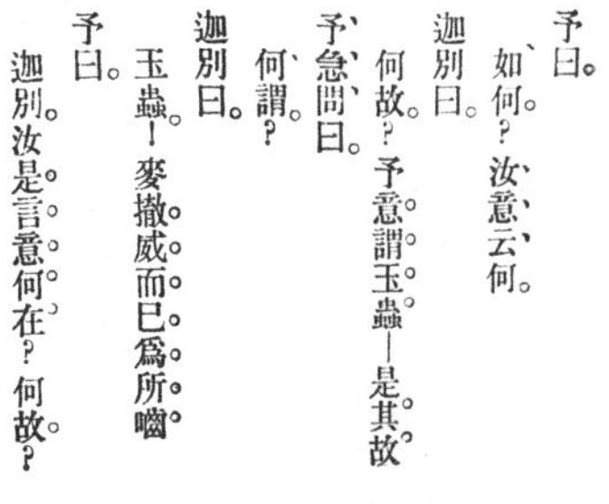
予曰。如何。？汝意云何。
迦別曰。何故。？予意謂玉蟲—是其故。
予急問曰。何謂。？
迦別曰。玉蟲！麥撒威而已爲所嚙。
予曰。迦別。汝是言意何在？何故？

图 3-1 《玉虫缘》原文一

① 萍云女士述文：《侠女奴》二，《女子世界》第 9 期，1904 年。

原版为右起纵行阅读,为便于理解,特附原文图片。如引文和图中所示,这种频繁使用问号、叹号同时夹杂省略号、破折号且密集分段的表达,尚属周作人的首次试验。另有一例如下:

莱曰

予第知汝居此。顾许久不见。初不意今夕之忽来。方余归时。途中遇G—大尉自炮台出。借予之玉虫去。噫。此事予实愚甚。是以非至明晨不得见之。君今夜宿此。明日予当遣迦别索回之。于日初出之顷。……噫。此非为世界上最美丽之物乎!

予曰

何物美丽?日出……?

莱曰

咄!否!否!予所谓者。乃玉虫也。其色灿灿。眩目如黄金。①

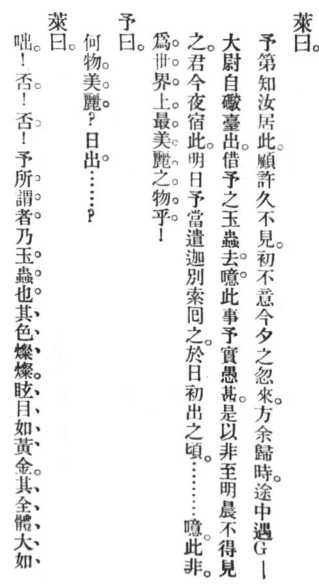

图3-2 《玉虫缘》原文二

---

① 为接近原刊文章样式,以"。"代表原文句读,不过原文中的"。"是在文字侧面。下面的引文同此。所有叹号、问号、省略号、破折号,均为原文样式。

通过此例,也可以看到周作人对这种频繁使用问号、叹号同时夹杂省略号、破折号且密集分段的表达的热衷。其实这便是周作人在忆及"丁初我"时所谈到的译文中的"一点冷血气"。第一章已介绍过,"冷血"是晚清著名报人陈景韩的笔名,"冷血体"的小说"惯用冷隽、短小突然的笔调"①,有时逐句分段。周作人最初读到的陈景韩的小说,是其1903年春发表于《浙江潮》第1期上的《少年军》和《专制虎》,然而周作人的评价却是"不佳"。②他追捧"冷血"的小说应该是1904年下半年的事情了,即"在上海《时报》上见到冷血的文章,觉得有趣"③。

之所以推断在1904年下半年,是因为《时报》创刊于1904年6月12日。当年非常喜欢《时报》的胡适后来回忆称,《时报》"内容与办法也确然能够打破上海报界的许多老习惯,能够开辟许多新法门,能够引起许多新兴趣。因此《时报》出世不久就成了中国知识阶级的一个宠儿"。他还分析了当年"我们那些少年人何以这样爱恋《时报》"的两点原因:一是"《时报》的短评在当日是一种创体,做的人也聚精会神的大胆说话,故能引起许多人的注意,故能在读者脑筋里发生有力的影响",二是"《时报》在当日确能引起一般少年人的文学兴趣",主要就是上面连载的小说。④周作人的南京求学时期,正是他广泛搜求新式书刊阅读的阶段,同学之间也互相推荐借阅,甚至共同订购。那么,上海一时之间火热售卖的《时报》,在南京新式学堂中流传应该也用不了太久。更直接的证据是,1905年1月11日,周作人在日记中写道:"次日,柯采卿回黄岩,托至上海定《时报》,半年,一份。"⑤既然舍得花钱订阅,显然是已经很喜欢了。也正是订阅《时报》后不久,周作人译出了《玉虫缘》,故而其译本中的试验也便沾染

---

① 陈梦熊:《知堂老人谈〈哀尘〉、〈造人术〉的三封信》,《〈鲁迅全集〉中的人和事——鲁迅佚文佚事考释》,上海:上海社会科学院出版社,2004年,第25页。
② 见周作人癸卯年(1903)三月十一的日记。鲁迅博物馆藏:《周作人日记》(影印本)上册,郑州:大象出版社,1996年,第383页。
③ 周遐寿:《鲁迅与清末文坛》,钟叔河编订:《周作人散文全集》第12卷,桂林:广西师范大学出版社,2009年,第650页。虽然在此处周作人说的是鲁迅,但他自己也是如此。
④ 胡适:《十七年的回顾》,欧阳哲生编:《胡适文集》第3卷,北京:北京大学出版社,2013年,第281—282页。
⑤ 见周作人甲辰年(1904)十二月初六的日记。鲁迅博物馆藏:《周作人日记》(影印本)上册,郑州:大象出版社,1996年,第402—403页。

了"冷血气"。不过，或许是"冷血体"的译法太过烦琐，《玉虫缘》译至一半处便极少借用新式标点，可分段依旧。

至1905年4月17日，周作人编译短篇小说《女猎人》时，仍只是个别处使用标点。但与《女猎人》同载于《女子世界》第2年第1期的《好花枝》，又再次出现了冷血体的面貌，尤为特殊的是，该篇是周作人自撰的，却呈现出受此前翻译实践影响的特征。对此，王风指出，《好花枝》这个语例，是旧时句读和新式标点的混合体，"问号和叹号排入句中，与文字占同样的地位。而即便是施加了这样的标点符号，还是照样在旁边'点句'。具体而言，叙述部分只施以句读，心理描写则加上叹号和问号。这个文本内部，如果没有标点，很多句子是无法断开的"。尤为精妙的是，他发现冷血的文章"如果不加标点，凭阅读也是能够分辨出这个句式的性质"，"问号或叹号只是在过往已有的句式上加强了语气，不是非此则无以成立"；而周作人所用的新式标点，"完全取代了词汇，成为文本中不可移除的新的形式因素"，也即是说"陈冷血的书写形式如果取消的话，固然会使其强烈的叙述效果消失，但并不妨碍文本的成立。而周作人的则有完全无意义的危险"。①

沿着王风的分析思路，从书写形式来打量《荒矶》的话，亦会有新的发现。与自作的《好花枝》中"心理描写则加上叹号和问号"的手法不同，周作人的译作《玉虫缘》与《荒矶》，主要是在人物对话中加入了许多标点。然而，它们之间也有明显的差异。一是，《荒矶》从正式展开故事之后一直到结尾，都采用了新式标点和密集分段；二是，《荒矶》除了在对话中会用到标点外，叙述紧急情节、表达激动情绪时也会用到，如"甚不妙！甚不妙！"或"惜哉！予来晚矣！奈何！——"；三是，《荒矶》中破折号、省略号的使用更加突出。

由于当时的人物对话不以引号标注，所以译文中必须添加话语提示，如"曰"。其实一直到《域外小说集》，周氏兄弟也只是以少量的引号来标识专有名词，而不标示引语，故而引语语序常会发生变化，只有在极个别的情况下，即便没有引号，周作人也能保持原来的语序，如：

---

① 王风：《周氏兄弟早期著译与汉语现代书写语言》（上），《鲁迅研究月刊》2009年第12期。

汝听我。为此言者药叉。则举手加吾顶也。曰。吾所言境地。在利比耶。傍硕耳之水裔。景色幽怪。既无无动。亦无无声。

"Listen to me," said the Demon, as he placed his hand upon my head. "The region of which I speak is a dreary region in Libya, by the borders of the river Zaire, and there is not quiet there, nor silence."

一般来说,由于无引号可借用,不得不改变语序译为:戴蒙(即周作人所译"药叉")将他的手放在我的头顶上说:"听我说……"但周作人的译文却依照原文,将引语拆成两截,中间点出说话者及其动作,不过仍不得不在后面补加"曰"字来提示。①

返观《荒矶》,周作人已经试图借用书写形式以达成最大限度地接近原文,如下:

言时微带外国之音。然甚清楚。予闻之不觉诧异。乃又问。
汝言不如溺死何故?
其故?…壮夫答时。伸张其壮腕。似表其不胜绝望之情。继语曰:…此。——此碧色笑靥之湾水。实失我精神与生命。与全身所注之爱物!一生经营之资财!
予曰。
此何足悲?五浊恶世。祸患何地蔑有。然愁苦何益。——我今告汝。汝所立之地乃我地。望汝速去。勿相扰。则幸甚。汝等伴侣之一人。已苦我甚。
予之伴侣?
壮夫急问予曰。
然。——如汝能携彼女去。则予不胜感谢。
渠闻言。注视予面。如此言极难索解者然。少间忽大叫疾驰去。循沙径径向予家。②

---

① 详见王风:《周氏兄弟早期著译与汉语现代书写语言》(下),《鲁迅研究月刊》2010年第2期。
② 陶尔:《荒矶》,会稽萍云译述,《女子世界》第2年第3期,1906年。

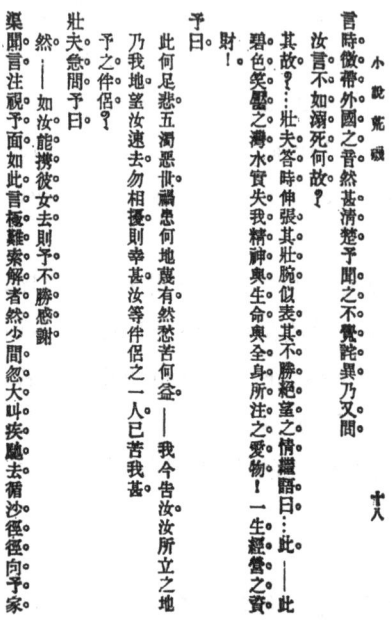

图 3-3 《荒矶》原文一

为便于展示原文的书写形式,附上图片。文中标示单线的句子的情况便与《域外小说集》中的例子相近,引语被打成两截。该句对应的英、日底本文字如下:

"Because," he cried, throwing out his long arms with a passionate, despairing gesture, "there—there in that blue smiling bay, lies my soul, my treasure—everything that I loved and lived for." [1]

『其故は』といひつゝ壯夫は其兩手を張り伸ばし、絶望の情に堪えずといふ樣子にて、『其處のあの微笑む如き灣内で、私は我精神とも生命ともいふべき物を失ひました。私が全身の愛を注ぎ、其爲めに生きて居ました大事の寶を失ひました』[2]

---

[1] コナン・ドイル原著、山縣五十雄訳註『荒磯』内外出版協会、1901 年、45 頁。
[2] 同上書、61 頁。

第三章 "直译"的流转与文言语体的递嬗　279

"其故？…"在没有任何提示词的情况下译出，以尽可能地接近原文的语句，这既是对英文原本的靠近，也是对日译本的仿照。将"『其故は』"与其前面的对话直接相连的情况，即在日译本中也是少见的。不过，日译本有直角引号，很容易区隔出前后不同人物的话语，但是周作人在译文中没有借用，而是换了一种书写形式，即标点加分段；更明显的是，他将人物语言全部缩进一格来写出。正因如此，他不仅可以做到除了将引语断开，也能让人物先发声而后出提示词，可参看标示双横线的句子；甚至能在不出现提示语的情况下，直接写出人物对话，波浪线画出的即为一例。这是传统书写形式完全做不到的。而且，在《荒矶》中，这种尽力贴合原文的倒错并非孤例，另如：

予怒甚。疾进从中遮止。叱曰。
　咄！何事？汝何为？汝以此处为道旁之宿屋。抑酒家乎。
　贵君！恕予。此女子为予妻。予方忧其已死水中。不图在此为贵君所救…
壮夫答甚恭。
予怒问。
　汝何人？
壮夫以短简之语答云。
　予自爱仓格耳来者—露国人。
　汝何名？…予又问。
　予名濠玕尼夫…壮夫答。

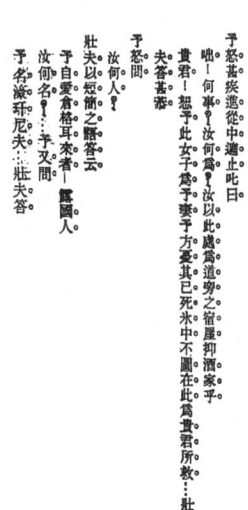

图3-4　《荒矶》原文二

引文里标示下划线的句子都是提示词后置的例子，借此可以观察书写形式与译本面貌之间的密切关联。在这样简短的文段中，竟然三次把人物说话的内容提前，而将"壮夫答甚恭""予又问""壮夫答"用半个省略号与对话隔开置于后。从《荒矶》中的这些例子来看，受翻译的影响，周作人对新书写形式的实践已经非常熟练，使其最大程度逼近了原文的表达。在此维度上，它已是《域外小说集》的先导。看似"孤篇横绝"的《域外小说集》，实际上并非一个断裂性的神圣原点，而是有着清晰的生成脉络可以寻求。

第四节　仙台时期的周树人及其《造人术》

甲辰年八月二十九，公历 1904 年 10 月 8 日，周树人给远在国内的浙江同乡好友蒋抑卮写信。70 年后，蒋抑卮的儿子蒋世显响应国家征集鲁迅遗物的号召，慷慨捐出了此书札。① 这是迄今为止存世的鲁迅最早的亲笔书信②，且是目前所知的唯一一封周树人写于仙台的书信，故被命名为《仙台书简》③。作为新发现的鲁迅史料，《仙台书简》问世之初便受到颇多关注，得众家报刊之青睐，甚至被当作革命文献之一种加以注解。④ 但时过境迁，近四十年来，鲁迅研究有极大进展，可有关《仙台书简》的专门研究，却寥寥无几，乏善可陈；唯董炳月以《仙台书简》为中心讨论"仙台鲁迅"的文章鞭辟入里，胜意迭出。《仙台书简》写于周树人到达仙台大约一个月之后，诚如董炳月所言，它"与'仙台鲁迅'构成的是共时性关系，没有经过时间的过滤与改造，展示的是'仙台鲁迅'的起点和原生形态"⑤。长期以来，周树人在仙台时期的事迹，除了他自己在《呐喊·自序》和《藤野先生》里讲的弃医从文的故事之外，其他情况，今人知之甚少。故而，《仙台书简》可谓研究"仙台鲁迅"最为珍贵的第一手资料。

《仙台书简》之原信用毛笔蘸紫墨水直行向左书写，字体略草，书法劲秀，紫色笔迹虽逾七十年犹鲜明未褪。信纸白色，质薄无格，完整如初；共 2 页，皆宽 17.6 厘米，前页长 13 厘米，后页长 37.5 厘米，左边不齐整，

---

① 蒋世显：《我为什么珍藏并献出〈仙台书简〉?》，《华中师院学报》1976 年第 2、3 期合刊。

② 《仙台书简》刊出后，许多注文或阐释文章都说它是当时发现的"鲁迅书简中最早的一封"。对此，文怀樟曾辩称鲁迅等人联名致沈瓞民的一封书信为最早。文怀樟：《鲁迅仙台事迹杂考》，《山东师院学报（社会科学版）》1977 年第 2 期。倘计入残简的话，时下可见周树人的最早书信即第一章论析过的 1902 年致周作人的残简。

③ 该信在 1976 年 6 月 5 日《光明日报》上发表时，即题为《鲁迅仙台书简》。

④ 仅 1976 年至 1977 年间，《革命文物》《求是学刊》《北京师范大学学报》《浙江大学学报》《杭州大学学报》《西北大学学报》《安徽劳动大学学报》《陕西教育》《四平师院学报》《新教育杂志》《语文战线》等十余家学术期刊对此或影印介绍，或注释评点，或纵论其价值，或商榷他人译语。

⑤ 董炳月：《"仙台鲁迅"与国民国家想象——以〈仙台书简〉为中心》，《鲁迅研究月刊》2005 年第 10 期。

有撕痕。据蒋世显推断,信纸本为一整张,呈卷状;鲁迅写满前页时,将后页纸边叠在前页上面,使上下平齐,再继续写下去,因为这样可以保持信的前后页上方空白处整齐划一。①

周树人在日本留学七年多,其中在仙台只有一年半,但就在这短短的一年半时间里,他的思想经历了至关重要的转变,也就是众所周知的弃医从文。简言之,周树人在仙台学医期间先是遇到了恶意的流言,被日本同学怀疑他提前得到了藤野先生透露的考试题;而后又被幻灯片事件刺激,看到身边的日本同学为给俄国人当侦探的中国人被枪决而鼓掌欢呼,于是选择了弃医从文。这段经历,他分别在《呐喊·自序》和《藤野先生》里讲起过。《呐喊·自序》是旁及仙台生活的文章,而《藤野先生》是专门谈论仙台生活的,但反而是前者提供的细节更为丰富,征引如下:

> 其时正当日俄战争的时候,关于战事的画片自然也就比较的多了,我在这一个讲堂中,便须常常随喜我那同学们的拍手和喝采。有一回,我竟在画片上忽然会见我久违的许多中国人了,一个绑在中间,许多站在左右,一样是强壮的体格,而显出麻木的神情。据解说,则绑着的是替俄国做了军事上的侦探,正要被日军砍下头颅来示众,而围着的便是来赏鉴这示众的盛举的人们。
>
> 这一学年没有完毕,我已经到了东京了,因为从那一回以后,我便觉得医学并非一件紧要事,凡是愚弱的国民,即使体格如何健全,如何茁壮,也只能做毫无意义的示众的材料和看客,病死多少是不必以为不幸的。所以我们的第一要著,是在改变他们的精神,而善于改变精神的,我那时以为当然要推文艺,于是想提倡文艺运动了。②

这些叙述看似平淡而随意,但内在照应得极好。前一段特别强调"强壮的体格"和"麻木的神情",对应的是后一段"示众的材料"。前面讽刺"赏鉴这示众的盛举的人们",后面指向的是"看客"。

除《呐喊·自序》和《藤野先生》,可供讨论《仙台书简》的关键材料

---

① 蒋世显:《我为什么珍藏并献出〈仙台书简〉?》,《华中师院学报》1976 年第 3 期。
② 鲁迅:《呐喊·自序》,《鲁迅全集》第 1 卷,北京:人民文学出版社,2005 年,第 438—439 页。

甚少。所幸，1978年2月，日本平凡社出版了厚达四百多页的资料集《鲁迅在仙台的记录》，由"鲁迅在仙台的记录调查会"编写。该调查会拥有会员142人，事务局成员15人，在社会上400多个人、40多家单位的协助下，访问了3位当时健在的鲁迅同班同学，查阅了与仙台医专相关的档案材料，翻阅了当年的仙台旧报刊，走访了鲁迅同学和下宿主人的后人，经过四年多的调查整理，从一万多件材料中，精选了170幅照片图表、470件文字材料，出版成册，系统而翔实。①以《鲁迅在仙台的记录》为参照来解读《仙台书简》，可得颇多。

1904年4月，周树人从弘文学院毕业。巧的是，当月仙台医专正努力做着招生宣传的事，仅东京地区就有5种报纸连续登载了3次仙台医专的招生简章。5月，清国公使杨枢给仙台医专发照会，称"敝国南洋官费生周树人"呈请入学。很快，仙台医专回复"准予免试入学，应于本年九月上旬到校"。②《仙台书简》起笔所言"由江户奉一书"，说明当时周树人还在东京（旧称"江户"），据报到时间推测，应是8月份。周树人在书简里还提到医专拒收学费的事。据仙台医专档案，医专9月1日曾给周树人发去免除学费及讲授费的文件。③当时的信件，仙台发往东京的话，大多两日内可达。周树人未能收到，应该是已经离开了东京。《仙台书简》写于1904年10月8日，信中称他索居仙台"又复匝月"，"匝月"即满一个月的意思，也说明他在9月初已抵达仙台。

周树人会怀着怎样的心情前往仙台呢？这或许有些一言难尽。不过，首先可能是一种解脱感。《藤野先生》开篇便交代了他离开东京的缘由。他的东京体验里不愉快的部分总是纠缠着同是来留学的同胞。上野公园的樱花烂漫也补偿不了成群结队的"清国留学生"发式怪异招致的碍眼。他也看不惯那些来留学的人，放着经世救国的新知不求，却热衷学跳舞。

周树人到底是一个敏感的人。他想要逃离。当时，日本有仙台、金

---

① 仙台における魯迅の記録を調べる会編『仙台における魯迅の記録』平凡社、1978年。中文节译本见马力、程广林译：《鲁迅在仙台的记录》，薛绥之主编：《鲁迅生平史料汇编》第2辑，天津：天津人民出版社，1982年，第54—169页。

② 同上书，第84页。

③ 同上书，第87页。

泽、千叶、冈山、长崎等5所医学专门学校。周树人舍近求远，没有选择离东京很近的千叶，反而去了遥远的仙台。据说，他曾向人打听，哪个医专没有中国留学生，被告知是仙台。①《仙台书简》中有一句"树人到仙台后，离中国主人翁颇遥，所恨尚有怪事奇闻由新闻纸以触我目"，也是在表达他对留日同胞的不满。所谓"中国主人翁"是很有反讽意味的修辞。

其次，周树人可能会有些许的不安。到仙台意味着他将要过上一种完全陌生的生活，不只是人生地不熟那么简单。在东京时，虽然是到日本留学，但身边一起生活着的大都是中国人。到仙台后，他将被彻底推入日本人的社会里。《藤野先生》中有一处细节很值得玩味。鲁迅说："我就往仙台的医学专门学校去。从东京出发，不久便到一处驿站，写道：日暮里。不知怎地，我到现在还记得这名目。"②"日暮里"这一符号为何如此有魔力？有人说，周树人在怀乡，因为古诗里有"日暮乡关何处是，烟波江上使人愁"；还有人说，他忧伤于"日暮途穷"，产生了"风雨如磐暗故园"的忧国之情……总之，"日暮里"的字面联想绝无阳光明媚的轻快，折射的是周树人黯淡的心情。尽管终于离开了那些让人心烦的不争气的"清国留学生"，但也要和谈得来的朋友们告别了。

藤野先生在鲁迅死后回忆，他曾一度很担心初来乍到的周树人同学会孤独："身居异乡，要是在东京一定还有许多同胞留学生，如前所述，在仙台却是周先生只身一人，我想一定很寂寞吧，但实际并没有这种迹象，只觉得他在上课时是非常下力的。"③虽然只是淡淡的几句，但有温度存焉。难怪鲁迅对他念念不忘，藤野先生真是一个体贴的人，尽管他的推己度人或许不那么准。

在仙台，周树人的寂寞可想而知。他说自己是"形不吊影，弥觉无聊"。"形不吊影"很容易让人联想到李密《陈情表》里的"茕茕孑立，形影相吊"。然而，在李密那里，形与影尚可互相安慰；但在周树人这里，形

---

① 沈瓞民：《回忆鲁迅早年在弘文学院的片断》，薛绥之主编：《鲁迅生平史料汇编》第2辑，天津：天津人民出版社，1982年，第47页。

② 鲁迅：《藤野先生》，《鲁迅全集》第2卷，北京：人民文学出版社，2005年，第313页。

③ 藤野严九郎：《谨忆周树人君》，薛绥之主编：《鲁迅生平史料汇编》第2辑，天津：天津人民出版社，1982年，第179页。

与影都不能互相安慰了。这是多么深重的孤独感啊！二十年后，在《影的告别》中，"形不吊影"被敷衍成篇。

按说，周树人在仙台的生活可以热闹地过。《藤野先生》里，他谈过"物以希为贵"的道理，说："北京的白菜运往浙江，便用红头绳系住菜根，倒挂在水果店头，尊为'胶菜'；福建野生着的芦荟，一到北京就请进温室，且美其名曰'龙舌兰'。我到仙台也颇受了这样的优待，不但学校不收学费，几个职员还为我的食宿操心。"①其实，"优待"何止这些。鲁迅不知道的是，在他这位来自大清国的留学生还未到仙台之前，其将留学仙台的事已经作为新闻刊于当地的一家报纸上。他刚刚抵达时，另一家仙台报纸马上发表了追踪报道，称周树人"日前已来仙，惟因当前本市尚无制中国菜之公寓，而大为困惑。据云已走访山形校长，请求代为周旋。该氏虽云近年来日，却可自由操用日语，为一异常活泼之人物云"②。报道之人绝想不到这位周树人后来会成为世界级的大文豪，之所以报道，只是鲁迅谈的"物以希为贵"的道理。有人据"异常活泼之人物"似与鲁迅性格不符，怀疑报道者未必与鲁迅见过面。然而，从"该氏虽云近年来日"来看，报道者与周树人似乎是有交谈的。所谓"异常活泼之人物"，或许是新闻记者的夸张；或许是与其对中国人沉静内敛之刻板印象有出入，故记上一笔；抑或出自年轻的周树人世故性的"酬对"，当然也或可推断初到仙台的他，内心中还是有所期待的，兴奋之情难以言表，故外化为"异常活泼"。

然而，这种"异常活泼"的状态，没有维持几日。书简中也说到"日本同学来访者颇不寡"，他们看中的无非周君是第一个来仙台医专留学的中国人。他们对中国好奇，也不无误解，甚至会猎奇地问起女子裹脚等事。对于敏感多疑的周树人来说，这会让他感到不舒服。他大概无法分辨，同学们是对他热情，还是对他所在的落后的老大帝国有热情。周树人目之为"此阿利安人"。这也是讽刺的话，讽刺的是日本同学不自知的优越感。于是，他对融入环境有着抗拒的心理，"殊懒与酬对"。何况，班级里还有一些动不动就对他白眼相加的同班生，爱说些挖苦中国人的话。

---

① 鲁迅：《藤野先生》，《鲁迅全集》第2卷，北京：人民文学出版社，2005年，第313—314页。

② 马力、程广林译：《鲁迅在仙台的记录》，薛绥之主编：《鲁迅生平史料汇编》第2辑，天津：天津人民出版社，1982年，第81页。

此刻，和朋友能够联络心情的只有信。他说"所聊慰情者，厪我旧友之笔音耳"。不难想象，他是带着什么样的心情，提笔写下了给蒋抑卮的信。周树人在书简里急切地向朋友倾诉着他一个月来的仙台生活。大到故国命运，小到吃吃喝喝，看似拉拉杂杂，却也有其章法。先从自己的交游及感受出发，继而谈及风土食宿、课堂内外。一个总的叙述基调是对仙台生活的不满。

　　选择了离群索居，必然要承受寂寞；然而，"形不吊影"仍旧换不来耳根清净，"中国主人翁"的怪事奇闻总还是能在报纸上看到。周树人大概还不会想要连报纸都不看，所恨唯在这些家伙为何不能少干些怪事。他看了好友任克任寄来的林译小说《黑奴吁天录》，"乃大欢喜，穷日读之"，竟然一口气看完了。可是这样的好心情只有在阅读中才能维持，他只能在幻想里舒展压抑的性灵。掩卷长思，现实袭来，反而愈加痛楚。《黑奴吁天录》今译为《汤姆叔叔的小屋》，作者斯托夫人。林纾在翻译时淡化了原著中的宗教观念和政治思想，增强了忧患意识和爱国情怀，把抨击黑奴制的小说一改为凸显忠义道德的译本。读罢，周树人的情绪久久无法抽离。他为那些可怜的黑奴感到悲哀，更为故国人民将会重蹈覆辙而隐忧不止。

　　当时的他还年轻，一腔热血未凉，对国人有失望但不绝望，对未来有憧憬，没有丧失信心。他在1904年的信中写下，"近数日间，深入彼学生社会间，略一相度，敢决言其思想行为决不居我震旦青年上，惟社交活泼，则彼辈为长。以乐观的思之，黄帝之灵或当不馁欤"[①]。倘若写作《狂人日记》时的鲁迅重读这段文字该作何想呢？"黄帝之灵或当不馁"似乎可与他的名句"我以我血荐轩辕"构成互文关系。黄帝就是轩辕。鲁迅后来说，他的心"也曾充满过血腥的歌声：血和铁，火焰和毒，恢复和报仇"[②]；然而，身未老，心已虚空。可是，心的表面冷，内里还是热——时刻要喷薄的那种热，否则无法解释鲁迅为何对青年人有所期待。但"我震旦青年"这样的表达却只属于青年期的周树人。写作《野草》时，鲁迅对"我震旦青年"好像也失望了，甚至感到绝望。他反复念叨着"青年们

[①] 鲁迅：《041008　致蒋抑卮》，《鲁迅全集》第11卷，北京：人民文学出版社，2005年，第329页。

[②] 鲁迅：《希望》，《鲁迅全集》第2卷，北京：人民文学出版社，2005年，第181页。

很平安"①。但这绝望感的背后何尝不是更深切的期望。今人以为,鲁迅要反抗绝望,但他何曾真正绝望过!"哀莫大于心死",还是"哀莫大于心不死"?这是个问题。

在《藤野先生》里,鲁迅说:"仙台是一个市镇,并不大;冬天冷得利害。"②这显然是在和东京做对比。其实,明治中后期,仙台已经是日本排名第十位上下的中等城市了,约两万户,十万人,是残留着古老城市小工商业区痕迹的消费都市。③周树人的时代,东京作为超大型城市,比仙台这样的二线城市好太多。且东京纬度低,气候宜人,它与周树人早年生活的江浙一带的气候比较接近,不大存在适应的问题。而仙台地处日本东北,纬度高,日温差大,他或许不习惯。不过,信中说的"此地颇冷",也容易让人误解。实际上,仙台的纬度比北京还低,又东临太平洋,有海洋性气候的特征。10月初,仙台的夜间气温也在10度上下,只是比东京低5度左右。

明治时代的仙台较少近代机械工业,没有工厂煤烟的困扰,号称绿树成荫之城。④所以,周树人说"其风景尚佳",但他很不满意自己的吃住。鲁迅的一生,似乎对吃住二事有着格外的执着,不大能将就。他对生活的环境很敏感。离开仙台重返东京后,就折腾搬过住所;后来在北京,住绍兴会馆时也不开心;执教厦大时,对吃住就更多抱怨了,《两地书》里有很多证据;到了上海,也会受到"阿金"这样的人的影响,"有时是文章做不下去了,有时竟会在稿子上写一个'金'字"⑤。

日本当时尚无专门的留学生宿舍,需要留学生自寻住所。周树人在东京时曾住过东樱馆。据载,东京中等程度的含餐的公寓,价格在每月十三四元。周树人写此书简时所居的佐藤屋每月只需八元,确实便宜很多。佐藤屋位于广濑川河畔的高坡上,前面临街,后面朝西,街对面是监狱署。⑥因此,他在信中抱怨说:"人哗于前,日射于后。"由于鲁迅曾住

---

① 鲁迅:《希望》,《鲁迅全集》第2卷,北京:人民文学出版社,2005年,第182页。
② 鲁迅:《藤野先生》,同上书,第313页。
③ 马力、程广林译:《鲁迅在仙台的记录》,薛绥之主编:《鲁迅生平史料汇编》第2辑,天津:天津人民出版社,1982年,第58—59页。
④ 同上书,第58页。
⑤ 鲁迅:《阿金》,《鲁迅全集》第6卷,北京:人民文学出版社,2005年,第205页。
⑥ 渡边襄:《鲁迅与仙台》,《鲁迅与仙台:鲁迅留学日本东北大学一百周年》,解泽春译,北京:中国大百科全书出版社,2005年,第50页。

过,佐藤屋作为故居遗迹同时也作为中日友好的见证被保留至今,右下角还有一块"鲁迅故居遗迹"的纪念碑。但有些尴尬的是,周树人并不满意这里,只住了不到三个月就搬离了。他讨厌这里的另一个重要原因是"日日食我者,则例为鱼耳",即每天都吃鱼,不开心。

《仙台书简》里对佐藤屋的交代非常简略。而《藤野先生》中较为详尽,重点回忆了"几个职员还为我的食宿操心"的事:

> 我先是住在监狱旁边一个客店里的,初冬已经颇冷,蚊子却还多,后来用被盖了全身,用衣服包了头脸,只留两个鼻孔出气。在这呼吸不息的地方,蚊子竟无从插嘴,居然睡安稳了。饭食也不坏。但一位先生却以为这客店也包办囚人的饭食,我住在那里不相宜,几次三番,几次三番地说。我虽然觉得客店兼办囚人的饭食和我不相干,然而好意难却,也只得别寻相宜的住处了。于是搬到别一家,离监狱也很远,可惜每天总要喝难以下咽的芋梗汤。[①]

说是"几个职员",但实际上后文只写了"一位先生"。据周树人在医专的同学铃木推测,这位先生就是藤野先生。一是藤野先生"是个固执的人",二是藤野先生在鲁迅去世后,曾给周树人同班的小林茂雄回信,谈及帮助安排过公寓。[②] 鲁迅在《藤野先生》中故意不明说这位先生的身份,未必是他忘记了,而是不方便让藤野先生在这里出场。从时间上看,周树人首次见到藤野先生是在刚开学后的课堂上,而藤野先生插手他住宿的时间要更晚一些。倘若这里直接说"藤野先生却以为这客店也包办囚人的饭食"会让人莫名其妙,不如隐而不说。

有意思的是,《仙台书简》里"日日食我者,则例为鱼耳"明明是抱怨吃得不满意,但到了《藤野先生》中却改口说"饭食也不坏"。会是鲁迅忘记了吗?还是故意隐瞒呢?可能他在给蒋抑卮写信时,拿东京住宿时的餐食做了标准,而后来搬去新住处后发现"每天总要喝难以下咽的芋梗汤",或许会感慨还是"例为鱼"好些。周树人带着玩笑的口吻向蒋抑卮表

[①] 鲁迅:《藤野先生》,《鲁迅全集》第2卷,北京:人民文学出版社,2005年,第314页。
[②] 马力、程广林译:《鲁迅在仙台的记录》,薛绥之主编:《鲁迅生平史料汇编》第2辑,天津:天津人民出版社,1982年,第115页。

达了对东京的怀念:"而今而后,吾将以乌托邦目东樱馆,即贵临馆亦不妨称华严界也。"他还感慨道:"事物不相校雠,辄昧善恶。"这里指的还是东京与仙台两地下宿的比照。恐怕等他搬到仙台的新住所时,会再一次想起这句话吧。

周树人的新住所在土樋町。从书简内容看,他嘱咐蒋抑卮下次来信寄到"日本陆前国仙台市土樋百五十四番地宫川方",由此可知,周树人此时已经找好了下家。一般认为,他是在11月间搬去了新住所。但至晚在10月初,周树人已经知道新住址了,似没有必要再耽搁一个月才搬。表面上看,他哪天搬离是微不足道的小事,不值得考辨。但何以会推定他是11月搬的不免令人生疑。其主要依据是《藤野先生》里"初冬已经颇冷"这半句话。然而不能排除鲁迅有误记的可能。书简里也用了"颇冷"一词。周树人的身体感觉是否变成了一种身体记忆呢?记住的是"颇冷",而联想到初冬?

在搬去土樋町之前,周树人应该是亲自考察过的。他说:"此亦非乐乡,不过距校较近,少免奔波而已。"然而,吊诡的是,佐藤屋地处医专正门向北约300米处的马路对面,而新宿地宫川方在医专正门向南约300米的位置,具体在土樋町鹿子清水大街,是从高冈向广濑川倾斜的缓坡;要说距校远近,笔者曾亲自步量过,二者几乎没有差别。要说不同,佐藤屋附近有监狱,楼下是经营探监餐的小店,楼上两间,有一间是留宿探监者的小客栈,周树人住在另一间。这里人员闲杂,且流动性大,安全感差,住起来肯定不舒服。而宫川家位于安静的住宅区,附近住着不少二高和医专的教师。周树人住的房子属于烟草批发巨商大泉幸四郎,具体由宫川信哉负责经营。大泉的宅邸有广阔的庭院、繁茂的树木、堆积的假山和汇流的池塘。庭院的角落有一座两层楼的配房,周树人就住在这里。①此处环境幽雅,比佐藤屋好得多。时至今日,他曾住过的配房已经变成了一片住宅楼,但站在鹿子清水大街的高处向下望,仍能看到这片住宅楼旁边的宽阔庭院。

讲了吃住之后,周树人开始在信中介绍功课的情况。让他苦恼的首

---

① 渡边襄:《鲁迅与仙台》,《鲁迅与仙台:鲁迅留学日本东北大学一百周年》,解泽春译,北京:中国大百科全书出版社,2005年,第48—50页。

先是上课时间太早，第一节课是早七点，不迟到的话，六点半前就得起，要想好好吃顿早餐，就要更早，但他习惯的是晚睡晚起。了解鲁迅的都知道，他是爱夜的人。由书简看来，这是从青年时代就开始的。日后，他的无数名篇都与夜相关。《坟》里的《灯下漫笔》，一语中的，历史与现实不过就是"想做奴隶而不得的时代"和"暂时做稳了奴隶的时代"①的循环。《野草》里的《秋夜》，他敏感的神经与夜相互纠缠，"我忽而听到夜半的笑声，吃吃地，似乎不愿意惊动睡着的人，然而四围的空气都应和着笑。夜半，没有别的人，我即刻听出这声音就在我嘴里，我也即刻被这笑声所驱逐，回进自己的房"②。诡谲的体验，悚然的表达！鲁迅更是在《夜颂》中长篇大论：

> 爱夜的人，也不但是孤独者，有闲者，不能战斗者，怕光明者。
> 　人的言行，在白天和在深夜，在日下和在灯前，常常显得两样。夜是造化所织的幽玄的天衣，普覆一切人，使他们温暖，安心，不知不觉的自己渐渐脱去人造的面具和衣裳，赤条条地裹在这无边际的黑絮似的大块里。……爱夜的人于是领受了夜所给与的光明。③

有人说，鲁迅"夜间式"的写作造成了他特有的冷峻、阴郁的风格。④这很有见地。

而后，周树人苦恼"校中功课大忙，日不得息"。他开列了第一学期的种种科目，"有物理、化学、解剖、组织、独乙"。既有物理、化学这样的基础课，也有解剖学、组织学这样的医学专业课，还有工具性的外语课"独乙"（即德语）。科目多且难，学习压力大，所以"日不得息"，可以理解。但他还用了八个字"奔逸至迅，莫暇应接"形容课程，可见授课进度过快。

有时，别人都放学回家了，周树人会被藤野先生留堂，甚至到了周末，藤野先生还会叫助手把他喊到研究室来。他在书简中写道："幸教师语言尚能领会，自问苟侥幸卒业，或不至为杀人之医。"但藤野先生事后回忆

---

① 鲁迅：《灯下漫笔》，《鲁迅全集》第1卷，北京：人民文学出版社，2005年，第225页。
② 鲁迅：《秋夜》，《鲁迅全集》第2卷，北京：人民文学出版社，2005年，第167页。
③ 鲁迅：《夜颂》，《鲁迅全集》第5卷，北京：人民文学出版社，2005年，第203页。
④ 张闳：《鲁迅的"夜间经验"与写作》，《中国现代文学研究丛刊》1998年第1期。

说:"他在教室里极其认真地记笔记,可究竟是刚刚入学,日本话还不能充分地会话和理解,学习似乎非常吃力。"①原来这里竟有一层错位,周树人自认为他的日语水平应付听讲是没问题的,但藤野先生不这样看。

要说周树人最不满的,或许是对医学专业的不满。弘文学院毕业后,他本可以接着读他的采矿学,但选了学医。许寿裳回忆说,鲁迅学医的动机有四:

> 据他自己说,第一,恨得中医耽误了他的父亲的病;第二,确如日本明治维新是大半发端于西医的事实。但是据我所知,还有第三个:救济中国女子的小脚;又据孙伏园先生说,还有第四个:由于少年时代牙痛的难受。这也是确的,不是他那篇《从胡须说到牙齿》(《坟》)里便提到这件故事吗?②

然而,凡事不亲历,总是会陷入想象性的认知。就拿救济女子小脚来说,经过解剖课的学习后,周树人才明白已经裹断的筋骨没有法子可想。此是后话。眼下,在给蒋抑卮的信里,他反复表达的不满是医学的知识主要靠死记硬背。短短的篇幅里,同样的意思,他说了三遍:先是说拉丁、德语等外语方面"日必暗记,脑力顿疲";下一段又总体说"校中功课,只求记忆,不须思索,修习未久,脑力顿锢。四年而后,恐如木偶人矣";在附记的文字末尾,又说:"而今而后,只能修死学问,不能旁及矣,恨事!恨事!"这是多么讨厌校内的功课啊!要一个性灵之人做枯燥乏味的事,简直是戕害生命。周树人是一个生命意识极强的人。他的名言"时间就是性命。无端的空耗别人的时间,其实是无异于谋财害命的"③广为流传。他感兴趣的是理论性的科学,而医学偏于实践性。比如,他译的《物理新诠》,"此书凡八章,皆理论,颇新颖可听",但这本书却因他功课太忙无法译完,令人惋惜。

---

① 藤野严九郎:《谨忆周树人先生》,薛绥之主编:《鲁迅生平史料汇编》第2辑,天津:天津人民出版社,1982年,第178—179页。

② 许寿裳:《回忆鲁迅》,同上书,第173页。

③ 鲁迅:《门外文谈》,《鲁迅全集》第6卷,北京:人民文学出版社,2005年,第99页。

在书简的叙述中，能够感到周树人有一丝兴奋的功课是人体解剖。这是最新奇的体验。即便像他这样"自信性颇酷忍"的人，看了解剖的尸体后，也仍然会感到胸中不适，即使过了很久，还是忘不了，但他也洋洋得意地向朋友说，看解剖不影响他吃饭。看来，确实"性颇酷忍"。

信里说，人体解剖，只是"略视之"，还没有亲自动手。许寿裳的回忆里说："他告诉我：最初动手时，颇有不安之感，尤其对于年青女子和婴孩幼孩的尸体，常起一种不忍破坏的情绪，非特别鼓起勇气，不敢下刀。"①在《从胡须说到牙齿》里，鲁迅甚至说，"在解剖室里第一次要在女性的尸体上动刀的时候，可似乎略有做诗之意，——但是，不过'之意'而已，并没有诗"，"后来，也就连'之意'都没有了，大约是因为见惯了的缘故罢"。②

我们熟知的是幻灯片事件让周树人弃医从文。但似乎他近距离接触了医学后，就开始不喜欢了。虽然未必到达要放弃的程度，但越是不喜欢越要努力跟上的刻苦就更加重了对自我的压抑。本来就不擅长学医，似乎选错了专业；拼命向前赶，又被恶意打击，还有什么意思？根底上说，是没有什么值得留恋的。早在幻灯片事件之前，周树人的"弃医"之意似已蕴结。

总的来看，《仙台书简》表达的是对旧友的思念和对现状的不满，偶尔也露出顽皮的一面。比如，学费被拒收，周树人晚上就去买了表。"彼既不收，我亦不逊"，意思是：他不收，我也没和他客气。话语之中有种莫名的喜感。按当时规定，这个学费是1元。1元买一块表，不算便宜。晚至1907年，仙台医专学生平均每月的生活费（含学费在内）是16元，花费最少的学生一个月只花13元，住宿费可能就要占去一半。③而清政府给周树人的公费是一年400元，大约每月33.3元，住宿费8元，月均可支配额25元，是校中学生平均水平的3倍左右。他绝对算得上是学生族中的有钱人。

---

① 许寿裳：《仙台学医》，薛绥之主编：《鲁迅生平史料汇编》第2辑，天津：天津人民出版社，1982年，第171页。

② 鲁迅：《从胡须说到牙齿》，《鲁迅全集》第1卷，北京：人民文学出版社，2005年，第259页。

③ 渡边襄：《鲁迅与仙台》，《鲁迅与仙台：鲁迅留学日本东北大学一百周年》，解泽春译，北京：中国大百科全书出版社，2005年，第50页。

可他偏偏来自一个"弱国"。在当时日俄战争背景下的仙台，普通人都像被打了鸡血一样，当地的报纸公开宣称：战胜后的日本将成为"世界上的一等国"，将会担任起保护中国的责任；中国"今日已作为半开化而濒临灭亡的老大国，成为欧美列国轻蔑之的，我同胞亦常嗤笑中国国民之毫无志气"①。日本战时体制的生活本来就异常辛苦，需要鼓吹膨胀；鼓吹越大，蛊惑越大，幻想越深，自我欺骗越成功。就在可以精神胜利下去的时候，偏偏来了个周树人，偏偏蛮有志气，偏偏比很多所谓"阿利安人"更有志气，偏偏日子还过得很舒服。这让那些天天和周树人一起上课的"阿利安人"怎么想呢？心里不能接受吧？那些造谣和传谣的人，也都是脆弱的人啊，否则如何平复幻想和现实的鸿沟呢？只是说哪个老师给周树人提前透题了都能造成迷惑，其实那一年，他的组织课72.7分，生理课63.3分，伦理课83分，德文课60分，物理课60分，化学课60分，偏偏只有藤野先生的解剖课59.3分，是他1905年春季升级考试里唯一一门不及格的课。②晒出成绩单，谣言不攻自破。

作为书信史料，《仙台书简》并非精心谋篇之制，亦无修辞叙事或自我塑造的成分，皆周树人直抒胸臆，信手写就。篇幅虽短，所涉面向却相当庞杂。既有研究多采其间的某句或某段，辅证己见，却向少将之作为整体的文本予以疏通和诠释。如此使用一方面反复提醒人们《仙台书简》的重要，另一方面却反而模糊其面目。同时，就其文本特征而言，《仙台书简》在很大程度上具有瓦解"再解读"方法的属性，研究者很难考察其"呈现文本的修辞策略、叙事结构、内在的文化逻辑、差异性的冲突内容或特定的意识形态内涵在文本中的实践方式"③，故而，如何在信笔写就的文献材料中做出有解释力的新读法，是需要考虑和摸索的关键问题，这需要在各类西方当代批评理论介入乏力的地方，寻找新的阐释路径。对此，不妨借鉴与"文本语文学"相伴随的一种被称为"高等批评"（higher criticism）的

---

① 马力、程广林译：《鲁迅在仙台的记录》，薛绥之主编：《鲁迅生平史料汇编》第2辑，天津：天津人民出版社，1982年，第62页。

② 渡边襄：《鲁迅与仙台》，《鲁迅与仙台：鲁迅留学日本东北大学一百周年》，解泽春译，北京：中国大百科全书出版社，2005年，第58页。

③ 贺桂梅：《"再解读"：文本分析和历史解构》，《海南师范学院学报（社会科学版）》2004年第1期。

研究方法，它"注重考证文本的来源、成书的时间和作者的身份等，旨在能将一个文本置于还原了的语言和历史语境中来考察"，以字句考释为基础，向"诠释学"的方法走去；这种靠向"语文学"的"再解读"，亦"要把文本从'地下'挖掘出来，清理干净，再向别人清晰地传达出这个文本的意思以及研究者自身的理解"。①如此，守住文献的根脉与放飞历史的想象，或许可以并行不悖。

从弘文学院到仙台医专，课程变得又多又难，周树人心心念念的《物理新诠》也未能译完。《物理新诠》所据日译底本已可考证，奈何译稿成佚文，不知他采用了怎样的翻译方式。所幸，周树人在1906年留下的一篇翻译小说《造人术》，可供简要梳理他在翻译文体上的变化。

人民文学出版社2005版《鲁迅全集》第18卷"附集"的"鲁迅生平著译简表"中，有关《造人术》的信息如下：

> 一九〇五年（光绪三十一年　乙巳）二十五岁
> 　　继续在仙台医学专门学校学习。
> 　　春　译美国路易斯·托伦的科幻小说《造人术》，发表于
> 上海《女子世界》1905年第四、五期合刊。

此处有关《造人术》原作者姓名和发表时间的信息不够确切。据《女子世界》，原作者名为"路易斯·讬仑"。再者，《女子世界》创刊于1904年1月，撰表人可能先入为主地认为这里的第4、5期合刊应在1905年，这种想当然的方式忽视了当时刊物发行的具体情形。1906年7月8日至11日，《时报》每日登载《女子世界》第4、5期广告，可知此两期合刊《女子世界》迟至1906年7月初才问世。②

"鲁迅生平著译简表"推测《造人术》是1905年春翻译的也是不准确的。1905年春，周树人仍在为医学专业学习用力。距离写作《仙台书简》仅仅过去几个月，大致还是科目众多、功课紧张、进度迅疾、兼学德语的状态。如果有时间，会优先将已经着手翻译且偏爱有加的《物理新诠》译

---

① 沈卫荣：《回归语文学》，上海：上海古籍出版社，2019年，第9、17页。
② 详见谢仁敏：《〈女子世界〉出版时间考辨——兼及周氏兄弟早期部分作品的出版时间》，《鲁迅研究月刊》2013年第1期。

完。另外，当时的仙台医专是三学期制，第二学期为1月8日至3月31日。第三学期也将于4月8日开学，而且还增加了新的专业课程——生理学①。1905年春，或是周树人的第二个学期临近考试的时候，或是第三学期开学。且据许寿裳的回忆，即便是放假的那七天，周树人也不大可能翻译《造人术》。"一九〇五年春，我在东京高师学校读完了预科，趁这樱花假期，便和钱均夫二人同往箱根温泉……鲁迅在春假中，也来东京，和我同住，不过他学校的假期短，须早回仙台去……后来，公孟忽然到了，鲁迅也跟着来了。"②周树人的七天假是在和朋友们的游玩中度过的。更直接的理由是，1905年春前后共出版了两期《女子世界》，分别是第11期和第12期，都没有见到周作人将长兄的《造人术》转给丁初我，予以发表。而这段时期正是周作人和《女子世界》联系频繁的时候。他没有必要非得拖到1906年的第4、5期合刊的时候才寄给《女子世界》。

就现有材料而言，几乎无法准确断定《造人术》的翻译时间。据神田一三考订，1903年，在纽约发表的英文版《造人术》的一部分被原抱一庵译为日文，分两次刊载在《东京朝日新闻》上，单行本《（小说）泰西奇闻》收录的只是前一部分。因周树人也只译了前一半，故而神田一三推定他读的并不是报纸刊载的作品，而是读了单行本后翻译的。③《女子世界》第2年第3期的出版时间是1906年1月中旬，再结合前文考订出的所需两个月左右的发表周期，判断《造人术》的翻译时间应在1905年12月到1906年4月之间。这一时段正是周树人生命转换的重要时期。他放弃了医学专业，1906年3月初，从仙台回到东京，把学籍列在独逸学协会学校。"独逸"即日语中的德意志。有了学籍，可以继续使用公费，他走向了用文艺来改造国民的路途。周树人将自己的主要精力用于搜购德文、日文文艺书刊，阅读并翻译其中有益的作品。④由此来说，《造人术》如果是1906

---

① 马力、程广林译：《鲁迅在仙台的记录》，薛绥之主编：《鲁迅生平史料汇编》第2辑，天津：天津人民出版社，1982年，第90页。

② 许寿裳：《亡友鲁迅印象记》，上海：峨嵋出版社，1947年，第20—21页。

③ 神田一三：《鲁迅〈造人术〉的原作》，许昌福译，《鲁迅研究月刊》2001年第9期；《鲁迅〈造人术〉的原作·补遗——英文原作的秘密》，许昌福译，《鲁迅研究月刊》2002年第1期。

④ 马力：《鲁迅在东京从事文艺活动》，薛绥之主编：《鲁迅生平史料汇编》第2辑，天津：天津人民出版社，1982年，第181页。

年3月之前翻译的，那么属于仙台时期的译作；其后译出的，则是重返东京后的第一篇。无论哪一种，或许都不影响一个大致的结论：《造人术》是周树人弃医从文转换期的思想表征与心灵记录，或是他还在仙台但已对医学丧失期待后的产物，或是弃医从文后有意选择的第一篇作品。

从翻译语言来看，较之《哀尘》《月界旅行》《地底旅行》等，《造人术》的古文表达更为圆熟。兹举开篇的五段为例，且附日文底本如下：

疏林居中。与正室隔。一小庐。三面围峻篱。窗仅一。长方形。南向。垂青缟幔。光灼然。常透照庭面。内燃劲电。无间昼夜。故然。

此宅。为波士顿理化大学非职教授化学士伊尼他氏邸。此庐。婢仆勿俟言。即妻子亦不得入。为氏治化学之秘密地。

伊尼他氏。六年前辞教授。力避交际。二六时中。恒守此庐。如有所治。

<u>世传伊尼他氏。乃造人芽。力冀发明。震耸世界。顾词支离甚。孰信。</u>氏在公醼偶自言。皆大喝以摈。虽氏素心固未作斯想。终无和者。若咸友。则以氏长者故。意所执主的。将益人。将利世。曷效力欤。作如是想。劳心者亦非无有。

而实若何？①

疎林を中間にして正屋と隔たれる、此一小屋は、三方ともに高き生垣をもて圍まれ、窓は南に面して長方形なるが一つあり、青色の薄き絹の帳、之に懸れるが、その帳を透して、灼然として光の絶えず庭面を照し来るは、裡に勁き電気の晝夜となく燃かれあればなり。

當屋敷は、これポストン理化大學非職教授、化學士以仁透氏の本邸にして、この一小屋は、婢僕は愚か氏の妻子と雖も立入るを禁じある、化學研究の氏の秘密室なり。

以仁透氏か今より六年前、教授の職を辭してより以来は、出来得る限り人と交はるを絶ち、殆んど二六時中、此の一室に閉ち籠りて、何等かの研究に従事しつゝあるなり。

---

① 米国路易斯托仑：《造人术》，索子译，《女子世界》第4、5期合刊，1906年。索子为周树人笔名。

チラホラ耳に入る世の噂に、以仁透氏は、人間の芽製造と云ふ、恐ろしくもまた驚くべき發明に力を效しつゝあるなりと、然れども人誰か斯る無稽のことを信ずべき、以仁透氏自身偶公けの席に於て己が所信を打出すことありとも、人は一喝して之を擯くるのみか、口にこそ云へ、以仁透氏と雖、本心にさることを考へ居るものにあらずとして、取合ふものは甚だ稀なり、若それ氏の親戚朋友に至りては、善良なる以仁透のことなり、何事に力を效せばとて、其の目的とする所は世を利し人を益する上にあらん、と推測して、亦多く心を煩はすことあらざりき。

　　而ふして實際は如何。①

　《造人术》与《哀尘》译法的近似之处是将长句变为短句。例如第一句，按字面翻译是"与正房相隔一片稀疏树林的这间小屋，三面围绕着高高的绿篱"②。但周树人将长句拆散，在不损失原意的情况下，变为"疏林居中。与正室隔。一小庐。三面围峻篱"，如此更改，反而保持了日语原文的句序。例文的前三段，大体依照原文来翻译，甚至把"非职教授"与"二六时中"这种和制汉字词直接照搬，但以汉语来理解这些词相当困难。"非职教授"指的是没有正式岗位的教职，确实不容易在文言词里找到合适的对应，但"二六时中"是说十二个时辰，也就是整天的意思，却没有改为常见的汉语词。

　　例文的第四段，周树人的改动颇多。直线标注句直译的话，应为："不时有传闻称，以仁透氏正致力于制造人类胚芽这一令人既感恐惧而又惊叹的发明，但是又有谁会相信如此无稽之谈呢？"③周树人为了保持译文语体的统一，不惜损失了原文的句意，特别是"力冀发明。震耸世界"这里，强行拆为短句，便表意不清，但如改为"力冀此一震耸世界之发明"，就会破坏原本叙述的语言节奏。再看波浪线标注的一句，日文里"ことありとも"是一个古典日语的让步表达，表示"即使……也"。这个让步句承接的是前面的部分。前一句已表示，没有人会相信无稽之谈一样的传言。这

---

① 原抱一庵訳『泰西奇文』知新館、1903年、15—16頁。
② 译文参见国蕊：《原抱一庵『造人術』全译兼两版本校考》，《鲁迅研究月刊》2020年第3期。
③ 同上。

个让步句接续说的是即便不是传言,即便是以仁透氏偶尔在公开场合提到了自己的想法,仍然被人否定。可周树人所译"氏在公醮偶自言",去掉了让步的意涵,变成了陈述事实,表达的是以仁透氏偶尔有一次在公开场合讲述自己的想法。周树人如果像译《月界旅行》前五回那样来处理《造人术》,情况会改观很多,但那样又难以维持翻译语体的古雅。《月界旅行》与《造人术》构成了周树人早年翻译实践的两个不同方向,信与雅似乎无法兼顾,充满了内在的紧张感。

第五节　周树人科学编译的文章化

周树人清末时期的作品多有所本,如《人之历史》①《摩罗诗力说》②等,在他弃医从文后的一系列文本中,仍有两个与其仙台生活密切相关:一是《科学史教篇》,二是《人生象敩》。

《科学史教篇》全文不到七千字,却提纲挈领地论述了古希腊罗马以至18世纪后期的欧洲科学发展史,旁征博引,提及六十余人,关涉宗教、哲学、逻辑、文艺、伦理等多个领域,各类知识信手拈来,文中所述科学观与历史观远超时人。然而最关键的问题是,当时仅为仙台医专中等成绩肄业生的周树人何以写下如此雄文?《科学史教篇》蓝本的考订便是打开这部佳构迷宫最为基础也颇为重要的工作。20世纪90年代以来,学界对它的阐释兴趣逐渐由鲁迅与自然科学的解释域转向鲁迅的"立人"思想与"现代"意识,但因《科学史教篇》学科跨度大且行文汪洋恣肆、用字古奥艰深,导致研究者们各言其理,争议难平。此皆有待新材料的发掘,以深化相关讨论。

关于《科学史教篇》的材料来源,伊东昭雄与蒋晖各有考述,但所论均只就文中征引的文献入手,故结论不过是鲁迅参照了赫胥黎、华惠尔、丁达尔诸人的撰著而已。③实际上,《科学史教篇》的成文有固定蓝本依

---

① 参见中島長文「藍本『人間の歴史』」『滋賀大國文』(16・17)、1978-1979。
② 北岡正子『魯迅文學の淵源を探る——「摩羅詩力説」材源考』汲古書院、2015年。
③ 伊東昭雄訳注「科学史教篇」『魯迅全集』(1) 学習研究社、1984年。蒋晖:《维多利亚时代与中国现代性问题的诞生:重考鲁迅〈科学史教篇〉的资料来源、结构和历史哲学的命题》,《西北大学学报(哲学社会科学版)》2012年第1期。

照，而非多方材源的拼合。《科学史教篇》出自周树人对日本明治时期知名物理学者木村骏吉 1890 年所出版讲义《科学之原理》绪言"科学历史之大观"①的编译。《科学史教篇》内的九段文字②与此 29 页绪言的对应关系大致如下：

第一段为对第 1—2 页内容的简译与增补。起首的"观于今之世，不瞿然者"即脱胎于日文"方今宇内の状況を觀、吾人の最も驚嘆して已ざる"。而后从"交通贸迁"至"改革遂及于社会"，则主要取自"病疫飢饉も其害を逞する能はず高山大河も吾人の交通を遮斷する能はず寒村僻陬にも教育普く"及"僅々百年前の形况に比すれば此社會の中に一大革命ありしかと疑はしむるなり然り實に一大革命ありしなり此革命に先ち此革命に伴ひ此革命の一大源因となれるもの一目判然たらざれ共則ち科學の進步に外ならざるなり科學ハ其方法を以て自然の現象を究極し從て生ずる所の決果に依て此革命に一大源因となれり"。"知科学盛大"到"流益曼衍"数句本自"然れ共科學の此勢に達する決して一朝一夕のことに非ず遠く其源を希臘に發し中途一千年止て陂溜となり今より前殆んど二百五十年決して大河となり其流益濶く其勢益急なり"。全段约三分之二为译述。

第二段是对第 2—4 页的拆译与发挥。"希腊罗马科学之盛"至"无不然矣"的前半段，译的成分占五分之四以上，不过稍微复杂的是，周树人对原段落进行了拆分重组。日文中华惠尔的论述颇长，他将"直解宇宙之元质"的部分提前，然后在引述华惠尔时以"（中略）"标出。后半段则皆周树人据前文有感而自作，计三百余字，是《科学史教篇》中周树人独出己见最长的言辞。设若希求他此时之思想，则当多在此处用力。

第三段基本上是对第 4—6 页相关内容的逐句意译，只有段末"此其言表，与震旦谋新之士，大号兴学者若同，特中之所指，乃理论科学居其三，非此之重有形应用科学而又其方术者，所可取以自涂泽其说者也"一句是周树人的阐发。

第四、五两段的取译颇为缠绕，大体源自第 6—12 页，但周树人将原

---

① 木村骏吉『科学の原理』金港堂、1890 年、1—29 頁。
② 本节所引《科学史教篇》出自人民文学出版社 2005 年版《鲁迅全集》第 1 卷，第 25—35 页。与《河南》原刊相比，只有字句的差别，分段相同。

作文脉破开，从而生成了新的论述结构。蓝本讲述景教诸国"科学之光，遂以黯淡"之后，所接本是《科学史教篇》的第五段开头"求明星于尔时"的部分，但周树人编译时突出的是讨论黯淡的原因。另，蓝本中有关华惠尔"热中之性"的介绍与丁达尔对此的辨析间隔5页，而周树人将相关的两点接在一起。第四、五两段段尾"盖无间教宗学术美艺文章"与"故科学者"各至段末的数句均为周树人的论断。

第六至八的三段除一二过渡性语句外，大体译自第12—20页。其中，第八段偏后的"而社会之耳目"到段尾的译出，周树人做了较多删减，其余几乎为逐句意译而成，少有自家的申说。若干学人据此三段，或纵论周树人的逻辑思想，或放谈他的哲学观念，难免失之于臆断。

第九段主要取材于第21—27页，蓝本概说19世纪后半期的第28、29两页则全为周树人所删落。颇有意味的是他对蓝本的改造所折射出的近代东亚经验的相似性与时间差。原文讲的是日本明治维新二十年间的"新旧交代"，特别是"工業を鼓舞"与"武事を奬勵"；周树人移用以反思洋务运动以降"兴业振兵之说，日腾于口者"的中国近代化历程，亦颇恰切。今人多将《科学史教篇》中对文明进步的"本根"与"枝叶"关系之论视为周树人思想深刻、成熟并超越于时代的重要例证，但殊不知其渊源有自，此亦日文蓝本反复强调之要义。即便是文末对人文与科学并举的强调以及"致人性于全，不使之偏倚"的所谓"立人"诉求，亦全出于蓝本"科學其ものは他の高尚なる感情及び他の正しき思考を要むるなり……何となれは人性は唯其一にのみ依らずして其全体に依るものなればなり況んや以上述へるものゝ如きは相反するにあらずして以て相調和すべきものなるをや"，周树人所举奈端至嘉来勒诸例亦在其中。由此可见，1890年日本学者对明治前期发展的省察同样适用于清末的中国。这也正是周树人为何要将日人近乎二十年前之旧著翻新的原因之一。

至此，两个文本的对应关系一目了然。考述蓝本有助于剥落既有研究对《科学史教篇》所做的过度夸饰，从而更加逼近其本源性的存在，也可以看清周树人对所据日文底本的文章化编译过程。

周树人的早期文言论文《人之历史》《科学史教篇》《文化偏至论》《摩罗诗力说》均作于1907年，刊于《河南》，且都收在《坟》中，因此常被作为整体来论述。鲁迅自称这些"寄给《河南》的稿子"是"受了当时的

《民报》的影响","喜欢做怪句子和写古字"①,确实于文体方面有着某种内在的一致性。然而,细致考察,皆是据蓝本所编译的《人之历史》与《科学史教篇》在篇章架构上就有很大的不同。前者较为严格地介绍学术,少有发挥;后者则旁逸斜出,夹叙夹议。这主要是蓝本之间的差异造成的。《人之历史》参考的《宇宙之谜》《进化论讲话》《进化新论》等更偏于纯粹的客观说明,而《科学史教篇》所本"绪言"便常宕开一笔,融入己见。

尽管《科学史教篇》五分之四以上是据蓝本译出的,但周树人改译为作的努力十分显豁。首先是将日本明治经验直接替换为中国本土意识,这从他所增论的"震旦死抱国粹之士""震旦谋新之士"等话语标记可以明显地体察到。其次调整文章脉络结构,在原文"科学历史之大观"的基础上格外凸显出"教训"的意涵,以符"教篇"之名。再者以归化译法将源语的日式表达改作古奥的遣词造句,这与其此前《哀尘》《造人术》的翻译方法截然不同。

即便如此,《科学史教篇》的布局谋篇仍由日文蓝本而来。《科学之原理》"绪言"的页眉上列有阅读提示,依次为"科學は社會革命の源因なり""希臘羅馬の科學""偶感""亞剌比亞の科學""基教國の科學""中世科學衰微の源因""偶感""十七世紀の科學""フランシス、ベーコル[ン]郷""ルネー、デーカルト""真正科學の方法は漸次自ら實益を生す""科學は實益を目的としたるにあらず實業は科學より自ら生ぜざるのみ""實業家と科學者""偶感"……除去"偶感"的部分,前八项正是《科学史教篇》前八段的分段依据;后三项内容相近,皆在论科学与实业之关系,故而周树人将三段并做一段。这便能理解《科学史教篇》的九段话何以长则约1500字、短则为300余字,行文结构看似相当随意。

《科学之原理》是木村骏吉任教于日本第一高等中学校(简称一高)时的讲义,其著述体例为正文顶格叙说,同时夹杂诸多作为延伸参考的注文,整段缩进一格标示,并在末尾注明所引出处,《科学史教篇》中旁征博引的名人名言即大多出自这个部分。作为讲义,因有格式的区分,故不成问题;但周树人将其转写为论说文章时却要设法弥合正文与注文之间的

---

① 鲁迅:《题记》,《鲁迅全集》第1卷,北京:人民文学出版社,2005年,第3页。

裂隙，使两者浑然一体。另为棘手的是，原作内屡屡出现的"偶感"少则占两页，多则占四页，有时脱离主线过远，也需要译者加以截断处理。不过，《科学史教篇》第二段长达300余字的"据此立言"的自撰部分或许是受了"偶感"的启发，才横生枝节般议论开来。但总的来看，在《科学史教篇》中，周树人是以文章之法对讲义体例做了新的统合。

需要补充说明的是，《科学之原理》本就是连缀了惠威尔（Whewell）、佩因特（Painter）、赫胥黎（Huxley）、丁达尔（Tyndall）、宇伯威格（Ueberweg）诸人的多部著作，大多直接标明了出处，但也有改译为作而不出注的时候，譬如开篇的一段实际是化自赫胥黎的《十九世纪后叶科学进步志》①。周树人虽不以注释的方式写出，却也在《科学史教篇》中大体说清了材料的来源，不能粗暴地以抄袭论之。更值得关注的是，英国维多利亚时代的知识、观念与思想如何经由日本生成了中国自身的现代性问题。这也与章太炎对斯宾塞尔的接受相映成趣，恰如彭春凌所言："近代中日间的思想文化关系可以具体化地、真正在全球知识流动、连锁、生产的版图中得以还原和呈现。"②

《科学史教篇》完成于1907年，《科学之原理》又是位于东京的日本一高的讲义，很容易做出的推断是周树人1906年离开仙台、重返东京时偶然在旧书店见到了这部教材而后编译发表，但更有可能的是周树人在仙台时便与之相遇。

木村骏吉1888年毕业于东京大学理学部物理学科后到一高任教，两年内编写出版了《科学之原理》，不久受同事内村鉴三"不敬事件"的牵连，被迫离职。1893年到哈佛大学攻读研究生，后转入耶鲁大学，取得了突出的科研业绩，1896年博士毕业回国时仍受限于内村事件，不得不屈就于仙台的第二高等学校（简称二高）。留美博士木村深受二高学生的欢迎，他的电气学研究在整个日本都算是最前沿的，更不用说在地处偏远的仙台了；二高毕业生在大学里也都未再听过如木村所授那样精彩的讲义。年纪轻轻的木村受聘为二高的物理／力学教授，并凭借其出类拔萃的业绩担任了理

---

① 伊東昭雄訳注「科学史教篇」『魯迅全集』(1) 学習研究社、1984年、63頁。
② 彭春凌：《关于"变化"的观念碰撞和知识生产——全球史视域下的汉译〈斯宾塞尔文集〉》，《中国现代文学研究丛刊》2018年第8期。

学科的主任。^①尽管1900年,木村离开了仙台,但可以想见,他在明治中后期仙台的物理教育界有着独一无二的影响力。

1901年,二高医学部由二高独立出来,也就是三年后周树人求学于此的仙台医专。尽管实现了分离,但二高与仙台医专的关系仍相当密切。周树人入学时的那届入试委员即是由这两所学校各出五名教员共同组成。其中就有仙台医专当时唯一的一位物理教员六波罗杢太郎。^②六波罗早在1893年便就职于二高,明治末年又重回二高任教,不过一直是助教授的身份,曾在木村领导下从事物理教学。^③故而,可以推断周树人应该是从六波罗那里接受了木村著述的影响。且巧合的是,木村1899年至1900年翻译了伦敦大学《医学生用物理学教科书》的上、中编,或因调离二高,下编未能完成;他自言之所以将其译出,是因此类面向医学生的物理学教材十分稀见。^④木村这部译书显然将用作二高医学部的教本,故而可说也会是周树人当年在仙台医专所用的教科书。

从上述线索梳理下来,对周树人而言,木村骏吉绝不是一个陌生的名字。何况1905年5月27日的日俄海战,供职海军的木村领衔的对无线电信机的开发利用,使日本舰队取得了前所未有的大胜利。^⑤三日后,仙台医专举行了规模盛大的"海战祝捷会",并列队在市内游行,最后三呼万岁始散。据载,此次活动为全员参加,周树人或许也在人群之中。^⑥高远东曾论鲁迅"仙台经验"的完整表述除了负面的"找茬事件"和"幻灯事件",还应包括"'随喜'日本之心"。^⑦祝捷会发生在屈辱经验之前,周树人在游

---

① 关于木村骏吉的生平,主要可参考东京工业大学益田すみ子2012年的修士论文「明治期の科学者・技術者の歴史研究——異端の物理学者・技術者:木村駿吉の生涯と業績」及2012年岡本拓司在『数理科学』第50卷第8、9、11、12期上连载的文章「木村駿吉の経験」。

② 仙台における魯迅の記録を調べる会編『仙台における魯迅の記録』平凡社、1978年、59-60、65-66頁。

③ 『第二高等学校史』第二高等学校尚志同窓会、1979年、260、467頁。

④ 木村駿吉「譯者の序」アルフレッド・ダニエル著、木村駿吉訳『医学生用物理学教科書』(上編)南江堂、1899年、1頁。

⑤ 佐藤源貞「日本海海戦『敵戦艦見ユ』の元第二高等学校~木村駿吉教授とその教室」『通信ソサイエティマガジン』6(2)、2012。

⑥ 仙台における魯迅の記録を調べる会編『仙台における魯迅の記録』平凡社、1978年、136頁。

⑦ 高远东:《"仙台经验"与"弃医从文"——对竹内好曲解鲁迅文学发生原因的一点分析》,《鲁迅研究月刊》2007年第4期。

行中"随喜"式的"拍手和喝采"也是难免之事。木村是由仙台加入海军的立了首功的科学专家,这自然会是当时仙台师生间的一段佳话。有趣的是,木村早年间编《科学之原理》"绪言"时,浓墨重彩地叙述了法国之解困,借丁达尔之口表达了"科学与爱国"的话题,并说到"尔时所称异之气球暨空气中之电报,亦均改良扩张,用之争战",没承想十多年后,木村自己凭借对"空气中之电报"的研发在"争战"中亲身书写了"科学与爱国"的故事。

周树人会将《科学之原理》挑出来编译,还有一层倒错的机缘。木村入职一高后要为文科生新开一门课,即物理学。他在《科学之原理》的自序中说:"要跟学生们讲讲物理学将来会给学文学的人们带来何种好处。"①因此能看到木村在"绪言"里讲授科学史的过程中喜谈人文的话题,也常有"偶感"抒发。然而,周树人与木村的授课对象正相反,他"向学科学"②,1907年却正转向人文领域。二者看似背反,实则统一,即"致人性于全,不使之偏倚",人文与科学皆不可或缺。

周树人编译《科学史教篇》的用意或许并不是要放弃科学,而是试图探求由科学到文学的内在关联。伊藤虎丸提出过非常有见地的说法,即"作为精神和伦理问题的科学",在这个视野下,他认为《摩罗诗力说》等文中介绍的"诗人"和"精神界战士"的形象就是《科学史教篇》里"科学者"形象的延伸。③这是"从科学者鲁迅到文学者鲁迅"的演变中不可忽视的心灵纽带。于是,可以看到周树人译"希腊罗马科学之盛"一句后,自行添了半句"殊不逊于艺文"。"科学"与"艺文"实质上皆是"文明史"内部的组成部分。"文明史"是流行于明治后期的新视野,也是周树人观照世界的新眼光。

倘若认可周树人早在仙台时便已读到《科学之原理》,那么是否可以说向文科生讲科学意义的这部书也是刺激学科学的周树人走向人文的一环呢?这或许是在其"仙台叙述"里隐去的一段经验。现有研究对他"弃医

---

① 木村骏吉「自序」『科学の原理』金港堂、1890年、1頁。

② 鲁迅:《340515 致杨霁云》,《鲁迅全集》第13卷,北京:人民文学出版社,2005年,第99页。

③ 伊藤虎丸:《鲁迅与日本人——亚洲的近代与"个"的思想》,李冬木译,石家庄:河北教育出版社,2000年,第68—85页。

从文"的讨论或视之为修辞而不予采信，或将"弃医"与"从文"看得过于泾渭分明，却搁置了很多重要的疑难问题未能解决。如鲁迅《呐喊·自序》里说，"幻灯事件"后，他意识到"第一要著，是在改变他们的精神，而善于改变精神的是，我那时以为当然要推文艺"①。然而，"文学"话语是明治后期新兴的意识形态，在东京的留学生都"没有人治文学和美术"②，偏居于仙台的周树人何以坚定地认为善于改变精神要首推文艺？再如《藤野先生》中，他告诉先生"想去学生物学"，真的只是"慰安他的谎话"吗？果真"并没有决意要学生物学"③的话，为何回到东京后第一项文字工作是下苦功阅读多种生物学书籍、编译出《人之历史》？他又因何会在所谓"弃医从文"后的1906年至1909年持续购阅了《卫生学粹》《解剖生理及卫生》《生理学讲本》《大生理学》④等生物学著作？在周树人的"弃医"与"从文"之间，仍有相当广阔的地带需要认真地探索，而这需要突破鲁迅自身的"仙台叙述"，从原始资料考辨开始建构一个新的历史视面。

《人生象斅》是周树人1909年在浙江两级师范学堂任教时编写的生理学讲义，篇幅较长，约十一万字，可它长期不为人所知；直到1952年，才被收入在唐弢辑录的《鲁迅全集补遗续编》之中。唐弢自言，《人生象斅》"最初由绍兴鲁迅文化馆发现一部，油印两册"，后来知道"入藏于北京图书馆的一批鲁迅遗物里，也有这讲义，印写较为清楚，封面并经许寿裳题字曰'人生象斅'，可见这是鲁迅先生自留的一部"⑤。

在很长一段时间里，学界将《人生象斅》视为周树人凭借留学日本期间所学医学知识而撰写的教材。然而与《科学史教篇》类似，《人生象斅》同样是一部有蓝本参照的编译作品。不过，《科学史教篇》的成稿，单一蓝本的作用非常明显，但《人生象斅》综合参考了日本医学士宫岛满治的『解剖生理及衛生』与スティネル著、马岛永德译的『生理学講本』，以及箕作佳吉的『通俗動物新論』，石川日出鹤丸的『大生理学』（上卷），クラーメル著、

---

① 鲁迅：《呐喊·自序》，《鲁迅全集》第1卷，北京：人民文学出版社，2005年，第439页。
② 同上书，第439页。
③ 鲁迅：《藤野先生》，《鲁迅全集》第2卷，北京：人民文学出版社，2005年，第318页。
④ 北京鲁迅博物馆编：《鲁迅手迹和藏书目录3·外文藏书目录·日文部分》，内部资料，1959年，第85—86页。
⑤ 唐弢：《编校后记》，唐弢编：《鲁迅全集补遗续编》，上海：上海出版公司，1952年，第942—943页。

山田董译补的『衛生学粋』,吴秀三的《中学生理卫生教科书》等材料。①

整体来看,《人生象敩》对宫岛满治的『解剖生理及衛生』参照最多。从篇章结构来看,《人生象敩》由绪论、总论、本论、结论四部分构成。总论分为"人体之构造第一"与"人体之成分第二",本论则由"运动系第一""皮第二""消化系第三""循环系及淋巴管第四""呼吸系第五""泌尿系第六""五官系第七""神经系第八""孳殖系第九"构成。而『解剖生理及衛生』除"绪论"外,依次是"第一篇总论""第二篇运动器系统""第三篇外皮系统""第四篇内脏论""第五篇神经系统"。其中,"第四篇内脏论"又细分为"第一章消化器系统""第二章循环器系统及血液、淋巴及淋巴管""第三章呼吸器系统""第四章动物温""第五章泌尿器系统""第六章血管腺之解剖及生理""第七章五官器系统"。由此可见,《人生象敩》的叙述框架与『解剖生理及衛生』基本一致。最显著的不同有两处:一是将原本列于"内脏论"之内的消化器系统、循环器系统及淋巴管、呼吸器系统、泌尿器系统、五官器系统拆分出来,与运动系等直接并列;二是增补了"孳殖系第九"与"结论"。

"孳殖系第九"即"Generatio 第九",共两节:"第一分构造""第二分生理",前者主要据金泽医学专门学校教授石川喜直编著的『人体解剖学』,后者据德国兰土亚著、日本山田良叔译的『兰氏生理学』。

总的来看,《人生象敩》内容的关键点与『解剖生理及衛生』大致相同。如二者在讲解人体成分时都将其分为"无机性"与"有机性"两种,每一种的内部构成也大致相同——前者分为水、酸类、盐类,后者依次是蛋白质、类蛋白质、含水炭素、脂肪。再如讲到运动之理时,也都是按照立、坐、步、趋、跃等来展开叙述。

不过,《人生象敩》的概括性极强,大大简化了『解剖生理及衛生』中解释性的话语。简化的方式大体上有两种。一是将分开的条目合并。如讲头骨时,『解剖生理及衛生』逐条讲解了颅骨的后头骨、蝴蝶骨、筛骨、前头骨、颞颥骨、颅顶骨与面骨的上颚骨、口盖骨、泪骨、下甲介骨、鼻骨、颧骨、锄骨、下颚骨,而《人生象敩》则分别将颅骨与面骨的每个部

---

① 丸尾勝「『人生象斅』について」『中国言語文化研究』(13)、2013。丸尾勝「『人生象斅』について(補遺)」『中国言語文化研究』(16)、2016。

分串联在一起讲解，删除多余的信息。二是裁汰杂糅的内容。比如『解剖生理及衛生』在讲解头骨时附带着较为详细地介绍了眼窠、鼻腔、口腔，而《人生象斅》则称："第一群之骨，其状大都扁平，宛转凑合，而头骨前面遂具数腔：一曰眼窠，一曰鼻腔，一曰口腔。"只是一句话带过。

如果具体到文字方面，《人生象斅》则较多的是对『解剖生理及衛生』的意译。其方式之一是精简，删除原文中语意重复的冗余句子。『解剖生理及衛生』讲到骨之成分时称：

  老人ノ骨ハ有機性成分ニ乏シキカ故ニ硬固ニシテ容易ニ折傷シ、小兒ノ骨ハ之ニ反シテ有機性成分ニ富ミ無機性成分ニ乏シキガ故ニ折傷スル少ナシト雖モ柔軟ニソ彎曲シ易シ、故ニ身體ノ姿勢常ニ宜シカヲサル者ニ在ヲハ身體屈曲シテ大ニ醜貌ヲ呈ハシ、加之永ク之ヲ改ヌサルハ遂ニハ脊柱彎曲症ニ陷リ終生之ヲ矯正スル能ハス、從テ種々ノ疾病ヲ釀スアルニ至ル、豈ニ戒心セサル可ケンヤ。①

《人生象斅》中的类似表述是："老人之骨，多无机物，故遇力易折；孺子之骨，多有机物，故偶或不慎，辄至屈曲，至于长大，更无痊时。"还有一种方式是调整句序。『解剖生理及衛生』在谈论皮肤清洁问题时说道：

  皮膚ニハ塵埃、汚物、垢膩等附着シ殊ニ垢膩ハ汗液、皮脂、上皮、鹽類、塵埃、脂酸等ヨリ成リ、皮膚機能ヲ甚タシク障礙シ、且ツ寄生體ニ因スル皮膚病ノ誘因トナリ、外傷ノ際ハ之ニ因テ屢ク化膿、炎症等ヲ起スノ虞アルヲ以テ絶ヘズ掃去セザル可ラス。②

《人生象斅》在写到皮肤护理时亦说："皮之表面，常附垢膩（汗、皮脂、上皮、盐类、尘、脂酸等）能沮阏官能，且为微生物寄生之薮；倘有疵伤，则每以是溃败发炎，故宜时时洁之，令无停垢。"比之上一个例子，这段话没有增删太多，主要是重新理顺了原文的表达方式。

---

① 宮島滿治『解剖生理及衛生』（増訂 2 版）南江堂、1903 年、25—26 頁。
② 同上書、145 頁。

除了意译之外,《人生象斅》里面的诸多语句也可看作是从『解剖生理及衞生』中直译而来的。如讲到运动之摄卫时,两书中所写的九点注意事项相当一致,其中的第二、三、四点尤为接近。分别列出如下:

(二) 全身ノ筋肉ハ均齊ニ動作セシムベシ

(三) 胸筋、腹筋ハ呼吸ヲ營為スルモノナルガ故之ガ充分ナル發達ヲ計ルベシ

(四) 甚シキ疲憊ニ至ル迄運動ヲ繼續スベカラス、疲憊ノ感ヲ生スルハ適宜休息ヲ行フベシ①

二 全体之肌,动作宜等;

三 匈腹之肌,并司呼吸,故发达宜求其全;

四 运动不可至于甚惫,倘生此感,宜即休止;②

有的句子虽对原文略有修改,但似亦可视作直译之类。《人生象斅》的《总论·人体之构造第一》中称:"人体外面幂以肤革,其色虽视人种为异,而质乃莫不滑而柔。"这段文字几乎与『解剖生理及衞生』的『総論·人體ノ構造』中的一段话完全相同,如下:

人體ノ外面ハ總テ外皮ヲ以テ覆包セヲレ、其色ハ人種ノ異ナルニ從テ同一ナヲズ、或ハ白色、黄色、黒色、銅色等ノ差アリト雖モ、其質柔軟滑澤ナリ。③

差别仅在于省略了说明人种颜色不同的"白色、黄色、黑色、铜色"。然而,相较而言,直译的句子在《人生象斅》中所占比例明显小于意译的内容。

许寿裳曾说:"鲁迅教书是循循善诱的,所编的讲义是简明扼要,为学生们所信服。"④据在绍兴听过周树人讲生理课的俞易晋说:"鲁迅先生讲的

---

① 宮島満治『解剖生理及衞生』(增訂 2 版) 南江堂、1903 年、135 頁。
② 王世家、止庵编:《鲁迅著译编年全集》第 1 卷,北京:人民出版社,2009 年,第 377 页。
③ 宮島満治『解剖生理及衞生』(增訂 2 版) 南江堂、1903 年、14 頁。
④ 许寿裳:《归国在杭州教书》,薛绥之主编:《鲁迅生平史料汇编》第 2 辑,天津:天津人民出版社,1982 年,第 404 页。

课,简明扼要,清楚,容易懂,也容易记住;听过以后,考试起来用不着怎样准备的。他编的讲义,也是容易看懂、容易记住的。"①周树人讲课水平很高,所编写的《人生象敩》条理清晰、容易掌握,也是毋庸置疑的。但实际上,这部编译的作品虽然是作为讲义来使用,在语体方面仍打上了很鲜明的周树人个人的印记。吴克刚数十年之后还记得"鲁迅先生自己教的生理卫生发讲义,是用文言写的,很多地方是四字一句"②,可见其与当时通行讲义的差别。关于这一点,也可以从周树人对无锡华氏兄弟所译《中学生理卫生教科书》的改写看出来。

《中学生理卫生教科书》是晚清时期学部审定并予以推荐的教科书,在当时影响很大。据周树人的学生王文灏(即王铎中)说:"那时虽有生理卫生教科书,但鲁迅先生在教课的时候,自己并不翻阅书本,只滔滔不绝的讲授讲义,叫学生也关起书来,专心听讲,随时摘要记下。下课的时候,他指示学生在自修时间把他所讲的和教科书上的相互对照研究。"③可见,《中学生理卫生教科书》是绍兴府中学堂的指定教材。前文已述,《人生象敩》"结论"中"代谢第二""通言摄卫第三"即源于此。然而,对比其语体,则差异立见。兹举《人生象敩》"代谢第二"中的"生活"与《中学生理卫生教科书》的"第二节新陈代谢"之"生活现象"为例,如下:

> 人体本柢,实始于幺,幺合为䐉,䐉合为官。体之诸官,各有作用,施行不止,爰始有生,而作用之来,则赖酸化。如举手投足,或设想用思,则所司之官,其一分必有酸化与分解之事。故生象之见,分解随之,既有分解,自生废品,废品留于体内,是以害生,故人体遂不能无所输泻,既分解输泻矣,爰乃自生不足,当有新质,用补其虚,而始取食品,即荣养之要,遂由是起焉。④

> 人体由细胞而成,细胞相集而成组织,诸组织成为各种之器官。

---

① 此段回忆出自许钦文的叙述。《许钦文的记述片断》,薛绥之主编:《鲁迅生平史料汇编》第1辑,天津:天津人民出版社,1981年,第189页。
② 吴克刚:《谈鲁迅先生在浙江两级师范学堂》,薛绥之主编:《鲁迅生平史料汇编》第2辑,天津:天津人民出版社,1982年,第412页。
③ 张能耿编著:《鲁迅亲友谈鲁迅》,杭州:东海文艺出版社,1958年,第27页。
④ 王世家、止庵编:《鲁迅著译编年全集》第1卷,北京:人民出版社,2009年,第490页。

分营其作用以保生活,如石炭之发生烈热与运转机关之力,乃由燃烧(即酸化)而生,而发起身体器官作用之势力,亦全由于诸组织之酸化而生者也。即自屈伸手指开闭口唇等之筋肉作用,以迄记忆想象等之大脑作用,无不因组织成分之一部酸化、分解而发生。此皆由酸化作用而出之势力也。如是而酸化、分解,则必有残留之废物,此废物非唯无益于身,而且有损害。故不可不放弃于体外,即所谓排泄是也。既酸化分解而排泄废物,则必不能不输入新资料以偿补之。此即必需摄取食物之大原也。如是之作用,称之曰营养。①

显而易见,二者内容相仿,语体方面虽都属文言,但对接的古文资源不同,周树人所用更为古奥简省。

《中学生理卫生教科书》的"译例"称"全书条理详明,词简意赅,译文亦务求明显条畅,以期合于教科之用"。该书所印《学部提要》赞其"译笔亦畅达"。可知,作为教科书体,这种略显啰唆但文义清浅的文字是通行的,也是受嘉奖的。相对而言,《人生象斅》作为讲义下发,无可厚非,却不适用于印作教科书。然而,也因如此,更能显示这部作品不趋于流俗的魅力。

理解《人生象斅》,有必要将其置于周树人"文学复古"的思想脉络中考察。在一定意义上说,这部书是其《域外小说集》译笔在自然科学类书籍编译方面的延伸,都是受章太炎影响的产物。

唐弢在整理《人生象斅》时曾说:"中文方面,还有必须一提的:鲁迅先生对于文字学极有根柢,用字颇为讲究,讲义录自原稿,因此很保存了一些写法较僻的字体,这在其他文章里,也常常可以见到的:如脑作𡍩,胸作肑,脉作脈,泻作写,软作耎,唱作欨,端作耑,桌作卓,椅作倚,腿作骽。也有并用的,如横膈或作横隔,营养或作荣养,玻璃或作波黎。词儿方面,简单也写单简,发展也写展发,分析也写析分等等。凡可保存,我都给他保存着,但因刻字困难,因而改植通用字体的也不少。"②改

---

① 吴秀三:《中学生理卫生教科书》,华申祺、华文祺译,上海:文明书局,1909年,第112—113页。该书初版本为光绪三十二年(1906)。

② 唐弢:《编校后记》,唐弢编:《鲁迅全集补遗续编》,上海:上海出版公司,1952年,第943页。

用通用字体固然对于普及阅读来说是有益的，但对于研究鲁迅来讲，是一个损失。毕竟鲁迅用字的讲究是中国现代作家中极少见的。以往谈到周树人的"文学复古"，主要依据的是《域外小说集》。可该集中仅有周树人的译作三篇。而《人生象斅》提供了新的研究这一话题的资料。

另外，《人生象斅》的用字也有严复译笔的影子，如将"细胞"译为"么"等。提到周树人的翻译，学界一般将1909年出版的《域外小说集》视为其由归化向异化转折的界碑。但事实上，在《域外小说集》之后编译的《人生象斅》中，他仍然未放弃归化策略，即把源语本土化，向目的语的读者靠拢。只是周树人的归化策略与林纾强调译文的可读性和欣赏性截然不同，前者有着更深意义上的文化复兴的追求。进一步说，清末时期的周树人，一方面以"直译"为圭臬，另一方面追求"复古"，二者本就是有所龃龉的。关于这个话题，研究者少有论及，却值得继续深入下去。正如本章第四节结束时已然指出的，在古文体貌的情况下，信与雅无法兼顾的矛盾于此处再次上演。

第四章　文言直译的极致与新体白话的生成

晚清时期，周作人的翻译主要是译自英文，《玉虫缘》和《荒矶》虽然借用了日译本，但是本质上仍难以认定为日汉翻译，充其量算是中间状态。民国成立后，周作人的译作主要译自日文。这与他刚刚结束的留日生活有关，日语已经取代英语，成了他的第一外语。而在民国初年，周树人也没有继续在德语方面精进，反而是搁置状态。这一时期，周树人使用日语翻译过一批作品。"五四"前后，周作人以古文进行的日汉翻译数量颇多，周树人也有一篇未署名的作品，此前未被发现。本章拟先讨论周氏兄弟民国初年的文言翻译与其白话语体转向之间的关系，进而分析他们自身的新体白话的历史影响。

第一节　周氏兄弟民国初年的文言译作

南京学堂以及留学日本时期，周作人为《女子世界》《河南》等杂志所供的译文和希望卖钱的《红星佚史》《劲草》《匈奴奇士录》《炭画》《黄蔷薇》等长篇、中篇小说的译稿，也包括《域外小说集》在内的译文，均自英文译出。周作人忆及留学日本时谈过他的日汉翻译："我这时学日本话，专是为的应用，里边包括应付环境，阅览书报，却并不预备翻译。我从日本语译小说第一次在民国七年戊午（一九一八），译的是江马修著的《小小的一个人》，这以前的翻译还是都从英文转译的。"[①]周氏说"从日本语译小说"，这一时间尚且成立；但从日本语译文章则要更早，至晚不超过1913年。

已发现的周作人最早直接译自日语的文章是1913年11月《绍兴县教

---

① 周作人：《〈炭画〉与〈黄蔷薇〉》，钟叔河编订：《周作人散文全集》第13卷，桂林：广西师范大学出版社，2009年，第405页。

育会月刊》上发表的《游戏与教育》，原作者为黑田朋信。此后还有他摘译长滨宗佶《小儿养育之心得》而成的《玩具研究（二）》与摘译新井道太郎《小儿之恶戏与争斗》一书中的《小儿争斗之研究》等。已有研究者在考察周作人儿童文学的源头时捎带注意到了上述译文的语体，说"这一时期周作人的翻译文体，都是用文言。与日文原文相比，汉译文要晦涩难懂得多"①。其实，不仅这一时期用文言，周作人自述"《新青年》上边发表文章"之前的"一切译作用的都是文言"②。

需要注意的是，周氏"文言"译文的特征具有一定的阶段性。周作人称其最初的翻译，如《侠女奴》《玉虫缘》等，"还够不上学林琴南"，而是"多少受了"当时社会上流行的《新民丛报》笔调的影响，"上边还加上一点冷血气"③。但1904年前后，周作人的译笔并不这样简单，前面的章节对此已然有所丰富。后来，周作人在"译记"或"缘起"中多次表达过"译者不文"的歉意，看上去像自谦，实际未必仅是如此。他在《孤儿记》的凡例中亦称："著者久欲作是书，而终不敢下笔，逮至不可复忍而作，而视之仍毫无趣味。其故有二，一思路窄，二文笔劣。实则国学缺乏之故，敬敢谢罪。著者本意，欲于汉文上少加修饰，而为力所限，故多弱点，且存之俟后日之改正。"④在这种"译者不文"的焦虑之下，严复和林琴南的那种雅致的古文译文无疑将成为他膜拜并学习的典范。周作人认同严复和林琴南译书的方法，即"以诸子之文写夷人的话"，具体地说是"竭力"地学习"严几道努力把赫胥黎弄成周秦诸子"，"林琴南把司各得做得像司马迁一样"。⑤只是周作人"虽佩服严先生的译法，但是那些都是学术书，不免有志未逮，见了林先生的史汉笔法的小说，更配胃口，所以它的影响特别

---

① 刘军：《周作人儿童文学论探源——以绍兴时期日本儿童文学的接受为中心》，《鲁迅研究月刊》2009年第12期。
② 周作人：《自己的工作三》，钟叔河编订：《周作人散文全集》第13卷，桂林：广西师范大学出版社，2009年，第454页。
③ 周作人：《丁初我》，钟叔河编订：《周作人散文全集》第11卷，桂林：广西师范大学出版社，2009年，第448页。
④ 止庵编订：《周作人译文全集》第12卷，上海：上海人民出版社，2019年，第763页。
⑤ 周作人：《我的复古的经验》，钟叔河编订：《周作人散文全集》第2卷，桂林：广西师范大学出版社，2009年，第795页。周作人：《学希腊文》，钟叔河编订：《周作人散文全集》第13卷，桂林：广西师范大学出版社，2009年，第385页。

的大"①。因而,1906年至1907年,即"丙丁之际",周作人翻译小说"还多用林氏的笔调"。②

今人重读周作人的文言译文,已经很难体会到其内在的用字、句式以及笔调的几经变化了。据王风的研究,周作人译《玉虫缘》时,句间的逻辑关系比较清晰,反而到了《域外小说集》时期,某些句式的规整却造成了意义上的削足适履。③这在某种程度上说明,周作人逐次丰富的翻译经验和渐入佳境的古文修辞使他对原文的处理越来越游刃有余。《域外小说集》时期的周作人虽"信"与"雅"兼顾,但对"雅"的追求渐渐压过了"信"。这种倾向在他译《荒矶》时就可以看出了。

进入民国初年,周作人仍然维持着《域外小说集》式的译法,只是对应的文体从小说改为了论文。兹将其1913年所译《游戏与教育》及所据底本的开篇对照如下:

> 小儿生活中,游戏一事占其太半,苟视小儿行动,即可知之,无待繁证。小儿自朝起以至夜卧,舍食与游外,更无所事,故其教育亦不可不于游戏中行之。若或欲去其游戏,别施教育,则为大谬,是盖由对于教育之误解而来。人言教育,便以为限于学校,此外之事,皆非教育,尔者比比皆是。然教育范围决非如是狭隘,且现受学校教育者,亦非昼夜居校,一日之中不过四五时耳,今即以此为足,而谓此外更无需教育,必不然矣。家庭之内,有父兄母姊之教育,外则有朋友同人之教育,即平话戏剧,娱乐之地,亦莫不含有教育之能。由是言之,则现今学子所受学校之教,实不过人生教育之一小部分而已,而况学年上下之人乎?<u>要之人自生以至死,随在皆受教育,以成完人,得及上遂</u>。故入学以前之小儿,其教育至为切要,溯而上之,若未生以前之胎教,与其父祖之学业亦有关系,于此而胎教之问题,遗

---

① 周作人:《我的负债》,钟叔河编订:《周作人散文全集》第3卷,桂林:广西师范大学出版社,2009年,第326页。
② 周作人:《关于鲁迅之二》,钟叔河编订:《周作人散文全集》第7卷,桂林:广西师范大学出版社,2009年,第452页。
③ 王风:《周氏兄弟早期著译与汉语现代书写语言》(上),《鲁迅研究月刊》2009年第12期。

传与教育之问题兴焉。①

　　小兒の生活に遊戯の分子の多い事は、一寸小兒の有様をみればすぐわかる事で、今更云ふ迄もあるまい。起きてから寝る迄、小兒のする事は食べる事と遊ぶ事より外にない。てあるから小兒に於いては、教育も彼等の生活の大部分をなしてゐる遊戯の中に行はねばならぬ。小兒から遊戯をもぎとつて教育しやうなどとは大変な間違つた考である。尤もこれは多少教育と云ふ事に對する根本的誤謬からも來てゐるらしい。即ち教育と云ふとすぐ學校教育の事に考へて、學校以外の事は教育でない様に思ふ人が澤山あるのである。

　　併し教育と云ふものは決してそんなに狹い者では無い。現在學校教育を受けてゐるものでも、一日二十四時間學校にゐる譯ではない。學校にゐるのは僅に一日四五時間に過ぎぬ。而してその以外に教育は要らないかと云ふと決して左様でない、家庭内では兩親、兄姉等の教育もあれば、外に出では友人同志の教育もあり、娛樂を得る目的のもの、例へば寄席、芝居の内にも教育は含まれでゐる。斯う考へると現在學校教育を受けてゐる者でも、學校内の教育は教育の極めて一部分に過ぎない事がわかる。況んや學校教育年限以下及び以上の人々の教育は、至る所で施されるのである。

　　<u>要するに人は生れてから死ぬまで、絶えず又た如何なる所に於いても教育を受け、さうして常に人間として進歩發達をする事が出來るのである</u>。乃ち學校教育以前の小兒にも教育の必要な事は無論で、溯つては生れぬさきの胎教も必要となり、更らに父祖の教育も關係する事になるのである。而してこゝに胎教の問題、遺傳と教育との問題が生じてくる。②

整体上看，周作人的文言翻译基本忠实于原文，没有遗漏重要信息，句子之间的逻辑关系清晰，能够较好地传达日文原文的核心思想和内容。与他译《玉虫缘》《荒矶》时相比，对于日文中的汉字的依赖程度明显下降。这和他日语能力的大幅提升紧密相关。他可以真正对句意融会贯通之后，自主选择合适的汉语词汇，不再从字面上追求一一对应。

---

① 止庵编订：《周作人译文全集》第12卷，上海：上海人民出版社，2019年，第678页。
② 黒田朋信『趣味雑話』趣味叢書発行所、1914年、35-37頁。版权页署为"黒田朋信"，正文首页署为"黒田鵬心著"。

不过，脱开对日语底本中汉字的依赖，追求汉语表达的明快，有时反而不能完全传达原文的细腻含义。例如，第一句话中的"遊戲の分子"被译为"游戏一事"，就显得较为笼统，损失掉了"分子"在日文中强调的游戏在小儿生活中的重要性和普遍性的意味。

　　周作人的译笔以汉语行文的流畅为目标，不拘泥于原文。以画线句为例，日语原文是由多个分句组成的一个复合句，照字面来翻译是说"总之，人从出生到死亡，无论在任何地方，都在不断地接受教育，并且始终能够作为人而进步发展"；但周作人译成"要之人自生以至死，随在皆受教育，以成完人，得及上遂"，将原文紧凑的文风拆散，意思虽相近，句子结构却较为单薄，缺乏原文的层次感。周作人还放弃了使用"進步發達"这种原文提供的复音词，以降低翻译语言的白话感。

　　《游戏与教育》译自黑田朋信的『趣味雜話』，作者的"杂话"文体相对利俗。该日语文章大体上以陈述句为主，句子较短，结构简单，多为并列句或简单句；修饰成分较少，接续词也不算多，句子主干清晰，句子之间主要通过意义连接，逻辑关系较为直接，偏向口语化，很适用于面向普通民众表达观点，语气轻松，流畅自然。因此，周作人在将它译为妥帖的汉语时，几乎不费力气，也不需要太多改换原文。但当日语底本的语言本身复杂时，情况会有所不同。兹将周作人1914年所译《玩具研究（二）》与其所据底本的文字对比，如下：

> 玩具之用，不独足以娱悦小儿，且可促其智力之发达。故养育者当准小儿之年龄，多择适当之玩具予之。儿童生活，终日舍眠食而外，殆无时不与玩具相对，抚弄游戏，自以为乐。<u>然性又易厌，常好变化，若久居一室，或持同一玩具而戏，所不乐也。</u>故长者宜注意于此，规定时间，为迁移地方，易新奇玩具，弗使厌倦。因此故高贵之物不适于用，唯当多购廉价玩具，时时代易，以慰之也。①

> 玩具は獨り小兒の精神を樂ましむるのみならず大に智力の發達を促すものなれば養育者は小兒の年齡に從ひ精神の發達に伴ひ之に適當する玩具

---

① 止庵编订：《周作人译文全集》第12卷，上海：上海人民出版社，2019年，第680页。

を撰び與ふべし

　　小兒殊に幼兒は睡眠と食事の外は殆んど終日玩具を見て之を弄あそび自ら樂み自ら遊ぶものなれども<u>又直に飽き易く常に變化を好むものなれば同じ室にて同じ玩具を持て長く遊び樂しむと能はざるなり</u>故に養育者は此點に注意して一定の時間の後には室を換へ場處を變へ異なつた玩具を興へて慰むべし此目的には高價な玩具は不適當にして廉價の玩具を成るべく多く用意して時々取換へて小兒を樂ますをよしとす①

《玩具研究（二）》译自长浜宗佶的『小児養育の心得』，虽然也是科普文体，但与黑田朋信的『趣味雜話』相比，它的句子较长，结构复杂，多为复合句或长句，部分陈述句还附带了条件句或因果句；修饰成分较多，句子主干被复杂的修饰语包围，逻辑层次较多；语体略为正式，带有一定程度的文言色彩，语气庄重。

周作人在翻译它时，已经尽力贴合原文语气，有时会以汉语的古文方式将日语的复句结构译出，第一句里的"不独足以娱悦小儿，且可促其智力之发达"即如此。"智力之发达"沿用了日文汉字词，但本句中"精神"一词被省略。就周作人的翻译实践来看，在不影响句意理解的情况下，原文里那些表意精确的修饰部分在译文中能省则省。类似的还有表达"小孩特别是幼儿"的"小兒殊に幼兒"直接被简化为"儿童"。

当遇到像画线句这样的复杂句式的时候，周作人的文言译法就会捉襟见肘。原文的主语是"小兒殊に幼兒"，承前省略。谓语是"能はざるなり"，意为无法做到。加上宾语"長く遊び樂しむ"，句子主干合起来的意思是，小儿，特别是幼儿，无法做到长时间玩耍并享受乐趣，附带的两个状语是"同じ室にて同じ玩具を持て"（在同一个房间里玩同样的玩具）与"又直に飽き易く常に變化を好むものなれば"（因为他们容易厌倦且喜欢变化）。如何将这些片段重新在汉语里妥帖组织，并使之符合文言的表意习惯，是有难度的。周作人只好把原文严密的"因此无法在同一个房间里长时间玩同样的玩具并享受乐趣"拆解为"若久居一室，或持同一玩具而戏，

---

① 長浜宗佶「玩具と養育者の之に對する注意」『小児養育の心得』（訂7版）報文社、1912年、122-123頁。

所不乐也"，但如此译法，就将原文表示的"在同一个房间里长时间玩同样的玩具"的句意逻辑改变成"久在同一房间或长时间玩同样的玩具"。

而画线句后面的两句话，在原文中勾连紧密，照字面上看，大致是"因此，养育者应注意这一点，在一定时间后，应更换房间或场所，并提供不同的玩具来安慰他们。为了达到这一目的，昂贵的玩具并不合适，而应尽可能多地准备廉价的玩具，并时常更换，以使儿童感到快乐"。但周作人按照原文句序逐个译至"易新奇玩具"时，就无力再推下去。他将"以慰之也"这个第一句话的结尾移到第二句的句末，删去了原文"此目的には"的接续关系，将复杂的长句表达转换为汉语文言化的短句。为了贯通上下文，他还自己添补了一个"弗使厌倦"。只是对译而来的汉语在字面上仍显怪异，如"因此故"，有些不伦不类。典范的古文一般不会这样表达，但周作人非如此表达，似又不能将原文多重逻辑关系体现出来。

明治后期、大正前期正是日语本身发生剧烈变化的阶段。周作人前后译出的《游戏与教育》《玩具研究（二）》各自所据底本的语言体貌就不尽相同。他1914年所译《小儿争斗之研究》的底本在日语表达方面又有新变。先将其译文与所据底本的语段对照如下：

> 不佞尝于《恶戏研究》中言，凡儿童无不为恶戏者，今亦先立一说曰，凡儿童亦无不争斗者也。通常以好争斗及恶戏之儿童称为顽童，教师在学校中，陶冶儿童之品性，<u>其最大之事即在愈此二习，使无曼延</u>。顾重思之，恶戏争斗之为弊，初不如常人所思之甚，且其在儿童生活中反属必需，欲陶熔其品性，即宜以此为依据。<u>若不知此，专以禁遏为务，而高言修养，宁有当乎</u>？故教育儿童者，当详究恶戏争斗之性质与其价值，体会儿童之心理，与以同情，因其质地加以引掖，使之成器，庶乎其可也。今依平素观察，历年经验，以儿童争斗五十二事为本，略论列之。①

> 惡戯の研究に於いて、どんな兒童でも、惡戯をせぬ者はないと申しましたが、ここでは、どんな兒童でも喧嘩せぬ兒童はないと申しませぬ。

---

① 止庵编订：《周作人译文全集》第12卷，上海：上海人民出版社，2019年，第682—683页。

普通に、いたづらつ兒といふのは惡戲及び喧嘩をよくする兒童を指していふのであります。教師が學校で兒童の品性を陶冶訓練して行く上に就いて、最も大なる仕事は、この惡戲と喧嘩とを根絶することであります。しかしよく考へて見ますと惡戲よりもつと悪い喧嘩でさへ教育者や一般人が思ふほど悪い始末に終へぬものではありません。却つて惡戲若しくは喧嘩は兒童の品性陶冶上其の素質となるのであります。然るに之を究めずして妄りに禁遏威赫を加へますのは、槌と釘とを奪ひ取つてしまつて「さあここへ釘をうて」といふのと大差ありません。教育指導の任にある者は、是等の性質價値を察し、兒童の心理に立ち入つて之に同情を表し、材に從つて鑿を加へ、器を作つて行かねばなりますまい。乃ち自分の記録に上つた五十二件の子供の喧嘩を材料とし之に平素の觀察及自分の經驗を加へて畧述いたすのであります。①

　　在『小児養育の心得』的段落里，"ざるなり"是典型的文言表达，其中"ざる"是文言否定助动词"ず"的连体形，"なり"是文言断定助动词。"をよしとす"结构的使用也是其文言风格的体现。在明治时期，这种表达多用于正式文体。而《小儿争斗之研究》的底本是新井道太郎的『子供のいたづらと喧嘩との研究』。例文中的"ではありません"在明治大正期间逐渐取代了文言文的"ず"，成为书面语中的标准否定形式。"ではありません"是"である"的否定形式的敬体，不是文言表达。它遵循现代日语的语法规则。

　　新井道太郎的日语文章更接近现代日语的白话表达，语言较为正式，又夹杂了一些口语化的句子。不过，虽然字面上易懂，但因其结构与句式更为复杂，修饰关系丰富，修辞手法多样，兼具严谨的逻辑和生动的表达，反而更难翻译。相比于《游戏与教育》《玩具研究（二）》这两篇，《小儿争斗之研究》对原文的修改最多。且不算将"どんな兒童でも"（无论什么样的儿童）简化为"凡儿童"这类小的修改，大的方面也有调整。例如，以单线标出的句子，直译的话即"最重要的任务就是根除恶作剧和打架"，

---

① 新井道太郎「子供の喧嘩」『子供のいたづらと喧嘩との研究』良明堂書店、1913年、149-151頁。

但周作人为了避开使用和制汉语词汇"根绝",不惜以"愈此二习,使无曼延"来替代,反而显得啰唆。再如,以双线标出的句子,日语的比喻修辞被完全省略,将"然而,如果不深入研究就妄加禁止和威吓,就像夺走锤子和钉子后说'来,在这里钉钉子'一样荒谬"的句意粗暴改为"若不知此,专以禁遏为务,而高言修养,宁有当乎"。

在这一时期的翻译实践中,周作人会深刻体验到明治末年至大正初年日语从传统文言向现代白话过渡的复杂变化。然而,对于民国初年的周作人而言,尽管他可以察觉到日语原文中文言与白话并存的多样性,却难以在汉语译文中完全还原这种语言风格的差异;特别是在白话文运动尚未展开、文言文仍占据主导地位的背景下,周作人缺乏将文言转化为白话的自觉意识。因此,他不得不努力维持一种折中的翻译策略,灵活调整自己的语言表达,将原本风格各异的日语文本——无论是偏向文言的传统表达,还是接近白话的现代书写——都统一译写成近乎一致的文言汉语。这种翻译实践固然反映了周作人在民国初年对汉语表达困境的某种妥协,但更重要的是,此刻的体验为他日后的白话转向提供了重要的铺垫。在跨语际实践的过程中,周作人对文言体的局限性会有切身的体认,他也将逐渐意识到白话体的潜力与活力。

从前文的几个例子来看,周作人已然不似早期翻译《玉虫缘》《荒矶》时那样竭力照搬日语底本中的汉字,而是采取了部分沿用、部分自拟的策略。这种转变不仅显示了他对翻译语言的逐渐掌控,也反映了他对妥帖的文言表达方式的热衷。当然,也会有特殊情况。兹举《小儿争斗之研究》的一处为例:

> 伦理学上分人生本务为五:为<u>生命保存之本务,自由行动之本务,物品所有之本务,名誉保护之本务,机会均等之本务</u>。[1]
>
> 倫理學上本務をわけて<u>生命保存の本務、自由行動の本務、物品所有の本務、名譽保護の本務、機會均等の本務</u>の五といたします。[2]

---

[1] 止庵编订:《周作人译文全集》第12卷,上海:上海人民出版社,2019年,第683页。
[2] 新井道太郎「子供の喧嘩」『子供のいたづらと喧嘩との研究』良明堂書店、1913年、151-152頁。

从加横线标明的部分可见,周作人的译文几乎是对原文的完全照搬,只是将日语助词"の"对译为"之"。然而,像例句这样完全照搬日文底本汉字的段落并不多。

周作人关于他以文言来译《域外小说集》的办法有一段概括:

> 简单的办法是先将原文看过一遍,记清内中的意思,随将原本搁起,拆碎其意思,另找相当的汉文一一配合,原文一字可以写作六七字,原文半句也无妨变成一二字,上下前后随意安置,总之只要凑得像妥帖的汉文,便都无妨碍,唯一的条件是一整句还他一整句,意思完全,不减少也不加多,那就行了。这种译文不能纯用八大家,最好是利用骈散夹杂的文体,伸缩比较自由,不至于为格调所拘牵,非增减字句不能成章,而且这种文体看去也有色泽,因近雅而似达,所以易于讨好。这类译法似乎颇难而实在并不甚难,以我自己的经验说,要比用白话文还容易得多,至少是容易混得过去,不十分费力而文章可以写得像样,原意也并不怎么失掉,自己觉得满足,读者见了也不会不加以赏识的。这可以说是翻译的成功捷径,差不多是事半而功倍,与事倍功半的白话文翻译不可同年而语。我们于一九零九年译出《域外小说集》二卷,其方法即是如此,其后又译了《炭画》与《黄蔷薇》,都在辛亥以前,至民国六年为《新青年》译小说,始改用白话文。①

引文中皆以翻译小说举例,但对照日文原文来看《游戏与教育》《玩具研究(二)》和《小儿争斗之研究》等文言译文,可以发现这几篇儿童学文章的译法也大致符合周作人所说的方法。

总的来看,民国初年的周作人在翻译时仍对译文有"文章性"的追求,这使其即便是翻译日文仍多注重内容上的"直译",而非表达上的"直译"。但它和《域外小说集》的译法也有不同。周作人译《域外小说集》可以"将原本搁起,拆碎其意思,另找相当的汉文一一配合",但翻译日语文

---

① 周作人:《谈翻译》,钟叔河编订:《周作人散文全集》第9卷,桂林:广西师范大学出版社,2009年,第112页。

章时，对"原本"的参考会更多。根源在于周作人译《域外小说集》的底本是英文，而民初时期的很多文本底本是日文。由于英语与日语两种源语语言的本质存在差异，尽管周作人在翻译中秉持了相似的追求，其译自英语与译自日语所得的文言译文之间仍会存在分别。最明显的区别在于，英语作为拼音文字，与汉语在词汇上缺乏直接的对应关系，需要依赖自身的文言功底和创造力；而日语中却存在大量汉字词汇，可供周作人直接借用或参考。这种语言特性使得周作人在翻译日语文本时，能够更便捷地利用原文中的汉字词汇，从而降低了翻译的难度。不过，如果考察1913年周作人译自英文的《民种改良之教育》这一文言译文，会发现其中也出现了一些来自日文的双音节词汇。这与《域外小说集》的译文有很大差别。这也反映了留学日本多年的周作人所受到的语言浸润。日语词汇早已潜移默化地融入他的语言体系，因此在翻译英语文章时，难免会不自觉地借用日语中的汉字词汇，而不会像严复那样完全从古代汉语中寻找对应表达。尽管如此，不可否认的是，相较于日汉翻译，周作人在英汉翻译中的古文自主性更强。何况在译《域外小说集》时，他的日语能力才刚刚起步。总之，周作人民国初年的那些译文明显是述其意而已，"不减少也不加多"，而非从字面上去逐句逐字译。

按周作人的叙述，兄弟二人翻译《域外小说集》时采用的方法是一样的。但王风发现，在《域外小说集》中，周氏兄弟两人的翻译风格自身就不尽一致：周作人"选择了骈散夹杂的文体，伸缩比较自由"，鲁迅则"按板规逐句，甚而至于逐字译的"；与周作人相异，鲁迅"坚决不去'解散原来的句法'，反倒像是因此而解散了译文的句法。或者可以说，正是这样一种状态，使得鲁迅形成其终生的语言习惯。即便是没有原本牵制，由己之意的写作，照样追求语句的极限，这种不惜硬造盘空的姿态正根植于他此时强迫性的语言改造"[①]。据第一章第五节的分析，可以认定周树人自翻译《月界旅行》开始，已然对"解散了译文的句法"有清晰的体认和充分的试验。《月界旅行》虽未整部都与日文原作完满贴合，但称得上"亦步亦趋"的译文有很多。周树人在文学革命前没有其他像《月界旅行》这样以新体

[①] 王风：《周氏兄弟早期著译与汉语现代书写语言（上）》，《鲁迅研究月刊》2009年第12期。

白话译出外文的尝试，但《月界旅行》的译法在其所译《域外小说集》的篇章中有过复现。

通观《月界旅行》与《域外小说集》，二者都是周树人在尚未深入掌握一门外语的时候来翻译的。据周作人回忆，1906年夏秋以后，周树人"曾往'独逸语学协会'所设立的德文学校去听讲，可是平常多是自修，搜购德文的新旧书报，在公寓里靠了字典自己阅读"①。日常要靠翻字典来阅读，其德文水平可见一斑。在《域外小说集》中，周树人由德文翻译的三篇，应当也是依靠字典完成的。1929年，鲁迅在《〈小彼得〉译本序》中说，初学外国文字的人开手翻译时，"容易拘泥原文，不敢意译"②。这似乎是经验之谈。对于鲁迅自己来说，他接触日语或德语不深就分别上手翻译的《月界旅行》与《域外小说集》都有着"拘泥原文"的问题。

由于《域外小说集》异常古奥的语体与《月界旅行》中的新体白话差别太大，且二者面对的源语语言本就不同，很难直观地看出译文思维的承续性。这里，不妨引入周树人后来在教育部工作时翻译的同样译自日语的译文，来看他在《月界旅行》中尝试的翻译方式对其后来译作的影响。兹举一例：

> 推上述原理于艺术之玩赏，则浅人玩赏之法，主在事物之空间形象。认识其形，较重于玩赏其色，乃发生次第所必然之倾向。顾此倾向，又因美的经验而愈著。吾侪自幼年所经验之造形美术，以手法上之关系，每于形态轮廓，多所重视。③
> 以上の原理を藝術玩賞の場合に當て箝めて考へて見ると、素人の玩賞の仕方は事物の空間形式を主として居る。即ち色の玩賞よりも形を認識する方が主になつて居るのである。これは發生的に見てさうでなければならぬ自然の傾向を有つて居ることは前述の通りであるが、この傾向は更に

---

① 周作人：《再是东京》，钟叔河编订：《周作人散文全集》第12卷，桂林：广西师范大学出版社，2009年，第614—615页。
② 鲁迅：《〈小彼得〉译本序》，《鲁迅全集》第4卷，北京：人民文学出版社，2005年，第155页。
③ 上野阳一：《艺术玩赏之教育》，王世家、止庵编：《鲁迅著译编年全集》第2卷，北京：人民出版社，2009年，第147页。

美的經驗によって更に著しくなるのである。即ち我々が幼少のときから經
驗する所の造形美術は手法上の関係から多くは形態又は輪廓を重視して
居る。①

将句子翻译的情况对照画出之后，不难看出其与《月界旅行》中采用的"逐句译"的方式何其相似。周树人正是在 1913 年所译这篇《艺术玩赏之教育》的"附记"里谈到了翻译方法的选择问题。他说："此篇论者，为日本心理学专家。所见甚挚，论亦绵密。近者国人，方欲有为于美育，则此论极资参考。用亟循字移译，庶不甚损原意。"②这一时期，"循字移译"的方法论意识比之《域外小说集》的"移译亦期弗失文情"③更进一步，不仅明言其操作方法，还明确讲求在文法篇章上靠近原文。而"循字移译"方法的实践源头是《月界旅行》。由此可以看到周树人翻译方法一以贯之的地方。

细品《艺术玩赏之教育》的翻译实践，较之于同时期周作人的样本，它同样有省略部分枝蔓性的修饰成分的情况，但"循字移译"的方法使得周树人的译文基本上照着原文的句序向后译，且更多照搬原文汉字及词组，不惜损失汉语文章的妥帖，如"推上述原理于艺术之玩赏""乃发生次第所必然之倾向"等表达就显得颇为滞涩，而引文最后的这句"吾侪自幼年所经验之造形美术，以手法上之关系，每于形态轮廓，多所重视"因完全照搬日语句序，在传达语义方面并不理想。

再举周树人 1914 年所译《儿童观念界之研究》的开篇为例，如下：

儿童观念界之研究，殆为儿童研究最初之一事，盖此种研究，为教育上所必要，又较简而多端。惟自昔以来，虽久经学者之考索，而迄今尚无秩然之结果，足以满吾人之意，斯则甚足怪讶。然退而思之，是事从表面以观，虽若甚简，而案其实则綦难，盖儿童

---

① 上野陽一「藝術翫賞の教育附新定畫帖について」『心理研究』(3) 13、1913。
② 《〈艺术玩赏之教育〉附记》，王世家、止庵编：《鲁迅著译编年全集》第 2 卷，北京：人民出版社，2009 年，第 161 页。
③ 《〈域外小说集〉序言》，王世家、止庵编：《鲁迅著译编年全集》第 1 卷，北京：人民出版社，2009 年，第 313 页。

各自所有之观念界，即彼等各自主观，<u>倘无方术表而出之，使之适当而显著</u>，则不能谓已识其全体也。昔之方术，其类甚多，然能就属于各儿童主观之观念及其结合之趣旨，各令显见，无有余蕴者，则未之有也。①

　　兒童觀念界の研究は恐らくは兒童研究の最初に現はれた研究の一つであらうと思ふ。要するに此の研究が教育上實際に必要で且つ研究法の比較的に簡單で而かも多角的なるが為めであらう。かく古くから熱心なる研究者が盡力したるにかゝはらず、今日に至るまで比較的に整頓した結果が世に現はれて、吾人を滿足させるものゝ無いのは怪訝に堪へざるの感があるが、しかし一步退いて考へると、此の研究は外見上は極めて簡單なやうで、然かも實は非常に困難な研究である。何となれば兒童が各自に有せる觀念界は即ち彼等各自の主觀で、<u>適當に之を表出し盡さしむべき方法がない</u>から、其の全體を精密に認識したるものと斷言する事が出來ないからである。固より從來行はれた方法は其類が少くはないが、何れも能く各兒童の主觀に屬する觀念その物や其の結合せる旨趣を表はして餘蘊なからしむべき方法が無いのである。②

相比于《艺术玩赏之教育》，本段译文对日语原文中汉字词的借用程度略有下降，且省略细节的地方更多。但即便如此，周树人对原文句序的执着仍未改变。仅画线一句，周树人对句内顺序做了局部的调整。

通过对比可知，自《域外小说集》开始，周氏兄弟的翻译方法虽然都被称为直译，但差别依旧存在。简言之，周作人处理译文时，很在意汉语表达的通顺与连贯，不惜改换原文的逻辑关系，通过"增减字句"以求"成章"和色泽；但周树人此时已经在坚持"宁信而不顺"，因"循字移译"，即便表达生硬，亦在所不惜。

---

① 《儿童观念界之研究》，王世家、止庵编：《鲁迅著译编年全集》第2卷，北京：人民出版社，2009年，第285页。
② 高島平三郎「兒童觀念界の研究」『兒童学綱要』洛陽堂、1912年、102-103頁。

第二节　周作人的白话转向

第一章通过研读《月界旅行》，已经剖析过周树人早年的白话经验。本节集中讨论周作人的白话转向。

1917 年在周作人的晚年回忆中，是一个具有"大转折"[①]意味的年份。这一年，他从地方中学直接进身"最高学府"，并在钱玄同的鼓动下开始为《新青年》撰稿。在文学思想方面，周氏从文学复古的"第三支路"走向了"文学革命"[②]。是年，周作人放逐了其作为书写语言近二十年的古文而写白话文。这个显在层面的转变已为学界广泛探讨。尤其是近年来，一些学者打破既有的"断裂—突变"的研究思路，以"连续性"的眼光打量周氏"五四"前后的著译，对其从文言到白话，横跨两种语体的文本实践做出了诸多精彩透辟且富于启发的分析。[③]然而，这类研究的焦点仍主要放在周作人的英汉翻译上，对极为重要的日汉翻译重视不足，且研究对象的选择往往止步于《古诗今译》，而忽视了之后周氏依旧用文言译出的《废娼问题之中心人物》。

依照周作人的自述，1917 年的"张勋复辟"事件刺激他"翻然改变"，希望借助文体改革而进行思想革命，所以写了"第一篇白话文"《古诗今译》，用"口语"翻译了"希腊二千年前的古诗"[④]。他明确说过，1917 年到北京后所译梭罗古勃的十篇寓言是他"最后的一种文言译品"[⑤]。通观周氏日后的翻译实践，1917 年开启的白话翻译确实终其一生。周作人论及翻译，亦断言"据我看来，翻译当然应该用白话文"[⑥]；那么，因何

[①] 周作人：《去乡的途中二》，钟叔河编订：《周作人散文全集》第 13 卷，桂林：广西师范大学出版社，2009 年，第 473 页。

[②] 周作人：《我的复古的经验》，钟叔河编订：《周作人散文全集》第 2 卷，桂林：广西师范大学出版社，2009 年，第 795 页。

[③] 诸如王风的《周氏兄弟早期著译与汉语现代书写语言》（上、下）（《鲁迅研究月刊》2009 年第 12 期、2010 年第 2 期）和张丽华的《无声的"口语"——从〈古诗今译〉透视周作人的白话文理想》（《中国现代文学研究丛刊》2011 年第 1 期）。

[④] 周作人：《蔡孑民二》，钟叔河编订：《周作人散文全集》第 13 卷，桂林：广西师范大学出版社，2009 年，第 509—510 页。

[⑤] 周作人：《自己的工作三》，同上书，第 454 页。

[⑥] 周作人：《谈翻译》，钟叔河编订：《周作人散文全集》第 9 卷，桂林：广西师范大学出版社，2009 年，第 111 页。

在《新青年》同人文学变革主张日趋激进的1918年，周作人却用文言翻译了《废娼问题之中心人物》，这一事实又因何被他遗忘？尽管学界不乏周作人从文言到白话语体转向的相关研究，但仍有一些重要的问题浮于想象，未能深入。为了更好地理解本节所探讨的话题，有必要对相关内容进行再认识。

周作人自称"第一篇白话文"是《古诗今译》，但是他的白话翻译实践，却自《陀思妥夫斯奇之小说》始。如其首段中"近来时常说起'俄祸'。倘使世间真有'俄祸'，可就是俄国思想，如俄国舞蹈，俄国文学皆是"①诸语，均为白话。学界通常认为，周氏的白话尝试是响应胡适、陈独秀等人在《新青年》上开展的文学革命，实则不然。周作人译《陀思妥夫斯奇之小说》的时间是1917年的9月7日和8日，而此前他所阅的《新青年》只到第3卷第5号②。虽然鼓吹白话的观念早已提出，但试观自创刊至第3卷第5号的《新青年》所载之文，除去讲演为口语白话，其他无论撰述、翻译，还是通信等几乎皆为文言。显而易见，读着这样的《新青年》，周作人不会自发用白话去翻译。实则与其用白话直接相关的是钱玄同的鼓动。钱玄同忆及当时，称"我认为周氏兄弟的思想，是国内数一数二的，所以竭力怂恿他们给《新青年》写文章"③。钱玄同为周作人与《新青年》架起了沟通的桥梁是无疑的，为何说周作人的白话转向也与之相关呢？

1917年，第3卷第6号《新青年》刊登了钱玄同致陈独秀的通信，对"绝对主张用白话体做文章"的"我们"却仍旧使用文言撰述表示了警惕，表明"应该渐渐的改用白话"，并请陈独秀、胡适之、刘半农以及"别位在《新青年》里面撰文的先生，和国中赞成做白话文章的先生们"都"尝试尝试"。周作人也曾转述黎锦熙的话——"说到改革文体，美其名曰'文学革

---

① 周作人：《陀思妥夫斯奇之小说》，《新青年》第4卷第1号，1918年1月15日。1931年，该文收入上海群益书社版《艺术与生活》时，易名为《陀思妥也夫斯奇之小说》。本节从原刊。

② 1917年9月3日的周作人日记中载有"购《新青年》一册"及"阅《新青年》了"的信息。虽未直接标明第3卷第5期，但参照当年8月14日日记中所记"往街买《新青年》三之四"和10月6日写下的"至图书馆借《罗马文学史》一本，又取《新青年》三之六来，即阅了"，即可知。鲁迅博物馆藏：《周作人日记（影印本）》上册，郑州：大象出版社，1996年，第687、692、699页。

③ 钱玄同：《我对于周豫才君之追忆与略评》，《钱玄同文集》第2卷，北京：中国人民大学出版社，1999年，第307页。

命',可是说也可笑,自己所写的文章都还没有用白话文……说是这么说,做却还是做的古文,和反对者一般"①。

再查周作人日记,1917年8月9日、17日、27日,载有钱玄同造访的记录。钱玄同与周氏兄弟会面的具体情形,除却鲁迅《呐喊·自序》中较为形象地提及之外,几无可查。但周作人8月9日的日记中记有"下午钱君又来,留饭剧谈"②;而且三次均谈至十一点以后,或可通过一个"剧"字以及谈话时间的长度对他们当时热烈的谈兴窥探一二。另可据1923年钱玄同至周作人的信得知当时的谈话内容,信中有"张勋败后,我和你们兄弟两人在绍兴会馆的某院子中槐树底下所谈的偏激话的精神又渐有复活之象焉"③。

综合判断,周作人译《陀思妥夫斯奇之小说》是在1917年9月,读到第3卷第6号《新青年》所载钱玄同号召改用白话的文章最早也在10月6日,故他不可能是因为《新青年》上钱玄同的号召而有所改变,推断当是8月份的三次谈话中,钱氏已经将自己的主张提前向周作人讲明。这促使了周作人在给《新青年》译稿时采用了白话。

既然译《陀思妥夫斯奇之小说》时已使用白话,那周作人为何称《古诗今译》为其"第一篇白话文"呢?一个可能的原因是《陀思妥夫斯奇之小说》的译文虽是白话,但"译者案"却以文言撰写,而《古诗今译》的译诗和"题记"全为白话。但周氏据日记自述时说:"我所写的第一篇白话文乃是《古诗今译》,内容是古希腊谛阿克列多思的《牧歌第十》,在九月十八日译成,十一月十四日又加添了一篇题记,送给《新青年》去。"④由此可见,他指的"第一篇白话文"就是其翻译的诗歌,而非撰述的"题记"。因为题记是"十一月十四日"后加的,周氏"所写"的行为真正发生在"九月十八日"。另据张丽华对周作人民初时期用"散文"体式翻译诗

---

① 周作人:《蔡孑民二》,钟叔河编订:《周作人散文全集》第13卷,桂林:广西师范大学出版社,2009年,第509—510页。
② 鲁迅博物馆藏:《周作人日记》(影印本)上册,郑州:大象出版社,1996年,第686页。
③ 周作人:《钱玄同的复古与反复古》,《文史资料选辑》第94辑,北京:文史资料出版社,1984年,第110—111页。
④ 周作人:《蔡孑民二》,钟叔河编订:《周作人散文全集》第13卷,桂林:广西师范大学出版社,2009年,第510页。

歌情况的分析①，亦可说明周氏将诗歌翻译认作"文"是符合其内在认知的。需要注意，同是翻译，但所据源语文本不同，进入译入语文化时，意义呈现或有不同。《陀思妥夫斯奇之小说》只是一篇论文，翻译本意在介绍思想，达意即可，而希腊古诗《牧歌第十》是文学作品，翻译时需要传达出原文的趣味；同是用白话，二文情况却不尽相同，前者以白话语体书面语对译英文，后者须以"口语"将"均系韵文""近于拟古"的希腊古诗译成散文，二者难度不可同日而语。由此或可理解周作人对《古诗今译》的推重。

关于周作人的白话转向还有一个理解误区，即认为他自《古诗今译》后都是以白话为《新青年》供稿。其实，《新青年》第4卷前4号，周作人每期只有一篇稿子。第3号《童子Lin之奇迹》的译者前言、第4号《皇帝之公园》的译后记与第一篇供稿《陀思妥夫斯奇之小说》的译者案都是用古文形式撰写的。直至第4卷第5号，周氏的译文《贞操论》的译者前言才以较为纯粹的白话写出。

应该明确的是，周作人对《新青年》的参与意识有一个变化的过程。以往研究习惯于将周作人1918年在第4卷第1号《新青年》上发表作品视为其成为《新青年》核心成员的表征。但这实际上忽视了著译与发表之间所存在的时间差。周作人供给《新青年》的第一篇稿子《陀思妥夫斯奇之小说》译于1917年的9月上旬，第二篇《古诗今译》译于1917年9月中旬，题记撰于11月，延搁了三个多月才被发表；并且当时向周作人介绍《新青年》的钱玄同自身也算不得《新青年》的同人，直至第3卷第6号也未曾列名于目录，意见主要在"通信"栏表达。

关于《新青年》杂志的同人划定，长期以来有一种想当然的倾向。似乎钱玄同、周氏兄弟等一直是《新青年》同人。实际上，这一同人队伍要到1918年第4卷第1号《新青年》新亮相才成立。《新青年》第4卷第3号刊登了编辑部的"启事"，称"本志自第四卷一号起，投稿章程业已取消，所有撰译，悉由编辑部同人公同担任，不另购稿"。因而，虽然"第四卷一号"发表《陀思妥夫斯奇之小说》时，周作人已经被目为"同人"，但翻译

---

① 张丽华：《无声的"口语"——从〈古诗今译〉透视周作人的白话文理想》，《中国现代文学研究丛刊》2011年第1期。

这篇文章时他并不是以"同人"身份介入的。

对于《新青年》，周作人的"同人"参与意识是逐步增强的。《童子Lin之奇迹》译于1918年1月21日，却迟至2月10日交予刘半农，"入《新青年》"，且译后的第二天，周氏才收到8本《新青年》第4卷第1号；《皇帝之公园》译于1918年3月6日，直接标明"予《新青年》"，5日后交予胡适。而在载有鲁迅的三首新诗和小说《狂人日记》的第5号上，也有周作人的三篇作品：译文、撰述《读武者小路君所作〈一个青年的梦〉》及与刘半农的"通信"。周作人主动介入意识的增强与鲁迅的有心加入之间有着一定的照应关系。

综观周作人1917年至1918年上半年发表的署名译稿，尽管有文言的"译者记"，但译文基本用白话译出，唯有刊于《北京大学日刊》上的《废娼问题之中心人物》一篇例外，全文以偏古文的风格翻译。如其开篇：

> 美国今日废娼问题之中心为基督教徒，而赖新派宗教及一般教育家之力者尤多。故凡有教会及学校势力之地，妓寮无论矣，即可疑之旅馆，亦不得设置。

对比早在半年前已用白话译出的《陀思妥夫斯奇之小说》来看，这种文白夹杂的语体相当怪异，文法上近似古文，句内的语词关系却与书面白话相类。若与《贞操论》的译文语体相较，如其开篇的"我因为最尊重贞操，想把他安放在最确实坚固的基础上，所以作这一篇文"[①]，汉语形象的古今之别更加鲜明。吊诡的是，两文的翻译时间较近，《废娼问题之中心人物》译于1918年2月下旬，《贞操论》译于同年3月底，二文又均源自日文，因何语体风格差异会如此之大？

《废娼问题之中心人物》译自日文杂志《大学评论》。在1918年2月19日的周作人日记中有如下记载："下午得蔡先［生］函，又《大学评论》一本，属译。"[②]查阅蔡元培同期日记，2月14日下记有"阅日本《大学评论》第二卷第一号"的情况，列出的阅读篇名中即有"油谷治郎七"的《废娼

[①]《新青年》第4卷第5号，1918年5月15日。
[②] 鲁迅博物馆藏：《周作人日记》（影印本）上册，郑州：大象出版社，1996年，第734页。

运动之中心人物》。①由此可知，周氏的翻译是为了完成蔡元培交给他的嘱托。四日后，周作人日记中写着"上午往校，访蔡先生，交译件"。隔天的2月25日，译文由《北京大学日刊》的"第二张"刊发，题目之下标有"进德会译著"②。

这篇译文应是由蔡元培转给《北京大学日刊》（下文有时简称《日刊》）的。据1918年2月18日《北京大学日刊》载《日刊之改组》及《日刊编辑部组织法》《日刊经理部组织法》等可知，蔡元培对校刊有着绝对的主导作用，他的训令、讲话、启事、撰述、通信等也大量刊载其中。而且蔡元培作为北大进德会的发起人，积极地推动其发展。他委托周作人翻译，当有两意。一是从声势上呼应进德会的主张。成为进德会甲种会员首要的就是"不嫖"，了解世界范围内的"废娼运动"自是题中之义，而且北大校内最初响应进德会的声音也是针对嫖娼问题发出的③。二是《北京大学日刊》自1917年11月16日创刊后，在"校长布告""各科通告""纪事""公牍"等事务性栏目外，还开设颇具阅读性的"杂俎"一栏，并"欢迎投稿"，但应者寥寥④。直至1918年2月5日的第64号，又新开"古今名言"与"著述"两栏以增强学术性和可读性，"杂俎"改名为"杂录"。而随后两期"著述"栏的稿件转录了胡适发表于《留美学生季报》上的旧文《尔汝篇》和陶明濬的一篇有关"进德会"的《进德五箴》。2月8日"著述"栏又辟出"文艺"一类，首发了蔡元培的《植物大辞典序》。2月18日"文艺"正式替代了"著述"作为栏目的名称，同时开辟了"北京大学日刊第二张"。从谭伯英《亚拉伯人民写真记》的"译者识"和《日刊》编辑部关于吴康、康白情二君的启事可推知，虽然《日刊》"文艺"栏投稿者开始增多，但是稿源方面还是不够充足。蔡元培将周作人的译文发表在《日刊》上亦有着补充稿源的作用。周氏刊于2月25日的译文正是在"北京大学日刊第二张"的"文艺二"上。

许多研究者提到周作人与蔡元培的关系时认为，周作人积极响应蔡元

---

① 《蔡元培全集》第16卷，杭州：浙江教育出版社，1998年，第49页。
② 《周作人散文全集》第2卷误为2月15日，"油谷治郎七"误作"油谷治七郎"。
③ 《陈君仲舆来书》，《北京大学日刊》第52号，1918年1月22日。
④ 当时全靠孙国璋和区声白二人翻译的与世界语相关的文字来支撑门面，且自1918年1月1日起，或因假期，孙、区二人未能供稿，致使第37号到第63号的"杂俎"栏几近缺如，仅于第53号又见此栏，载孙国璋的世界语译文。

培的号召而加入进德会,但未对二者的思想加以辨析,这似有不妥。周作人的思想倾向和进德会的主张之间有一定差距。就在周氏译出《废娼问题之中心人物》一文后不久,他自己选择翻译了与谢野晶子的《贞操论》。该文主要讨论女子性道德的问题。文中称:"道德这事,原是因为辅助我们生活而制定的。到了不必要,或反于生活有害的时候,便应渐次废去,或者改正。"周作人在译者前言中大肆称许作者"极进步,极自由,极真实,极平正"。①周氏真诚地服膺于与谢野晶子的思想,日后文中也曾多次回顾。从周作人称赞日本先锋女性的四个"极"字中,亦可体会到他所持性别立场的前卫及其与进德会保守理念之间的差异。周作人选择《贞操论》进行翻译,背后并非偶然。尽管周作人对进德会的主张或存在部分的认同,但是周作人与油谷治郎七的性思想完全不在同一层面。

理解两篇译文背后的译者心理有助于继续探讨它们的语体差异。从表层来说,《废娼问题之中心人物》只是周作人应付校长差事的译文,以古文翻译,速度上比较快,没有必要费时费力译成纯粹的白话文;而《贞操论》是其表达思想的译作,内里隐含着自我的心声,值得下功夫译成白话。然而,只从翻译速度来分析是不够的,也要考虑译入语文化情境对译文语体选择的制约。《废娼问题之中心人物》是一篇列为"进德会译著"的译作。考察此前《北京大学日刊》刊出的与进德会相关的文字,从发起人蔡元培撰写的《北京大学之进德会》到《陈君仲舆来书》再到陶明濬的《进德五箴》等,都是文言形式。尤其要注意,作为周作人翻译行为的"赞助人"②,蔡元培阐述进德会的语体方式或对周氏的翻译起着参照的作用。其实就这一时期的《北京大学日刊》而言,虽有胡适、陈独秀等新文化人物作为编辑,但除去演讲和一些通知外,文言是主要的书写形式,甚至对演说的"述意"亦由古文撰写③。因而,《废娼问题之中心人物》的文言译语体与其归属的系列及发表刊物是比较吻合的。

更重要的是,对照《废娼问题之中心人物》与《贞操论》的日语原文

---

① 周作人:《贞操论》,钟叔河编订:《周作人散文全集》第2卷,桂林:广西师范大学出版社,2009年,第32—33页。

② 根据利弗威尔的定义,"赞助人"是指那些会借助他们所参与确立的建制来影响译者地位、收入和取向的力量。

③ 孙松龄述:《蔡校长在育德学校演说之述意》,《北京大学日刊》第72号,1918年2月20日。

后，可知这两篇译文的日文自身就存在着语体差异，兹举各举一例如下：

> 米國今日の廢娼運動の中心は基督教徒であつて、特に新教派の宗教家及び一般教育家の力に依る事が甚だ多いのである。故に教會又は學校の勢力ある地方に於ては醜悪なる魔窟などは勿論、いかゞはしいホテルさへも設置を禁止せられて居る。①

> 私は貞操を最も尊重し、貞操を最も確實堅固な基礎の上に据ゑたいために此一文を書きます。②

前者是报章体，虽已偏近白话，但作为文语体仍保留着书卷气，综观全文，甚至有古色；后者则是更为纯粹的日语白话文，近似于讲演式的文字，口语色彩很浓厚，且弃用简体，句尾一般都是"ます"或"です"之类的敬体形式，例句即不以"書く"而是以"書きます"结句。

由此观之，周作人在翻译时对源语语体是有斟酌的。1922年，胡适称赞周作人"用的是直译的方法，严格的尽量保全原文的文法与口气"③。那么，采取分化的方法翻译不同语体风格的文章正是周氏忠实于自身翻译理念的表现。对"文"与"言"并不一致的《废娼问题之中心人物》的翻译采取了文白夹杂的语体；而译口语气息之《贞操论》时就采用了白话体。反之，如果以相同的汉语语体翻译不同的日语语体，是算不上"严格的尽量保全原文的文法与口气"的。周作人此时的译法较之其1913年前后的应对之法又有进步。

有关周作人文言译作的研究，向来惯以《域外小说集》为界，分意译、直译两期，但多有不确。前几章已经考述，周作人自江南水师学堂译《侠女奴》时，即已直译，甚至是逐字译，至《玉虫缘》《荒矶》，几乎是逐词逐句依照日译本而辅以英文来翻译的。而且，研究周作人的文言译作，仅

---

① 油谷治郎七「廢娼運動の中心人物」『大學評論』(2) 1、1918。
② 与謝野晶子「貞操は道徳以上に尊貴である」『人及び女として』天弦堂書房、1916年、163頁。
③ 胡适：《五十年来中国之文学》，欧阳哲生编：《胡适文集》第3卷，北京：北京大学出版社，2013年，第231页。

由翻译方式入手是远远不够的，要理解其语言实践，译文的语体其实更加关键。既有研究常常将《域外小说集》时期"弗失文情"的"移译"与其文学革命时的"直译"等而视之，将周作人1918年回应张寿朋提到的"中不像中，西不像西"贯穿于对他直译的整体理解中，似乎周作人自《域外小说集》已因坚持直译而开始"中不像中，西不像西"。这完全是对翻译方法与语体面貌不做区分导致的误解。

1918年夏，张寿朋在友人处读到第4卷前5号的《新青年》，在总体肯定的前提下，提出了颇多具体的商榷意见。他批评周作人的《古诗今译》将外国全副精神肚脏都搬运到中国文字里头来，"就不免有些弄巧反拙，弄得来中不像中，西不像西"，因为"外国有外国的风气、习惯、语言条理，中国有中国的风气、习惯、语言条理"。①数月之后，周作人回应道："（译本）当竭力保存原作的'风气习惯，语言条理'；最好是逐字译，不得已也应逐句译，宁可'中不像中，西不像西'，不必改头换面。"②细思之，"中不像中，西不像西"并非指向翻译方法，而是对译文语体特征的概括，是"逐字译，不得已也应逐句译"的结果。

就周作人文言译作而言，看似古文的语体有着明显的多层次性。与《侠女奴》字面对译造成的语体杂糅相比，几乎同一时期译出的《玉虫缘》《荒矶》的传统文章感更强，是对原文腔调的还原。1905年前后，周作人在"译者不文"的焦虑下，努力师法严复、林琴南的雅致古语译文。1908年，他跟随章太炎学习《说文解字》后，对林氏的笔调"有点不满意"，并且嫌弃严复的译文"有八股气"，"以后写文多喜用本字古义，《域外小说集》中大都如此"③。但需要辨别的是，周作人并非放弃了"严林"的译法，只是不再将他们的译文作为师法的对象。往昔视如周秦诸子的严复译本被章太炎斥为"犹未离于帖括"，"申夭之态，回复之词，载飞载鸣，情状可见"④。周作人"这时候对于林琴南君的伊索译本也嫌他欠古

---

① 张寿朋：《通信·文学改良与孔教》，《新青年》第5卷第6号，1918年12月15日。
② 周作人：《通信·文学改良与孔教》（答张寿朋），《新青年》第5卷第6号，1918年12月15日。
③ 周作人：《关于鲁迅之二》，钟叔河编订：《周作人散文全集》第7卷，桂林：广西师范大学出版社，2009年，第452页。
④ 章太炎：《〈社会通诠〉商兑》，《章太炎全集》第8卷，上海：上海人民出版社，2018年，第336页。

了"。① 因此，他的译文在字句和笔调方面更加追求古雅，甚至产生了"把《新约》或至少是《四福音书》译成佛经似的古雅"的"野心"②。

今人重读周作人的文言译文，已经很难体会到其内在的用字、句式以及笔调的几经变化了。从《侠女奴》到《玉虫缘》《荒矶》，再到《域外小说集》，周作人显著提高的外语水平、逐次丰富的翻译经验，以及渐入佳境的古文修辞，使他越来越游刃有余。《域外小说集》时期的周作人在求"信"的同时，更追求"雅"。1922 年，胡适引用《域外小说集》中《安乐王子》的部分译文说："这种文字，以译书论，以文章论，都可算是好作品。"③ 胡适对其"好译书"与"好文章"的双重肯定即可说明，周作人在内容方面是忠实地译，而在表达方面则是雅致地作。袁一丹曾以多个实例论证了《域外小说集》中周作人译文呈现出的"文章性"，其对"骈散夹杂"的青睐使其不惜删饰原文④。而且这种追求一直延续到民国初年，其以文言译自英语及日语的论文也同样如此。本章第一节对此已有详细论述。

既有研究将《〈域外小说集〉略例》中的"宁拂戾时人，移徙具足"⑤做了扩大化的理解，惯于以此言论证《域外小说集》直译的执拗，然而这半句之原意是指"人地名悉如原音，不加省节"，仅指小说采用音译的方式保留时人眼中古怪异常的人名地名，不取国人熟悉的归化处理办法，绝非说全书译文皆是"拂戾时人，移徙具足"。鲁迅在 1920 年以"周作人"的名义撰写的《〈域外小说集〉序》中说："我看这书的译文，不但句子生硬，'诘屈謷牙'，而且也有极不行的地方，委实配不上再印。"⑥ "诘屈謷牙"四字，常被学人用以证明《域外小说集》译文欧化。然而，考其出处，

---

① 周作人：《我的复古的经验》，钟叔河编订：《周作人散文全集》第 2 卷，桂林：广西师范大学出版社，2009 年，第 795 页。

② 周作人：《学希腊文》，钟叔河编订：《周作人散文全集》第 13 卷，桂林：广西师范大学出版社，2009 年，第 385 页。

③ 胡适：《五十年来中国之文学》，欧阳哲生编：《胡适文集》第 3 卷，北京：北京大学出版社，2013 年，第 195 页。

④ 袁一丹：《试论〈域外小说集〉的文章性——由周作人的"翻译文体观"谈起》，《南京师范大学文学院学报》2007 年第 1 期。

⑤ 鲁迅：《〈域外小说集〉略例》，《鲁迅全集》第 10 卷，北京：人民文学出版社，2005 年，第 170 页。

⑥ 鲁迅：《〈域外小说集〉序》，同上书，第 177 页。

"诘屈聱牙"源自韩愈《进学解》,用以形容"周《诰》殷《盘》",鲁迅所指似应理解为类似先秦古文,而不是欧化。蔡元培在《致〈公言报〉函并答林琴南函》中为周作人辩护称:"周君所译之《域外小说》,则文笔之古奥,非浅学者所能解。"①此处暗讽师法唐宋八家之林纾为"浅学者",正是基于《域外小说集》的"文笔之古奥"。尽管不能否认《域外小说集》里周作人的译文有部分语句呈现了欧化倾向,但主体部分仍是其自谓之要凑得像"妥帖的汉文"②。这种"一整句还他一整句"而不惧字数增减、句序前后的译法,与1918年周作人答张寿朋时所持"逐字译,不得已也应逐句译"相比,怎可同日而语!《域外小说集》里的文言译文不仅不是"中不像中,西不像西",反而是追求更久远的、不通时俗的、复古的"中",换句话说,应是"中极像中",只是一般的人读不出而已。

另有研究者误以1913年《小说月报》给周作人的退稿信来说明其早期文言译文已是"中不像中,西不像西"。1926年,周作人在《关于〈炭画〉》一文中最先引用了这封退稿信,如下:

> 大著《炭画》一卷已收到,事冗仅拜读四之一,虽未见原本,以意度之,确系对译能不失真相,因西人面目俱在也。但行文生涩,读之如对古书,颇不通俗,殊为憾事。林琴南今得名矣,然其最初所出之《茶花女遗事》及《迦因小传》,笔墨腴润轻圆,如宋元人诗词,非今日之以老卖老可比。吾人若学林氏近作,鲜有能出色者,质之高明,以为何如?原稿一本,敬以奉还。③

引文首句称赞周作人的译文"不失真相",理由是"西人面目俱在",至此用了句号,即本句的意思已经完结。一个"但"字表示了明确的转折意味,"行文生涩"与前句句末的"西人面目俱在"构不成逻辑关系。而有的

---

① 蔡元培:《蔡校长致公言报函并附答林琴南君函》,《北京大学日刊》第338号,1919年3月21日。
② 周作人:《谈翻译》,钟叔河编订:《周作人散文全集》第9卷,桂林:广西师范大学出版社,2009年,第112页。
③ 周作人:《关于〈炭画〉》,钟叔河编订:《周作人散文全集》第4卷,桂林:广西师范大学出版社,2009年,第640—641页。

研究者将二者联系起来，认定是"西人面目"致使"行文生涩"，借以说明周作人当时的译文"中不像中，西不像西"。然而，细读可知，"行文生涩"的原因是后续的一句，"读之如对古书，颇不通俗"，随后致信之人向周作人分析了林译的得失，这当是误认为周作人的译笔是对民初时期林译的模仿，以此委婉地提出了意见：翻译笔墨宜"如宋元人诗词"般的"腴润轻圆"。

在周作人早期的文言译作里，第一篇真正做到"中不像中，西不像西"的译文是《废娼问题之中心人物》。"中不像中，西不像西"是周作人翻译思想研究里的重要内容，但前人往往只是据此说明"直译"的翻译方法，对如何"逐字译"以及怎样做到保存"原作的'风气习惯，语言条理'"等具体操作层面的问题研究得并不充分。

《废娼问题之中心人物》虽呈现为古文语体，但周作人完全放弃了对"雅"的追求，大量长句充斥其中，尽量保持原文的修饰关系，如：

> 是人以防止凡文章绘画照象能兴起猥亵之情者之输入发行为毕生事业，其活动与税关及邮局相联络。
> 彼は淫猥なる情を刺戟するが如き有ゆる文章繪畫寫眞の輸入發行を防遏するを以て畢生の事業とし、税關及郵便局等と連絡をとつて活動して居る。

在第一个分句中，周作人将日语的长句完全对译成了汉语的长句，虽然以汉语的语法顺序加以改造，但是拒绝了汉语古文文章的行文习惯，把多个层次的意思串联叠加在一句之中，语气不加停顿。当实在难以写成长句时，亦将原文拆分，例如：

> 一则所谓白人奴隶也，有大党派，几如鬼蜮，随处密贩白人女子，其方法组织并极巧妙。
> その一つは所謂白人奴隷であつて、世界を股にかけた白人婦人の密賣買を營める巧妙なる手段と組織とを有せる惡魔的大黨派である。

周作人不再为追求译文的可读性而随意增减文字，拆分时也不再随便安置前后，亦不求像"妥帖的汉文"，而是努力使句子的组织严密化，主谓分明，脉络清楚，如"其""并"这类在古代汉语中可以"意会"而省略的字均译出，保持了语言的逻辑性。同时译文尽可能地沿用原句的词汇，如"所谓白人奴隶""大党派""巧妙""组织"等。再如：

> 尚有千九百十年所立之团体，曰社会廓清国民十字军，于社会之纯洁保持，即所谓廓清运动深所努力，各种势力，遂俱向此目的而集中。
> 尚千九百十年に創立されたる社會廓清國民十字軍なる團體は社會の純潔保持、所謂廓清運動に努力し此の目的に向つて各種の勢力を集中するに到つた。

译文的主要词汇基本来自日文原文。这种翻译选择之所以成为可能，与日语和汉语之间密切的文化联系分不开。如果将源语文字换成英文、德文、法文等，均无法实现。对周作人来说，日汉翻译的"逐字译"与英汉间的"逐字译"实现的途径或有不同。

周作人"竭力保存原作的'风气习惯，语言条理'"的另一个基本方式是大量使用长定语翻译日文。一方面，日语用言及大部分助动词有形态变化，利用其连体形，易于由几个句节、词组甚至完整的句子构成很长的定语，汉语的形容词、动词构成定语时则没有形态变化，只能以其在句中的位置和个别虚词来表示，不宜构成较长的定语；另一方面，在日语中，一长串具体解释、说明或描写、叙述性质的内容，常常置于被修饰词语之前作定语，而在汉语中，则或将其独立成句，或作其他句子成分处理[①]。因此，日汉翻译中的长定语或复杂定语成为困扰翻译家的一个难题，如今学界往往热衷于探讨"拆译"的方法。而周作人为了忠实原文，选择了牺牲汉语的表达习惯，如：

（1）此外复有青年廓清同盟者，为誓守结婚前之纯洁之男子青年同盟

---

① 姚灯镇：《浅谈日语长定语的几种译法》，《解放军外语学院学报》1992年第5期。

この外に青年廓清同盟は結婚前の純潔を誓約した男子青年の同盟であつて

（2）或促议会，使发布严禁及监视外来可疑女子之法律
或は議會に迫つて外國より怪しき婦人の輸入を嚴密に監視防止する法律を發布せしめ

（3）凡尽力于指导启发之事著有功绩者
この指導啓發に盡して功あつた人

  周作人的译文不求通顺流畅与明确易懂，双横线所标示的均为长定语。(1) 句是套有修饰成分的动宾短语作定语。(2) 句是两个动词并列支配名词作定语，同时还存在两个修饰成分。(3) 句是两个并列的动宾短语作定语。王力称:"上古汉语的定语总是比较短的；唐代以后，虽然有了一些比较长的定语，但是，比起现代汉语来，无论在长度上，在应用数量上，都相差很远。"① 周作人以古文译日语，却没有遵循古代汉语的定语使用习惯。这已经做到了"不必改头换面"的"中不像中，西不像西"。

  既然《废娼问题之中心人物》的译文面貌"中不像中，日不像日"，且由于日语词汇、日语词法、日文句法等诸多方面的影响，已接近白话，为何认定这种文白兼具的语体仍是"古文"？它与中国古代章回体小说的文白夹杂到底有怎样的差异？

  实际上，《废娼问题之中心人物》即便有因"逐字译"而带来的"白"，但其句式总体上是以文言体式展开的，如"凡在大都市如纽约者"之类的定语后置、"置本部于纽约"一类的状语后置、"萧阑孚德氏，其指导者也"这类的判断句等古文用法多有可见，尤其值得注意的是，译者有时难免要迁就古文的行文方法而不得不放弃"逐字译"，如译"遂に設置論を葬り去つたことがある"时，弃用"葬去"而译成"遂寝其事"，把表示存在的"ある"也译为"是也"，亦如把"然ども又此地の自然は世界の遊覽地として無数の旅客の杖を引く所であるだけに又享樂の諸機關が現れ來り"译成"第以风景适于游览，旅客无数，策杖来游，于是有娱乐诸机关

---

① 王力:《汉语史稿》中册，北京：中华书局，1980年，第479—480页。

发生",原文中的句型结构、语义逻辑均被改变;如果"逐字译",动宾短语"無数の旅客の杖を引く"本应是"引无数(之)旅客之杖",但周氏改偏正结构的"無数の旅客"为主谓关系的"旅客无数","杖を引く"与"策杖来游"表意亦不相同。然而,从整体上看,译文又能让人联想起他以往的古文译书"意思完全,不减少也不加多""骈散夹杂""伸缩比较自由""近雅而似达"的追求。《废娼问题之中心人物》即使与中国首部长篇章回小说、"掺入之乎者也等字"、"文不甚深,言不甚俗"的《三国志演义》相比,古意也更深;译文白话方面的质素主要来自日文语词及"逐字译"理念的影响,亦与《三国志演义》的古白话有所不同。①

1935 年,胡适在《〈中国新文学大系·建设理论集〉导言》中比较了周氏兄弟与林纾的文言译文,认为"他们的古文也比林纾更通畅细密",而不是"中不像中",同时认定即如"能直接从外国文字译书"的周氏兄弟"用古文译小说,也是一样劳而无功的死路",除"能读古文小说的人实在太少了"之外,更重要的是"古文不能翻译外国近代文学的复杂文句和细致描写"。② 以胡适的阅读经验来看,周氏兄弟的古文不能译出"外国近代文学的复杂文句和细致描写",然而他读到的只是《域外小说集》,倘由《废娼问题之中心人物》观之,文言其实完全可与白话一样做到"中不像中,西不像西"的"逐字译"。

胡适还曾言道:"做惯古文的人,改做白话,往往不能脱胎换骨……我们这一辈人都是从古文里滚出来的,一二十年的死工夫或二三十年的死工夫究竟还留下一点子鬼影,不容易完全脱胎换骨。即如我自己,必须全副精神贯注在修词造句上,方才可以做纯粹的白话文。"③ 同样"半途出身"的周作人亦存在古文"鬼影"的困扰。他多次表达"写古文较之写白话容

---

① "掺入之乎者也等字"语见《古今小说评林》,"文不甚深,言不甚俗"见《三国志通俗演义序》。关于《三国志演义》的语言特征,详见黄霖:《〈三国〉与古代历史小说论》,河南省社会科学院文学研究所编选:《〈三国演义〉论文集》,郑州:中州古籍出版社,1985 年。另可参柳士镇:《略论〈三国演义〉的语言面貌》,《南京大学学报(哲学·人文科学·社会科学)》2003 年第 6 期。

② 胡适编选:《中国新文学大系·建设理论集》,上海:良友图书印刷公司,1935 年,第 4 页。

③ 胡适:《整理国故与"打鬼"》,欧阳哲生编:《胡适文集》第 4 卷,北京:北京大学出版社,2013 年,第 103—104 页。

易得多,而写白话实有时是自讨苦吃"①的意思。1918年的周作人同样需要全神贯注于修辞造句方能克服古文"鬼影",做成纯粹的白话文。由此观之,《废娼问题之中心人物》这篇"中不像中,西不像西"的文言译作,之于刚刚进行白话转向而尚未娴熟使用白话的周作人来说,不啻为一座暂时的语际跨越的桥梁。

第三节 四篇未署名文言逐字译的极致"尝试"

1918年的周作人在担任北京大学文科教授的同时,兼北大国史编纂处纂辑员。校长蔡元培时常会请他翻译文章。《废娼运动之中心人物》是蔡元培交给他的第一个翻译任务。1918年3月,蔡元培又屡次"属译",周作人日记记录如下:

十三日 得蔡先生函,《日支时论》一本,属译。
十五日 上午往校,访蔡先生,还德文美术史,致译稿。
十八日 晚得蔡先生函及《廓清》一本,属译。
十九日 上午译《廓清》中文一篇了。
二十日 访蔡先生,交译件。
廿七日 晚得蔡先生函并《支那》一本,属译。
廿八日 上午译《日支时论》文,至下午二时半了。
三十日 上午往校,交蔡先生译件。②

可以确认,周作人译了《廓清》《日支时论》上的文章,但问题是3月15日他已将《日支时论》译稿交给蔡元培,因何28日又"译《日支时论》文"?而蔡元培27日属译之《支那》是否完成? 30日上交的究竟是《支那》还是《日支时论》的译稿?在相当长的时间里,学界对周作人的这批翻译

---

① 周作人:《中国新文学的源流》,钟叔河编订:《周作人散文全集》第6卷,桂林:广西师范大学出版社,2009年,第100—101页。
② 鲁迅博物馆藏:《周作人日记》(影印本)上册,郑州:大象出版社,1996年,第738—741页。

文本所知甚少。①

幸而对《废娼运动之中心人物》的还原，带出了刊于《北京大学日刊》的一批文章，可为清理这些纠缠的问题提供初步线索。在1918年的《北京大学日刊》上，恰巧出现了四篇译自蔡元培"属译"的三种日文杂志的文章：3月16日译自《日支时论》第4卷第2号的《进德会报告》；3月21日译自《廓清》第8卷第3号的《进德会报告》；4月17日至22日原载《日支时论》第4卷第2号的《莫利逊文库》；4月23日至26日原载《支那》第9卷第6号的《美国人之支那书搜集》。

易于证明的是，两篇《进德会报告》出自周作人之手。从时间上看，3月15日交《日支时论》译稿，第二天《北京大学日刊》上便载出译自《日支时论》的《进德会报告》；3月20日交《廓清》译稿，21日《日刊》亦登有译自《廓清》的《进德会报告》。这种交后即发的情况，与《废娼问题之中心人物》一致。从内容上看，两篇报告皆以进德会为主题，是日本有关蔡元培的报道。前文题为「北京大學の進德會」，附带发表译为日语的蔡元培起草的「趣意書」；后文「支那に廓清會起る」赞赏了蔡氏的组织，并刊登了中文版的《趣意书》。这两份来自海外的回应，对于迫切希望推动进德会建设、增大其影响力的蔡元培来说，正是可借以鼓吹的有利资源。

尤可分析的是两篇报告的译者案。3月16日《进德会报告》文末有："记者揭载此文之意，并非欲强日本绅士诸君废绅士业是也"的话，译者评道："此节盖含讽刺之意，日本所谓绅士业者，作官作议员而外，不肖者益以冶游蓄妾，唯少赌博而已。"能够读出并译出原文中的幽默与讽刺，需要对当时日本的情况有一定的了解；而为保存原文味道、不惜以按语说明而不径改的方式，也是周作人在翻译中始终坚持的。

3月21日《进德会报告》的日语原文曾引蔡元培所撰《趣意书》"入会之条件（三）"，但转译时被改为"斯くの如き過ちは誰にでもある事であらう。乍併過去は責めない、ただ將來を戒めて行きたいのである"。中文译者将之回译为"如是之过，人恒有之，唯既往不咎，但戒将来而已"。其后案语称，"此引进德会规则第三条，今但照原文直译"。蔡元培的《趣意书》

---

① 不仅张菊香、张铁荣编著的《周作人年谱》（天津：天津人民出版社，2000年）未录，后出的徐从辉新编的《周作人研究资料》（天津：天津人民出版社，2014年）亦未提及。。

就发表在 1918 年 1 月 19 日《北京大学日刊》上，很容易查找。译句原文为：

> 本会不咎既往。《传》曰"人谁无过，过而能改，善莫大焉"。……凡本会会员，入会以前之行为，本会均不过问（如已娶之妾亦听之），同会诸人均不得引以为口实，惟入会以后，于所认定之戒律，有犯者，罚之。

可见，日文在介绍时只是概述，已与蔡氏原话相差太远。译时不免两难：直译将改蔡氏原句，不直译便改原文的语气和面貌。周作人宁施以按语说明情况也要执着于直译，这样的翻译观念及其实践在当时的译界是极少见到的。另外，值得一提的是，以往研究一般认定周氏兄弟最早提到"直译"二字的文献是写于 1920 年的《〈点滴〉序》[①]，但其实周作人早在 1918 年 3 月 21 日《进德会报告》的按语中就已使用。

在确证两份报告为周作人所译后，仍有两段文字的归属权需斟酌，即分别附在译文前面的两则以进德会口吻发布的消息：

> 本会发起以后，颇惹起时人之注意，不特京沪各报曾转载宣言书而评论之。近见日本东京之《日支时论》四卷第二号译为和文，而冠以引言。爰译其引言如左……[②]

> 本会接日本东京廓清会评议员高岛君函并赠《廓清》一册，除复函致谢外，译来书及高岛君论文如左……[③]

周作人虽入进德会，但未任职，以进德会口吻撰写消息的可能性不大；且其日记仅记译《廓清》文，未提译信。因此，这两段文字更可能是蔡元培的手笔，亦可为《蔡元培全集》的增补提供新资料。

[①] 周作人谈其译文集《点滴》是"直译的文体"，钟叔河编订：《周作人散文全集》第 2 卷，桂林：广西师范大学出版社，2009 年，第 234 页。

[②] 《进德会报告》，《北京大学日刊》第 93 号，1918 年 3 月 16 日。

[③] 《进德会报告》，《北京大学日刊》第 97 号，1918 年 3 月 21 日。下附高岛米峰来信译件，从略。

两篇《进德会报告》的考订为后续探讨提供了条件。1918年3月15日，周作人交译稿但并未奉还杂志，28日再译的《日支时论》仍是第4卷第2号，与《北京大学日刊》所载《莫利逊文库》之出处吻合。需要说明的是，该文的选译或许并非出于周作人自身的意愿。他日记中常常记有其得书与读书的情况，从未有《日支时论》的阅读记录；且当时的兴趣点在欧洲文学名作与国外出版的与之相关的学术著述方面，对中国古籍的话题不甚留意。

《莫利逊文库》无疑是蔡元培托周作人所译《日支时论》的第二篇。他向来关注与中国相关的国外学术状况，如1918年2月20日日记载"本日《晨钟》有《外人之中国调查研究机关》"①。至于1917年"莫利逊文库"流卖东洋之事，深为当时中国知识界所痛心。张謇等人曾为之积极奔走，希望能将这批莫利逊（George Ernest Morrison）收集长达二十年的关于亚洲特别是中国的西文书籍留在中国，但几经努力未果，文库最终卖给日本岩崎久弥男爵。②《时报》报道消息后不久，胡愈之撰文说："关于中国事件搜罗若此闳富之藏书，华人不能自购，坐令入于日人之手中，诚足为华人惜矣。"③ 该事或也让蔡元培心有所感。

关于《莫利逊文库》，仍当解答的是：为何该篇的发表速度与前几篇不一样，没有交后即刊，而延后半月。就在周作人"交蔡先生译件"的3月30日当天，《北京大学日刊》刊发《本日刊经理部启事》，称"四月一号至七号为春假之期，八号又为国会开幕纪念日。本日刊照章停刊，九号仍照常出版，特告"。算上3月31日，休刊九天，或许来稿累积待发者颇多，加之《莫利逊文库》时效性不强，所以推后了一周，虽不似发表两篇《进德会报告》那般迅速，但考虑到停刊事的话，也能在时间上显示周作人所交译件与《莫利逊文库》的关联。

考订三篇集外译作之后，似可顺理成章地推断蔡元培"属译"《支那》上的文章应该就是登于日刊、译自《支那》第9卷第6号的《美国人之支

---

① 《蔡元培全集》第16卷，杭州：浙江教育出版社，1998年，第51页。
② 详见窦坤：《莫理循与清末民初的中国》，福州：福建教育出版社，2005年，第80—88页。"莫利逊"又译"莫理循"。
③ 1917年9月25日《时报》报道石田文学士携文库离京。胡愈之的文章《记莫利逊氏之藏书》载于《东方杂志》1917年第14卷第12号。

那书搜集》。该文的连载时间与《莫利逊文库》无缝衔接,所发栏目也相同。且自3月31日至4月中旬两篇文章接连发表的这段时间,周作人日记再无交蔡氏"译件"的记载。由此可知,周作人3月30日最后交给蔡氏的"译件"应为两份译稿。它们在内容方面也颇为一致,都是蔡氏所感兴趣的域外中国书籍存藏情况的介绍。是否蔡氏看到《美国人之支那书搜集》后回想起《日支时论》所载与之关联的《莫利逊文库》,遂托周作人一并译出?或许不是没有可能的。这恰可解释何以周作人27日"晚得蔡先生函并《支那》一本,属译",第二日上午却莫名其妙地"译《日支时论》文",直至"下午二时半了"。

从发表的事实上看,周作人完成了蔡氏任务。然而,麻烦在于能否认定周作人是《美国人之支那书搜集》的译者。他翻译其他受蔡元培委托的文章时都有记录,唯独这篇失记。不过周作人27日晚得杂志后,日记载"起草至十二时睡"[①],此"起草"文会是"属译"之作吗?

通观周作人正式受聘北大文科教授的1917年9月至授课讲义初步完成的1918年6月的日记,可知"起草"二字有特殊所指——编写讲义。在这大半年的时间里,周作人把主要精力放在备课上。他后来坦言"才从地方中学出来,一下子就进到最高学府,不知道如何是好",最苦恼的是"中学是有教科书的",但大学里需要自己编写课程讲义,"那便是很繁重的工作了"。他一周要上两门外国文学课程,"事先却须得预备六小时用的讲义,这大约需要写稿纸至少二十张,再加上看参考书的时间,实在是够忙的了。于是在白天里把草稿起好,到晚上等鲁迅修正字句之后,第二天再来誊正并起草,如是继续下去,在六天里总可以完成所需要的稿件,交到学校里油印备用"。[②]因此,这段时间的周作人日记中频繁出现"起草""录稿""抄了"等字样。

从当时日记的行文习惯来看,周作人对其翻译的作品会明确以"译"字标示。1918年上半年,除完成蔡氏所托,周作人共译三篇,即《童子Lin之奇迹》《皇帝之公园》《贞操论》,无一例外,均可在日记中找到对应,分别是1月21日"晚译ソログーブ小说一篇"、3月6日"晚译クープリ

---

① 鲁迅博物馆藏:《周作人日记》(影印本)上册,郑州:大象出版社,1996年,第741页。
② 周作人:《五四之前》,钟叔河编订:《周作人散文全集》第13卷,桂林:广西师范大学出版社,2009年,第551页。

ン《皇帝之公园》一篇"、3月31日至4月1日"译「人及ビ女トシテ」中文……译前文了"。① 对待自己选译的篇章,周作人都会详细注明,有的列出原作者,有时还直接标明译题。下半年所译十余篇也都如此,几乎没有例外。因此,可以确证缺乏周作人译过《美国人之支那书搜集》的记录。

在讨论译者权归属方面,尤为棘手的是,两篇相继发表的译文中存在译词习惯的差别。十分惹眼的是公元纪年的译法明显不同。《莫利逊文库》一律将原文"一八九七年""一四八五年"对译为"千八百九十七年""千四百八十五年"的格式。这与周作人在《废娼问题之中心人物》里处理公元纪年的译法一致。可是《美国人之支那书搜集》原文里的"一四〇九""一九〇〇""一九一二""一九一四"等均在译文中维持原样。更不可思议的是,《美国人之支那书搜集》里出现的将藏书卖与岩崎氏的"モリソン"博士竟然没有译成"莫利逊",而改译为"摩理逊"。

面对这些差别,很难相信二文出自同一人之手。何况周作人28日译《莫利逊文库》,30日上午交译件,也就是说,仅29日能译《美国人之支那书搜集》;两日之间,竟出现如此难以理解的差异。粗心、笔误或手民之责诸说也难有说服力。更合理的解释当是译者各有其人,故周氏日记中无译《支那》的记录。

综合推断,代笔译出《美国人之支那书搜集》的应当是鲁迅。早在1907年,二人就因掌握的外语工具不同,在合作中互为信息源,"构成了一个分工明确而互相协作的'阅读／写作'共同体"②;新文化运动期间,二人互相介入彼此的写作状态本就是常事③。兄弟失和前,他们署名互用的文章总量接近20篇④。

1918年,鲁迅一直在帮周作人修订讲义,在弟弟疲于应对之时为之代

---

① 鲁迅博物馆藏:《周作人日记》(影印本)上册,郑州:大象出版社,1996年,第729页、第736页、第742页。

② 孟庆澍:《彼此在场的读与写:1907年的周氏兄弟》,《中国现代文学研究丛刊》2017年第3期。

③ 汪卫东:《周氏兄弟〈随感录〉考证》,《中国现代文学研究丛刊》1998年第3期。陈福康:《关于署鲁迅笔名的周作人文章》,《鲁迅研究月刊》2009年第9期。

④ 张菊香:《鲁迅周作人早期作品署名互用问题考订》,《鲁迅研究月刊》2002年第6期。朱金顺:《鲁迅周作人又一篇合写的文章》,《鲁迅研究月刊》2003年第2期。乔丽华:《"独应"系周氏兄弟共同笔名考论》,《杭州师范大学学报(社会科学版)》2023年第6期。

译,并不令人意外。这一时期,周作人异常辛苦。北大紧张的教学安排对其生活产生了直接的影响。1917年9月22日至25日,周作人为首次登台北大准备讲义,27日"寄讲义二种,予文科教务处付印",用于10月1日的讲授。① 讲义从周作人编写、鲁迅修正、付印到发给学生,前后仅一周左右,各环节必须紧密衔接,否则将影响教学。事实上,1918年2月18日,周作人就"因无讲义未上课"。② 大概许多文科教授都出现了类似情形,故而陈独秀不得不发布公函,呼吁教员"诸君写定之讲义,希早日赐下,以便付印"③。

在蔡元培屡屡托译的1918年3月,周作人格外忙碌。1918年3月1日,《北京大学日刊》发"校长布告",称"顷学长会议议决,暑假后全校各种讲义一律停发";随之,陈独秀登出《文科教员注意》:

> 本校废止讲义,已有定议,前承诸君覆函,亦多赞同,且约以暑假后为实行之期,至为佩荷。惟学生所需参考及教科用书,不可不预为准备。……汉文方面,诸君所编成之全书或一部分,希速写一定本(写费希由诸君自理,写法直行、横行均听自便,句读用中式、西式均可),于五月一号以前交由敝处,送本校编译会审定,出版发卖,以为学生教科及参考之用。④

上一周赶制下一周讲义已经让周作人叫苦不迭,而暑假后"讲义一律停发"无异于釜底抽薪,逼他两月之内必须完成两门课程讲义,送交审定出版。尽管周作人全力以赴,但仍拖到了5月28日才"编两种讲义讫"⑤。四个多月后,其中之一的《欧洲文学史》在商务印书馆出版。

除费力编写讲义外,周作人每周上课六小时,隔周参与研究所小说组讨论,有时要担负学术演讲之任务;作为《新青年》同人,他常与钱玄同、

---

① 鲁迅博物馆藏:《周作人日记》(影印本)上册,郑州:大象出版社,1996年,第696—697页。
② 同上书,第734页。
③ 陈独秀:《文科学长致各教员公函》,《北京大学日刊》第135号,1918年5月13日。
④ 《文科教员注意》,《北京大学日刊》第80号,1918年3月1日。
⑤ 鲁迅博物馆藏:《周作人日记》(影印本)上册,郑州:大象出版社,1996年,第751页。

刘半农等长谈，亦负供稿之责。1918年上半年，周作人总是要忙到深夜12时方能休息，甚至更晚。在蔡元培"属译"《支那》的当晚，他准备讲义到"十二时"，第二天钱玄同到访，谈到夜里"十二时"方离开，但周作人仍不得不"续抄讲义至一时睡"，且"久不能寐"；一觉醒来，上午到校办事，下午参加国文研究所小说组的活动。①与周作人的诸事繁杂相比，鲁迅1918年的3月可谓清闲。仅当月日记里，"无事"二字就出现三次。②他完全有时间和精力来代译。

由日常因素分析鲁迅代译的可能性后，仍需进入译文内部寻找更为坚实的文本证据。首先，看《美国人之支那书搜集》的两条译者按。该文讲："清代亦有帝室图书馆，与历代同，大集图籍。一九一二年，目录告成，其书大抵由学部大臣采自姚氏及邱氏，将来当为支那之模范的及代表之图书馆也。"译者即插按语"此误以四库书与学部图书馆书为一事"③。后文说到《永乐大典》在1900年义和团事件后"仅存一万一千一百册，其中完全者十之二，即只二百册内外而已"。译者又立刻纠正说："燹后残本当无如是之多，若为万余册，则十分之二，亦当有二千册也。此盖误。"④两处按语表明译者对中国古籍及图书存藏了然于心。

民国后，周树人长期在教育部社会教育司任职科长，主管的业务范围就含有图书馆事项。他亲身参与了按语中"学部图书馆"（又称京师图书馆，中国国家图书馆前身）的改组、迁馆、建立分馆等方面的工作。尤为巧合的是，按语所涉"四库书"和《永乐大典》也都与鲁迅相关。特别是他见证了《永乐大典》残本由个人转至京师图书馆的过程。⑤据1912年京师图书馆档案中的教育部函件可知，《永乐大典》残本"仅余六十四本"⑥。从按语"燹后残本当无如是之多"的指谬看，译者显系知晓内情。这也将

---

① 鲁迅博物馆藏：《周作人日记》（影印本）上册，郑州：大象出版社，1996年，第741页。
② 王世家、止庵编：《鲁迅著译编年全集》第3卷，北京：人民出版社，2009年，第13页、第15页、第17页。
③ 《美国人之支那书搜集》，《北京大学日刊》第120号，1918年4月25日。
④ 《美国人之支那书搜集》，《北京大学日刊》第121号，1918年4月26日。
⑤ 详见李希泌：《鲁迅与图书馆（1912—1919）》（附录：鲁迅主管图书馆工作日志），《北图通讯》1979年第1期。
⑥ 李希泌、张椒华编：《中国古代藏书与近代图书馆史料》（春秋至五四前后），北京：中华书局，1982年，第201页。

译者身份指向鲁迅。

其次，可由"摩理逊"的音译入手。莫理逊在1912年受邀为中华民国政治顾问，《时报》《申报》《大公报》等常登有关他的消息，一般称其"莫利逊博士"或"莫理逊博士"。至于"摩理逊"的译法在民初相当生僻。然而，鲁迅十分偏爱以"摩"字译音，早期作品尤多，如《月界旅行》《斯巴达之魂》里的地名"拔尔祛摩""摩利逊之湾"，《摩罗诗力说》《科学史教篇》中的人名"摩契阿威黎（Machiavelli）""摩格那思（A.Magnus）"，《人生象斅》内的专有名词"企摩堪（Zymogen）""诃摩堪（Chomogen）"。[①] 举凡"ma"或"mo"的拼写，大都译作"摩"，少有例外。"五四"时期，鲁迅译《工人绥惠略夫》时亦出现"玛克希摩跋（Makhslmova）"[②]。在《支那》日语原文中，Morrison写作"モリソン"，鲁迅后来曾分别将"モリス"译为"摩理思"、"モリソン"译作"摩理孙"。[③] 这类译音的习惯进一步支撑了鲁迅代译的可能。

本章前面已然分析过，以往研究多以同质化的眼光打量周氏兄弟的早期翻译，但事实上在大致相同的翻译理念下，二人的译语风貌有别。周树人毫不忌讳于"新造"和"硬造"，逐句甚至逐字译。周作人却青睐骈散夹杂的雅致，不惜删饰原文。一直到1914年前后，周作人译《游戏与教育》《玩具研究（二）》等文章时，仍延续此法。为了"要凑得像妥帖的汉文"[④]，原本关系复杂的长句被拆成了含义明了的短句。然而，倘若始终如此，文言译语绝不会走向新体白话。同是所谓"直译"，逐句译偏于内容上的直译，逐字译更多偏于表达上的直译。周树人1913年所奉"循字移译"[⑤]，虽也化长为短，但"竭力想保存原书的口吻"[⑥]，不似周作人般

[①] 王世家、止庵编：《鲁迅著译编年全集》第1卷，北京：人民出版社，2009年，第46、106、270、280、393、415页。

[②] 王世家、止庵编：《鲁迅著译编年全集》第3卷，北京：人民出版社，2009年，第476页。

[③] 王世家、止庵编：《鲁迅著译编年全集》第5卷，北京：人民出版社，2009年，第495页、第309页。"摩理思"见《出了象牙之塔》，"摩理孙"见《思想·山水·人物》，均译自日文。

[④] 周作人：《谈翻译》，钟叔河编订：《周作人散文全集》第9卷，桂林：广西师范大学出版社，2009年，第112页。

[⑤] 《〈艺术玩赏之教育〉附记》，王世家、止庵编：《鲁迅著译编年全集》第2卷，北京：人民出版社，2009年，第161页。

[⑥] 《〈出了象牙之塔〉后记》，王世家、止庵编：《鲁迅著译编年全集》第6卷，北京：人民出版社，2009年，第471页。

"增减字句"以求"成章",故他的译语有独特之涩味,而文字的背后是欧化风格的文脉逻辑。对于新体白话的生成而言,"循字移译"的作用最为突出。因此,新语体横跨生成的关键在于逐字译的实施。

有意味的是,就在周作人受钱玄同影响转向白话的1917年,他的翻译也开始回归逐字译。所谓"回归",对应的是他在1904年初试翻译时已经大体以逐字译的方式译了《侠女奴》,只是在《荒矶》之后愈发偏离。1917年,周作人首次白话译出的《陀思妥夫斯奇之小说》便被旧派攻击"不通",谓为"断断续续,文气不贯,无从讽诵"的"蹇涩之译笔"。①试看"倘使世间真有'俄祸',可就是俄国思想,如俄国舞蹈、俄国文学皆是"②一类的句子,确有初试的生涩。可耐人寻味的是,其译文尚可用不够圆熟的白话,但"译者案"却仍以文言撰写。由此也可看出,域外源语文本提供了练习白话书写的基础框架。

就在周作人自撰白话尚力不从心之际,蔡元培的"属译"陆续到达。《废娼问题之中心人物》的译法延续了《陀思妥夫斯奇之小说》的译笔。不过后者因译自英语,译者主动发挥的空间颇大,译为汉语白话的难度也随之增大;而前者译自日语,大量汉字可参用,易于把逐字译推向一种极致的可能,如已在第二节中举过的例子"是人以防止凡文章绘画照象能兴起猥亵之情者之输入发行为毕生事业"及"社会廓清国民十字军,于社会之纯洁保持,即所谓廓清运动,深所努力"等,这一类翻译语言已与周树人在民初阶段保持涩味的译文相当接近,不受古文惯习的束缚,不忌把多个层次的意思串联叠加在一句之中,努力使句子的组织严密化,脉络清楚。

《北京大学日刊》所载两篇《进德会报告》与《废娼问题之中心人物》在译法上高度一致。从文本内部也能证明它们出自周作人之手,如下:

(1)<u>下所译载为北京大学校长蔡元培氏所发起北京大学进德会之趣意书及其规则。……不特可知支那有识者阶级之社会道德观及对于社会改良之意见</u>③
　　<u>左に譯載せるは、北京大學總長蔡元培氏の主唱の下に設けられたる北</u>

---

① 王敬轩:《文学革命之反响》,《新青年》第4卷第3号,1918年。
② 周作人:《陀思妥夫斯奇之小说》,《新青年》第4卷第1号,1918年。
③ 《进德会报告》,《北京大学日刊》第93号,1918年3月16日。

京進德會なるものゝ趣意書と其規則である……支那の有識者階級の社會道德觀及び社會改良に關する意見を覗ひ得らるゝのみならず①

（2）窃思此进德会之起，确为支那对于现代道德及政治上自觉之一机运……即在支那亦已起有此种运动欲挽颓废之风俗②

惟ふに此の進德會の起つたといふ事は、確に支那の現代に於ける道德及び政治上の自覺の機運を覗ふ事が出來るのであつて……支那人でさへ斯樣な運動を起して道義の頽廢を救濟しやうといふ心持になつてゐる時に③

下划线标示出的中文句子均为日式长句，且都是逐字译，句序亦无颠倒，甚至为完全保留原文的语序特征而不惜拆散汉语的固定表达文法。

总体上看，《莫利逊文库》类似的长句不多，但它日语原文里本就较少修饰复杂的句式。其涨开文言译语的逐字译更多体现在长定语的频繁使用。第二节已经介绍过日汉翻译中的长定语或复杂定语问题。今人一般选择拆译，周作人却为了忠实原文，牺牲了汉语表达习惯，这类例子在《莫利逊文库》中颇多，如：

（1）小者有长仅一二寸之袖珍本、新闻杂志之剪片
小さなものでは二寸一寸位の豆の樣な袖珍本や新聞、雜誌の切拔等に至り

（2）麦加纳公使随员画家亚力山大墨笔之支那风俗图集
マカートネー卿に附いて來た畫家アレキサンダーの支那風俗圖集

（3）又如英国政府提出于议会之"蓝皮书"
英國政府が議會に提出する所謂「青書」の如き④

引文的画线部分均为破坏古文行文的复杂定语，尤其是（2）句，读来

---

① 「モリソン文庫に就いて」『日支時論』4（2）、1918。
② 《进德会报告》，《北京大学日刊》第 97 号，1918 年 3 月 21 日。
③ 「支那に廓清會起る」『廓清』8（3）、1918。
④ 日文三例均见于「モリソン文庫に就いて」『日支時論』4（2）、1918。

拗口。细析其结构，则是同位语修饰中心语"墨笔"，作为其后"支那风俗图集"的定语。(1)(3)句分别为偏正短语、主谓短语作定语。

清末民初，时人翻译重在介绍的应用文章时，普遍会采取归化的方法简化内容；但周作人为了逼近原文，却不吝笔墨，如：

> （1）凡英法德俄意西葡瑞波匈希腊芬兰等文所著，关于支那本部朝鲜满洲蒙古西伯利亚新疆俄属中央亚细亚西藏安南东部印度菲列宾群岛著述。
>
> （2）满铁会社通济隆公司各地游览公会发行之旅行指南及名胜志。

《莫利逊文库》译文里大量怪诞的句子形象，亦源于不加简省的逐字译；(1)句不厌其烦地抄译原文举出的国名，(2)句因对译导致异常缠绕。这里竭力保存原作的语言条理、固守原文的态度非常鲜明。

按说应付差事，以文言出之，速度最快；以周作人的经验来说，用《域外小说集》式的方法会更快，即"先将原文看过一遍，记清内中的意思，随将原本搁起，拆碎其意思，另找相当的汉文一一配合，原文一字可以写作六七字，原文半句也无妨变成一二字，上下前后随意安置"，但他放弃了"非增减字句不能成章"且"近雅而似达"①的文体，而选择了与白话译《陀思妥夫斯奇之小说》一样的逐字译，将文言语体变形推向极致。这背后折射了白话转向的思虑。

至于《美国人之支那书搜集》，鲁迅仍延"循字移译"的译则，在保持源语既有语序和意思的基础上，把日语句子结构的不同成分分别表达为短句。因此，该文的译语形象与其1913年前后的译语相比变化不明显。

有趣的是，此刻的周作人在坚持"改头换面"甚至是"面目全非"的异化翻译之路上走得显然更远。1918年，面对读者质疑，周作人在公开信中说"六朝至唐所译释教经论文体，都与非释教经论不同，便是因为翻译的缘故"，明确提出译文风貌要与创作有别；他追求的是"当竭力保存原作

---

① 周作人：《谈翻译》，钟叔河编订：《周作人散文全集》第9卷，桂林：广西师范大学出版社，2009年，第112页。

的'风气习惯，语言条理'"，"宁可'中不像中，西不像西'"①。

总的来说，周氏兄弟这批文学革命初期的文言译文，借助逐字译的方式完成了与欧、日语言逻辑的对接，从而改造了汉语书写语言；特别是新考订的四篇集外译作，为观察他们借极端欧化直译的古文语体变形转向"五四"新体白话的最后环节提供了新史料的支撑。至此，所谓文言与白话之间只隔一层"窗纸"，只需去掉"之乎者也"的表皮，便可转入欧化风格的新体白话。正如王风指出的，"在周氏兄弟手里，对汉语书写语言的改造在文言时期就已经进行，因而进入白话时期，这种改造被照搬过来，或者可以说，改造过了的文言被'转写'成白话"②。看似横空出世的新文学的新体白话，在周氏兄弟那里，不过是略加转身便可完成的事。

值得追问的是，同以文言语体译出的《废娼问题之中心人物》署了真名，但后面的四篇因何选择了匿名发表？这也使它们遗落在集外，始终未被著录与利用。考虑到《废娼问题之中心人物》的意旨乃至进德会的主张与周作人真实立场的距离，他不愿署名也可想而知；甚至不排除是蔡元培安排《废娼问题之中心人物》发表时替他署了"周作人译"，而后才有周作人似在表明心志的《贞操论》的紧急出手。可是《莫利逊文库》和《美国人之支那书搜集》，不涉及思想龃龉的问题，但也未署名。这便要考虑翻译背后的意识形态问题。

这批文言译文的发表恰在新文学运动的文白之争趋于激烈之时。"王敬轩"对文学革命的抨击，虽为钱玄同杜撰，但并非无根之木，而是聚集反对意见而成，时间正是1918年初。是时亦为《新青年》杂志同人意识增强的初始期，第4卷第3号的编辑部启事公开宣告，自第4卷第1号起，所有撰译，悉由编辑部同人公同担任。该号的出刊时间恰巧是周氏兄弟译这批日文的1918年3月。刚刚成为杂志同人的周氏兄弟，保持与白话文学倡导一致的文字，似乎也是职分所在。然而，周作人毕竟只是为完成任务，又处于忙碌中，文言译确实比用纯粹白话便宜，也更适合《北京大学日刊》

---

① 周作人：《通信·文学改良与孔教》（答张寿朋），《新青年》第5卷第6号，1918年12月15日。

② 王风：《周氏兄弟早期著译与汉语现代书写语言》（下），《鲁迅研究月刊》2010年第2期。

这一发表空间①。因此，匿名实为上策。

不过，匿名的方式同时也遮蔽了文言翻译通向新体白话的可能性。在当时的文学革命语境中，"用古文译书，必失原文的好处"②是面向公众鼓吹的同人共识，《新青年》同人以林纾为靶子，猛烈予以批判。刘半农借回击"王敬轩"，列出了林氏译外国文学的三大弊病：择稿不精，谬误太多，"把外国文字的意义神韵硬改了来凑就本国文"。这篇《文学革命之反响》同样刊在第4卷第3号。周氏兄弟在《北京大学日刊》上的系列译文恰恰不合时宜。通过比对源语和译作来看，《新青年》同人所批驳的文言其实完全可与白话一样做到"中不像中，西不像西"的"直译"；所谓对林纾以古文无法正确翻译的批判，是一种话语策略。

时过境迁，周作人直言当时攻击文言并非"自己的真正的判断"，说"五四前后，古文还坐着正统宝位的时候，我们的恶骂力攻都是对的，到了已经逊位列入齐民，如还是不承认他是华语文学的一分子……这未免有点错误了"；"讲国语文学的人不能对于古文有所歧视……白话文学的流派决不是与古文对抗从别个源头发生出来的"。③周作人在"五四"后能够适时调整语言策略，与他文言逐字译时期的深层体味分不开。

再看鲁迅，尽管他在汉语欧化方面不惜走向"硬译"，但1931年，当瞿秋白批评严复时，鲁迅委婉地否定了他所说的"古文的文言怎么能够译得'信'"，称严氏《天演论》之后采用唐人译经之法——"以'信'为主，粗粗一看，简直是不能懂的"。④这也投射出他对自己曾以文言"循字移译"经验的未能忘怀。

对文言翻译的丰富性做去蔽式的还原，更可敞开从文言译语到新体白话的研究空间。研究"五四"新体白话生成，应纳入西方传教士、清末民初通俗文学译者、晚清白话文运动、汉语现代化历程等进行多维度综合考量，但也必须由作为《新青年》同人的周氏兄弟这里正面进入，他们是使

---

① 前文已述，《北京大学日刊》的语体以文言为主，仅演讲和若干通知例外，甚至对演说的"述意"亦为文言。

② 胡适：《建设的文学革命论》，《新青年》第4卷第4号，1918年4月15日。

③ 周作人：《国语文学谈》，钟叔河编订：《周作人散文全集》第4卷，桂林：广西师范大学出版社，2009年，第484页。

④ 鲁迅：《关于翻译的通信》，《鲁迅全集》第4卷，北京：人民文学出版社，2005年，第390页。

新文学欧化白话定型并产生广泛影响的关键人物。

事实上,借助《北京大学日刊》所载之系列文言译作,正可揭示周氏兄弟由"竭力保存原作的'风气习惯,语言条理'"的文言逐字译开始,最终形成逻辑严密而富于组织性的新体白话的过程。逐字译使文言作为内在资源助力的新体白话的生成得以实现。由此便可理解,何以说周氏兄弟晚清民初的文言翻译是现代汉语书写语言的主要源头,"因为,并不借重现成的口语和白话,而是在书写语言内部进行毫不妥协的改造,由此最大限度地抻开了汉语书写的可能性"①。

第四节 周氏兄弟与《新青年》的"白话"裂变

文学革命时期,《新青年》同人主张"以白话代文言"②。然而,少为人所论及的是,他们最初倡议施行的白话文学与最终呈现的白话实践形态并不一致。胡适在《文学改良刍议》中称:

> 吾每谓今日之文学,其足与世界"第一流"文学比较而无愧色者,独有白话小说(我佛山人、南亭亭长、洪都百炼生三人而已)一项。……
> 以今世眼光观之,则中国文学当以元代为最盛,可传世不朽之作,当以元代为最多。此可无疑也。当是时,中国之文学最近言文合一。白话几成文学的语言矣。③

此时,胡适推崇的白话文学是元代以降流行于市井的戏文小说。到了《建设的文学革命论》,胡适直言:

> 我们可尽量采用《水浒》《西游》《儒林外史》《红楼梦》的白话。

---

① 王风:《周氏兄弟早期著译与汉语现代书写语言》(下),《鲁迅研究月刊》2010 年第 2 期。
② 蔡元培:《总序》,胡适编选:《中国新文学大系·建设理论集》,上海:良友图书印刷公司,1935 年,第 10 页。
③ 胡适:《文学改良刍议》,《新青年》第 2 卷第 5 号,1917 年 1 月 1 日。胡适误以为"《水浒》《西游》《三国》之类"通俗行远的白话作品也出自元代,故有"中国文学当以元代为最盛"的说法。

有不合今日的用的，便不用他；有不够用的，便用今日的白话来补助；有不得不用文言的，便用文言来补助。①

在胡适的心目中，新文学的白话创作应以明清通俗小说的白话为主体，加以损益，损的是"不合今日的"，用作补充的除去文言字眼，还有"今日的白话"，指向的是创作者的口语。关于这一段话，胡适在为《中国新文学大系·建设理论集》撰写的《导言》中特意现身说法，用自己的例子予以解释：

> 我的家乡土话是离官话很远的；我在学校里学得的上海话也不在官话系统之内。我十六七岁时在《竞业旬报》上写了不少的白话文，那时我刚学四川话。我写的白话差不多全是从看小说得来的。我的经验告诉我：《水浒》《红楼》《西游》《儒林外史》一类的小说早已给了我们许多白话教本，我们可以从这些小说里学到写白话文的技能。所以我大胆的劝大家不必迟疑，尽量的采那些小说的白话来写白话文。其实那个时代写白话诗文的许多新作家，没有一个不是用从旧小说里学来的白话做起点的。那些小说是我们的白话老师，是我们的国语模范文，是我们的国语"无师自通"速成学校。②

胡适认为新文学的白话创作本质上是对《水浒》《红楼》等小说的模仿。然而，从汉语形象③来看，"五四"文学的白话形态与明清小说的白话样貌迥然有别。即就明清白话小说观之，虽然不同作品里的白话特征各有千秋，但与新文学相比，它们又有着内在的相似性。试举"四大名著"中的人物出场作为例子：

---

① 胡适：《建设的文学革命论》，《新青年》第4卷第4号，1918年4月15日。
② 胡适：《导言》，胡适编选：《中国新文学大系·建设理论集》，上海：良友图书印刷公司，1935年，第23—24页。
③ 王一川提出："汉语形象是一种修辞性形象，它是文学中的汉语组织在语音、词法、句法、篇法、辞格和语体等方面呈现出来的富于表现力及独特个性的美的形态。"参见王一川：《汉语形象与文化现代性问题》，《文艺研究》1999年第5期。

宋江在灯下看那武松时,果然是一条好汉。但见:

身躯凛凛,相貌堂堂。一双眼光射寒星,两弯眉浑如刷漆。胸脯横阔,有万夫难敌之威风;语话轩昂,吐千丈凌云之志气。心雄胆大,似撼天狮子下云端;骨健筋强,如摇地貔貅临座上。如同天上降魔主,真是人间太岁神。①

那人不甚好读书;性宽和,寡言语,喜怒不形于色;素有大志,专好结交天下豪杰;生得身长七尺五寸,两耳垂肩,双手过膝,目能自顾其耳,面如冠玉,唇若涂脂;中山靖王刘胜之后,汉景帝阁下玄孙:姓刘,名备,字玄德。②

盖自开辟以来,每受天真地秀,日精月华,感之既久,遂有灵通之意。内育仙胞,一日迸裂,产一石卵,似圆球样大。因见风,化作一个石猴。五官俱备,四肢皆全。便就学爬学走,拜了四方。目运两道金光,射冲斗府。③

心中想着,忽见丫鬟话未报完,已进来了一位年轻的公子:
头上戴着束发嵌宝紫金冠,齐眉勒着二龙抢珠金抹额;穿一件二色金百蝶穿花大红箭袖,束着五彩丝攒花结长穗宫绦,外罩石青起花八团倭缎排穗褂;登着青缎粉底小朝靴。面若中秋之月,色如春晓之花,鬓若刀裁,眉如墨画,面如桃瓣,目若秋波。虽怒时而若笑,即瞋视而有情。项上金螭璎珞,又有一根五色丝绦,系着一块美玉。④

黛玉一见,便吃一大惊……

就语言面貌来看,《水浒传》留存了明初以前白话的特征,偏于口语;《三国演义》限于讲史的窠臼,文白夹杂;《西游记》是宋讲经与说诨词的发展,基本上是白话;《红楼梦》是曹雪芹在北方口语的基础上做了精加

---

① 施耐庵:《水浒传》上册,北京:人民文学出版社,1997年,第288—289页。
② 罗贯中:《三国演义》上册,北京:人民文学出版社,1973年,第3—4页。
③ 吴承恩:《西游记》上册,北京:人民文学出版社,1980年,第3页。
④ 曹雪芹:《红楼梦》上册,北京:人民文学出版社,2008年,第47—48页。

工,语言凝练流畅。①细致分析的话,"四大名著"的白话表达各具特色,但还是与"五四"时期的新文学截然不同。也举两个新文学中著名的小说人物出场的例子:

> 孔乙己是站着喝酒而着长衫的唯一的人。他身材很高大;青白脸色,皱纹中间,时常夹些伤痕;一部乱蓬蓬的花白胡子。穿的虽是长衫,可是又脏又破,似乎十多年没有补,也没有洗。他对人说话,总是满口之乎者也,教人半懂不懂的。因为他姓孔,别人便从描红纸上"上大人孔乙己"这半懂不懂的话里,替他取下一个绰号,叫作孔乙己。②

> 这来的便是闰土。虽然我一见便知道是闰土,但又不是我这记忆上的闰土了。他身材增加了一倍;先前的紫色的圆脸,已经变作灰黄,而且加上了很深的皱纹;眼睛也像他父亲一样,周围都肿得通红,这我知道,在海边种地的人,终日吹着海风,大抵都如此的。他头上是一顶破毡帽,身上只一件极薄的棉衣,浑身瑟索着;手里提着一个纸包和一支长烟管,那手也不是我所记得的红活圆实的手,却又粗又笨而且开裂,像是松树皮了。③

两段人物描写分别出自鲁迅的《孔乙己》和《故乡》。与"四大名著"相比,同样是用白话来描摹人物出场,鲁迅的表达更曲折,修饰关系复杂,"孔乙己是站着喝酒而着长衫的唯一的人"这样的句子,很少会在明清白话小说里出现。他还频繁使用关联词,像"虽然我一见便知道是闰土,但又不是我这记忆上的闰土了"的表意方式,基本未见于"四大名著"的白话。

胡适号召模仿明清小说中的白话创作新文学的文章《建设的文学革命论》,发表在1918年4月15日《新青年》第4卷第4号上。他写作这篇文

---

① 参见徐时仪:《汉语白话史》,北京:北京大学出版社,2015年,第243—246、271—273页。另可参孟昭连:《白话小说生成史》,天津:南开大学出版社,2016年,第387—392页。
② 鲁迅:《孔乙己》,《新青年》第6卷第4号,1919年4月15日。
③ 鲁迅:《故乡》,《新青年》第9卷第1号,1921年5月1日。

章的时候，绝不会预料到第 4 卷第 5 号《新青年》上会刊出鲁迅的《狂人日记》。《狂人日记》的白话表达以"错杂狂语"的形式和不妥协的姿态打开了汉语白话书写的新空间。

《狂人日记》长期被视为中国现代文学史上的第一篇白话小说。直到 1978 年，夏志清依据胡适为陈衡哲作品集《小雨点》所作序言，断言"最早一篇现代白话小说是陈衡哲的《一日》"[①]。新时期以来，一些学者接受了这种观点。此外，还有研究者力推刘韵琴的《大公子》[②]抑或李劼人的《儿时影》为现代白话小说的开山之作[③]。究竟如何理解《狂人日记》的白话及其历史地位成了新的问题[④]。对此，文贵良讨论了《狂人日记》的语体欧化问题，从"是"的用法拓展、"一 + 量词 + 名词性结构"的形式、新兴的联结法、能愿动词连用修饰同一个动词、人称代词前有修饰语、特殊插入语的使用等多个方面细致描述了《狂人日记》作为"现代文学书面白话汉语"的欧化特质。[⑤]

就语体特征来说，《新青年》上的白话至第 4 卷开始已经呈现出新旧两种面貌。在作者之间，彼此未必有觉察，而读者却更为敏感。1918 年夏，张寿朋在友人处读到第 4 卷前 5 号的《新青年》，在总体肯定的前提下，提出了颇多具体的商榷意见，其中一条是：

> 诸君读了外国的好诗歌、好小说入了神，得了味，恨不得便将他全副精神肚脏都搬运到中国文字里头来，就不免有些弄巧反拙，弄得来中不像中，西不像西。何以故？外国有外国的风气习惯、语言条

[①] 夏志清：《小论陈衡哲》，《新文学的传统》，台北：时报文化出版事业有限公司，1979 年，第 124—127 页。

[②] 李西亭：《中国新文学的第一篇小说〈大公子〉——从陈衡哲的〈一日〉谈起》，《中国文化》2002 年第 19、20 期合刊。

[③] 贾剑秋：《现代白话小说第一人辨》，《西南民族大学学报（人文社科版）》2005 年 11 期。

[④] 近年来，新的研究成果还有杨剑龙、张晓英《中国现代小说"第一燕"之甄别与思考》，《小说评论》2021 年第 1 期；赵静：《形式、语言与情感：第一篇白话小说的三个维度》，《中山大学学报（社会科学版）》2022 年第 2 期；李扬：《"运动"的另一种轨迹——作为"白话小说"的〈一日〉》，《中山大学学报（社会科学版）》2022 年第 2 期；燕晓：《从"起点"到"开场"——多重"起点"下现代小说语言与文体的创生》，《当代文坛》2023 年第 1 期。

[⑤] 文贵良：《文学汉语实践与中国现代文学的发生》，北京：北京大学出版社，2022 年，第 505—508 页。

理，中国有中国的风气习惯、语言条理，所以遇有在外国极有精神、极有趣味的话，拿来中国却没有精神趣味了。若谙习外国文言的，自然全读外国诗，不用读得译本。既是译本，自然要将他融化重新铸过一番。此非有大才力，费大精神不能。如贵杂志上的《老洛伯》那几章诗，狠可以读。至如那首《牧歌》，寿朋却要认作"阳春白雪，曲高和寡"了。因此故寿朋请诸君在翻译上还要费点儿神。（责备贤者，休怪休怪。）①

张寿朋点名的《老洛伯》和《牧歌》，虽然是译诗，但他的阅读感受是基于第 4 卷前 5 号的《新青年》而来的，而且从"诸君读了外国的好诗歌、好小说入了神"来判断，"将他全副精神肚脏都搬运到中国文字里头来"也涵盖《新青年》发表的部分小说。胡适自述读苏格兰女诗人"Anne Lindsay 夫人"的《老洛伯》，"几乎掉下泪来"②，当天晚上就译为白话。除去感动，胡适考虑译出的深层原因或与"全篇作村妇口气，语语率真"有关，以白话译"此当日之白话诗"③，得其所哉。以第一节为例：

> 羊儿在栏，牛儿在家，
> 静悄悄地黑夜，
> 我的好人儿早在我身边睡了，
> 我的心头冤苦，都迸作泪如雨下。④

虽为译诗，但全无翻译腔。张寿朋所谓《牧歌》，实际上指的是周作人在《古诗今译》里译出的谛阿克列多思（Theokritos，今通译为"忒奥克里托斯"）的《牧歌第十》。篇前附有他的一篇"Apologia"，即辩解书，前三点说道：

一　Theokritos 牧歌（Eidyllion Bukolikon），是二千年前的希腊古

---
① 张寿朋：《通信·文学改良与孔教》，《新青年》第 5 卷第 6 号，1918 年 12 月 15 日。
② 胡适：《跋》，A. Lindsay：《老洛伯》，胡适译，《新青年》第 4 卷第 4 号，1918 年 4 月 15 日。
③ 胡适：《引言》，A. Lindsay：《老洛伯》，胡适译，《新青年》第 4 卷第 4 号，1918 年 4 月 15 日。
④ A. Lindsay：《老洛伯》，胡适译，《新青年》第 4 卷第 4 号，1918 年 4 月 15 日。

诗,今却用口语来译他;因我觉得他好,又信中国只有口语可以译他。

什法师说,"翻译如嚼饭哺人",原是不差。真要译得好,只有不译。若译他时,总有两件缺点;但我说,这却正是翻译的要素。一,不及原本,因为已经译成中国语。如果还同原文一样好,除非请 Theokritos 学了中国语,自己来作。二,不像汉文,——有声调好读的文章——因为原是外国著作。如果同汉文一般样式,那就是我随意乱改的胡涂文,算不了真翻译。

二　口语作诗,不能用五七言,也不必定要押韵;止要照呼吸的长短作句便好。现在所译的歌,就用此法,且来试试;这就是我的所谓"自由诗"。①

张寿朋所言"中不像中,西不像西"大概就是从周作人辩解中的"不及原本"与"不像汉文"化用而来。通过张寿朋来信的例子可以看出,除了小说文体之外,《新青年》的新诗即便同为白话译诗,白话形象亦有差别。举《牧歌第十》开篇的对话为例:

甲　你没气力的笨汉,你怎么了?你不能一径割稻,同平常一样,又不能同两边的人一样的割得快。却独自落后;宛然一只母羊,脚被棘刺刺伤,跟在羊队的后面。你早上便割的不得法,等到午后晚上,不晓得你会到怎地?

乙　Milon,你能从早到晚的劳作,你是顽石的小片,我问你,可不曾想着你不在身边的人么?②

周作人虽然号称"口语作诗",但和胡适所译《老洛伯》里"村妇口气"的白话比起来,确实费解得多。究其原因,是周作人坚持"竭力保存原作的'风气习惯、语言条理'"③,致使他笔下之口语的组织方式、修辞逻辑、个性形态等都和胡适逼近"村妇口气"的白话截然不同,有学者称之

---

① 周作人:《古诗今译》,《新青年》第4卷第2号,1918年2月15日。
② 同上。
③ 周作人:《通信·文学改良与孔教》(答张寿朋),《新青年》第5卷第6号,1918年12月15日。

为"无声的'口语'",即"从一开始就不是'引车卖浆'之徒所用的俗语,或者胡适所追摹的明清小说中的白话";"他这里的'口语',其实与'今音'没有关系,它乃是一种摆脱了任何形式与腔调(甚至是'今音')限制的纯粹的书写语言"。不过,周作人这种说不出的"口语",未必是"关于白话文的文体自觉",所谓"它通过与口头语的接近而达到了与'文学革命'的合流,但同时又通过对'声音'的摈弃,而与同时代的'言文一致'的意识形态拉开了距离"①的看法,或许放大了周作人的能力和价值。

前文已述,周作人自称他的"第一篇白话文"②是发表在《新青年》第4卷第2号上的《古诗今译》,但他的白话翻译实践,却自前一号《新青年》上的《陀思妥夫斯奇之小说》始。观其译文的开篇:

> 近来时常说起"俄祸"。倘使世间真有"俄祸",可就是俄国思想。如俄国舞蹈、俄国文学皆是。我想此种思想,却正是现在世界上,最美丽最要紧的思想。
> 试论俄国舞蹈,英法德美的舞蹈,现今已将衰败。唯有尼纯斯奇Nizhinskij 所领的俄国舞曲,十分美妙。将使舞蹈的一种艺术,可以同悲剧与雕刻并列。③

此类蹩脚的白话同样属于"中不像中,西不像西"。译《牧歌第十》,还可用"古诗今译"难以操作或诗体不可译当成借口。而此《陀思妥夫斯奇之小说》是一篇译自《北美评论》的学术文章。学术文章重在逻辑清晰,表达明澈。翻译学术文章的难度不像译诗那样高。可是,周作人竟然把"将使舞蹈这种艺术"译成"将使舞蹈的一种艺术",又译出"倘使世间真有'俄祸',可就是俄国思想。如俄国舞蹈、俄国文学皆是"这种让人摸不着头脑的句子。

从常识上推断,最贴切的解释或许是周作人的"口语"能力有限,

---

① 张丽华:《无声的"口语"——从〈古诗今译〉透视周作人的白话文理想》,《中国现代文学研究丛刊》2011 年第 1 期。
② 周作人:《蔡孑民二》,钟叔河编订:《周作人散文全集》第 13 卷,桂林:广西师范大学出版社,2009 年,第 510 页。
③ 周作人:《陀思妥夫斯奇之小说》,《新青年》第 4 卷第 1 号,1918 年 1 月 15 日。

将口中言语转换为笔下白话尚存在一定困难。毕竟，他刚刚才开始写作白话，还处在练习期中，不可能把白话写得圆熟。《牧歌第十》文体的特殊性让读者不易判断这类句子是出自诗歌本身的含混，还是译者白话表达的不到位，但几乎与它同时译出①的《陀思妥夫斯奇之小说》却暴露了周作人白话能力的短板。

周作人自己对其译作也颇为不满。《牧歌第十》写的是两个割稻人的对话，1921年11月25日，他重译此篇，改题为《割稻的人》，分别在《晨报副镌》和《民国日报·觉悟》两次发表②，不可谓不重视。尽管直接阅读《牧歌第十》，不易察觉它白话的蹩脚，但比对来看，则一目了然。同样来看开篇的对话：

  密 你辛苦的笨汉，现在你怎么了，你可怜的家伙？你不能一直的割稻，同你平日一样；又不能同两边的人一样的割得快：却要独自落后，宛似一只母羊，脚被荆棘刺伤，从羊群离散了么？你起手便割的不得法，等到中午傍晚，你将变到什么模样呢？
  巴 密隆，你能从早到晚的劳作，你顽石的小片，你可不曾有过，想望你不在身边的人么？③

周作人在新写的跋语中说："这是台阿克利多思《牧歌》的第十章，四年前曾译过，登《新青年》上，今又加以改正，再行发表，较前译似稍确实了。"④新译作除了在内容上稍作补充，更在语体上多有调整，如改"一径"为"一直"，"不晓得你会到怎地"变成"你将变到什么模样呢"，"可不曾想着你不在身边的人么"易作"你可不曾有过，想望你不在身边的人么"。显然，周作人的白话变得更加舒展；可以见出，到1921

---

① 据周作人日记，周作人译《陀思妥夫斯奇之小说》的时间是1917年的9月7日和8日，《周作人日记》（影印本）上册，郑州：大象出版社，1996年，第693页。周氏自述于"九月十八日"译成《牧歌第十》。见周作人：《蔡子民二》，钟叔河编订：《周作人散文全集》第13卷，桂林：广西师范大学出版社，2009年，第510页。
② 台阿克利多思：《割稻的人》，仲密译，《晨报副镌》，1921年12月4日；台阿克利多思：《割稻的人》，仲密译，《民国日报·觉悟》，1921年12月8日。"仲密"为周作人的笔名。
③ 台阿克利多思：《割稻的人》，仲密译，《晨报副镌》，1921年12月4日。
④ 同上。

年，他写作白话的能力有进步，但这也暴露了其1917年白话写作能力的短板。

然而，即便是《陀思妥夫斯奇之小说》这样略显蹩脚的白话，也已经是周作人1917年9月尽了全力写出的样子了，篇幅不长的学术文章，他竟然花费两天时间来翻译。而且，和在日本留学时一样，这一时期周作人写下的文字，常常是经鲁迅之手修订过的。据周作人回忆，《古诗今译》"这篇译诗与题记都经过鲁迅的修改"①，送到《新青年》上发表。鲁迅在明知修改后要发表的情况下也只改到了这种程度，意味着鲁迅此时的白话能力同样有限。

1917年9月，《新青年》才出版完第3卷。虽然胡适鼓吹白话的观念早已提出，但纵观前三卷《新青年》（第1卷为《青年杂志》），除去讲演有口语白话，其他无论撰述、翻译，抑或通信，几乎皆为文言。甚至，第3卷第6号发表的蔡元培在北京神州学会演讲的《以美育代宗教说》，也是文白夹杂，如其开篇说：

> 兄弟于学问界未曾为系统的研究，在学会中本无可以表示之意见。惟既承学会诸君子责以讲演，则以无可如何中，择一于我国有研究价值之问题，为到会诸君一言，即"以美育代宗教"之说是也。②

所谓"白话"，即便在讲演文字里也不过尔尔。较之胡适清末时有过在《竞业旬报》上模仿明清小说白话创作部分作品的经验，周氏兄弟在1917年9月之前都没有用白话写完整作品的机会。对鲁迅而言，《狂人日记》也是半年后才出手的作品。巧的是，周作人第一次见到胡适是在1917年9月19日，而前一天他已经译出了《牧歌第十》。周氏兄弟与胡适在此之前没有联系。这便意味着周作人尝试练习、鲁迅参与修改的"白话"是一条独立于胡适所倡导的白话形态之外的特殊实践，也造成了《新青年》自第4卷开始的"白话"裂变。不过，如果说周氏兄弟这个时候的白话写作是一

---

① 周作人：《蔡孑民二》，钟叔河编订：《周作人散文全集》第13卷，桂林：广西师范大学出版社，2009年，第511页。
② 蔡孑民：《以美育代宗教说》，《新青年》第3卷第6号，1917年8月1日。

种"关于白话文的文体自觉"①,毋宁说是他们的白话水平有限导致的不得已。今人乐于讨论《狂人日记》在汉语欧化史上的重要位置,殊不知就周氏兄弟整体的语言经验来看,在《新青年》上,欧化味道的白话实践借由翻译的形式已经在半年前的1917年9月自《陀思妥夫斯奇之小说》这一篇开启。

王风曾追问:"'新文学'号称以白话代文言,而白话一千多年前就已经出现了,凭什么说这时候才'代'?当然可以说这时的白话与古代的白话不同,但那究竟又不同在哪儿?"②

中国旧有白话多用于口语,书面文章基本都是文言。晚清白话文运动以白话成文,主要是俯就下层百姓,"那时候,古文是为'老爷'用的,白话是为'听差'用的",因此"写正经的文章或著书时,当然还是作古文的";但"五四"白话文运动希望达成的是"无论对什么人,做什么事,无论是著书或随便写一张条儿,一律都用白话"。③但问题是,写便条的白话不妨从口语里来,而著书的白话却难以由此实现。周作人曾将"写古文难,写白话容易"视为"误解",称据他的经验,写古文容易得多,而写白话有时是自讨苦吃④。因此,白话如何文章化是新文学建设必须面对和解决的问题。

在文学革命中,白话文运动最初的主导者是胡适。他放言"死文字"的文言不能产生"活文学"⑤。但周氏兄弟并不认可这种二元对立的看法。鲁迅将古书里的童谣、谚语、民歌,宋人语录话本、元人杂剧传奇里的科白统统看作"当时的口语的摘要","是古人的文"而非"俗语"⑥,这显然否定了胡适的白话文学史观。周作人也表示"文字的死活只因它的排列法

---

① 张丽华:《无声的"口语"——从〈古诗今译〉透视周作人的白话文理想》,《中国现代文学研究丛刊》2011年第1期。
② 王风:《前言》,《世运推移与文章兴替——中国近代文学论集》,北京:北京大学出版社,2015年,第2页。
③ 周作人:《中国新文学的源流》,钟叔河编订:《周作人散文全集》第6卷,桂林:广西师范大学出版社,2009年,第95页。
④ 同上书,第100—101页。
⑤ 胡适:《建设的文学革命论》,《新青年》第4卷第4号,1918年4月15日。
⑥ 鲁迅:《门外文谈》,《鲁迅全集》第6卷,北京:人民文学出版社,2005年,第93页。

而不同,其古与不古,死与活,在文字的本身并没有明了的界限"①。

胡适倡导的所谓"活语言"的白话是"家喻户晓之《水浒》《西游》文字"②,引发了文言与白话问题的讨论,但真正打开新体白话局面的,于创作方面是鲁迅,于观念层面是周作人。鲁迅《狂人日记》发表后,在当时没有引起语体话题的讨论;反倒是周作人的翻译,屡遭旧派诟病,他最初的两篇白话译文《陀思妥夫斯奇之小说》和《古诗今译》亦未能幸免,特别是后者被讽为将"全副精神肚脏都搬运到中国文字里头来",弄巧反拙,"中不像中,西不像西",而胡适的白话译诗《老洛伯》却得到反对派的肯定,被认为"狠可以读"。③可见,倘若仅是胡适那样的白话,不会因新异怪诞而导致激烈的反弹,不过白话讨论的社会效果也会因此而打折扣,更重要的是无法建构新文学独特的语言形态和身份特质;甚至不妨说单纯按照胡适的设计,根本不会出现新体白话的形态。

第五节 成为典范的"周氏语体"及其争议问题

1922年,胡适在总结文学革命成绩时,也表彰了周作人翻译之价值,称其"用的是直译的方法,严格的尽量保全原文的文法与口气。这种译法,近年来很有人仿效,是国语的欧化的一个起点"④。倘若承认"五四"新体白话的核心特色在欧化因素的话,那么胡适的评价恰恰说明了周氏兄弟在此维度上的"起点"意义。

"五四"白话文运动事实上存在一条从胡适路线到周氏兄弟实践之偏移的轨迹。⑤1919年初,傅斯年呼应胡适的主张,却有感于旧白话粗鄙无文:

---

① 周作人:《中国新文学的源流》,钟叔河编订:《周作人散文全集》第6卷,桂林:广西师范大学出版社,2009年,第99页。
② 胡适:《文学改良刍议》,《新青年》第2卷第5号,1917年1月1日。
③ 张寿朋:《通信·文学改良与孔教》,《新青年》第5卷第6号,1918年12月15日。
④ 胡适:《五十年来中国之文学》,欧阳哲生编:《胡适文集》第3卷,北京:北京大学出版社,2013年,第231页。
⑤ 王风:《文学革命的胡适叙事与周氏兄弟路线——兼及"新文学"、"现代文学"的概念问题》,《中国现代文学研究丛刊》2006年第1期。

> 我们的说话,本不到第一等的高明;就是把他的好质素通身移在作文上,作出的文,依然不是第一等。仔细观察我们的语言,实在有点不长进:有的事物没有名字,有的意思说不出来;太简单,太质直;曲折少,层次少。①

这也是周氏兄弟共有的感觉。鲁迅评"欧化文法的侵入中国白话中的大原因"时说:"要说得精密,固有的白话不够用,便只得采些外国的句法。……胡适先生登在《新青年》上的《易卜生主义》,比起近时的有些文艺论文来,的确容易懂,但我们不觉得它却又粗浅、笼统吗?"②周作人也不赞同"纯用老百姓的白话可以作文"的说法,因为"一般的日用口语"无法胜任"用字更丰富,组织更精密,使其适于表现复杂的思想感情之用"的文章语。③

胡适范式不过是激活本土白话小说的旧有资源,难以在语言转型上开辟新的天地。相较于胡适,傅斯年的高明之处在于区分了两种类型的白话:一是"代语的白话文",即和说话一样的白话文;二是"独到的白话文",它的特点是"超于说话",是"有创造精神的白话文,与西洋文同流的白话文"。关于写作"独到的白话文"的办法,他"在乞灵说话以外",找到了"一宗高等凭借物",具体来说就是"直用西洋文的款式、文法、词法、句法、章法、词枝（Figure of speech）……一切修辞学上的方法,造成一种超于现在的国语,欧化的国语,因而成就一种欧化国语的文学"。④

在亮明总的观点之后,傅斯年开始分层论述。首先,针对"我们的国语,异常质直,异常干枯"的现状,提出"用西洋修辞学上各种词枝",使得汉语白话表达"活泼泼"起来,充满"余味",富有"西洋文的趣味"。

所谓"词枝",按傅斯年自注的英文 Figure of speech 可知,意为修辞

---

① 傅斯年:《怎样做白话文?》,《新潮》第 1 卷第 2 号,1919 年 2 月。
② 鲁迅:《玩笑只当它玩笑（上）》,《鲁迅全集》第 5 卷,北京:人民文学出版社,2005 年,第 548 页。
③ 周作人:《国语文学谈》,钟叔河编订:《周作人散文全集》第 4 卷,桂林:广西师范大学出版社,2009 年,第 484 页。另可参周作人:《中国新文学的源流》,钟叔河编订:《周作人散文全集》第 6 卷,桂林:广西师范大学出版社,2009 年,第 95 页。
④ 傅斯年:《怎样做白话文?》,《新潮》第 1 卷第 2 号,1919 年 2 月。

格。在中国旧有白话文学里,类似《红楼梦》这样经得起反复推敲的白话作品少之又少。从修辞的角度看,传统小说白话比起近代报刊白话反而稍好,但和新文学的白话相比,它的形象性、情感性、丰富性、美感性、独特性整体不足,对语音、语汇、语法、篇章结构、标点符号等的修辞作用强调不足。①古人的白话写作很少会完整地精心地组织好一篇作品,认真到像写旧体诗一样的炼字炼句。

其次,傅斯年认为当时白话"异常的贫",即"字太少了"。众所周知,仅《康熙字典》里就收录汉字四万七千多个,为何傅斯年会说白话的"字"太少了?这里的"字",实际上是指语词。所谓的"太少了"意指中国社会现代化进程太快,从传统到现代的急速变化中,现实生活发生了翻天覆地的变化,而这些"现代生活里边的事物"缺乏命名。因为"这事物差不多全是西洋出产",所以傅斯年才说"我们造这词的方法,不得不随西洋语言的习惯,用西洋人表示的意味",而且"不仅词是如此,一切的句,一切的支句,一切的节,西洋人的表示法尽多比中国人的有精神"。

再者,傅斯年认为无论是古文,还是近代白话,中国文章都是"其直如矢,其平如底","只多单句,很少复句;层次极深,一本多枝的句调,尤其没有"。简言之,传统的汉语表达缺乏西式语言的立体结合的能力,在"句法的构造"方面不够深入。这尤其需要引入西洋语法,通过"摹仿西洋语法的运用",力求繁复层次的发展,克服旧有的简单化的弊病,使语言走向精密深邃。

在论述这一点时,傅斯年特意举了章士钊的例子。他说:

> 《甲寅》杂志里章行严先生的文章,我一向不十分崇拜;他仍然用严几道的腔调,古典的润色。不过他有一种特长,几百年的文家所未有——就是能学西洋词法,层次极深,一句话里的意思,一层一层的剥进,一层一层的露出,精密的思想,非这样复杂的文句组织,不能表现;决不是一个主词,一个谓词,结连上很少的"用言",能够圆满传达的。②

---

① 此处罗列的有关汉语体修辞的要求与特点,参见黎运汉主编:《现代汉语语体修辞学》,南宁:广西教育出版社,1989年,第314—405页。
② 傅斯年:《怎样做白话文?》,《新潮》第1卷第2号,1919年2月。

近年来,学界开始讨论欧化文言的问题,章士钊是重中之重的研究对象,而最早注意到"甲寅文体"的欧化特性的是傅斯年。

傅斯年在当时对标的是"现在优美的英文、法文"。他不满于"抱住现在的白话",是因为"刻刻不忘理想上的白话文,又竭力求这理想上的白话文实现"。何谓"理想上的白话文",他给了三个标准:

(1)"逻辑"的白话文。就是具"逻辑"的条理,有"逻辑"的次序,能表现科学思想的白话文。

(2)哲学的白话文。就是层次极复,结构极密,能容纳最精思想的白话文。

(3)美术的白话文。就是运用匠心,做成善于入人情感的白话文。①

而这三点"在西洋文中都早做到了",所以傅斯年说"我们拿西洋文当做榜样,去摹仿它,正是极适当,极简便的办法",同时他将"理想的白话文"归结为"欧化的白话文",其终极追求是"一言一语,一切表词法,一切造作文句的手段,也全是'实获我心'"。

随后,傅斯年指示了"直用西洋词法"的施行方法。一是留心西洋文学的达词法(Expression),"想法把它运用到中文上",由此掌握"西洋修辞学的手段"。二是练习作文时,"最好是挑选若干有价值的西洋文章,用直译的笔法去译它;径自用它的字调,务必使它原来的旨趣,一点不失",久而久之,自己便能做出好文章。三是自己做文章时,径自用我们读西文所得、翻译所得的手段,务必使我们做出的文章和西文近似,有西文的趣味。四是"要想尽方法,融化西文的词调",为我所用,即便"有失败的时节,弄成四不像的白话",依然不畏惧前行。傅斯年的预见性体现在尊重客观事实,即"照事实看来,中国语受欧化,本是件免不了的事情"。

在文章的最后,傅斯年隆重推出了欧化白话文的典范——周作人。他说:

---

① 傅斯年:《怎样做白话文?》,《新潮》第1卷第2号,1919年2月。

《新青年》里的文章，像周作人先生译的小说是极好的，那宗直译的笔法，不特是译书的正道，并且是我们自己做文的榜样。严几道翻译西洋书用子书的笔法、策论的笔法、八股的笔法……替外国学者穿中国学究衣服，真可说是把我之短，补人之长。然而一般的人，总说这是译书作文的正宗，见人稍用点西洋句调，便惊讶以为奇谈。这正为中国的读书人，自待太贱，只知因袭，不知创造，不知文学家的势力。文学家对于语言有主宰的力量，文学家能变化语言。①

傅斯年意在用周作人那种行文中夹杂"西洋句调"的直译译书笔法取代严复的"子书的笔法、策论的笔法、八股的笔法"，重塑"译书作文的正宗"。有趣的是，由此再回看傅斯年指示的"直用西洋词法"做白话文的方法，恰恰是周氏兄弟一路走来的切身经验。特别是第二点，傅斯年提出的白话文章化的"欧化"路径——"用直译的笔法去译它；径自用它的字调，务必使它原来的旨趣，一点不失"，正是周氏兄弟自晚清以来的实践道路，久而久之，他们也便做出了好文章。傅斯年不仅主张学习周作人的译书方法，更提倡将他的欧化白话语体作为"做文的榜样"。

傅斯年主张欧化的白话文之后有何舆论反应，目前缺乏直接的材料，但反对之声可想而知。毕竟在努力创作语体文学的人群内部，也都有不同的声音，遑论旧派。

1921年，沈雁冰在《小说月报》上正式发起了有关"语体文欧化"的大讨论。他认为创作家有"改良中国几千年来习惯上沿用的文法"之责任。沈雁冰观察到文坛上存在的一个现象。在支持新文学的阵营里，有这样一类人——"自己做语体文，抄译西洋学说，而对于中国语体文的欧化，却无条件的反对"，理由是"欧化的语体文非一般人所能懂"。然而，沈雁冰希望追问的是"应当先问欧化的文法是否较本国旧有的文法好些"，"如果确是好些，便当用尽力量去传播，不能因为一般人暂时的不懂而便弃却"。他亮明了自己赞成"对于采用西洋文法的语体文"的态度，底线是"不离一般人能懂的程度太远"，"这是过渡时代试验时代不得已的办法"。②

---

① 傅斯年：《怎样做白话文?》，《新潮》第1卷第2号，1919年2月。
② 雁冰：《语体文欧化之我观（一）》，《小说月报》第12卷第6号，1921年6月10日。

随之，郑振铎在同一期《小说月报》上发表了与沈雁冰《语体文欧化之我观》同名又前后相继的文章，批判中国旧文体已成滥调，因受程式所拘，不能精微地表达，且不仅文言文如此，语体文也是这样；"所以为求文学艺术的精进起见"，郑振铎"极赞成语体文的欧化"，这在各国文学史的变动期中也常见。文章最后，他用很缠绕的表达，提出了语体文欧化的"一个程度"，即"他虽不像中国人向来所写的语体文，却也非中国人所看不懂的"。①

不久，王统照在《曙光》上发表文章支持沈雁冰与郑振铎的主张，并且提到了傅斯年。他说"记得傅孟真君，前曾为此问题，作了篇长论文，只是大家似乎都不十分了解这种文体的改革法"。他认为"改革语体文，不但于文学上有优美的进步，即于非文学的文字，也能有相当的效力"，并号召今日研究文学的人，先担负起作"欧化的文字"的责任。②

一个月之内，傅东华就在《京报》的《青年之友》上发表了一篇题为《语体文欧化》的商榷文章。不过，这种商榷尚属新文学阵营内部的讨论。傅东华赞成打破习惯和追求文学艺术的精进，但反对用"欧化"的手段来达到这两个目的。因为文艺贵在创新，"模仿的文艺同因袭的文艺一样"，都无力创新，而欧化的"化"已经包含模仿的意味在内，只是把因袭古人改为模仿欧洲人。傅东华的文学观是"创新在于想像"，要用想象去创造美，所以"与其用功夫去模仿欧人，不如多用功夫去养想像力"。③

沈雁冰和郑振铎又很快回复，分别辨明本意。沈雁冰再一次强调了"语体文欧化是指文法的欧化"，不是"文学艺术"的整体。为了避免误解，沈雁冰又细致分层叙说：

> （一）我所谓"欧化的语体文法"是指直译原文句子的文法构造底中国字的西洋句调。这种句子在念过西洋文，或看惯西洋文的人看去，一点也不难懂，但不曾念过西洋文，或看不惯西洋文的人，可就

---

① 振铎：《语体文欧化之我观（二）》，《小说月报》第 12 卷第 6 期，1921 年 6 月 10 日。
② 剑三：《语体文欧化的商榷》，《时事新报·文学旬刊》第 7 号，1921 年 7 月 10 日。王统照，字剑三。该文原载《曙光》1921 年第 2 卷第 3 号（1921 年 6 月）。
③ 傅冻蕻：《语体文欧化》，《时事新报·文学旬刊》第 7 号，1921 年 7 月 10 日。傅东华，字冻蕻。该文原载《京报》1921 年 6 月 30 日。

和"看天书"一般了。

（二）现在看不惯此等句子的人很多，直接来反对的言论，我们听过不少，所以我以为有讨论一下之必要。①

沈雁冰回复的立足点在突出"西洋句调"，而郑振铎则回击了傅东华，认为他"未免把'形式'或'文法'看得太轻了"。郑振铎接过傅东华强调想象力这一逻辑，但又反过来说："'形式'或'文法'不改造，就有很强的想像力，恐怕也是不能充分的发表出来的。因为我们始终相信：中国旧式的文言或语体文是不能充分表现我们的思想与情绪与想像力的。"而后，郑振铎表示傅东华以"欧化"为"模仿"的观点也是误解。他说：

> "模仿"是仿照前人的"体裁"或是摹拟名作家的特殊的语法的意思。如扬雄的《解嘲》，班固的《答宾戏》，曹植的《七启》，张协的《七命》之类，才能算得是"模仿"。至于普通文法，是无所谓模仿不模仿的。如果以引进欧洲的普通文法为模仿，那末，哪一个文学家不是模仿别人呢！名词摆在前头，动词摆在后面，是无论哪一个作家都逃不出这个普通的文法规则的。如果以他们为"模仿"，而要别创新格，那末，非至于把"狗跑"变成"跑狗"式的新鲜的句法不可了。这一层要请东华先生特别注意！②

从语气来说，沈雁冰态度和缓，而郑振铎带着让人不舒服的情绪。

就在沈雁冰与郑振铎一同答复的同一期《时事新报·文学旬刊》上，登载了前面梳理过的沈、郑、王、傅诸人的文章。其后，《小说月报》的讨论也持续到1922年。可见文学研究会诸位会员对这一问题的关切。然而，同为文学研究会成员的周作人却在给沈雁冰的信里表达了不屑与争的态度。他说：

> 关于国语欧化的问题，我以为只要以实际上必要与否为断，一切

---

① 沈雁冰：《〈语体文欧化〉答冻蔺君》，《时事新报·文学旬刊》第7号，1921年7月10日。
② 郑振铎：《语体文欧化问题与东华先生讨论》，《时事新报·文学旬刊》第7号，1921年7月10日。

理论都是空话，反对者自己应该先去试验一回，同将欧化的国语所写的一节创作或译文，用不欧化的国语去改作，如改的更好了，便是可以反对的证据。否则可以不必空谈。但是即使他证明了欧化国语的缺点，倘若仍旧有人要用，也只能听之，因为天下万事没有统一的办法，在艺术的共和国里，尤应容许各人自由的发展。所以我以为这个讨论，只是各表意见，不能多数取决。①

所谓"一切理论都是空话"甚至把沈雁冰、郑振铎意欲掀起一场大讨论的企图也给否定了。

然而，1922年《学衡》创刊，代表文化保守主义的梅光迪发表文章反对新文化运动，其观点和傅东华近似，即"模仿西人与模仿古人"都是奴隶性的体现。面对突如其来的挑战，周作人在《国粹与欧化》一篇里正面地阐述了自己对欧化的看法，以回应梅光迪。他说：

> 我们反对模仿古人，同时也就反对模仿西人；所反对的是一切的模仿，并不是有中外古今的区别与成见。模仿杜少陵或太戈尔，模仿苏东坡或胡适之，都不是我们所赞成的，但是受他们的影响是可以的，也是有益的，这便是我对于欧化问题的态度。我们欢迎欧化是喜得有一种新空气，可以供我们的享用，造成新的活力，并不是注射到血管里去，就替代血液之用。……在主张中学为体西学为用者的意见，大抵以废弃周秦古文而用今日之古文为最大的让步了；我的主张则就单音的汉字的本性上尽最大可能的限度，容纳"欧化"，增加他表现的力量，却也不强他所不能做到的事情。照这样看来，现在各派的国语改革运动都是在正轨上走着，或者还可以逼紧一步，只不必到"三株们的红们的牡丹花们"的地步：曲折语的语尾变化虽然是极便利，但在汉文的能力之外了。我们一面不赞成现代人的做骈文律诗，但也并不忽视国语中字义声音两重的对偶的可能性，觉得骈律的发达正是运命的必然，非全由于人为，所以国语文学的趋势虽然向着自由

---

① 周作人：《语体文欧化问题》，钟叔河编订：《周作人散文全集》第2卷，桂林：广西师范大学出版社，2009年，第399页。

的发展,而这个自然的倾向也大可以利用,炼成音乐与色彩的言语,只要不以词害意就好了。总之我觉得国粹欧化之争是无用的;人不能改变本性,也不能拒绝外缘,到底非大胆的是认两面不可。①

周作人的观点是平正的,且入情入理。鼓吹汉语欧化者以周作人为旗帜,但周作人明确了底线,所谓"欧化"是"就单音的汉字的本性上尽最大可能的限度",底线是不能写成"三株们的红们的牡丹花们"。

在20世纪20年代,从《学衡》到《甲寅》,文化保守派始终没有停止对欧化白话的批判。1927年,鲁迅借评陶元庆绘画展览说:

> 我于艺术界的事知道得极少,关于文字的事较为留心些。就如白话,从中,更就世所谓"欧化语体"来说罢。有人斥道:你用这样的语体,可惜皮肤不白,鼻梁不高呀!诚然,这教训是严厉的。但是,皮肤一白,鼻梁一高,他用的大概是欧文,不是欧化语体了。正唯其皮不白,鼻不高而偏要"的呵吗呢",并且一句里用许多的"的"字,这才是为世诟病的今日的中国的我辈。
>
> 但我并非将欧化文来比拟陶元庆君的绘画。意思只在说:他并非"之乎者也",因为用的是新的形和新的色;而又不是"Yes""No",因为他究竟是中国人。②

批评者的"皮肤不白,鼻梁不高"指的是中国人,所谓"可惜"是讽刺说中国人不应该用"欧化语体"。但鲁迅的回击是"究竟是中国人","欧化语体"也还是中国话,所以需要"的呵吗呢"和一句里用许多的"的"字。这一回击相当有力。总体上看,文化保守派对汉语欧化的批判无力阻止社会上的语言变化。

诚如傅斯年的预见,"十年以后,定有欧化的国语文学"③,甚至在未

---

① 周作人:《国粹与欧化》,钟叔河编订:《周作人散文全集》第2卷,桂林:广西师范大学出版社,2009年,第516—517页。
② 鲁迅:《当陶元庆君的绘画展览时》,《鲁迅全集》第3卷,北京:人民文学出版社,2005年,第573—574页。
③ 傅斯年:《怎样做白话文?》,《新潮》第1卷第2号,1919年2月。

足十年的 1928 年，陈子展梳理中国近代文学变迁史时就指出了："到了文学革命运动以后，一时翻译西洋文学名著的人如龙腾虎跃般的起来，小说戏剧诗歌都有人翻译。翻译的范围愈广，翻译的方法愈有进步，而且翻译的文体大都是用白话文，为了保存原著的精神，白话文就渐渐欧化了。"① 可见带有欧化因素的新体白话的广泛流行。

至 20 世纪 30 年代，瞿秋白在《鬼门关以外的战争》《欧化文艺》等文章中批评了"五四"时期的新体白话。1931 年，瞿秋白和鲁迅的《关于翻译的通信》发表。瞿秋白在来信中提出了"绝对的正确和绝对的中国白话文"的主张。"所谓绝对的白话"就是"朗诵起来可以懂得的"。而在"绝对的白话"与"保存原作的精神"之间需要实现平衡。从词汇来说，因欧化而创造的新词语不难为大众所接受，如"罢工""游击队""游击战争""右倾""左倾""尾巴主义"等等，甚至于"团结""坚决""动摇"这些新的字眼已经"渐渐的容纳到群众的口头上的言语里去了"。但"讲到新的句法"就较为困难。可是时至 1931 年，"口头上的言语里面，句法也已经有了很大的改变"。由此，瞿秋白提出，"真正的白话就是真正通顺的现代中国文"，需要"就着中国白话原来有的公律去创造新的"；具体到翻译方面，就是既"把原文的本意，完全正确的介绍给中国读者，使中国读者所得到的概念等于英俄日德法……读者从原文得来的概念"，又选择一种"用中国人口头上可以讲得出来的白话来写"的直译。因此，保存原作的精神不需要"容忍'多少的不顺'"，反而要追求新的"通顺"。②

瞿秋白也自知悬的过高，鲁迅在回应中仍坚持"宁信而不顺"，并且解释说：这所谓"不顺"，绝不是说"跪下"要译作"跪在膝之上"，"天河"要译作"牛奶路"的意思。有关译法，鲁迅还举例说，譬如"山背后太阳落下去了"，虽然不顺，也决不改作"日落山阴"，因为原意以山为主，改了就变成太阳为主了。鲁迅主张容忍"不顺"，是为了用这样的译本"输入新的内容"，"输入新的表现法"，去缓解中国文法或语法不精密的问题，这需要"装进异样的句法去"，"古的，外省外府的，外国的"都要有，那么

---

① 陈子展：《中国近代文学之变迁》，上海：中华书局，1931 年，第 163 页。本书初版时间为 1929 年，写作于 1928 年。

② 瞿秋白：《论翻译——给鲁迅的信》，《瞿秋白文集·文学编》第 1 卷，北京：人民文学出版社，1985 年，第 506—509 页。

欧化白话文就不可避免。①

新文学发展的最初十年，尽管也有零星讨论文章欧化的声音，但没有出现思想史的效应。直到1934年前后，围绕大众语运动的讨论使汉语欧化之争又甚嚣尘上。这场大讨论的直接导火线是汪懋祖因应国民党的新生活运动发表了鼓吹复兴文言的《禁习文言与强令读经》。在文章中，汪懋祖批判"吾国所谓现代语体文，乃新文化运动之产品"，特别反对"近来文字，往往以欧化为时髦"的倾向，称其"佶屈不可理解，须假想为英文而意会之，始能得其趣味"。②

为了应对文化保守思想的回潮，陈望道等人开启了大众语运动。陈望道的策略是"我们要保白话文，如果从正面来保是保不住的，必须也来反对白话文，就是嫌白话文还不够白。他们从右的方面反，我们从左的方面反"③。由此出现了一批更为激进的批判者。或称白话文"其实只是把原来的'之乎也者'换了'的了吗呢'，便装入蓝青官话的腔调的东西"，或说新体白话是"买办式的白话"，更有甚者直接将矛头对准了鲁迅，批判他的白话杂文是用"买办"手笔。④

以上这些，先前都有前人研究梳理过。笔者还发现了一篇直接批评鲁迅欧化笔法的文章。署名"杨柳"，题为《论鲁迅式的欧化语法》。作者上来先做了界说：

> 所谓"欧化"，如将它解释为吸收欧洲近代的精神，这是谁也不反对的，只有一些盲目的复古派和国粹主义者才提出所谓抗议。
>
> 不过说到语文和文法上的欧化，则有三个问题摆在我们的面前：

---

① 鲁迅：《关于翻译的通信》，《鲁迅全集》第4卷，北京：人民文学出版社，2005年，第391页。
② 汪懋祖：《禁习文言与强令读经》，《时代公论（南京）》1934年第110期。
③ 陈望道：《谈大众语运动》，《陈望道文集》第3卷，上海：上海人民出版社，1981年，第199页。
④ 详见李永东：《语体文的欧化与大众化之辩——评1934年的大众语论争》，《湘潭大学学报（哲学社会科学版）》2007年第5期。关于"从左的方面反"，即鲁迅在《门外文谈》里说的："这一回，大众语文刚一提出，就有些猛将趁势出现了，来路是并不一样的，可是都向白话，翻译，欧化语法，新字眼进攻。他们都打着'大众'的旗，说这些东西，都为大众所不懂，所以要不得。"鲁迅：《门外文谈》，《鲁迅全集》第6卷，北京：人民文学出版社，2005年，第103页。

(一)中国应该完全保持它的固有语法,(二)中国的语法应该完全欧化,(三)中国语法一部分保持它的固有形式,而以欧洲的语法来补充它的未完备的部分,但它仍不失为中国的现代的语法。①

作者接着先声明"我是主张第三个办法的",然后就提起鲁迅说:"鲁迅先生是极力主张中国语法的欧化的人,他说中国的语法不完备和严密,应该应用欧洲的语法。可惜他的主张是陷于那偏激的完全欧化的毛病。"作者举了鲁迅译的卢那卡尔斯基的《艺术论》为例,视之为"完全欧化的典型";罗列了数则翻译的例子之后,他感慨道:

> 够了。这不过是随手俯拾的例子,全书中像这样的语法是到处皆有。像这样"佶屈敖牙"比文言文还利害的语法,莫说就是大众读不懂听不出,即"小众"的新文人们也读不懂听不出的。——鲁迅先生虽然可以除外,但我相信他自己也不甚了了,甚至于译了后他自己也莫明其妙的。
>
> 如果中国的语法,都是这样鲁迅式的欧化起来,那么,我要恭喜鲁迅先生替汪懋祖的文言复兴运动立下这一桩"为渊驱鱼"的汗马功劳。②

前面的表达还是平正的说理,结尾的段落则不仅咄咄逼人,也夹枪带棒,阴阳怪气。

面对来自左翼内部阵营的批评,在《小说月报》上组织过语体文欧化讨论的沈雁冰化名参与了争论。针对"近来有人骂欧化白话文是买办心理"的主张,他开宗明义说"据我看来,买办是不主张'欧化'的"。这既有幽默的一面,也是事实。沈雁冰具体辨析了买办们嘴里的"洋泾浜"与"欧化白话文"的区别:前者是中国化的英国话,或是道地的"大众语"夹一两个英国字的中国话;后者"要采用外国文的句法,倒并不一定要夹进外国字来"。而买办张嘴之外的"提笔写信订合同",却是使用"道地的文言

---

① 杨柳:《论鲁迅式的欧化语法》,《新垒》第4卷第3、4期合刊,1934年。
② 同上。

文","一点'欧化'气味都没有"。作者最后对"买办心理"的总结很精粹,即"'形而下'的一切是外国的好,欢迎它;'形而上'的一切是我们自己的好,保守它。在这方面,买办先生也就是民族主义者了。买办先生一定痛骂白话文要欧化"。①

很快,面对大众语运动中反对欧化的声音,鲁迅也出手了,借刘半农病故评析了他对"太过欧化"的反对。刘半农在《中国文法通论》里曾举一例:

> 子曰:"学而时习之,不亦悦乎?"
> 这太老式了,不好!
> "学而时习之,"子曰,"不亦悦乎?"
> 这好!
> "学而时习之,不亦悦乎?"子曰。
> 这更好!为什么好?欧化了。但"子曰"终没有能欧化到"曰子!"②

鲁迅认为刘半农对所谓"欧化式的白话"的批评"无的放矢"。因为汉语毕竟没有进化到第四种——表达"曰子"那里去,而前面三种都可以懂,也就不存在"太欧化"的问题。随后,鲁迅正式提出观点:"欧化文法的侵入中国白话中的大原因,并非因为好奇,乃是为了必要。"文末,鲁迅重申了周作人1921年答《小说月报》时的意见:"如果嘲笑欧化式白话的人,除嘲笑之外,再去试一试绍介外国的精密的论著,又不随意改变,删削,我想,他一定还能够给我们更好的箴规。"③

鲁迅文章刚一发表,就招致了署名"文公直"的人的批评。文公直批评鲁迅是"受了帝国主义者的指使","一定要把中国话取消",还给鲁迅加了"汉奸"之类的严重罪名。鲁迅立即回应说"中国语法里要加一点欧化,是我的一种主张","中国语法的欧化并不就是改学外国话"。"中国语法上

---

① 曲子:《买办心理与欧化》,《太白》创刊号,1934年9月20日。"曲子"为茅盾化名。
② 转引自鲁迅:《玩笑只当它玩笑(上)》,《鲁迅全集》第5卷,北京:人民文学出版社,2005年,第547页。
③ 同上书,第548页。

有加些欧化的必要"是基于事实的判断,就连这位"文公直"批判鲁迅的文章本身也无法避开欧化。一封几百个字的信里面,"文公直"用了两回"对于",而"对于"这一语法现象不是自古而然的,"是后来起于直译的欧化语法",来信里的部分用词也都是欧化的结果,如"欧化"这两个字就是欧化字,"取消"这个词又是"纯粹日本词","瓦斯"是"德国字的原封不动的日本人的音译"。"文公直"自己反对白话文的欧化,却仍避不开欧化语法和语词,甚至未必有意识地认识到了自己正在欧化的加持下行文。这个事实本身就说明了汉语欧化的必要。鲁迅最后打趣说:"先生自己没有照镜子,无意中也证明了自己也正是用欧化语法,用鬼子名词的人,但我看先生决不是'为西人侵略张目的急先锋(汉奸)',所以也想由此证明我也并非那一伙。"①

经过论战,鲁迅慢慢对汉语欧化问题生出了较为系统的认识。鲁迅支持大众语运动,但同时坚持它与白话欧化路线的并行不悖。他先在《答曹聚仁先生信》中说:

> 竭力将白话做得浅豁,使能懂的人增多,但精密的所谓"欧化"语文,仍应支持,因为讲话倘要精密,中国原有的语法是不够的,而中国的大众语文,也决不会永久含胡下去。譬如罢,反对欧化者所说的欧化,就不是中国固有字,有些新字眼,新语法,是会有非用不可的时候的。②

这里的意见即由回应"文公直"的批评而来。

1935年,关于汉语欧化的争论尚未消歇,胡适在为《中国新文学大系》的文学理论集撰写《导言》时,正面评价了傅斯年以欧化白话路线修正他原有的旧小说白话路线。胡适说:

> 直到《新潮》出版之后,傅斯年先生在他的"怎样做白话文"里,才提出两条最重要的修正案。他主张:第一,白话文必须根据我

---

① 鲁迅:《康伯度答文公直》,《鲁迅全集》第5卷,北京:人民文学出版社,2005年,第550页。

② 鲁迅:《答曹聚仁先生信》,《鲁迅全集》第6卷,北京:人民文学出版社,2005年,第79页。

们说的活语言,必须先讲究说话。话说好了,自然能做好白话文。第二,白话文必不能避免"欧化",只有欧化的白话方才能够应付新时代的新需要。欧化的白话文就是充分吸收西洋语言的细密的结构,使我们的文字能够传达复杂的思想,曲折的理论。傅先生提出的两点,都是最中肯的修正。旧小说的白话实在太简单了,在实际应用上,大家早已感觉有改变的必要了。初期的白话作家,有些是受过西洋语言文字的训练的,他们的作风早已带有不少的"欧化"成分。虽然欧化的程度有多少的不同,技术也有巧拙的不同,但明眼的人都能看出,凡具有充分吸收西洋文学的法度的技巧的作家,他们的成绩往往特别好,他们的作风往往特别可爱。所以欧化白话文的趋势可以说是在白话文学的初期已开始了。傅先生的另一个主张,——从说话里学作白话文,——在那个时期还不曾引起一般作家的注意。中国文人大都是不讲究说话的,况且有许多作家生在官话区域以外,说官话多不如他们写白话的流利。所以这个主张言之甚易,而实行甚难。直到最近时期,才有一些作家能够忠实的描摹活的语言的腔调神气,有时还得充分采纳各地的土话。近年的小说最能表示这个趋势。近年白话文学的倾向是一面大胆的欧化,一面又大胆的方言化,就使白话文更丰富了。傅先生指出的两个方向,可以说是都开始实现了。①

特别有意味的是,胡适虽然没有点名,但明眼人很容易看出所谓那些"受过西洋语言文字的训练的"初期白话作家,最有代表性的就是周氏兄弟。而"他们的作风早已带有不少的'欧化'成分",恰恰是本书重中之重的研究思路,即在周氏兄弟的文言翻译中寻找他们汉语变化的踪迹和形制,借此讨论"五四"新体白话文学的生成。

---

① 胡适:《导言》,胡适编选:《中国新文学大系·建设理论集》,上海:良友图书印刷公司,1935年,第24页。

余　论

　　语言是人类表达情志的工具，却也是枷锁。自古以来，"书不尽言，言不尽意"派生出了智者层出不穷的讨论。子曰"圣人立象以尽意"，庄子说"得鱼而忘筌"，禅宗讲"拈花微笑"……皆可谓意旨高妙，但就芸芸众生而言，实践性却很差。古人这些高蹈的智慧并没有消弭世俗的纷争。"以心传心"的实现有赖于对手的同频，否则只能是智者们的一厢情愿。

　　数千年间，中国固有的书面语言走向成熟之后，慢慢趋于僵化；直到晚清，文坛上既找不到墨子、荀子、韩非子的笔锋之力，也没有人能再写出贾谊、晁错、司马迁那般挥洒自如又气势雄浑的古文来。至于口头表达，市井民间之人说得好的未必写得出，而词章文士又常常不能滔滔不绝、出口成章。文章与口语的割裂，从宏观来说，加剧了知识的垄断，维护了阶层的固化，阻碍了传统的自新；于个体方面，增添了求知的成本，制约了思考的深度，使人面临心口不一、手口交战的窘境。

　　掌握繁复的书写符号体系已非易事，将脱离于日常生活的林林总总的文章法则烂熟于心、贯彻笔端则难上加难，至于妙笔生花可达超迈古人的水准更是苛求。过于制度化的古文之弊病在于将工具变为了目的。与先秦两汉距离越远，完成渐和口语分离的文章就越难，而写作变难，就不免溢出规范；随之而来，为了应对文脉危机，被迫建立起来的文章规范就越复杂。可是规范越复杂，手口分离越严重，溢出规范的风险便又加剧，如此堕入无解的恶性循环。

　　不断细化的写作要求又会让人形成书面上的路径依赖。历代文士中的庸碌之辈不得不以形式主义的文风应付愈发僵化的古文体制。在古文写作方面，归有光比之韩愈如何？可明清数百年文坛，赶得上归有光的又有几人？有清一代，古文禁忌广泛且严厉。苛刻的约束不可能鼓励实验的精神，亦不会激发创造的可能。写作的套路化倾向不仅抑制了表达的创新，还降低了文章的适应力，使其难以应对时代的变化。然而，晚清恰逢三千年未有之大变局,随着工业革命成果的东移,加之西学东渐,工艺器物层面与制度思想层面的新生事物不断涌现,旧的表达体系更是面临巨大考验。清末的抵制"东瀛文体"即是这一考验的表征。

在衣食住行发生剧烈变化的时代,在名物典章遭遇系统性替换的阶段,古文写作便失去了赖以生存的根基。它的衰落不以人的意志为转移,时势使之然也。时至今日,行文时以半句古文表达戏拟的效果,并非其生命力强健的体现,这种碎片化的存在意味着具有统治性的、高度组织化的本体早已轰然倒下。我们很难想象,古文不经变革,能否以桐城文法讲授清楚人工智能的奥妙?借助 AI (Deepseek) 的生成,得之如下:

> 夫人工智能者,今世之奇技也。其始也,肇端于西洋算学之士,穷理尽性,探赜索隐,欲使机械效人之智,器物通物之情。初则简拙,仅能循轨演算;继而精进,渐可察言观色,辨音识文。
>
> 其理维何?盖以算法为筋骨,数据为血脉,学习为神思。譬若蒙童诵经,初则句读不明,积久乃通其义;又如匠人制器,屡试而后得法。故其能也,非生而知之,实学而能之。
>
> 然其用也,或利或害,存乎其人。善用之,则医者可藉其术以诊疾,农者可凭其智以择种,商者能因其算以牟利,学者得赖其力以穷理。若不善用,则恐机巧日盛,人心益惰;甚或器凌于人,智反为累。
>
> 昔者,子贡问仁于孔子,子曰:"工欲善其事,必先利其器。"今人工智能者,亦器也。惟智者能驭之,仁者能节之,明者能用之而勿为所用。斯可谓得科技之真谛矣。

或许初读尚觉不错,但这只是粗浅的介绍文字。倘若深入到原理的层面,希望用古文的形式来讲明概率与统计的知识原理,解释梯度下降、回溯线搜索与凸优化的关系,区分开监督学习与无监督学习的模型差异,论述好深度学习与计算架构中的反向传播及注意力机制,等等,恐怕汇聚历代顶尖的古文大家一起开会协商也无法做到吧!即便费力做到了,那么,如何用古文来写作一册给农民看的母驴产后护理方面的科普书?这里并非要以戏谑的方式否定古文的价值,而是想借机指出古文的适用性有其局限和边界,特别是在现代化进程骤然加速的情况下,古文必然迎来危险时刻。

在周氏兄弟开启新学之路的时候,末法时代的古文界在抵制"东瀛文体"的喧嚣中将本就是枷锁一般的书面语言箍得更紧。在此意义上,不妨将周氏兄弟在清末民初时期的语言实践视为一场"破镣之舞","镣"便是越勒越紧的文言制度枷锁。这场"破镣之舞"是书面语言经由周氏兄弟之手的一次创造性突围,在皇权产生危机乃至崩塌这一千载难逢的管控弱化的窗口期,他们生生在文言写作的内部撕开了一条新路,或可谓"戴着镣铐"而"破镣",其成果最终在"五四"思潮的激荡下落地生根,影响至今。

本书尝试从内在理路考察"五四"新体白话的起源,努力将周氏兄弟的独特径路辨识出来。与陈独秀、钱玄同、胡适等受到过梁启超"新民体"影响且有过晚清白话报刊实践经验的《新青年》同人不同,他们使新体白话并不止步于梁启超式的浅近文言叠加浅层欧化的这类表达方式。诚如王风所言,周氏兄弟的白话与文言本质上是一样的,"并无言语和传统的凭依,挑战的是书写的可能性"①。在我看来,不断挑战"书写的可能性"不仅是周氏兄弟清末民初时期语言实践的经验所在,也是他们贯彻一生的写作法则,更是留给后世的一份宝贵的精神遗产。

新体白话在周氏兄弟手中成型,在今人的眼中,似乎也在他们那里成熟甚至达到巅峰。然而,做如是观也隐藏了一种"捧杀"的危险。从现象上来说,称周氏兄弟的白话书写是百年来人们写作的典范资源,不能算错,但鲁迅应该从来没有希望后人取法于他。他大声疾呼的是"没有冲破一切传统思想和手法的闯将,中国是不会有真的新文艺的"②。鲁迅怎愿将自己供上神坛、成为阻碍后代的"新传统"?让人感慨的是,在英雄志士已经咬碎了钢牙、肩起黑暗的闸门之后,后人们并不猛冲过去,也有试探着过去了又踱步回来的,奈何奈何奈若何!

放眼当下,白话文章的制度化也有重蹈古文覆辙的风险,值得警惕。特别是在语文基础教育阶段,写作的训练是以准确为目标的。这本身有其合理性,但对于写作者来说,过度强调规范化,就抑制了"书写的可能

---

① 王风:《周氏兄弟早期著译与汉语现代书写语言》(下),《鲁迅研究月刊》2010年第2期。
② 鲁迅:《论睁了眼看》,《鲁迅全集》第1卷,北京:人民文学出版社,2005年,第255页。

性"。周氏兄弟是不断为汉语写作寻找新路的实验者。鲁迅晚年不惜顶着骂名也要坚持"硬译",主张容忍"多少的不顺"。而可以容忍的最大程度,就是汉语的最大可能性。如此看来,周氏兄弟所坚持的"欧化"从来不是要将汉语变为欧洲语言那样,而是在可以理解的程度上借用域外语言的组织方式与修辞手段拓展汉语的可容纳性。所谓"多少的不顺"中的"多少",是在不断的汉语实践中试炼出来的。鲁迅深知容忍"不顺"的情形"当然不是永远"。他说:

> 其中的一部分,将从"不顺"而成为"顺",有一部分,则因为到底"不顺"而被淘汰,被踢开。这最要紧的是我们自己的批判。[1]

鲁迅的光辉不是要将自己的著述费力包装到"功德碑"上,反而是将其语言实践视为可以在未来被抛弃的"中间物",并真诚地接受批判。吊诡的是,出于这样心态的鲁迅写下的文字反而成了丰碑,而很多善于自我经典化的中国现当代作家却难免平庸化的沦落。

2025年开年最热闹的文坛话题莫过于生成式人工智能对人文学科的影响。新老作家们也望"机"兴叹,或是自愧弗如,或是不以为然。而生成式人工智能对汉语写作的影响不仅体现在速度与质量等显在层面,更大的隐忧或许将反映在加固白话书写的藩篱这一点上。大语言模型本质上是基于海量现有语料训练的,故而其生成内容受限于数据中的既有表达模式。通过概率预测生成文本,重组已有信息,即便在特定场景下具备了拓展边界的能力,也是偶发性的统计优化的结果,难以自发乃至自觉地创造。有鉴于此,周氏兄弟挑战"书写的可能性"这一实践路径不仅没有过时,甚至可以说其含金量仍然在上升,这为人类未来抵抗大语言模型同化训练提供了属性为"人"的高贵之路。

---

[1] 鲁迅:《关于翻译的通信》,《鲁迅全集》第4卷,北京:人民文学出版社,2005年,第392页。

参考文献

一 中文文献

（一）基本文献

1. 近代报刊

《北京大学日刊》　　《笔阵》　　《晨报副镌》
《东方杂志》　　《独立评论》　　《国立华北编译馆馆刊》
《河南》　　《教育潮》　　《教育世界》
《教育杂志》　　《抗战文艺》　　《民国日报·觉悟》
《女子世界》　　《普通学报》　　《社会评论（上海）》
《申报》　　《时报》　　《时代公论（南京）》
《时事新报·文学旬刊》　　《太白》　　《天下文章》
《文艺春秋》　　《文艺新潮》　　《吾友》
《小说月报》　　《新潮》　　《新垒》
《新苗》　　《新民丛报》　　《新青年》
《新闻报》　　《逸经》　　《浙江潮》
《中华教育界》　　《中苏文化》　　《中学生》

2. 近代图书

大桥乙羽：《累卵东洋》，大房元太郎译，东京：爱善社，1901年。
《商务书馆华英字典》，上海：商务印书馆，1901年。
培伦：《月界旅行》，中国教育普及社译印，东京：进化社，1903年。
《华英进阶·初集》，上海：商务印书馆，1904年。
《英文初范》，上海：商务印书馆，1904年。
美国安介坡：《玉虫缘》，会稽碧罗译述，常熟初我润辞，上海：小说林，1905年。
杨勋：《增广英字指南》，上海：商务印书馆，1905年。
曹骧：《英字入门》，上海：商务印书馆，1906年。
《华英初阶》，上海：商务印书馆，1906年。

威男：《地底旅行》，之江索士译，上海：普及书局，1906年。
饮冰室主人：《中国魂》，上海：广智书局，1906年。
严复：《英文汉诂》，上海：商务印书馆，1907年。
吴秀三：《中学生理卫生教科书》，华申祺、华文祺译，上海：文明书局，1909年。
《图书汇报》，上海：商务印书馆总发行所，1910年。
傅运森、沈秉钧、蔡文森等编纂：《新字典》，上海：商务印书馆，1912年。
《华英进阶·叁集》，上海：商务印书馆，1924年。
刘半农：《中国文法通论》，上海：求益书社，1924年。
黄白虹：《虹集》，上海：求知社出版部，1930年。
陈子展：《中国近代文学之变迁》，上海：中华书局，1931年。
赫胥黎著，严复译：《天演论》，上海：商务印书馆，1933年。
王哲甫：《中国新文学运动史》，北平：杰成印书局，1933年。
蘧园原著，徐一士评考：《负曝闲谈评考》，上海：四社出版部，1934年。
钱基博：《现代中国文学史》，上海：世界书局，1935年。
阿英：《晚清小说史》，上海：商务印书馆，1937年。
郑伯奇：《两栖集》，上海：良友图书印刷公司，1937年。
公编社编辑：《领袖论及其他》，上海：译报图书部，1938年。
王冶秋：《民元前的鲁迅先生》，重庆：峨嵋出版社，1943年。
实藤惠秀：《日本文化给中国的影响》，张铭三译，上海：新申报馆，1944年。
周越然：《六十回忆》，上海：太平书局，1945年。
许寿裳：《亡友鲁迅印象记》，上海：峨嵋出版社，1947年。

3. 资料汇编

胡适编选：《中国新文学大系·建设理论集》，上海：良友图书印刷公司，1935年。
《中国现代文艺资料丛刊》第1辑，上海：上海文艺出版社，1962年。
《文史资料选辑·第43辑》，北京：文史资料出版社，1964年。
《文学研究集刊》第一册，北京：人民文学出版社，1964年。
南京师范学院中文系资料室编：《鲁迅文言论文试译》（内部资料），1976年。
北京鲁迅博物馆鲁迅研究室编：《鲁迅研究资料》（2），北京：文物出版社，1977年。
北京鲁迅博物馆鲁迅研究室编：《鲁迅研究资料》（4），天津：天津人民出版社，1980年。
《鲁迅研究文丛》第3辑，长沙：湖南人民出版社，1981年。
薛绥之主编：《鲁迅生平史料汇编》（第一、二、三辑），天津：天津人民出版社，

1981—1983 年。

李希泌、张椒华编:《中国古代藏书与近代图书馆史料》(春秋至五四前后),北京:中华书局,1982 年。

《文史资料选辑》第 94 辑,北京:文史资料出版社,1984 年。

上海鲁迅纪念馆编:《纪念与研究》第 8 辑,上海:上海鲁迅纪念馆,1986 年。

《1897—1987 商务印书馆九十年——我和商务印书馆》,北京:商务印书馆,1987 年。

施蛰存主编:《中国近代文学大系(1840—1919)·第 11 集》,上海:上海书店,1990 年。

上海鲁迅纪念馆编:《上海鲁迅研究》(四),上海:百家出版社,1991 年。

国家教委留学服务中心编:《日本高等教育与赴日留学总览》,北京:北京语言学院出版社,1995 年。

上海鲁迅纪念馆编:《上海鲁迅研究》(七),上海:百家出版社,1996 年。

陈平原、夏晓虹编:《二十世纪中国小说理论资料·第一卷(1897—1916)》,北京:北京大学出版社,1997 年。

高时良、黄仁贤编:《中国近代教育史资料汇编·洋务运动时期教育》,上海:上海教育出版社,2007 年。

璩鑫圭、唐良炎编:《中国近代教育史资料汇编·学制演变》,上海:上海教育出版社,2007 年。

朱德发、赵佃强编:《国语的文学与文学的国语:五四时期白话文学文献史料辑》,北京:人民出版社,2013 年。

徐从辉:《周作人研究资料》,天津:天津人民出版社,2014 年。

4. 单人文集

《鲁迅全集》,上海:鲁迅全集出版社,1938 年。

《鲁迅译文集》,北京:人民文学出版社,1958 年。

复旦大学语言研究室编:《陈望道文集》,上海:上海人民出版社,1981 年。

《王力文集》,济南:山东教育出版社,1984 年。

《瞿秋白文集·文学编》,北京:人民文学出版社,1985 年。

《唐弢文集》,北京:社会科学文献出版社,1995 年。

《蔡元培全集》,杭州:浙江教育出版社,1998 年。

《钱玄同文集》,北京:中国人民大学出版社,1999—2000 年。

止庵主编:《苦雨斋译丛》,北京:中国对外翻译出版公司,1999—2005 年。

《阿英全集》,合肥:安徽教育出版社,2003 年。

《鲁迅全集》，北京：人民文学出版社，2005年。
那思陆、孙家红点校：《樊山政书》，北京：中华书局，2007年。
王世家、止庵编：《鲁迅著译编年全集》，北京：人民出版社，2009年。
钟叔河编订：《周作人散文全集》，桂林：广西师范大学出版社，2009年。
北京鲁迅博物馆编：《鲁迅译文全集》，福州：福建教育出版社，2010年。
欧阳哲生编：《胡适文集》，北京：北京大学出版社，2013年。
北京鲁迅博物馆编：《鲁迅译作初版精选集》，北京：中央编译出版社，2014年。
《章太炎全集》，上海：上海人民出版社，2018年。
止庵编订：《周作人译文全集》，上海：上海人民出版社，2019年。

5. 日记、回忆录及其他

唐弢编：《鲁迅全集补遗续编》，上海：上海出版公司，1952年。
周遐寿：《鲁迅的故家》，上海：上海出版公司，1952年。
许广平：《关于鲁迅的生活》，北京：人民文学出版社，1954年。
周遐寿：《鲁迅小说里的人物》，上海：上海出版公司，1954年。
周启明：《鲁迅的青年时代》，北京：中国青年出版社，1957年。
张能耿编著：《鲁迅亲友谈鲁迅》，杭州：东海文艺出版社，1958年。
北京鲁迅博物馆编：《鲁迅手迹和藏书目录3》(内部资料)，1959年。
周作人：《知堂回想录》，香港：听涛出版社，1970年。
包天笑：《钏影楼回忆录》，香港：大华出版社，1971年。
罗贯中：《三国演义》，北京：人民文学出版社，1973年。
张能耿：《鲁迅的青少年时代》，西安：陕西人民出版社，1974年。
吴承恩：《西游记》，北京：人民文学出版社，1980年。
刘正埮、高名凯、麦永乾、史有为编：《汉语外来词词典》，上海：上海辞书出版社，1984年。
国家教委留学服务中心编：《日本高等教育与赴日留学总览》，北京：北京语言学院出版社，1995年。
鲁迅博物馆藏：《周作人日记》(影印本)，郑州：大象出版社，1996年。
姜德明主编，黄乔生选编：《周作人书话》，北京：北京出版社，1997年。
施耐庵：《水浒传》，北京：人民文学出版社，1997年。
鲁迅博物馆鲁迅研究室编：《鲁迅年谱》(增订本)，北京：人民文学出版社，2000年。
张菊香、张铁荣编著：《周作人年谱》，天津：天津人民出版社，2000年。
《上海通志》，上海：上海社会科学院出版社；上海：上海人民出版社，2005年。

倪墨炎、陈九英编选：《鲁迅家庭家族和当年绍兴民俗 / 鲁迅堂叔周冠五回忆鲁迅全编》，上海：上海文化出版社，2006年。

曹雪芹：《红楼梦》，北京：人民文学出版社，2008年。

王云五：《商务印书馆与新教育年谱》，南昌：江西教育出版社，2008年。

国家图书馆编，陈红彦主编：《国家图书馆藏鲁迅未刊翻译手稿》，北京：国家图书馆出版社，2014年。

《一千零一夜》，樊习英译，北京：北京理工大学出版社，2014年。

张旭、车树昇编著：《林纾年谱长编（1852—1924）》，福州：福建教育出版社，2014年。

史有为主编：《新华外来词词典》，北京：商务印书馆，2019年。

《鲁迅手稿全集》，北京：国家图书馆出版社，2021年。

陈漱渝、姜异新编：《他山之石：鲁迅读过的百来篇外国作品》，天津：天津人民出版社，2021年。

（二）研究文献

1. 研究著作

谭彼岸：《晚清的白话文运动》，武汉：湖北人民出版社，1956年。

高名凯、刘正埮：《现代汉语外来词研究》，北京：文字改革出版社，1958年。

北京师范学院中文系汉语教研组编著：《五四以来汉语书面语言的变迁和发展》，北京：商务印书馆，1959年。

黄福庆：《清末留日学生》，台北：中研院近代史研究所，1975年。

刘再复、金秋鹏、汪子春：《鲁迅和自然科学》，北京：科学出版社，1976年。

王士菁：《鲁迅早期五篇论文注译》，天津：天津人民出版社，1978年。

金涛、孟庆枢：《鲁迅与自然科学》，天津：天津科学技术出版社，1979年。

夏志清：《新文学的传统》，台北：时报文化出版事业有限公司，1979年。

杜渐：《书海夜航》，北京：生活·读书·新知三联书店，1980年。

吕叔湘：《语文常谈》，北京：生活·读书·新知三联书店，1980年。

王力：《汉语史稿》，北京：中华书局，1980年。

公盾：《鲁迅与自然科学论丛——纪念鲁迅诞生一百周年》，广州：广东科技出版社，1981年。

顾百里：《白话文欧化语法之研究》，台北：台湾学生书局，1985年。

公盾：《鲁迅与自然科学论丛——纪念鲁迅逝世五十周年》，广州：广东科技出版社，1986年。

舒芜：《周作人概观》，长沙：湖南人民出版社，1986年。

孙用：《〈鲁迅译文集〉校读记》，长沙：湖南人民出版社，1986年。
黎运汉主编：《现代汉语语体修辞学》，南宁：广西教育出版社，1989年。
倪墨炎：《中国的叛徒与隐士：周作人》，上海：上海文艺出版社，1990年。
钱理群：《周作人传》，北京：北京十月文艺出版社，1990年。
谢耀基：《现代汉语欧化语法概论》，香港：光明图书公司，1990年。
牛仰山：《中国近代文学与鲁迅》，桂林：漓江出版社，1991年。
史有为：《异文化的使者——外来词》，长春：吉林教育出版社，1991年。
陈福康：《中国译学理论史稿》，上海：上海外语教育出版社，1992年。
季羡林：《中印文化交流史》，北京：新华出版社，1993年。
连淑能：《英汉对比研究》，北京：高等教育出版社，1993年。
舒芜：《周作人的是非功过》，北京：人民文学出版社，1993年。
周光庆、刘玮：《汉语与中国新文化启蒙》，台北：东大图书股份有限公司，1996年。
陈万雄：《五四新文化的源流》，北京：生活·读书·新知三联书店，1997年。
马西尼：《现代汉语词汇的形成——十九世纪汉语外来词研究》，黄河清译，上海：汉语大词典出版社，1997年。
郭延礼：《中国近代翻译文学概论》，武汉：湖北教育出版社，1998年。
张卫中：《母语的魔障——从中西语言的差异看中西文学的差异》，合肥：安徽大学出版社，1998年。
连燕堂：《从古文到白话：近代文界革命与文体流变》，北京：中央民族大学出版社，2000年。
史有为：《汉语外来词》，北京：商务印书馆，2000年。
王宏志编：《翻译与创作——中国近代翻译小说论》，北京：北京大学出版社，2000年。
伊藤虎丸：《鲁迅与日本人——亚洲的近代与"个"的思想》，李冬木译，石家庄：河北教育出版社，2000年。
李孝悌：《清末的下层社会启蒙运动：1901—1911》，石家庄：河北教育出版社，2001年。
吕顺长：《清末浙江与日本》，上海：上海古籍出版社，2001年。
王一川：《汉语形象与现代性情结》，北京：首都师范大学出版社，2001年。
王友贵：《翻译家周作人》，成都：四川人民出版社，2001年。
周光庆：《汉语与中国早期现代化思潮》，哈尔滨：黑龙江教育出版社，2001年。
金田一春彦：《日语概说》，潘钧译，北京：北京大学出版社，2002年。
高玉：《现代汉语与中国现代文学》，北京：中国社会科学出版社，2003年。

陈梦熊：《〈鲁迅全集〉中的人和事——鲁迅佚文佚事考释》，上海：上海社会科学院出版社，2004年。

冯天瑜：《新语探源：中西日文化互动与近代汉字术语生成》，北京：中华书局，2004年。

顾卫星：《晚清英语教学研究》，苏州：苏州大学出版社，2004年。

何华珍：《日本汉字和汉字词研究》，北京：中国社会科学出版社，2004年。

刘少勤：《盗火者的足迹与心迹——论鲁迅与翻译》，南昌：百花洲文艺出版社，2004年。

柳珊：《在历史缝隙间挣扎——1910—1920年间的〈小说月报〉研究》，南昌：百花洲文艺出版社，2004年。

史有为：《外来词——异文化的使者》，上海：上海辞书出版社，2004年。

窦坤：《莫理循与清末民初的中国》，福州：福建教育出版社，2005年。

郭鸿杰：《英语对现代汉语的影响——语言认知研究法》，上海：上海交通大学出版社，2005年。

《鲁迅与仙台：鲁迅留学日本东北大学一百周年》，北京：中国大百科全书出版社，2005年。

王友贵：《翻译家鲁迅》，天津：南开大学出版社，2005年。

曹而云：《白话文体与现代性：以胡适的白话文理论为个案》，上海：上海三联书店，2006年。

刁晏斌：《现代汉语史概论》，北京：北京大学出版社，2006年。

任达（Douglas R. Reynolds）：《新政革命与日本：中国，1898—1912》，李仲贤译，南京：江苏人民出版社，2006年。

夏晓虹：《觉世与传世——梁启超的文学道路》，北京：中华书局，2006年。

徐敏：《女性主义的中国道路——五四女性思潮中的周作人女性思想》，北京：中国社会科学出版社，2006年。

张卫中编著：《汉语与汉语文学》，北京：文化艺术出版社，2006年。

刁晏斌：《初期现代汉语语法研究（修订本）》，沈阳：辽海出版社，2007年。

胡翠娥：《文学翻译与文化参与：晚清小说翻译的文化研究》，上海：上海外语教育出版社，2007年。

黎锦熙：《新著国语文法》，长沙：湖南教育出版社，2007年。

刘东方：《"五四"时期胡适的文体理论》，济南：齐鲁书社，2007年。

刘进才：《语言运动与中国现代文学》，北京：中华书局，2007年。

刘全福：《翻译家周作人论》，上海：上海外语教育出版社，2007年。

孙郁：《鲁迅与周作人》，沈阳：辽宁人民出版社，2007年。

何绍斌：《越界与想象：晚清新教传教士译介史论》，上海：上海三联书店，2008年。

贺阳：《现代汉语欧化语法现象研究》，北京：商务印书馆，2008年。

黄琼英：《翻译与创作：鲁迅语言的现代转型》，昆明：云南人民出版社，2008年。

李寄：《鲁迅传统汉语翻译文体论》，上海：上海译文出版社，2008年。

斯图尔特·凯利：《失落的书》，卢葳、汪梅子译，北京：生活·读书·新知三联书店，2008年。

吴晓峰：《国语运动与文学革命》，北京：中央编译出版社，2008年。

邓伟：《分裂与建构：清末民初文学语言新变研究（1898—1917）》，北京：中国社会科学出版社，2009年。

顾钧：《鲁迅翻译研究》，福州：福建教育出版社，2009年。

连燕堂：《二十世纪中国翻译文学史·近代卷》，天津：百花文艺出版社，2009年。

吴钧：《鲁迅翻译文学研究》，济南：齐鲁书社，2009年。

张艳华：《新文学发生期的语言选择与文体流变》，济南：山东大学出版社，2009年。

陈平原：《中国现代小说的起点——清末民初小说研究》，北京：北京大学出版社，2010年。

戴维思：《这样学习最有效：戴维思的超效学习法》，海口：南海出版公司，2010年。

郜元宝：《汉语别史：现代中国的语言体验》，济南：山东教育出版社，2010年。

韩南：《中国近代小说的兴起》（增订本），徐侠译，上海：上海教育出版社，2010年。

廖七一：《中国近代翻译思想的嬗变：五四前后文学翻译规范研究》，天津：南开大学出版社，2010年。

刘琴：《现代汉语与现代文学的关联性研究》，北京：中国社会科学出版社，2010年。

陆灏：《看图识字》，上海：上海书店出版社，2010年。

王德威主编：《中国现代小说的史与学》，台北：联经出版事业股份有限公司，2010年。

王晓元：《翻译话语与意识形态：中国1895—1911年文学翻译研究》，上海：上海外语教育出版社，2010年。

张向东：《语言变革与现代文学的发生》，北京：人民文学出版社，2010年。

仲跻昆：《阿拉伯文学通史》，南京：译林出版社，2010年。

顾茂彬、陈仁利主编：《昆虫文化与鉴赏》，广州：广东科技出版社，2011年。

胡全章：《清末民初白话报刊研究》，北京：中国社会科学出版社，2011年。

魏继洲：《形式意识的觉醒：五四白话文研究》，北京：民族出版社，2011年。

章艳：《在规范和偏离之间——清末民初小说翻译规范研究》，北京：外语教学与研究出版社，2011年。

朱一凡：《翻译与现代汉语的变迁：1905—1936》，北京：外语教学与研究出版社，2011年。

董炳月：《同文的现代转换：日语借词中的思想与文学》，北京：昆仑出版社，2012年。

吕顺长：《清末中日教育文化交流之研究》，北京：商务印书馆，2012年。

实藤惠秀：《中国人留学日本史》（修订译本），谭汝谦、林启彦译，北京：北京大学出版社，2012年。

张治：《蜗耕集》，杭州：浙江大学出版社，2012年。

邹振环：《疏通知译史》，上海：上海人民出版社，2012年。

北京鲁迅博物馆编：《鲁迅翻译研究论文集》，沈阳：春风文艺出版社，2013年。

崔山佳：《汉语欧化语法现象专题研究》，成都：巴蜀书社，2013年。

冯胜利主编：《汉语书面语的历史与现状》，北京：北京大学出版社，2013年。

刘泉：《文学语言论争史论（1915—1949）》，北京：中国社会科学出版社，2013年。

尹延安：《传教士中文报刊译述中的汉语变迁及影响（1815—1907）》，上海：上海交通大学出版社，2013年。

约翰·D.布兰思福特、安·L.布朗、罗德尼·R.科金等编著：《人是如何学习的：大脑、心理、经验及学校》扩展版，程可拉等译，上海：华东师范大学出版社，2013年。

张卫中：《20世纪中国文学语言变迁史》，北京：中国社会科学出版社，2013年。

朱恒：《现代汉语与现代汉诗关系研究》，北京：中国社会科学出版社，2013年。

常晓宏：《鲁迅作品中的日语借词》，天津：南开大学出版社，2014年。

栾伟平：《小说林社研究》，台北：花木兰文化出版社，2014年。

武春野：《"北京官话"与汉语的近代转变》，济南：山东教育出版社，2014年。

于小植：《周作人文学翻译研究》，北京：北京大学出版社，2014年。

袁进主编：《新文学的先驱——欧化白话文在近代的发生、演变和影响》，上海：复旦大学出版社，2014年。

冯玉文：《鲁迅翻译思想研究》，北京：中国社会科学出版社，2015年。

胡全章：《清末白话文运动》，北京：中国社会科学出版社，2015年。

刘进才：《语言文学的现代建构：语言运动与中国现代文学再探索》，北京：北京大学出版社，2015年。

时世平：《救亡·启蒙·复兴：现代性焦虑与清末民初文学语言转型论》，天津：天津社会科学院出版社，2015年。

王风：《世运推移与文章兴替——中国近代文学论集》，北京：北京大学出版社，2015年。

王福堂：《绍兴方言研究》，北京：语文出版社，2015年。

徐时仪：《汉语白话史》，北京：北京大学出版社，2015年。

朱晓进、李玮、何平等：《作为语言艺术的中国现代文学发展史：文学语言变迁与中国现代文学形式的演进》，北京：人民出版社，2015年。

冯天瑜等：《近代汉字术语的生成演变与中西日文化互动研究》，北京：经济科学出版社，2016年。

孟昭连：《白话小说生成史》，天津：南开大学出版社，2016年。

王澧华、吴颖主编：《近代来华传教士汉语教材研究》，桂林：广西师范大学出版社，2016年。

李春阳：《白话文运动的危机》，北京：生活·读书·新知三联书店，2017年。

钟少华：《中文之变革（1815—1949）》，桂林：广西师范大学出版社，2017年。

北冈正子：《日本异文化中的鲁迅》，王敬翔、李文卿译，台北：麦田出版，2018年。

郜元宝：《汉语别史：中国新文学的语言问题》（增订本），上海：复旦大学出版社，2018年。

郭勇：《"言文一致"与中国文学观念的现代转型》，北京：人民出版社，2018年。

蒋永国：《鲁迅早期思想与他的新文学创作》，桂林：广西师范大学出版社，2018年。

李运博：《近代汉日词汇交流研究》，北京：外语教学与研究出版社，2018年。

王家平：《〈鲁迅译文全集〉翻译状况与文本研究》，北京：社会科学文献出版社，2018年。

王锡荣：《日记的鲁迅》，北京：人民文学出版社，2018年。

严安生：《灵台无计逃神矢：近代中国人留日精神史》，陈言译，北京：生活·读书·新知三联书店，2018年。

叶依群：《〈域外小说集〉的生成与接受》，杭州：浙江大学出版社，2018年。

陈红：《日语源语视域下的鲁迅翻译研究》，杭州：浙江工商大学出版社，

2019年。

陈力卫：《东往东来：近代中日之间的语词概念》，北京：社会科学文献出版社，2019年。

李冬木：《鲁迅精神史探源：个人·狂人·国民性》，台北：秀威信息科技股份有限公司，2019年。

李冬木：《鲁迅精神史探源：进化与国民》，台北：秀威信息科技股份有限公司，2019年。

吕顺长：《近代浙江留日学生之研究》，杭州：浙江工商大学出版社，2019年。

沈国威：《汉语近代二字词研究：语言接触与汉语的近代演化》，上海：华东师范大学出版社，2019年。

沈卫荣：《回归语文学》，上海：上海古籍出版社，2019年。

王东杰：《声入心通：国语运动与现代中国》，北京：北京师范大学出版社，2019年。

赵晓阳：《域外资源与晚清语言运动：以〈圣经〉中译本为中心》，北京：北京师范大学出版社，2019年。

黄坚：《桃花树下的鲁迅》，北京：九州出版社，2020年。

李雪、冯英华：《作家的诞生与翻译：周氏兄弟日本文学译介研究》，南京：南京大学出版社，2020年。

骆贤凤：《鲁迅的翻译伦理思想研究》，北京：商务印书馆，2020年。

沈国威：《新语往还：中日近代语言交涉史》，北京：社会科学文献出版社，2020年。

徐志民：《近代日本的中国留日学生政策史》，北京：中国社会科学出版社，2020年。

朱京伟：《近代中日词汇交流的轨迹——清末报纸中的日语借词》，北京：商务印书馆，2020年。

董方峰、杨洋：《近代中国的传教士语言学研究》，武汉：华中师范大学出版社，2021年。

邵宝：《大江歌罢掉头东——清末留日学生留学实态研究》，郑州：郑州大学出版社，2021年。

孙海军：《鲁迅早期思想的本土语境》，北京：中国社会科学出版社，2021年。

狄霞晨：《从英文报刊看中国语言文学的近代转型（1833—1916）》，上海：上海社会科学院出版社，2022年。

刘禾：《跨语际实践：文学，民族文化与被译介的现代性》（修订译本），宋伟杰等译，北京：生活·读书·新知三联书店，2022年。

文贵良：《文学汉语实践与中国现代文学的发生》，北京：北京大学出版社，

2022 年。

张向东：《清末白话报刊与文学革命》，北京：中华书局，2022 年。

郑意长：《鲁迅〈译文〉时期翻译思想研究》，天津：天津教育出版社，2022 年。

陈彪：《现代汉语"日化"现象研究：以鲁迅译著为例》，北京：中国社会科学出版社，2023 年。

李冬木：《越境——"鲁迅"之诞生》，杭州：浙江古籍出版社，2023 年。

姜异新：《究竟是青春：鲁迅的留日七年（1902—1909）》，石家庄：河北教育出版社，2024 年。

吕顺长：《近代浙江留日学生与中日文化交流》，杭州：浙江大学出版社，2024 年。

钟雨柔：《汉字革命：中国语文现代性的起源（1916—1958）》，钟雨柔、张千可译，北京：生活·读书·新知三联书店，2024 年。

2. 研究论文

熊融：《关于〈哀尘〉、〈造人术〉的说明》，《文学评论》1963 年第 3 期。

戈宝权：《关于鲁迅最早的两篇译文——〈哀尘〉、〈造人术〉》，《文学评论》1963 年第 4 期。

细野浩二：《鲁迅的境界——追溯鲁迅留学日本的经历》，童斌译，《国外社会科学》1978 年第 1 期。

蒙树宏：《鲁迅是哪个单位保送去日本留学的？》，《上海师范大学学报》1980 年第 2 期。

蒙树宏：《关于鲁迅购读〈天演论〉的时间》，《云南社会科学》1981 年第 3 期。

于吟梅：《日语表达方式上的特点——介绍金田一教授的论述》，《日语学习与研究》1981 年第 4 期。

夏晓虹：《五四白话文学的历史渊源》，《中国现代文学研究丛刊》1985 年第 3 期。

凌远征：《标点符号推行小史》，《语言教学与研究》1986 年第 3 期。

孙郁：《鲁迅翻译思想之一瞥》，《鲁迅研究月刊》1991 年第 6 期。

姚灯镇：《浅谈日语长定语的几种译法》，《解放军外语学院学报》1992 年第 5 期。

卜立德：《鲁迅的两篇早期翻译》，《鲁迅研究月刊》1993 年第 1 期。

王宏志：《民元前鲁迅的翻译活动——兼论晚清的意译风尚》，《鲁迅研究月刊》1995 年第 3 期。

波多野真矢：《周作人与立教大学》，《鲁迅研究月刊》2001 年第 2 期。

罗志田：《抵制东瀛文体：清季围绕语言文字的思想论争》，《历史研究》2001 年第 6 期。

潘世圣：《关于鲁迅与仙台医学专门学校——"日本留学期鲁迅之实证研究"之一》，《鲁迅研究月刊》2001 年第 7 期。

樽本照雄：《关于鲁迅的〈斯巴达之魂〉》，岳新、赵乐甡译，《鲁迅研究月刊》2001 年第 6 期。

董炳月：《"仙台神话"的背面》，《鲁迅研究月刊》2002 年第 10 期。

潘世圣：《鲁迅的思想构筑与明治日本思想文化界流行走向的结构关系——关于日本留学期鲁迅思想形态形成的考察之一》，《鲁迅研究月刊》2002 年第 4 期。

董炳月：《"仙台鲁迅"与国民国家想象——以〈仙台书简〉为中心》，《鲁迅研究月刊》2005 年第 10 期。

王风：《文学革命的胡适叙事与周氏兄弟路线——兼及"新文学"、"现代文学"的概念问题》，《中国现代文学研究丛刊》2006 年第 1 期。

严家炎：《"五四"新体白话的起源、特征及其评价》，《中国现代文学研究丛刊》2006 年第 1 期。

陈平原：《有声的中国——"演说"与近现代中国文章变革》，《文学评论》2007 年第 3 期。

高远东：《"仙台经验"与"弃医从文"——对竹内好曲解鲁迅文学发生原因的一点分析》，《鲁迅研究月刊》2007 年第 4 期。

袁进：《重新审视欧化白话文的起源——试论近代西方传教士对中国文学的影响》，《文学评论》2007 年第 1 期。

袁一丹：《试论〈域外小说集〉的文章性——由周作人的"翻译文体观"谈起》，《南京师范大学文学院学报》2007 年第 1 期。

文贵良：《回归与开拓：语言—文学汉语作为中国现代文学史书写的关键词》，《华东师范大学学报（哲学社会科学版）》2008 年第 2 期。

董炳月：《鲁迅留日时代的俄国投影：思想与文学观念的形成轨迹》，《鲁迅研究月刊》2009 年第 4 期。

王风：《周氏兄弟早期著译与汉语现代书写语言》（上），《鲁迅研究月刊》2009 年第 12 期。

张丽华：《晚清小说译介中的文类选择——兼论周氏兄弟的早期译作》，《中国现代文学研究丛刊》2009 年第 2 期。

王风：《周氏兄弟早期著译与汉语现代书写语言》（下），《鲁迅研究月刊》2010 年第 2 期。

谢泳：《宏文学院教科书在鲁迅研究中的意义》，《当代文坛》2010 年第 4 期。

夏晓虹：《作为书面语的晚清报刊白话文》，《天津社会科学》2011 年第 6 期。

张丽华：《无声的"口语"——从〈古诗今译〉透视周作人的白话文理想》，《中国现代文学研究丛刊》2011 年第 1 期。

林敏洁：《松本龟次郎与鲁迅》，《鲁迅研究月刊》2013 年第 8 期。

潘世圣：《嘉纳治五郎中国认识的现代考察》，《外国问题研究》2013 年第 1 期。

谢仁敏：《〈女子世界〉出版时间考辨——兼及周氏兄弟早期部分作品的出版时间》，《鲁迅研究月刊》2013 年第 1 期。

潘世圣：《小川环树、目加田诚与鲁迅及其他》，《鲁迅研究月刊》2014 年第 6 期。

潘世圣：《还原"历史现场"——鲁迅与明治日本研究的新视角》，《吉林大学社会科学学报》2015 年第 5 期。

潘世圣：《留日时期的鲁迅与嘉纳治五郎》，《东岳论丛》2015 年第 3 期。

潘世圣：《还原历史现场与思想意义阐释——鲁迅与丘浅次郎进化论讲演之悬案》，《现代中文学刊》2016 年第 3 期。

周旻：《"隐形"的底本：英和双语读本在周作人早期翻译生产中的角色——以〈玉虫缘〉为个案》，《中国比较文学》2017 年第 4 期。

蒋永国：《鲁迅购读〈天演论〉的时间和版本考辨——兼及 2005 年版〈鲁迅全集〉中相关撰述和注释的补正》，《鲁迅研究月刊》2018 年第 2 期。

刁晏斌：《汉语的欧化与欧化的汉语——百年汉语历史回顾之一》，《云南师范大学学报（哲学社会科学版）》2019 年第 1 期。

董炳月：《论鲁迅的"南京记忆"——以其"自我"的形成与表现为中心》，《广西师范大学学报（哲学社会科学版）》2019 年第 3 期。

国蕊：《从"世界奇谈"到"女子世界"——再议〈造人术〉的译介》，《鲁迅研究月刊》2019 年第 12 期。

刘润涛：《鲁迅"走异路，逃异地"考述》，《鲁迅研究月刊》2019 年第 6 期。

国蕊：《原抱一庵『造人術』全译兼两版本校考》，《鲁迅研究月刊》2020 年第 3 期。

张勇：《新文化运动中的汉字横排问题——以〈新青年〉同人为中心的考察》，《中国现代文学研究丛刊》2020 年第 7 期。

刁晏斌：《论"汉语欧化史"》，《辽宁师范大学学报（社会科学版）》2021 年第 5 期。

刁晏斌：《欧化及其研究的新思考：写在汉语欧化研究百年之际》，《北华大学学报（社会科学版）》2021 年第 3 期。

李新宇：《鲁迅的新学学历》，《齐鲁学刊》2021 年第 3 期。

宋文辉：《从作述题的小句到句末语气词："就是了"的形成机制》，《河北师范大学学报（哲学社会科学版）》2021 年第 5 期。

岳笑囡、潘世圣：《〈哀尘〉底本：森田思軒译〈随见录〉第四则——汉文脉共享与鲁迅的"翻译"政治》,《鲁迅研究月刊》2021 年第 4 期。

张向东:《周氏兄弟早期著译中的"新名词"和"外来语"》,《鲁迅研究月刊》2022 年第 12 期。

李冬木:《关于留学生周树人的两位日本老师——以"流石"为中心》,《鲁迅研究月刊》2024 年第 7 期。

张向东:《周氏兄弟与清末白话报刊——以周作人江南水师日记(1901—1905)为中心的考查》,《东岳论丛》2024 年第 12 期。

二　外文文献

(一) 日文文献

1. 日文报刊

『廓清』　『心理研究』　『大學評論』

2. 日文著作

ジュールス・ベルン原著、井上勤訳述『九十七時二十分間月世界旅行』三木佐助、1886 年。

木村駿吉『科学の原理』金港堂、1890 年。

森田思軒訳『ユーゴー小品』民友社、1898 年。

アルフレッド・ダニエル著、木村駿吉訳『医学生用物理学教科書』(上編) 南江堂、1899 年。

コナン・ドイル原著、山縣五十雄訳註『荒磯』内外出版協会、1901 年。

ポー原著、山縣五十雄訳註『宝ほり』内外出版協会、1902 年。

神田乃武等編『新譯英和辭典』三省堂書店、1902 年。

宮島満治『解剖生理及衛生』(増訂 2 版) 南江堂、1903 年。

原抱一庵訳『泰西奇文』知新館、1903 年。

松本亀次郎『漢訳日本文典:言文対照』中外図書局、1904 年。

長浜宗佶『小児養育の心得』(訂 7 版) 報文社、1912 年。

高島平三郎『児童学綱要』洛陽堂、1912 年。

新井道太郎『子供のいたづらと喧嘩との研究』良明堂書店、1913 年。

黒田朋信『趣味雑話』趣味叢書発行所、1914 年。

与謝野晶子『人及び女として』天弦堂書房、1916 年。

東京大学文学部中国文学研究室編『近代中国の思想と文学』大安株式会社、

1967 年。

仙台における魯迅の記録を調べる会編『仙台における魯迅の記録』平凡社、1978 年。

『第二高等学校史』第二高等学校尚志同窓会、1979 年。

阿部洋編『日中教育文化交流と摩擦——戦前日本の在華教育事業』第一書房、1983 年。

『魯迅全集』(1) 学習研究社、1984 年。

阿部洋『中国の近代教育と明治日本』福村出版、1990 年。

厳安生『日本留学精神史——近代中国知識人の軌跡』岩波書店、1991 年。

二見剛史『中国人留学生教育と松本亀次郎——論文集成』溝辺町、1994 年。

内田慶市『近代における東西言語文化接触の研究』關西大學東西學術研究所、2001 年。

劉建雲『中国人の日本語学習史——清末の東文学堂』学術出版会、2005 年。

酒井順一郎『清国人日本留学生の言語文化接触：相互誤解の日中教育文化交流』ひつじ書房、2010 年。

蔭山雅博『清末日本教習与中国教育近代化』雄山社、2011 年。

森岡優紀『中国近代小説の成立と写実』京都大学学術出版会、2012 年。

北岡正子『魯迅文學の淵源を探る——「摩羅詩力説」材源考』汲古書院、2015 年。

蔭山雅博『明治日本与中国留学生教育』雄山社、2016 年。

二見剛史『中国人留学生の父・松本亀次郎研究——その学問観と教育実践を中心として』学文社、2021 年。

王鼎『湖北省留日学生と明治日本』勉誠社、2024 年。

3. 日文论文

細野浩二「中国対日留学史に関する一問題——清末における留学生派遣政策の成立過程の再検討」『史観』(86・87)、1973。

細野浩二「境界の上の魯迅——日本留学の軌跡を追って」『朝日アジアレビュー』7 (4)、1976。

阿部洋「中国近代における海外留学の展開——日本留学とアメリカ留学」『国立教育研究所紀要』(94)、1978。

南雲智「魯迅と「地底旅行」」『日本中国学会報』(30)、1978。

中島長文「藍本『人間の歴史』」『滋賀大國文』(16・17)、1978-1979。

蔭山雅博「宏文学院における中国人留学生教育——清末期留日教育の一端」『日

本の教育史学』(23)、1980。

岡村昭彦「SFの歴史から見た魯迅訳《月界旅行》の弁言（〈特集〉魯迅生還百周年記念）」『中国研究月報』(404)、1981。

大谷通順「魯迅訳「月界旅行」と「地底旅行」——そこに表われた牢獄脱出のイメージについて」『日本中国学会報』(35)、1983。

蔭山雅博「清末江蘇省の教育改革と日本人教習」『日本の教育史学』(31)、1988。

蔭山雅博「江蘇教育改革と藤田豊八」『国立教育研究所紀要』(115)、1988。

工藤貴正「魯迅の翻訳研究 -1- 外国文学の受容と思想形成への影響，そして展開——翻訳準備時期」『大阪教育大学紀要』第Ⅰ部門 38 (2)、1989。

工藤貴正「魯迅の翻訳研究 -2- 外国文学の受容と思想形成への影響，そしてその展開——翻訳準備時期」『大阪教育大学紀要』第Ⅰ部門 39 (2)、1991。

工藤貴正「魯迅の翻訳研究 -3- 外国文学の受容と思想形成への影響，そして展開——翻訳準備時期（日本留学期）」『大阪教育大学紀要』第Ⅰ部門 40 (2)、1992。

工藤貴正「魯迅の翻訳研究 -4- 外国文学の受容と思想形成への影響，そして展開——日本留学時期（「哀塵」）」『大阪教育大学紀要』第Ⅰ部門 41 (2)、1993。

坂根慶子「宏文学院における日本語教育」『東海大学紀要．留学生教育センター』(13)、1993。

工藤貴正「魯迅留学初期翻訳の三作品——其の翻訳意図の考察を中心に」『日本アジア言語文化研究』(1)、1993。

工藤貴正「魯迅の翻訳研究 -5- 外国文学の受容と思想形成への影響，そして展開——日本留学時期（ヴェルヌ作品受容の状況）」『大阪教育大学紀要』第Ⅰ部門 42 (2)、1994。

工藤貴正「鬼の世界の告発——周作人『孤児記』の創作部について」『野草』(59)、1997。

工藤貴正「周作人『孤児記』の周縁 - ヴィクトル・ユゴーの受容を巡る魯迅との関係より」『学大国文』(40)、1997。

工藤貴正「原典『孤児記』9章・10章・11章・14章——ユゴー著，英訳版『Claude Gueux』」『大阪教育大学紀要』第Ⅰ部門 46 (2)、1998。

工藤貴正「周作人『孤児記』第十二章・第十三章の位置づけ：創作・模作の接合の為の改編部」『学大国文』(41)、1998。

神田一三「魯迅「造人術」の原作」『清末小説』(22)、1999。

樽本照雄「魯迅「斯巴達之魂」について」『清末小説』(22)、1999。

神田一三「魯迅「造人術」の原作・補遺：英文原作の秘密」『清末小説から』

(56)、2000。

竹野美恵「「人」の子どもの教育をめざした社会教育司科長——魯迅が翻訳した上野陽一著三篇の論文」『野草』(66)、2000。

竹野美恵「「人」の子どもの教育をめざした社会教育司科長（続）全国児童芸術展覧会と魯迅」『野草』(67)、2001。

樽本照雄「漢訳ドイル『荒磯』物語」『大阪経大論集』52 (2)、2001。

樽本照雄「ポー最初の漢訳小説——周作人訳『玉虫縁』について」『大阪経大論集』52 (5)、2002。

樽本照雄「周作人漢訳アリ・ババ『俠女奴』物語」『清末小説』(26・27)、2003-2004。

諸星美智直「日本語教育史における宏文学院と国学院大学」『国学院雑誌』107 (11)、2006。

樽本照雄「周作人漢訳アリ・ババの英文原本」『清末小説』(30)、2007。

陳力衛「試論近代漢語文体中的日語影響」『東アジア文化交渉研究』別冊第 7 号、2011。

内田慶市「関于語言接触和新興語法」『東アジア文化交渉研究』別冊第 7 号、2011。

根津義「来日初期の魯迅の日本語——松本亀次郎とのかかわりから」『常葉学園大学研究紀要．外国語学部』(27)、2011。

益田すみ子『明治期の科学者・技術者の歴史研究——異端の物理学者・技術者：木村駿吉の生涯と業績』東京工業大學修士学位論文、2012。

岡本拓司「木村駿吉の経験」『数理科学』50 (8) (9) (11) (12)、2012。

佐藤源貞「日本海海戦『敵戦艦見ユ』の元第二高等学校～木村駿吉教授とその教室」『通信ソサイエティマガジン』6 (2)、2012。

白山映子「『英文報国』ジャーナリスト山縣五十雄」『メディア史研究』(34)、2013。

丸尾勝「『人生象斅』について」『中国言語文化研究』(13)、2013。

工藤貴正「近代的〈鬼（き）〉概念の成立——周作人『孤児記』から魯迅『狂人日記』への系譜」『アジア遊学』(164)、2013。

丸尾勝「『人生象斅』について（補遺）」『中国言語文化研究』(16)、2016。

潘世聖「弘文学院留学期の魯迅における日本受容——新発見の『宏文学院講義録』を手掛かりに」『中国：社会と文化』(34)、2019。

(二)英文文献

Richand Hole, *Remarks on the Arabian Nights' Entertainments*, London: T. Cadell, Jr., and W. Davies, 1797.

Arabian Nights Entertainments, Edinburgh: printed for the booksellers by D. Schaw, 1802.

The Arabian Nights Entertainments, London: Printed for Longman, Hurst, Rees, Orme, and Brown, 1811.

The Arabian Nights' Entertainments, London: Printed for F.C. and J. Rivington [and 17 others], 1821.

New Arabian Nights' Entertainments, London: H. Colburn, 1826.

New Arabian Nights' Entertainments, Philadelphia: R.W. Pomeroy, 1827.

The Arabian Nights Entertainments, Exeter: J. & B. Williams, 1827.

New Arabian Nights' Entertainments, London: H. Colburn, 1829.

The Arabian Nights' Entertainments, Philadelphia: L. Johnson, 1832.

The Arabian Nights' Entertainments, Philadelphia: Thomas Wardle, 1835.

The Thousand and One Nights, London: C. Knight and Co., 1839—1841.

The Arabian Nights' Entertainments, Philadelphia: Thomas Wardle, 1842.

The Arabian Nights' Entertainments, London: Printed by A.J. Valpy; Published by Henry Washbourne, 1844.

The Thousand and One Nights, London: J. Murray, 1847.

The Arabian Nights' Entertainments, London: Printed for Henry Washbourne, 1849.

The Thousand and One Nights, Boston: Lee and Shepard, c. 1852.

The Arabian Nights' Entertainments, London: Willoughby and Co., 1852—1854.

The Arabian Nights' Entertainments, Boston: Little, Brown, and Company, 1853.

The Thousand and One Nights, Boston: Phillips, Sampson, and Co., 1853.

The Thousand and One Nights, Boston: Phillips, Sampson, and Co., 1854.

The Arabian Nights' Entertainments, Philadelphia: W.P. Hazard, 1856.

The Thousand and One Nights, Boston: Phillips, Sampson, and Co., New York: Derby & Jackson, 1856.

The Arabian Nights Entertainments, London: W. Tegg, 1856.

The Thousand and One Nights, London: J. Murray, 1859.

Thousand and One Nights, Boston: Lee and Shepard, etc., 1862.

The Arabian Nights Entertainments, London: Routledge, Warne & Routledge, 1863.

The Thousand and One Nights, Cincinnati: G. S. Blanchard, 1864.

The Arabian Nights' Entertainments, New York: D. Appleton and Co., 1864.

The Thousand and One Nights, London: Routledge, Warne, and Routledge, 1865.

The Thousand and One Nights, Boston: Lee and Shepard; Concord, N.H., E. C. Eastman, 1866.

The Arabian Nights' Entertainments, Toronto: J. Campbell, 1867.

The Arabian Nights' Entertainments, New York: D. Appleton, 1868.

The Thousand and One Nights, New York: G.W. Carleton and Co., 1872.

The Thousand and One Nights, London: Bickers, 1877.

The Arabian Nights' Entertainments, Boston: Lee and Shepard, 1880.

The Thousand and One Nights, Philadelphia: Porter & Coates, 1881.

The Arabian Nights' Entertainments, London: New York, Ward, Lock and Co., 1882.

The Thousand and One Nights, London: Chatto and Windus, 1883.

The Thousand and One Nights, London: J.C. Nimmo and Bain, 1883.

The Arabian Nights' Entertainments, London: F. Warne and Co., 1885.

The Arabian Nights' Entertainments, New York: George Routledge and Sons, 1885.

A Plain and Literal Translation of the Arabian Nights' Entertainments, Printed by the Burton Club for private subscribers only, 1885–1888.

The Arabian Nights' Entertainments, New York: George Routledge and Sons, 1886.

The Arabian Nights' Entertainments, London: George Routledge and Sons, 1889.

The Thousand and One nights, London: Chatto and Windus, 1889.

The Arabian Nights' Entertainments, London: George Routledge and Sons, Ltd., 1890.

The Thousand and One Nights, Chicago: Donohue, Henneberry and Co., 1890

The Thousand and One Nights, Chicago: Home Library Association, 1890.

Tales from the Arabian Nights' Entertainments, London and Edinburgh: Gall & Inglis, 1891.

The Arabian Nights Entertainments, Boston: D. Lothrop Company, 1891.

The Arabian Nights' Entertainments, New York: F. A. Stokes, 1891.

The Arabian Nights' Entertainments, London and New York: Frederick Warne and Co., 1894.

The Arabian Nights' Entertainments, London: George Routledge and Sons, 1896.

The Arabian Nights' Entertainments, Philadelphia: Henry Altemus Company, 1896.

The Thousand & One Nights, or, Arabian Nights' Entertainments, London: Gibbings Philadelphia: Lippincott, 1896.

The Arabian Nights' Entertainments, Boston: DeWolfe, Fiske, and Co., 1898.

The Arabian Nights Entertainments, New York: Longmans Green and Co., 1898.

The Arabian Nights Entertainments, London: George Newnes, 1899.

The Arabian Nights' Entertainments, Philadelphia: Henry Altemus, 1899.

Richard F. Burton, *A Plain and Literal Translation of the Arabian Nights' Entertainments*, Printed by The Burton Club for private subscribers only, 1899—1900.

Lennart Lundberg, *Lu Xun as a Translator: Lu Xun's Translation and Introduction of Literature and Literary Theory, 1903—1936*, Stockholm: Stockholm University, 1989.

后 记

十年前,我的第一本书《民初作为方法》出版,写于2012年11月中旬到2013年4月初,大体是博士论文的原貌,因得灵隐寺的资助而迅疾出版,让我心存感激,同时也暗下决心——下一本书要慢慢写,精心改,认真出。那时,三十岁的我,蜗居在京西北百望山下的小两居,踌躇满志,计划着在未来的日子里三到五年出版一部,差不多可以在退休前著作等身。终于,在2025年,我的新书即将出版,也笑看那个年少轻狂的自己。

《破镲之舞》似乎是"十年磨一剑",但也仅完成了原计划的三分之一。钝剑出鞘,不过是正视了自己精力的有限,放下了所有不甘。

孙郁老师奖掖后进,百忙中为拙著写了长序。身为晚辈,我无以为报,唯有更加勤勉向前。他常有的一句表达——"咱们是研究鲁迅的",我深知这话的分量。一起合影时,孙老师总是让年轻人往中间站,那是"真的人"对"幼小者"的爱意。2016年的"鲁迅文化论坛"上,我在全国政协礼堂听了孙郁老师的主题讲演,心潮澎湃,感到一股灵力浇灌而来。他说:"我们怀念鲁迅,不是为了附庸风雅,也非表达自我的涂饰,而是要像他一样真诚地生活,忘我地做事,认真地做人。"这么多年来,我以"真诚地生活,忘我地做事,认真地做人"作为座右铭。我也时常想,相比于孙老师,自己的鲁迅研究在格局、眼界、气象、担当方面或许一辈子也无法望其项背,最多是在学术史上修桥铺路,而孙老师及其一代人留下的是迷人的精神丰碑。

自大二开始,我就在恩师乔以钢教授的指导下从事女性文学研究。犹记得二十年前的初夏,我熬了几个通宵,将学年论文提交给恩师,下午就接到了电话:"你真是读书的材料!"热情洋溢,言犹在耳。恩师的话,激励了我二十年。恩师望之俨然,即之也温,低调从容,极能为他人着想,一派天然,毫不矫情,清醒智慧,从不沽名钓誉。她对待学生,如春风化雨,言传身教,润物无声,我耳濡目染,便是顽石也该点头。在读时,习惯了恩师的无微不至，毕业之后，我才体会到她纵容我按照自己的学术兴趣野蛮生长，是多么的宽容与信任。她抖开了手中的线，愿意让风筝在天上可劲地飞，又尽力保护着它在有风雨时也不会落地。多年来，大大小小的事情，恩师多由着我的性子来，始终温柔而坚定地注视着我的成长，给我力量，无言中也让我在做人做事做学问上不放松了对自己的要求。

走向周氏兄弟研究，也是母校南开为我注入的学术基因。李何林先生曾任母校中文系主任二十余年，培育了鲁迅研究传统中的南开学脉。本科在读期间，张铁荣老师引我进了周氏兄弟研究之门。在办公室的闲谈中，他常常讲起李先生如何教导他们，讲起踏实的治学精神，讲起旧日里的种种往事，言谈间李先生的人格魅力尽现，刚正不阿，无私无畏，一身正气，铁骨铮铮！

铁荣师的身上总有一股子青春气，接待我们学生永远是笑容可掬，讲到得意处，又是开怀大笑，我从未在他身上见到疲惫。兴之所至，到了饭口时分，就拉我们去餐馆继续谈，边喝边聊。我在南开读书十年，赴张老师的酒席，从未付过钱。每每学生们要付账，张老师则正色说："必须按我的规矩来。"我做了老师，也将他的规矩带给了我的学生——"谁的工资高谁掏钱"；只是近几年，不再和在读的学生一起饮酒了。

较之二十年前的师生关系，现在不大相同了，老师的规矩多了些。而我在母校念书时，始终没养成过与老师预约见面的好习惯，从来都是敲门之后，听见应答就推门而入。铁荣师住于校园内的西南村，日日都在办公室读书，只要去敲门，他几乎都在。铁荣师的著述不算少，但在他身上留存着老派南开人"述而不作"的精神。他的读书是读书人式的读书，不是为了写论文在翻材料。至今，我也做不到像他那样怡然自得地治学。偶尔，我会想，如果铁荣师没有将那么多精力用在滋养学生而是告诫"闲谈不超五分钟"、以便自己去"卷"论文的话，他的学术成就会更惊人。每想到这里，我就为自己十年间不知浪费了他多少可贵的时光而愧疚。过去的已经无法偿还老师了，可以做的是将时间贴给有需要的学生。遇到有人表示感谢，我一般说："不必，我的老师也是这样待我的……"

铁荣师是闻名世界的周作人研究专家，也开设相关课程。研一时，我凭借对《女子世界》原刊的系统阅读，为他与张菊香先生合编的《周作人年谱》挑了些错，他不仅没生气，还高兴地夸赞了我的"更爱真理"。获了铁荣师的嘉奖，我将"周氏兄弟与《女子世界》"列为硕士论文的选题，不过后因改为硕博连读而终究没有写成。追溯起来，《破镲之舞》的源头是交给铁荣师的一份有意"冒犯"的作业。最近，我联系了铁荣师，想着拿到样书后，第一时间回天津去看望他，呈上拙作，就当重新交一次作业。

南开大学还有两位老师的鲁迅研究深深地影响过我。很多年里，我不知听了多少轮李新宇教授的"鲁迅研究"课。只要他开，我就去听，坐第一排，恨不得记下他说出的每一个字。如果说有一位学者让我在思想上褪去了少年的蒙昧，那毫无疑问是新宇老师。时至今日，尽管我对鲁迅慢慢产生了自己的理解，仍留恋那带着浓厚青州口音的课堂山呼海啸般冲塌我固有认知的畅快。刘运峰老师是真正的"爱书家"，我私下里请教很多，第一次读到《人生象斅》也是在他所编的《鲁迅佚文全集》中。他谈起书来，声情并茂，特别有感染力，让我看到了在文献里遨游的治学之趣。

2009 年，妻子马勤勤考入北大，随夏晓虹教授读博士。她备考时，我逗她说："我这辈子不能到北大读书了，一定要把老婆供进去。"后来，勤勤如愿进了"陈夏门"，托她的福，我的命运之门也一并旋转起来。正当我乐此不疲地奔走在天津各大中学辅导机构赚取讲课费时，勤勤严肃地和我谈了一次，她不希望我靠着小聪明把博士混下来。到北大去，是她建议的路。我虽也茫然，但从善如流。我的判断标准很简单，老婆说的都是对的。于是，自 2010 年 10 月起，我混迹在北大周边，闲逛于中关村一带。

特别感谢夏老师和王风老师多次帮我办理系内访学的图书卡，我可以随妻子自由进出北大图书馆，每天都陪她去四楼的民国旧刊室。她从夏老师读过的近代报刊入手，一种一种摸，一册一册过，一页一页翻。而我无所事事，并不坚定于要研究些什么，为打发无聊，随手在开架上拿了一册影印版的《北京大学日刊》，竟然就津津有味地读了进去。平日的早上，只要旧刊室一开门，我和勤勤各就各位，各读各的刊，中间吃个饭，下午继续，读到傍晚打铃关门为止。最初，我每天也只能读上一两期，再做做笔记，慢慢地就快了起来。周而复始了十个月，我和勤勤各自成功申请到了东京大学的联合培养，走之前，我还在读《北京大学日刊》，累积了一堆可以写成史料文章的小题目，如是而已。

我到北大陪读前，就拜读过王风老师的《周氏兄弟早期著译与汉语现代书写语言》。它的上篇发表在《鲁迅研究月刊》2009 年最后一期，我苦等了一个月，然而，2010年第1期上并没有续出，又煎熬了一个月，才捧读完篇，大畅快。半年后，随勤勤参加"陈夏门"的周五餐叙，第一次见到王风老师时，我隐藏了自己激动的心情，只微笑着说喜欢他的文章，他也笑着回应："我的文章不多。"

王风老师的文章震撼了我，因为他所用材料恰是我所熟悉的周氏兄弟早期著译，有些地方，我心略有同感，但更多是他妙思频出，而当时的我还应接不暇。哪怕冒着被批评为蹭王老师名作流量的风险，我还是想说，《破镣之舞》是《周氏兄弟早期著译与汉语现代书写语言》学术延长线上的产物；如果拙著给读者以枝繁叶茂的感觉，那么请一定要拜读他树大根深的原作。

我在东京大学东洋文化研究所，受到了尾崎文昭先生的诸多照顾。酷暑中，他亲自到远在千叶的成田机场接我，我依稀记得他手里有一个写着我姓名的A4纸，但永不能忘怀的是那满头白发如雪的先生站立等待飞机晚点的我时的身影。

尾崎先生几乎考虑到了我作为外国留学生在东京生活的所有可能遭遇到的不便。前两天，我住的是先生替我预订的酒店。他每日早上来，带着我陆续购置或申领了交通卡、手机卡、校园卡、银行卡，还有需要去区役所办理的保险金和在留卡等，晚上请我吃过饭，喝了啤酒，他再在夜色中回家。第三天，他叫了出租车，带我搬到东京大学的国际公寓，替我与管理员沟通，然后逐一细细嘱咐我要注意的事项和各种用具的使用办法。

收拾停当，尾崎先生从双肩包里摸出来一些大大小小的调料盒、一个卡西欧电子翻译词典和几张打印出来的地图。他说，调料盒方便厨房分类，电子词典可备不时之需。地图上的花花绿绿，都是尾崎先生用彩色做的标记，提示我如何尽快地融入附近的生活。接着，他带我去了日本的百元店和超市，买齐了生活所需的种种食品、用品，帮我送回了公寓。晚上，先生约了同在东洋文化研究所从事丰子恺研究的大野公贺老师一起聚餐，既是为我介绍，也算重新接风。其实，三天来，总是先生出钱带我在东大附近好吃的店里大快朵颐。我的几次主动付账，也基本上被先生拒绝，印象中，只在简餐的店里得逞过一两次。

我，一个刚到东京三天的年轻人，看着周遭陌生的一切，对于其实也还感到陌生的尾崎先生的悉心照料，有着表达不出的感激。在我词不达意的窘迫之际，先生说：三十多年前，我们在北大留学的时候，受到了中国师生的热情接待，我也只是回报过去的情谊。大意如此。感激的话，他让我不必再提。

东洋文化研究所为访问研究员提供了极好的条件，我可以自行到书库里翻看，还有研究室可用。我与勤勤在东京的一年，像极了北大生活的翻版。我们每天都去研究所读书，从早到晚；不同的是，往返要乘坐电车，有时读得太尽兴，代价是为赶上"终电"而跑出一身汗。

按尾崎先生的约定，在他每周来所时，我们中午一起进餐，下午聊天。最初，我还可以汇报些留日生活的日常观感，浮光掠影，也是访学的进展；时间一长，总要谈谈学术上的心得。好在我已经对照着周氏兄弟的早期日记查访出不少日文书刊来，也仗着细读过《北京大学日刊》，竟然在这份报刊上找到了四篇周氏兄弟未署名的集外文（详见本书第四章第三节），似是冥冥中的注定。后面，我几乎每周都不无得意地向先生讲着自己在材料上的发现，以及如何纠正了前人的错误。尾崎先生总是笑笑，并不怎么赞扬，有一次认真地说："你的发现都可以在刊物上连载一年了。"我明白，这是他在提醒我不要自满于琐屑的推进，更不必为了发表去功利性地找材料。他曾语重心长地告诉我，应趁着精力最旺盛、思维最活跃的年纪多思考宏大的问题。这些年，我虽然有些辜负了先生的期望，但还是想将拙著献于先生面前。《破镣之舞》的史料基础大半是在受先生指导时做出的。

2012年秋，我与勤勤回国后，又一起扎进了北大旧刊室。我有点慌神，出国前已定的博士论文题目一字未动，需赶快准备起来，只好先放下有关周氏兄弟早期著译的研究，搁置一批写有初稿的烂尾文章。为此，我没少遭到勤勤的讪笑。博士毕业，我找不到合适的工作，乔老师介绍我到武汉大学跟陈国恩教授做博士后。陈老师的君子之风，让我神往。他从不给我布置任务，放任我自由穿行于北京、武汉之间，也同意我以《文言翻译与"五四"新体白话的起源》作为博士后报告的选题。每个学期到珞珈山看望时，陈老师总能要言不烦，直达关键，指出我学养中的不足。撰写博士后报告推着我将在东大留学时的部分积累转化成文。凑够了学校要求的十万字，即罢手。最后的几千字拼凑于与勤勤赶赴武当山游玩的火车上，我到了十堰的宾馆改了改，就发给了陈老师。我笑着对勤勤说："博士后出站前,在一场说走就走的旅行中完成报告,也是以实际行动向研究中国现代浪漫主义文学思潮而蜚声学界的陈国恩老师致敬。"

故事讲得太冗长了,碎碎念一般,必须就此打住。换个笔调,简单来说,以博士后报告为基础,我在 2018 年申请到了国家社科基金青年项目,乃有《破镣之舞》……这里,我删去了大半页全是人名的感谢,仓促间,既然无法写清楚,莫不如先谨记于心,以待将来,山高水长,真情不泯。

2019 年,我从北京邮电大学调入中国人民大学以来,度过了优哉游哉的六年。他人眼中的我事务繁多、劳碌奔波,但我自己总觉得付出得太少、得到了太多。同样恕我不一一列出同事们的姓名,抬头不见低头见,感谢的话变为文字,总有点肉麻。可必须感谢的是,倘若没有吴永焕老师几次三番和我讨论"汉语欧化"问题,我险些犯了专断的错误。

高迪女史是我在人大教过的第一届硕士。三年前,就约定好将书稿交给她编辑,我总算不辱使命。她的细心编校,改正了我数十处错误,也做了我的老师。感谢我在读的五位硕士生李双一、王子愉、田斯雨、萧姗、朱悦锋帮我整理注释原文,占用了他们一两周的课余时间,等我拿到稿费,再增发一笔劳务,立此为据。

最后,感谢家人。小笃初,你消耗了我大量的科研时间,但老爸还是希望你慢点长大。著书立说,是早早晚晚的事,而你的成长,我不愿错过,不惜用半世成果,换作陪你的日日夜夜。

结婚十八年,我与勤勤风雨同舟。她是掌舵的,我主要负责划船。出力容易,劳心者苦。勤勤夙兴夜寐,尽心竭力地操持家庭,把一切都想到了,诸事安排井井有条,才有了我的傻乐生活。有时,她会说:"我觉得养了两个孩子。"或许在世俗的标准里,我算是一个好丈夫,但比起她的全身心投入,我实在是不能算及格。她唯一不如我的地方,大概就是她的配偶不如我的配偶了。然而,世界的不公就在于,我不过是尽了本该做到的一部分家庭责任,就赢得了虚名,但我无法找到可以匹配妻子辛劳的文化表达。如果有来生,愿虚名付你,忧思我担……

草就于 2025 年 5 月 8 日,竹马斋